# GESCHICHTE UND GESCHEHEN

Werner Abelein
Ursula Fries
Peter Gautschi
Birger Hass
Gerhard Henke-Bockschatz
Martin Krön
Gerhild Löffler
Peter Offergeld
Michael Sauer
Jörg Schelle
Helge Schröder
Bernd Spreemann
Claudia Stuhrmann
Uwe Walter
Karin Winkler

**Ernst Klett Schulbuchverlag Leipzig**
Leipzig  Stuttgart  Düsseldorf

| | |
|---:|:---|
| **Autoren:** | Dr. Ursula Fries: S. 71–74, 111–113, 122–124 |
| | Prof. Peter Gautschi: S. 19, 45, 75, 125, 211 |
| | Prof. Dr. Gerhard Henke-Bockschatz: S. 137–139, 164–165, 168–170, 173–175, 178–185 |
| | Dr. Martin Krön: S. 126-136, 144-161 |
| | Dr. Peter Offergeld: S. 76–89, 114–116, 196–198, 201–203 |
| | Dr. Michael Sauer: S. 20–33, 36–44 |
| | Jörg Schelle: S. 46–70 |
| | Dr. Helge Schröder: S. 8–18, 186–193, 199–200, 204–207 |
| | Dr. Uwe Walter: S. 90–110, 119–121 |
| **Autoren der Regionalausgabe:** | Dr. Werner Abelein: S. 78–79, 82–95, 98–101, 108–124, 194–210, 216–217 |
| | Birger Hass/Bernd Spreemann: S. 30–42, 214 |
| | Gerhild Löffler: S. 48–67, 215 |
| | Claudia Stuhrmann: S. 128–163, 217 |
| | Karin Winkler: S. 164–180, 217 |
| **Berater:** | Prof. Dr. Ulrich Mayer |
| | Dr. Uwe Walter |
| | Prof. Hans Woidt |
| **Layout und Auftaktdoppelseiten:** | Krause Büro, Leipzig |
| **Umschlaggestaltung:** | Ernst Klett Schulbuchverlag Leipzig GmbH nach einem Entwurf von Krause Büro, Leipzig |
| **Kartenbearbeitung:** | Kartografisches Büro Borleis & Weis, Leipzig |
| **Grafiken:** | Rudolf Hungreder, Leinfelden-Echterdingen; Lutz-Erich Müller, Leipzig |

Fakultative Inhalte sind im Inhaltsverzeichnis mit einem * gekennzeichnet.

9 783124 112507

1. Auflage          1 5 4 3 2 1 | 2008 2007 2006 2005 2004
Alle Drucke dieser Auflage können im Unterricht nebeneinander benutzt werden, sie sind untereinander unverändert. Die letzte Zahl bezeichnet das Jahr des Druckes.
© Ernst Klett Schulbuchverlag Leipzig GmbH, Leipzig 2004.
Alle Rechte vorbehalten.

Das Werk und seine Teile sind urheberrechtlich geschützt. Das gleiche gilt für das Programm sowie das Begleitmaterial. Jede Nutzung in anderen als den gesetzlich zugelassenen Fällen bedarf der vorherigen schriftlichen Einwilligung des Verlages. Hinweis zu § 52 a UrhG: Weder das Werk noch seine Teile dürfen ohne eine solche Einwilligung überspielt, gespeichert und in ein Netzwerk eingestellt werden. Dies gilt auch für Intranets von Schulen und sonstigen Bildungseinrichtungen.

Internetadresse: http://www.klett.de

Redaktion: Thomas Kahl, Maren Tribukait
Herstellung: Kerstin Heisch
Satz: Henry Zeidler
Repro: Meyle & Müller, Pforzheim
Druck: Aprinta, Wemding
ISBN 3-12-411250-4

# Liebe Schülerin, lieber Schüler,

nun hast du dein neues Geschichtsbuch aufgeschlagen. Jetzt beginnt für dich eine Entdeckungsreise in die Vergangenheit. Beim Durchblättern fallen dir gleich die vielen Bilder, Karten, Tipps und Texte auf. Es sind ganz schön viele; sie sollen dir helfen, deine Fragen zur Vergangenheit zu beantworten.

Wohin geht deine Entdeckungsreise mit „Geschichte und Geschehen" im kommenden Jahr genau? Du kannst
– nach den ersten menschlichen Spuren in Afrika suchen,
– nachschauen, wer die Pyramiden in Ägypten baute,
– einen Athener durch seine griechische Heimatstadt begleiten und
– ein wieder aufgebautes römisches Haus in Pompeji betreten, das vor fast 2000 Jahren bei einem Vulkanausbruch völlig zerstört wurde.

Ist das alles? Natürlich bietet das Buch noch mehr. Denn dich interessiert sicher auch, wie die Menschen ohne die Technik von heute arbeiteten, wie sie ihre Konflikte lösten, Kriege führten oder wie Mädchen und Jungen, Frauen und Männer ihren Alltag verbrachten.

Auf der Entdeckungsreise durch die Geschichte ist das Buch dein wichtigster und ständiger Begleiter. Wir, die Autorinnen und Autoren deines Buches, bieten darin sehr unterschiedliche und abwechslungsreiche Möglichkeiten an, Vergangenes zu entdecken.
Heute ist für dich der Umgang mit dem Internet und CD-ROMs genauso selbstverständlich wie das Lesen eines Buches. Daher gibt es zu „Geschichte und Geschehen" zusätzliche Materialien, die die Beschäftigung mit der Vergangenheit bereichern und erleichtern.
– Im Internet unter der Adresse „www.klett-verlag.de/gug" findest du u. a. Angebote, die zum Bauen historischer Gegenstände, zum Schneidern alter Kleidung oder zum Surfen im Internet anregen.
– Die CD-ROM zum Buch ist eng auf die Kapitel von „Geschichte und Geschehen" abgestimmt. Historische Computerspiele, anschauliche Videos, Spaziergänge durch 3-D-Räume und vieles mehr ermöglichen dir faszinierende Einblicke in die Vergangenheit.

**Bei deiner Reise durch die Zeit wünschen wir dir viel Spaß!**

**Die Autorinnen und Autoren**

# Inhaltsverzeichnis

**So arbeitest du mit diesem Buch** ........ 6

## Von Menschen, Zeit und Geschichte ........ 8

1. Warum interessiert uns Geschichte heute? ........ 10
2. Wie finden wir etwas über Geschichte heraus? ........ 11
   Gewusst wie: Zeitzeugen befragen ........ 14
3. Orientierung in der Geschichte – Zeitrechnung und Epochen ........ 16
   Lernen lernen: Eine Zeitleiste erstellen ........ 19

## Die Frühzeit des Menschen ........ 20

1. Archäologie – der Geschichte auf der Spur ........ 22
   Werkstatt: Forschen wie die Archäologen ........ 24
2. Die Entstehung des Menschen ........ 26
3. Sammlerinnen und Jäger – die Altsteinzeit ........ 30
   Gewusst wie: Sachquellen untersuchen ........ 34
4. Bauern und Viehzüchter – die Jungsteinzeit ........ 36
   Gewusst wie: Jugendbücher kritisch lesen ........ 40
5. Handwerker und Händler – die Metallzeit * ........ 43
   Lernen lernen: Mit deinem Geschichtsbuch lernen ........ 45

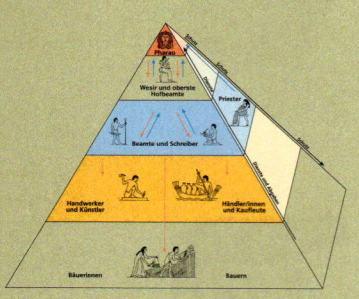

## Leben in frühen Hochkulturen ........ 46

1. Ägypten – das Land am Nil ........ 48
2. Schule, Schrift und Schreiber ........ 51
3. Der Pharao – Gott und König ........ 54
   Gewusst wie: ein Schaubild erklären ........ 56
4. Die Frau – „Herrin des Hauses" ........ 58
5. Deir el-Medina – ein Dorf im Alten Ägypten ........ 60
6. Pyramiden – Bauten für die Ewigkeit ........ 63
   Gewusst wie: Ein Bild zum Sprechen bringen ........ 66
7. Mesopotamien – das Land zwischen den Flüssen * ........ 68
8. Das Volk Israel auf Wanderschaft * ........ 71
   Lernen lernen: Eine Mind Map entwickeln ........ 75

## Die griechischen Wurzeln Europas ........ 76

1. Antikes Griechenland – Leben in Städten ........ 78
   Gewusst wie: Eine Textquelle auswerten ........ 80
2. Götter und Helden – Vorbilder für das Leben? ........ 84
3. Griechen im Wettkampf – Olympische Spiele ........ 87
4. Athen auf dem Weg zur Polisgemeinschaft ........ 90
5. Griechen vereint im Kampf gegen die Perser * ........ 93
   Gewusst wie: Geschichtskarten verstehen ........ 96
6. Athen – ein erstes Modell der Demokratie ........ 98

| | | |
|---|---|---|
| 7. | Sosibros – ein Hausherr in Athen | 102 |
| 8. | Sosibros – vom Stolz eines Handwerkers | 106 |
| 9. | Sosibros – Bürger und Soldat | 109 |
| 10. | Griechenland – Wiege europäischer Kultur | 111 |
| 11. | Der Militärstaat Sparta | 114 |
| 12. | Der Krieg zwischen Athen und Sparta * | 117 |
| 13. | Alexander der Große erobert ein Weltreich * | 119 |
| 14. | Hellenismus – wird die Welt griechisch? * | 122 |
| | Lernen lernen: Eine Lernkartei anlegen | 125 |

## Vom Dorf zum Weltreich – Leben im Römischen Reich — 126

| | | |
|---|---|---|
| 1. | Rom – eine Stadt entsteht | 128 |
| 2. | Die Plebejer kämpfen um die Gleichberechtigung | 131 |
| 3. | Wie Rom regiert wird | 135 |
| 4. | Die römischen Adelsfamilien prägen die Republik | 137 |
| | Werkstatt: Die römische „familia" | 140 |
| 5. | So sollten Römer sein | 142 |
| 6. | Rom wird Großmacht | 144 |
| 7. | Die Kriege verändern Rom | 150 |
| 8. | Der Kampf um die Macht bricht aus | 153 |
| 9. | Caesar wird Alleinherrscher | 156 |
| 10. | Augustus wird der erste römische Kaiser | 159 |
| | Gewusst wie: Ein historischer Vergleich | 162 |
| 11. | Unterwegs im alten Rom | 164 |
| 12. | Forum Romanum – Mittelpunkt der antiken Welt | 166 |
| 13. | Die Thermen – Treffpunkt und „Fitnesscenter" | 168 |
| 14. | Kolosseum und Circus Maximus – „Brot und Spiele" für die Römer | 170 |
| 15. | „Domus" oder „insula" – Wohnen in Rom | 173 |
| | Werkstatt: Pompeji – erstarrtes Leben | 176 |
| 16. | Ostia – Waren aus aller Welt | 178 |
| 17. | Werkstatt: Sklaverei im Römischen Reich * | 181 |
| 18. | Die römische Zivilisation im Weltreich | 186 |
| 19. | Römer und Germanen – friedliche Nachbarn? | 189 |
| | Werkstatt: Eine „villa rustica" als Museum | 194 |
| 20. | Eine neue Religion – das Christentum | 196 |
| 21. | Das Römische Reich in der Krise | 199 |
| 22. | Das Christentum wird Staatsreligion | 201 |
| 23. | Der Zusammenbruch des Römischen Reiches | 204 |
| 24. | Die Erben der Antike | 207 |
| | Werkstatt: Olympische Spiele heute | 208 |
| | Lernen lernen: Ein Kurzporträt anfertigen | 211 |

| | |
|---|---|
| Zeittafel | 212 |
| Zusammenfassungen der Kapitel | 214 |
| Verzeichnis der Namen, Sachen und Register | 218 |
| Bildnachweis | 224 |

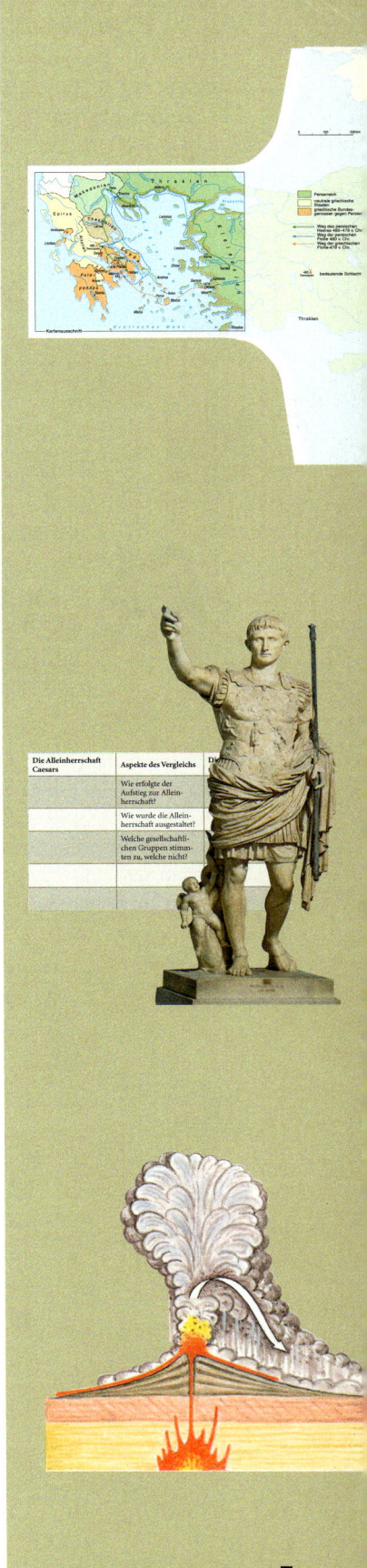

# SO ARBEITEST DU MIT DIESEM BUCH

**Liebe Schülerin, lieber Schüler,**

dein Schulbuch wird dich von nun an im Geschichtsunterricht begleiten. Auf dieser Doppelseite möchten wir dir kurz die unterschiedlichen Seiten und Elemente in „Geschichte und Geschehen" vorstellen. Weil die Vergangenheit so vielschichtig und spannend ist, begegnen dir im Buch verschiedene Medien: Die Bilder, Grafiken und unterschiedlichen Texte stehen beispielhaft für die vielen Wege, auf denen man etwas über die Geschichte erfahren kann, sowie für die Möglichkeit sich mit ihr zu beschäftigen und das Wissen über sie weiterzugeben.

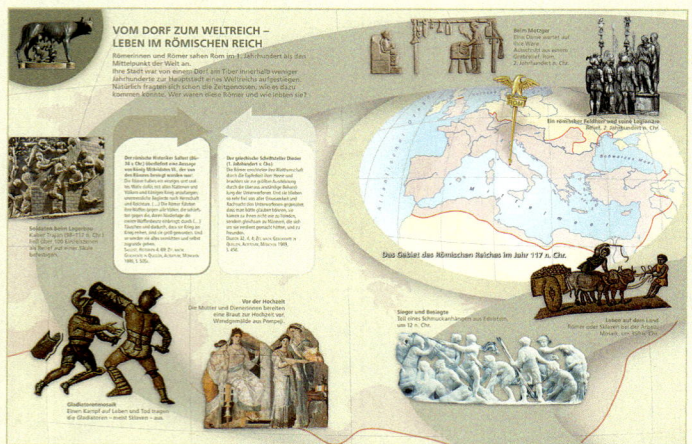

Dieses Buch umfasst fünf Themeneinheiten. Jede beginnt mit zwei besonders gestalteten Seiten, den Auftaktdoppelseiten (ADS). Bilder, Karten, Texte und Grafiken sollen den Spannungsbogen eines Themas aufzeigen und Interesse wecken. Die Auswahl der Materialien gibt dir auch schon einen Hinweis, was in den nachfolgenden Kapiteln behandelt wird.

Die Autoren haben für dich unterschiedliche Materialien zusammengestellt. Mit einem Q sind Quellen (z. B. Texte, Bauwerke, Bilder) gekennzeichnet, die uns unmittelbar über die Vergangenheit Auskunft geben oder bei denen die Menschen aus längst vergangenen Zeiten selbst zu Wort kommen; ein D steht bei Darstellungen (z. B. Schaubilder, Karten), die von heutigen Geschichtsforschern oder von den Autoren dieses Buches geschaffen wurden und die die Verfassertexte ergänzen. Zur besseren Orientierung sind in jedem Kapitel die Quellen und Darstellungen durchnummeriert.

Einige Kapitel beginnen mit einer Zeittafel. Hier findest du die wichtigsten Daten zum Kapitelthema auf einen Blick. Geschichte hat ja etwas mit Zeit zu tun, deshalb braucht man auch Daten, um zu wissen, wie geschichtliche Ereignisse miteinander zusammenhängen, was vorher und was nachher war.

Alle Verfassertexte (VT) haben Schulbuchautoren (meist Lehrerinnen und Lehrer) geschrieben. Die Verfassertexte informieren dich zusammenhängend über geschichtliche Sachverhalte und werden am Rand durch Marginalien gegliedert. Am unterschiedlichen Stil kannst du auch erkennen, wie verschieden Geschichte dargestellt werden kann.

6

Wenn eine Seite „Gewusst wie" heißt und oben einen breiten farbigen Balken hat, weißt du sofort, hier wird eine Methode vorgestellt. Auf diesen Seiten wird gezeigt, wie du an ein bestimmtes Material (Texte, Schaubilder, Karten) herangehst, um ihm Informationen zu entlocken. Natürlich kannst du diese Methode gleich anwenden und selbst probieren.

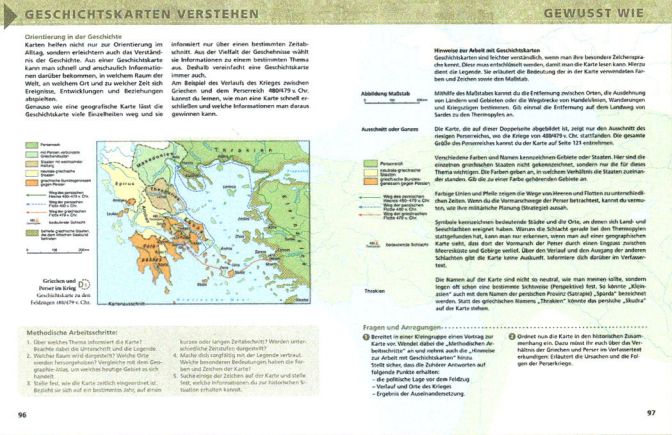

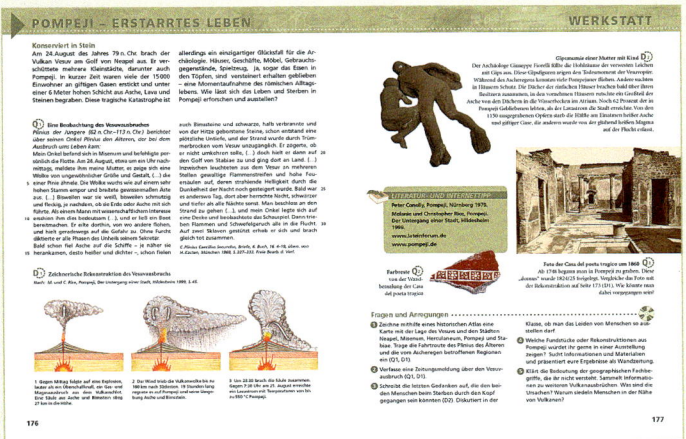

Ebenfalls einen breiten Farbbalken am oberen Seitenrand haben die Werkstattseiten. Dort kannst du, von den Autoren angeleitet, interessante Themen zur Vergangenheit selbst erkunden und erklären. Es bietet sich stets an, dass ihr die Fragen in kleinen Gruppen bearbeitet und löst.

Lernen zu lernen ist mit diesen Seiten einfach. Konkrete Tipps zeigen dir, wie du erfolgreich lernst und dein historisches Wissen behältst.

Kleine Symbole sollen dir helfen, dich in dem Buch leichter zurechtzufinden:

Bis heute streiten sich Menschen über die Geschichte. Mit „kontrovers" sind Texte gekennzeichnet, die sich widersprechen.

Besondere historische Grundbegriffe sind in einem Kasten erklärt. Du findest sie auch, indem du am Ende des Buches im Verzeichnis der Personen, Sachen und Begriffe nachschlägst. Dort sind sie durch fette Buchstaben besonders hervorgehoben.

Das Buch bietet dir Literaturtipps sowie Ideen und Anleitungen für kleine Projekte an.

Zusätzlich gibt es Empfehlungen für die Nutzung des Internets. Auf der Website http://www.klett-verlag.de/gug haben wir weitere Angebote für dich aufbereitet (z. B. Anregungen zum Bauen und Basteln, Linktipps).

Zu welchen Themen es Module auf der Software gibt, erkennst du an der kleinen CD-ROM bei den „Fragen und Anregungen".

7

# VON MENSCHEN, ZEIT UND GESCHICHTE

„Früher war alles anders" – so ähnlich hast du es bestimmt schon einmal von Menschen gehört, wenn sie über die Vergangenheit berichtet haben. Und tatsächlich haben die Menschen mit jedem Tag, der vergangen ist, etwas auf der Erde verändert. Wie sich die Welt im Laufe von Jahrhunderten und Jahrtausenden gewandelt hat, wie die Menschen zu unterschiedlichen Zeiten gelebt haben und warum unser Leben heute so aussieht, wie wir es kennen – damit beschäftigt sich das Fach Geschichte. Die Bilder geben dir einen Eindruck von einigen geschichtlichen Themen. Vielleicht kennst du ja schon manche der Personen, Bauwerke oder Erfindungen?

## Neuzeit

## Mittelalter

## Antike

## Frühe Hochkulturen

## Ur- und Frühgeschichte

# 1. Warum interessiert uns Geschichte heute?

**Herodot schreibt über die Geschichte**

Herodot lebte vor ca. 2500 Jahren in Griechenland und war einer der Ersten, der ein Buch über die Vergangenheit geschrieben hat. Am Beginn seines „Geschichtsbuches" erklärt er: „Herodotos von Halikarnassos gibt hier eine Darlegung seiner Forschungen, damit bei der Nachwelt nicht vergessen wird, was unter Menschen einst geschehen ist; auch soll das Andenken an große und wunderbare Taten nicht erlöschen (…), besonders aber soll man die Ursachen wissen, weshalb die Griechen und die Perser gegeneinander Krieg führten."

**Fragen an die Geschichte**

Herodot erinnerte an ein Ereignis, das für die Griechen eine besondere Bedeutung hatte: die Abwehr eines persischen Angriffs. Vor allem fragte er nach den Gründen, die zum Krieg führten. Menschen zu anderen Zeiten interessierten sich für andere Ereignisse, Entwicklungen oder Personen in der Geschichte. Heute beschäftigen sich Geschichtsforscher mit vielen Themen: Wie haben die Menschen gelebt, als es noch keine modernen Techniken und Erfindungen gab, wie Medikamente, Autos oder Telefone? Seit wann und warum wohnen die Menschen in Städten? Wie haben sie in der Natur gelebt bzw. ihre Umwelt verändert? Wie haben Frauen und Männer, Kinder und Alte, Arme und Reiche ihr Zusammenleben geregelt? Bestimmte ein König oder eine Königin alles oder haben die Menschen ihre eigene Regierung gewählt? Man kann diese Liste beliebig verlängern.

**Aus der Geschichte lernen?**

Wir leben heute und nicht in der Vergangenheit! Wäre es darum nicht sinnvoller, über die Zukunft nachzudenken? Viele der heutigen Probleme haben aber ihre Wurzeln in der Vergangenheit. Durch eine Beschäftigung mit den Ursachen lassen sich oft – aber nicht immer – Lösungen finden. Wenn man etwa wie Herodot die Gründe kennt, warum sich zwei Völker früher in Kriegen bekämpft haben, kann man sich heute dafür einsetzen, dass die Menschen nicht dieselben Fehler noch einmal machen. Aus der Geschichte zu lernen, kann heißen, sich für ein friedliches Zusammenleben von Menschen und Völkern einzusetzen.

**Q1 Radspuren im Stein, Straße bei Bacharach im Hunsrück**

Die Menschen aus früheren Zeiten haben Spuren hinterlassen, die uns etwas über die Vergangenheit sagen können. Häufig übersehen wir sie aber oder können sie nicht deuten. Diese Radspuren könnten zum Beispiel 100, 200 Jahre alt sein – auf den ersten Blick lässt sich das nicht entscheiden. Sie sind aber aus römischer Zeit, also fast 2000 Jahre alt.

## Fragen und Anregungen

1. Nenne mit deinen Worten die drei Gründe Herodots, ein Buch über die Geschichte zu schreiben (VT).

2. Überlege dir mit einem Partner Fragen an die Geschichte: Bei welchen Dingen würdet ihr gern wissen, wie sie entstanden sind? Was interessiert euch an der Vergangenheit am meisten?

3. Suche in deiner Stadt nach Spuren aus früheren Zeiten. Das können alte Häuser, Kirchen, Burgen, Brücken, Straßen usw. sein. Manchmal sind nur Ruinen vorhanden. Bestimme das Alter deines Fundes und beschreibe ihn. Was sagt er über das Leben damals aus?

# 2. Wie finden wir etwas über Geschichte heraus?

**Q1** Ein altes Schulzeugnis

**Quellen erzählen über die Vergangenheit**

Wie bei der Quelle eines Flusses entspringt das Wissen über die Geschichte aus Quellen. Darum wird alles, was von der Vergangenheit übrig geblieben ist oder überliefert wurde, „Quelle" genannt. Wer etwas über die Vergangenheit herausfinden will, ist also auf Quellen angewiesen. Deshalb sind sie das wichtigste Arbeitsmittel von Geschichtsforschern. Anstelle von „geschichtlich" kann man auch das Wort „historisch" verwenden. Der Begriff kommt aus dem Griechischen und Lateinischen. Geschichtsforscher heißen demnach Historikerinnen und Historiker.

**Mündliche und schriftliche Überlieferung**

Wissen über die Vergangenheit wird oft mündlich überliefert. Zeitzeugenbefragungen z. B. sind eine gute Möglichkeit, die Erinnerungen vieler Menschen aufzuzeichnen und damit für die Zukunft zu bewahren. Doch unser Gedächtnis verändert sich ständig: Neues kommt hinzu, Altes vergisst man oder man erinnert sich nur noch ungenau. Oft werden Erzählungen aber auch ausgeschmückt, man übertreibt ein bisschen oder lässt etwas weg. So können sich, absichtlich oder unabsichtlich, Fehler und Ungenauigkeiten einschleichen. Sicherer wurde die Überlieferung, seit die Menschen die Schrift erfunden hatten. Nun konnten sie alles aufschreiben, was ihnen wichtig war, z. B. das Wissen über die eigene Geschichte. Zuerst schrieb man auf Stein und Holz, dann stellten die Ägypter aus der Papyruspflanze eine Schreibgrundlage her; nach dem Papyrus ist das heutige Papier benannt. Das später erfundene Pergament aus dünnen Tierhäuten ist viel kostbarer als Papyrus. Es kann mehr als tausend Jahre lang lesbar bleiben. Schriftliche Quellen haben für die Arbeit der Historikerinnen und Historiker große Bedeutung. Vieles, was sie wissen, haben sie aus ihnen erfahren.

| Textquellen | Bildquellen | Überreste |
|---|---|---|
| Akten | Fotos | Bauwerke |
| Briefe | Gemälde | Gräber |
| Gesetzestexte | Höhlenmalerei | Kleidungsstücke |
| Inschriften | Karikaturen | Möbel |
| Memoiren | Mosaike | Schmuck |
| Tagebücher | | Statuen |
| Urkunden | | Waffen |
| Verträge | | Werkzeuge |
| Zeitungen | | Müll |

**D1** Zeugnisse über die Vergangenheit, hier eine Auswahl.

11

**1 Faustkeil**
aus Feuerstein, gefunden in Frankreich, um 1 Mio. v. Chr.

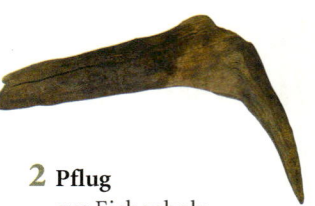

**2 Pflug**
aus Eichenholz, gefunden in Duisburg-Rheinhausen, um 2500 v. Chr.

**3 Leben in einem jungsteinzeitlichen Dorf, Zeichnung**

**Schriftliche Quellen müssen entschlüsselt werden!**

Alte Texte zu lesen ist oft gar nicht so einfach. Zunächst muss man die Schrift entziffern und die alte Sprache verstehen. Manchmal gibt es auch unklare Abkürzungen oder Bezeichnungen, die heute nicht mehr gebraucht werden. Schließlich sind die Texte oft nicht vollständig, weil Teile verloren gegangen sind. Damit möglichst viele Menschen die alten Texte verstehen können, werden Quellen meist bearbeitet; auch viele Quellen in diesem Buch sind gekürzt oder sprachlich vereinfacht worden.

**Bildquellen**

Wichtige Ereignisse wie die Krönung eines neuen Königs haben die Zeitgenossen oder spätere Generationen oft auf Bildern festgehalten. Aber auch aus privaten Gründen haben Menschen Wände bemalt oder Porträts angefertigt. Schriftliche Quellen konnte man immer wieder neu abschreiben, sodass sie erhalten blieben; viele Bilder aber verblassten im Laufe der Jahrhunderte oder wurden zerstört. Sehr alte Bilder sind selten und damit besonders kostbar.
Um aus Bildern etwas über die Geschichte zu erfahren, ist es wichtig, sie genau anzuschauen: Wie hat der Maler das Bild gezeichnet? Was hat er vielleicht nicht dargestellt? Häufig haben Gegenstände, Pflanzen oder Tiere auf Bildern eine besondere Bedeutung, die man erst entschlüsseln muss.

**Fotos – Tonaufnahmen – Filme**

Seit mehr als 150 Jahren können die Menschen fotografieren. Vor ungefähr einem Jahrhundert haben sie außerdem Tonaufnahmen und Filme erfunden. Mit den neuen Techniken entstand eine neue Art von Quellen, in denen nun z. B. längst verstorbene Menschen zu sehen bzw. zu hören waren. Trotzdem berichten auch diese modernen Quellen nur unvollständig von der Vergangenheit. So sieht man in einem Film auch nur das, was die Filmkamera eingefangen hat – alles andere fehlt.

**Überreste**

Alte Gebäude, Geldmünzen, Möbel, Kleidungsstücke und zerbrochenes Geschirr, aber auch ungewöhnliche Funde wie Reste von Mahlzeiten (Knochen oder Getreidekörner) sind Quellen. Alle Gegenstände und Bauwerke, die von der Vergangenheit übrig geblieben sind, bezeichnen Historikerinnen und Historiker als Überreste.

**Die Geschichte darstellen**

Historikerinnen und Historiker müssen wie Detektive arbeiten: Aus verschiedenen Quellen versuchen sie so viele Informationen wie möglich zu sammeln und sie sorgfältig zu prüfen. Die Themen und Ereignisse, über die das Geschichtsbuch berichtet, sind lange Zeit erforscht worden. Viele Forscher haben dabei gegenseitig ihre Ergebnisse immer wieder verglichen. So wird die Wahrscheinlichkeit geringer, dass etwas falsch oder ungenau dargestellt wird. Alles, was Historikerinnen und Historiker über die Geschichte herausbekommen haben, fassen sie am Ende zusammen und präsentieren es anderen interessierten Personen in Büchern, Ausstellungen, Museen oder Filmen.

## Quellen

So werden alle Texte und Gegenstände genannt, die aus vergangenen Zeiten übrig geblieben oder überliefert sind und aus denen sich Kenntnisse über die Vergangenheit gewinnen lassen. Historikerinnen und Historiker unterscheiden mündliche und schriftliche Quellen, Bild-, Ton- und Filmquellen sowie Überreste. Quellen, die in diesem Buch abgedruckt sind, sind mit einem „Q" gekennzeichnet.

## Darstellungen

Das, was man über die Vergangenheit herausgefunden hat, kann auf verschiedene Art und Weise dargestellt werden: Historikerinnen und Historiker schreiben meistens Bücher oder Aufsätze – und so auch Schulbücher. Geschichtliche Ereignisse können auch in Karten, Filmen, Schaubildern oder Tabellen veranschaulicht werden. Solche Darstellungen erkennst du in diesem Buch an einem „D". Darstellungen wie die Verfassertexte dieses Geschichtsbuches zeigen auch, wie die Autoren über die Geschichte denken.

4 Heutige Straßenansicht in Pompeji nach den Ausgrabungen

5 Szene aus dem Spielfilm „Die letzten Tage von Pompeji" von 1959

## Fragen und Anregungen

1. Beschäftigt man sich mit der Vergangenheit, nimmt man die Informationen aus ganz unterschiedlichen Medien auf. Historiker erkennen sofort, ob sie eine Quelle oder eine Darstellung vor sich haben. Diese Unterscheidung zeigen wir in deinem Geschichtsbuch, indem wir alle Quellen mit einem Q und alle Darstellungen mit einem D gekennzeichnet haben. Auf dieser Seite findest du Materialien zu zwei Themen, mit denen du dich später noch beschäftigen wirst: zur Steinzeit und zur römischen Stadt Pompeji. Hier fehlen die Angaben Q und D noch. Entscheide, welche Materialien mit einem Q, welche mit einem D versehen werden müssen.

2. Untersuche das Zeugnis (Q1) und vergleiche es mit deinem eigenen und den Zeugnissen deiner Eltern.

3. Ein Historiker möchte in 100 Jahren etwas über dein Leben erfahren. Welche Quellen kann er nutzen? Was könnte er herausfinden?

# ZEITZEUGEN BEFRAGEN

## Zeitzeugen erinnern sich

Auf den ersten Blick ist besonders die Vergangenheit interessant, die noch nicht allzu lange von unserer Gegenwart entfernt ist. Wer sich mit einem geschichtlichen Zeitraum beschäftigt, der noch nicht so lange zurückliegt, kann Menschen befragen, die damals schon gelebt haben. Man nennt sie „Zeitzeugen", da sie eigene Erinnerungen mitteilen können. Zeitzeugeninterviews eignen sich gut, um mehr über den Alltag der Menschen früher herauszubekommen. Wie du selbst eine Zeitzeugenbefragung zum Thema „Familienleben im Wandel der Zeit" machen kannst und worauf du dabei achten solltest, erfährst du auf dieser Seite.

### Q1 Familienleben früher und heute

*Herr Karo ist 68 Jahre alt und Rentner. Über die Familie berichtet er:*

Früher war die Welt noch in Ordnung: Der Mann hatte seine Arbeit, dann wurde geheiratet und es kamen Kinder. Die Mutter war zu Hause und kümmerte sich um die Erziehung. Das bedeutet für mich „Familie". Heute lebt jeder mit jedem zusammen, wie er will. Und wenn's einem nicht mehr passt, haut man einfach ab. Außerdem wollen alle nur viel Geld verdienen. Wie die Kinder klar kommen, ist ihnen meistens egal. Das kann nicht gut gehen!

Zit. nach: Bundeszentrale für politische Bildung (Hg.), Informationen zur politischen Bildung 206, Die Familien in der Bundesrepublik Deutschland, Bonn 1985, S. 2.

### Q2 Familie eines Zigarrengroßhändlers vor ca. 100 Jahren
Foto, um 1910.

### Q3 Eine Familie vor 40 Jahren
Alltag beim Abendessen. Foto, um 1960.

### Q4 Eine Familie heute
Vorbereitungen zum Essen. Foto, um 1999.

# GEWUSST WIE

75 Jahre … 12 Jahre

**D1  Generationen einer Familie**
In jeder Familie werden Ereignisse aus der eigenen Geschichte mündlich weitergegeben. Das Schaubild zeigt, wie weit die persönliche Erinnerung von Zeitzeugen normalerweise zurückreicht. Wie weit geht die Erinnerung in deiner Familie zurück?

## Methodische Arbeitsschritte:

**Vorbereitung:**
1. Überlege, welche Person etwas über ein von dir gewähltes Thema berichten kann.
2. Formuliere deine Fragen und überlege, in welcher Reihenfolge du sie stellen willst.
3. Sollen Tonband oder Kamera mitlaufen oder reichen Stichwortnotizen? Wer soll mitschreiben?

**Tipps zur Gesprächsführung:**
4. Bleibe während des Interviews freundlich und ruhig. Du kannst das Gespräch auch mit einem oder zwei Mitschülern führen; mit einer größeren Gruppe solltest du einen Zeitzeugen aber nicht „überfallen".
5. Auf viele Fragen kann man nur „Ja" oder „Nein" antworten. Formuliere darum lieber offene Fragen, z.B.: „Wie waren die Aufgaben in Ihrer Familie früher verteilt?"
6. Manchmal kommen Zeitzeugen „ins Erzählen". Oft sind „Abschweifungen" interessant. Versuche jedoch immer die Erzählenden durch deine Fragen zum Thema zurückzuführen.
7. Wenn du die Reihenfolge deiner Fragen ändern musst oder nicht alle Fragen stellen kannst: Überlege, welche Fragen am wichtigsten sind.

**Das Gespräch auswerten:**
8. Ordne deine Aufzeichnungen und ergänze, was du nicht mitschreiben konntest und welche neuen Fragen sich aus dem Gespräch ergeben haben.
9. Vergleiche die Interviewaussagen mit Darstellungen in Geschichtsbüchern oder auf alten Fotos.
10. Nun solltest du die Ergebnisse deinen Mitschülern präsentieren. Finde dafür eine geeignete Form.

## Fragen und Anregungen

1. Befrage deine Eltern oder Großeltern zu ihrer Familiengeschichte. Du kannst das Interview mit der Aussage von Herrn Karo (Q1) beginnen. Bitte deinen Gesprächspartner, sich dazu zu äußern.
2. Beschreibe die Fotos aus den verschiedenen Zeiten (Q2–4). Was kannst du daraus über das Familienleben früher und heute ablesen?
3. Vergleiche die Ergebnisse deines Interviews mit den Informationen, die du aus den Fotos herausbekommen hast (Q2–4). Wo gibt es Gemeinsamkeiten, wo Unterschiede?
4. Fasse zusammen, was das Familienleben früher von heute unterschied. Diskutiert in einem Streitgespräch in der Klasse die Ansicht von Herrn Karo: „Früher war die Welt noch in Ordnung" (Q1).
5. Ganz gewöhnliche Frauen und Männer können genauso Zeitzeugen sein wie bedeutende und berühmte Persönlichkeiten (z.B. Politiker oder Künstler). Überlege, welche Personen über welche Themen etwas berichten können.
6. Stelle in einer Tabelle Vor- und Nachteile von Zeitzeugenbefragungen zusammen.

# 3. Orientierung in der Geschichte – Zeitrechnung und Epochen

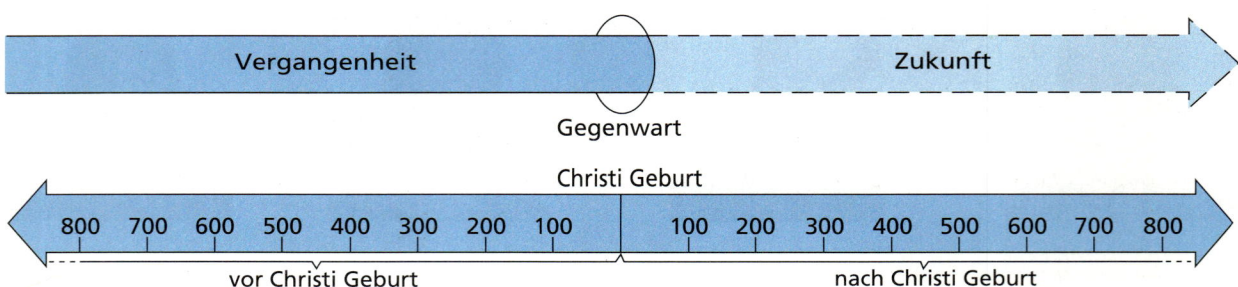

**D1** Zeitleisten zum „Strom der Zeit" (oben) und zur christlichen Zeitrechnung (unten)

**Leben mit und in der Zeit**

Heute morgen um sieben Uhr hat Sarahs Wecker geklingelt. Gleich – genau gesagt, in einer Stunde – ist sie mit ihrer Freundin verabredet. Sie wollen besprechen, was sie in den Ferien unternehmen könnten, die in drei Wochen beginnen. Die Zeit dient den Menschen als Orientierung im Alltag, aber niemand kann sie anhalten oder die Uhr zurückdrehen. Und so entscheidet sich an der Zeit, ob etwas schon Vergangenheit ist, zur Gegenwart gehört oder noch in der Zukunft liegt.

**Zeitrechnung: Ordnung für die Vergangenheit**

Zeit kann man messen. Aus der Beobachtung der Natur haben die Menschen eine Einteilung der Zeit in Jahre, Monate und Tage abgeleitet: Die Zeit, die vergeht, bis die Erde einmal um die Sonne gekreist ist, beträgt ein Jahr. Nach den zwölf Mondphasen wurden die Monate festgelegt – so entstand der Kalender.
Zeit- und Jahresangaben erleichtern nicht nur den Alltag, sondern auch den Überblick in der Vergangenheit: Lebte Caesar früher oder später als Karl der Große? Wann fuhr Kolumbus Richtung Amerika – vor oder nach dem Dreißigjährigen Krieg? Was wurde eher erfunden, das Auto oder die Eisenbahn? Um vergangene Ereignisse ordnen zu können oder anzugeben, wann eine historische Person genau gelebt hat, benutzen die meisten Menschen eine Zeitrechnung, die Chronologie.
Die Zeitrechnung, die wir benutzen, beginnt mit dem Jahr, in dem Jesus Christus geboren worden sein soll. So können wir z.B. schreiben, dass der Römer Julius Caesar im Jahr 44 vor Christus (abgekürzt 44 v.Chr.) ermordet wurde.
Für längere Zeiträume gibt es eine besondere Schreibweise: Die ersten 100 Jahre, also die Jahre 1, 2, 3 bis 100 – ein Jahr 0 gibt es nicht – werden als das erste Jahrhundert bezeichnet. Damit ist die Zeit von 101–200 das zweite Jahrhundert und das 21. Jahrhundert, in dem wir leben, umfasst die Jahre von 2001–2100.

## Chronologie

(griech.: „chronos", d.h. Zeit) ist die Lehre von der Zeitrechnung. Die Chronologie bringt eine Ordnung in die Geschichte. Mit ihrer Hilfe kann man beschreiben, in welcher zeitlichen (chronologischen) Reihenfolge geschichtliche Ereignisse passiert sind. So werden Zusammenhänge zwischen verschiedenen Entwicklungen deutlich. Zeitrechnungen unterteilen die Vergangenheit durch eine Jahreszählung. Die meisten Zeitrechnungen beginnen an einem bestimmten Zeitpunkt, von dem aus die Jahre vor und zurück gezählt werden.

Die christliche Zeitrechnung wird heute von den meisten Menschen benutzt. Doch andere Kulturen oder Religionen rechneten lange Zeit nicht vom Jahr der Geburt Christi aus, sondern nahmen andere Zeitpunkte als Ausgang ihrer Zählung.

**Viele Kulturen – verschiedene Zeitrechnungen**

- Die Römer der Antike, die ja vor Christi Geburt lebten, rechneten von dem Zeitpunkt aus, an dem der Sage nach die Stadt Rom gegründet wurde. Nach unserer Zeitrechnung entspricht das dem Jahr 753 v. Chr. Nach römischer Zeitrechnung wurde Caesar also im Jahr 709 ermordet.
- Einen noch früheren Zeitpunkt nehmen die Juden als Ausgang ihrer Zeitrechnung, 3761 v. Chr. nach unserer Zeitrechnung. Für dieses Jahr hatte ein jüdischer Schriftgelehrter die Erschaffung der Welt errechnet. Der 1. Januar 2000 war nach dem jüdischen Kalender der 23. Tevet 5760.
- Die islamische Zeitrechnung beginnt erst mit dem Jahr 622 n. Chr., als der Prophet Mohammed nach Medina floh. Und so schrieben Muslime am 1. Januar 2000 den 24. Ramadan 1420.
- Es gibt auch Kulturen, die gar keinen Beginn für ihre Zeitrechnung kennen. Dann kann es Zeitangaben geben wie „im 5. Jahr der Herrschaft des Königs Wiedemund".

Seit jeher bemühen sich Historiker, die vielen verschiedenen geschichtlichen Ereignisse, Personen, Daten und Fakten nicht nur in die richtige chronologische Reihenfolge zu bringen, sondern auch in größeren Abschnitten zusammenzufassen. Europäische Historikerinnen und Historiker haben die Geschichte darum in Zeitalter eingeteilt, die historischen Epochen:

**Historische Epochen**

- Die **Ur- und Frühgeschichte** fängt mit der Entstehung der Welt an. In diese Epoche gehören die ersten Tiere und die ersten Menschen.
- Das **Altertum** beginnt mit dem Zeitpunkt, seit dem es die ersten schriftlichen Aufzeichnungen aus der Vergangenheit gibt (ca. 3000 v. Chr.). Zu dieser Zeit gehören die ersten Staaten, z. B. in Ägypten. Die Zeit der Griechen und Römer wird **Antike** genannt. Das Altertum (Antike) endet mit dem Zerfall des römischen Weltreiches um ca. 500 n. Chr.
- Das **Mittelalter** reicht vom Ende der Antike bis etwa zum Jahr 1500 n. Chr.

**Q1 Die Zeitrechnung der Azteken im heutigen Mexiko, 15. Jahrhundert**

Die Azteken glaubten, die Welt sei viermal erschaffen worden und wieder untergegangen, sie lebten im fünften Weltzeitalter. In der aztekischen Zeitrechnung bestand ein Jahrhundert aus 52 Jahren und ein Jahr aus 18 Monaten mit je 20 Tagen. Wenn ein Jahrhundert zu Ende ging, feierten die Azteken den Abschied. In Skulpturen wie diesem Zeitbündel (links) stellten sie den Tod des vergangenen Jahrhunderts dar. Die Mitte des Kalendersteins (rechts) zeigt das Gesicht ihres Sonnengottes. Um ihn herum sind in eckigen Rahmen die vier untergegangenen Welten dargestellt. Außerdem enthält der Stein Zeichen für die Tage eines Monats. Die steinerne Scheibe hat einen Durchmesser von vier Metern.

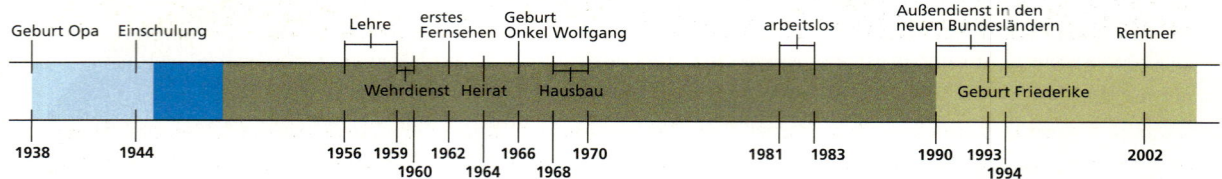

**D2** Zeitleiste zu den historischen Epochen

– Dem Mittelalter schließt sich die **Neuzeit** an, die bis in die Gegenwart reicht. Die Neuzeit dauert mittlerweile schon mehr als 500 Jahre und vieles hat sich seither verändert. Daher wird sie genauer unterschieden: Etwa bis zum Jahr 1789 n. Chr., in dem die Französische Revolution begann, reicht die „Frühe Neuzeit". Die Zeit seitdem wird „Neueste Zeit" genannt und die Zeit, in der wir heute leben, heißt „Zeitgeschichte".

**Wann beginnt und wann endet eine Epoche?**

Die Übergänge zwischen den einzelnen Epochen sind nicht immer genau festzulegen. Historikerinnen und Historiker orientieren sich darum an Ereignissen oder Entwicklungen, die den Verlauf der Geschichte besonders stark verändert haben. Dazu gehörten z. B. die Amerikafahrt von Christoph Kolumbus, die Erfindung des Buchdrucks oder die Spaltung der Christen in Katholiken und Protestanten zur Zeit von Martin Luther. Alle diese Entwicklungen ereigneten sich kurz vor oder nach dem Jahr 1500; darum meinen die meisten Historiker, dass um dieses Jahr herum das Mittelalter endete und die Frühe Neuzeit begann. Schon oft hat es Kritik an der Einteilung der Epochen gegeben und es wurden auch andere Vorschläge gemacht. Bis jetzt hat sich aber keine andere Einteilung als sinnvoll erwiesen, und so sind die meisten Historiker dabei geblieben.

**D3** Zeitleiste zur Familiengeschichte

Auch die Geschichte einer einzigen Person kann man in einer Zeitleiste darstellen. Hier wurden die wichtigsten Daten und Abschnitte im Leben des Opas eingezeichnet. Außerdem sind verschiedene Abschnitte der Neuesten Geschichte und der Zeitgeschichte farbig markiert.

## Fragen und Anregungen

1. Rechne aus, in welchem Jahr du nach jüdischer Zeitrechnung geboren wurdest. Die Umrechnung in die islamische Zeitrechnung ist etwas komplizierter, es gilt diese Faustformel:
islamisches Jahr = (christliches Jahr − 622) × 1,03.

2. Erkläre, welchen Einfluss der Glaube der Menschen auf die Zeitrechnung hat (VT, Q1).

3. Beschreibe, welche Bedeutung bestimmte religiöse Ereignisse und Vorstellungen für die verschiedenen Zeitrechnungen hatten (VT, Q1).

4. Zeichne ein Bücherregal mit sechs Fächern: Vorgeschichte, Altertum (Antike), Mittelalter, Frühe Neuzeit, Neueste Zeit und Zeitgeschichte. Trage Personen oder Ereignisse, von denen du schon gehört hast, in die Fächer ein. Wenn du nicht sicher bist, in welcher Zeit die Personen gelebt haben oder wann ein Ereignis genau stattfand, kannst du in einem Lexikon nachschlagen.

5. Zeichne selbst eine kleine Zeitleiste mit den wichtigsten Daten aus deiner Familiengeschichte.

# Eine Zeitleiste erstellen

Im Verlaufe des Geschichtsunterrichts wirst du dich mit einer Vielzahl von Ereignissen beschäftigen und eine Reihe von Personen in ihrer Zeit kennen lernen. Damit dir das Lernen im Fach Geschichte leichter fällt, solltest du selber Zeitleisten entwickeln.

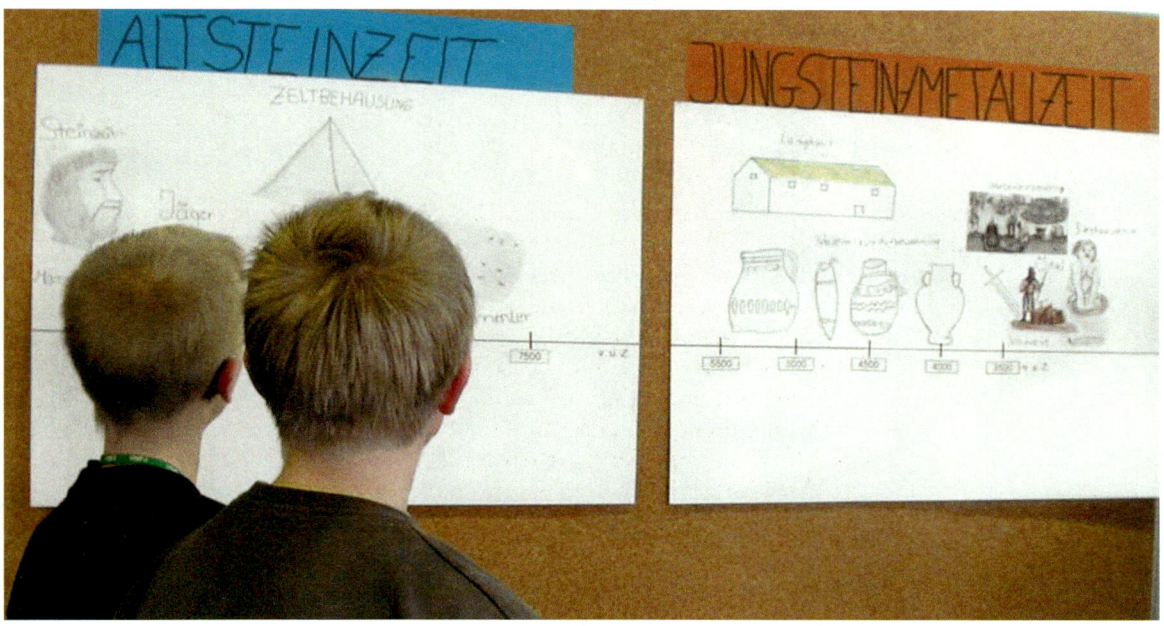

**Zeitleiste der Klasse 6a des Kopernikus-Gymnasiums, Niederkassel. Foto, 2002.**

Zeitleisten veranschaulichen den Ablauf der Zeit und dienen als Gedankenstütze. Sie können unterschiedlich aussehen. Oft zeichnet man auf ein Blatt Papier einen Pfeil von links nach rechts oder von unten nach oben und dazu schreibt man Jahreszahlen als Orientierungshilfe. Es gibt aber auch Zeitleisten auf Plakaten, als Tabellen, im Internet usw. Günstig ist, wenn du mit einer Gruppe oder der ganzen Klasse eine Zeitleiste für euren Klassenraum gestaltest.

Ein Problem stellt sich bei der Entwicklung einer Zeitleiste, wie immer sie auch gestaltet sein mag: die Frage des Maßstabs. In einer Zeitleiste könnt ihr gleiche Zeiträume immer durch gleiche Abstände abbilden oder auch nicht. Ihr müsst deshalb vor Beginn der Arbeit entscheiden, bei welcher Jahreszahl eure Darstellung beginnen und wo sie enden soll. Die Zeitleiste kann nicht nur das Nacheinander von Geschichte anschaulich machen. Es ist auch möglich, das Nebeneinander festzuhalten. Wenn beispielsweise in derselben Zeitleiste dargestellt wird, was gleichzeitig in Deutschland und in China passierte, wird sichtbar, dass in denselben Zeiträumen an verschiedenen Orten ganz Unterschiedliches geschah.

Bei der Themeneinheit „Von Menschen, Zeit und Geschichte" entwickelt ihr eine Zeitleiste zu den Epochen der Menschheitsgeschichte. Eure Zeitleiste sollte bis ins Jahr 2000 gehen. Folgende Epochenbegriffe müssen vorkommen: Ur- und Frühgeschichte, Altertum (Antike), Mittelalter, Frühe Neuzeit, 19. Jahrhundert, 20. Jahrhundert. Eure Zeitleiste kann nur ausgewählte Ereignisse darstellen. Achtet darauf, dass ihr nicht ausschließlich politische Ereignisse abbildet, sondern z. B. auch wirtschaftliche oder technische Aspekte berücksichtigt. Außerdem solltet ihr noch Menschen eurer Wahl auf der Zeitleiste „einordnen". Die Zeitleiste wird sofort attraktiver, wenn ihr Bilder aufklebt oder selbst Zeichnungen anfertigt.

# DIE FRÜHZEIT DES MENSCHEN

Unsere nächsten Verwandten sind die Affen. Diese Einsicht löste noch vor 150 Jahren bei den meisten Menschen einen Schock aus. Heute sehen wir unsere Herkunft gelassener. Trotzdem interessiert uns noch immer, wie sich der Mensch entwickelt hat, wie Steinzeitmenschen für ihr Überleben sorgten, welche Rolle die Natur dabei spielte, wie sich Frauen und Männer die Arbeit teilten oder wie Erfindungen das Leben verändert haben. Hier kannst du herausfinden, wie sich der Mensch über die Erde verbreitete, und du findest Hinweise auf die Lebensweise der frühen Menschen.

### Nordamerika
Pfeilspitzen und Schneidwerkzeuge der Großwildjäger, um 10 000 v. Chr.

## DIE UHR DES LEBENS

| | | |
|---|---|---|
| 0 UHR | DIE ERDE ENTSTAND VOR 4,5 MILLIARDEN JAHREN ALS FEUERBALL UND KÜHLTE SICH LANGSAM AB. | |
| 1 UHR | DIE ERDE GLÜHT WEISS. | |
| 4 UHR | SIE GLÜHT GELB. | |
| 8 UHR | SIE GLÜHT ROT. | |
| 8–9 UHR | DIE ERDE BILDET ERSTE KRUSTEN. | |
| 12 UHR | KRUSTENBILDUNG BEENDET | |
| 13–14 UHR | DIE OZEANE ENTSTEHEN. | |
| 18–19 UHR | ERSTE LEBEWESEN ENTWICKELN SICH IM WASSER. | |
| 21.20 UHR | ERSTE PFLANZEN | |
| 21.30 UHR | ERSTE LANDTIERE | |
| 21.50 UHR | GLIEDERTIERE GEHEN AN LAND. | |
| 22.10 UHR | WÄLDER VERSINKEN IM SUMPF. | |
| 22.45 UHR | ERSTE VÖGEL | |
| 22.55– 23.41 UHR | SAURIER-ZEIT | |
| 23.59 UHR | FRÜHE MENSCHEN IN AFRIKA | |
| 1 SEKUNDE VOR 24 UHR | EISZEIT: VORFAHREN DES MODERNEN MENSCHEN BESIEDELN DIE GANZE BEWOHNBARE ERDE. | |

## Die Ausbreitung des Menschen über die Erde
Zahlenangaben in Jahren vor heute

- - - 600 000 → Homo erectus
- - - 11 000 → Homo sapiens

# 1. Archäologie – der Geschichte auf der Spur

**Fundstelle des „Ötzi" Q1 am Hauslabjoch**
Schon einen Tag nach ihrer Entdeckung war die Gletschermumie bis zur Hüfte freigelegt worden. Foto vom 20. Oktober 1991, Landesgendarmeriekommando für Tirol.

**Ein sensationeller Fund**

Donnerstag, der 19. September 1991. „Das ist doch eine Leiche!" Beim Wandern in den Ötztaler Alpen entdeckt das Ehepaar Simon einen Toten. Er liegt 3200 m hoch im Gletschereis einer Felsmulde. Kopf und Oberkörper ragen aus dem Eis heraus. Die Polizei wird alarmiert, eine Bergungsmannschaft ausgesendet. Alle gehen davon aus, dass hier ein Bergsteiger verunglückt ist – vor 50 oder sogar vor 100 Jahren. Aber bei dem Toten findet man eine Reihe seltsamer Gegenstände, die nicht zu dieser Vermutung passen. Vier Tage nach dem Fund wird die Leiche mit dem Hubschrauber nach Innsbruck transportiert. Als Wissenschaftler sie zum ersten Mal genauer untersuchen, ist die Sensation da: „Ötzi", wie die Gletscherleiche bald genannt wird, ist etwa 5400 Jahre alt.

**Was wir über „Ötzi" wissen**

Inzwischen haben die Wissenschaftler viel über „Ötzi" herausgefunden. Er war ca. 1,60 m groß, wog 40 kg und hatte dunkles Haar. Als er starb, war er etwa 45 Jahre alt. Lange war die Todesursache unbekannt. Inzwischen gehen Wissenschaftler davon aus, dass „Ötzi" von einem Pfeil tödlich getroffen wurde. Aus seiner Ausrüstung lässt sich viel über seine Lebensweise erkennen, z. B. aus dem Grasmantel. Nach dem Abtransport der Leiche wurde die Fundstelle noch einmal genau untersucht. Dabei haben die Forscher drei Reststücke von Grasgeflechten entdeckt. Zuerst nahmen sie an, diese stammten von einer Matte. Aber dann stellte sich heraus, dass die Stücke zu einem aus Gras geflochtenen ärmellosen Umhang gehörten. Er bedeckte den ganzen Oberkörper. Vorne war er offen. Solche Gras- oder Strohmäntel wurden noch bis vor hundert Jahren von Hirten als Regenschutz getragen. Wie sich aus Funden Schlüsse auf das Aussehen und die Lebensweise der frühen Menschen ziehen lassen, kannst du mit den folgenden Materialien selbst ausprobieren.

## Archäologie

Archäologinnen und Archäologen suchen nach den Überresten vergangener Zeiten. Das können Knochen, Mauern, Steine, Reste von Geräten oder sogar Körner und Pflanzenreste sein. Aus ihren Funden versuchen sie Schlüsse auf die Lebensweise der Menschen damals zu ziehen. Die meisten Archäologen spezialisieren sich auf eine bestimmte Epoche, z. B. auf die Vorgeschichte, die Antike oder das Mittelalter.

## „Ötzis" Ausrüstung

Viele Gegenstände sind bei „Ötzi" gefunden worden. Hier seht ihr eine Auswahl:

Q2, Q3, Q4, Q5, Q6, Q7, Q8, Q9

**So könnte „Ötzi" ausgesehen haben.** D1
Nach den Funden im Eis haben Archäologen dieses Modell angefertigt. Rekonstruktion, Südtiroler Archäologiemuseum.

### LITERATURTIPP

**„Ötzi" – Der Mann aus dem Eis**
*Zahlreiche Abbildungen zeigen „Ötzis" Weg von der Fundstelle bis zur Ausstellung und Vermarktung der Mumie.*
**Gudrun Sulzenbacher, Die Gletschermumie. Mit „Ötzi" auf Entdeckungsreise durch die Jungsteinzeit, Wien/Bozen 2000, 64 Seiten, 300 Abbildungen.**

### Fragen und Anregungen

1. In der Bildlegende zu Q1 und im Verfassertext findest du Hinweise zu der Stelle, an der die Leiche von „Ötzi" gefunden wurde. Schlage in einem Atlas nach.

2. Versuche die Gegenstände, die „Ötzi" bei sich hatte, zu benennen (Q2–9).

3. Erläutere, wozu „Ötzi" die Gegenstände vermutlich gebraucht hat, und überlege, warum sie gerade aus diesen Materialien gefertigt waren.

4. Was war „Ötzi" von Beruf? Forscher vermuten, er könne Hirte, Jäger, Erzsucher oder Feuersteinhändler gewesen sein. Überprüfe noch einmal seine Ausstattung. Begründe, welche Annahme du für die wahrscheinlichste hältst.

5. Listet auf, was ihr heute als Ausstattung für eine längere Bergwanderung in solcher Höhe mitnehmen würdet. Erörtert gemeinsam: Wie zweckmäßig war „Ötzis" Ausrüstung?

# FORSCHEN WIE DIE ARCHÄOLOGEN

**Wie Archäologen mit einem Fund umgehen**

Um Genaueres über das Leben der Menschen vor mehreren hundert oder tausend Jahren zu erfahren, sind wir auf die Erkenntnisse von Archäologen angewiesen. Ihr Beruf ist das Ausgraben, Auswerten und Bewahren geschichtlicher Funde. Welche Arbeitsschritte gehören im Einzelnen zur Archäologie? Mit welchen Methoden werten die Wissenschaftler ihre Funde aus? Hier kannst du selbst ausprobieren, wie man als Archäologin oder Archäologe mit Funden umgeht.

Bei der Auflistung der verschiedenen Arbeitsschritte ist uns einiges durcheinander geraten.

**D2** Wenn Archäologen einen Fund aus der Erde holen, müssen sie sehr vorsichtig sein, damit nichts zerbricht. Jedes Stück wird mit einer Nummer versehen und sicher verpackt.

**Q10** **Ausgrabung eines römischen Kastells am Limes,** erbaut um 100 n. Chr. bei Hanau (Hessen), Foto 2001.

**D7** Zunächst müssen die Fundstücke gereinigt werden. Dann versuchen die Archäologen, den Gegenstand so wieder zusammenzusetzen, wie er im Original gewesen ist. Fehlende Teile kann man ergänzen. Haben Forscher nur wenige Bruchstücke gefunden, können sie in einer Zeichnung oder einem Modell zeigen, wie der Gegenstand vermutlich ausgesehen hat.

**D3** Wenn die Untersuchungen abgeschlossen sind, kann der Fund ausgestellt werden, z. B. in einem Museum. Dazu wird er mit Erläuterungen versehen. Weil es aber so viele Funde gibt, werden die meisten in den Depots (Aufbewahrungsräumen) von Museen und Forschungseinrichtungen gelagert.

**D4** Mit verschiedenen Untersuchungsmethoden versuchen die Forscher herauszufinden, wie alt der Fund ist, wie und wo er hergestellt wurde, wozu er gedient und wer ihn benutzt hat. Manche Antwort ergibt sich dadurch, dass man den neuen Fund mit älteren vergleicht. Zum Schluss werden alle Forschungsergebnisse zusammengefasst.

**D5** Funde können – wie „Ötzi" – zufällig entdeckt werden. Oft geschieht das bei Bauarbeiten, etwa wenn die Baugrube für ein Haus ausgeschachtet wird. Man kann auch gezielt nach Funden suchen. Wälle oder Terrassen deuten darauf hin, dass an diesem Ort früher Menschen gelebt haben. Mithilfe von Luftaufnahmen lassen sich alte Grundrisse auf einer Wiese oder einem Feld erkennen – sogar unter der Oberfläche. Suchgeräte zeigen Metallgegenstände im Boden an.

**D6** Ein Fund kann ganz unterschiedliche Größen haben – vom Geldstück bis zum Haus. Immer ist es wichtig, alle Teile so freizulegen, dass ihre ursprüngliche Lage erhalten bleibt. Deshalb schaufeln Archäologen nicht einfach drauflos, sondern arbeiten sehr vorsichtig. Sie tragen den Boden Schicht für Schicht ab, benutzen sehr feine Werkzeuge wie Pinsel und sieben die Erde, um auch Kleinigkeiten zu finden.

**D8** Haben die Forscher den Fund erst einmal aus der Erde herausgeholt, kann keiner mehr erkennen, wo genau die einzelnen Teile gelegen haben. Deswegen müssen die Archäologen durch Messungen, Fotos und Zeichnungen genau festhalten, wo was gefunden wurde.

# WERKSTATT

## Archäologische Forschungsmethoden

### Vergleich von Technik, Stil und Lage

Anhand von Material und Form können Wissenschaftler Fundgegenstände zeitlich einordnen. Eisenwerkzeuge z. B. gibt es erst seit ca. 750 v. Chr. Gefäße weisen Verzierungen auf, die für eine Zeit und bestimmte Orte oder Gruppen von Menschen typisch sind. Auch aus der Lage von Gegenständen können Forscher auf ihr Alter schließen. Oft werden Gegenstände in verschiedenen Schichten übereinander gefunden. Normalerweise sind die tiefer liegenden Schichten immer älter als die höheren.

### Naturwissenschaftliche Untersuchungsmethoden

Mit physikalischen und chemischen Methoden wie z. B. der Radiokarbonanalyse (siehe Aufgabe 4) oder der Pollenanalyse kann man das Alter verschiedener Materialien bestimmen, z. B. von Knochen, Pflanzenresten, Leder oder Keramik.

### Dendrochronologie (Altersbestimmung von Hölzern)

Wenn Bäume zwischen Frühjahr und Spätsommer wachsen, entstehen die so genannten Jahresringe. Ihre Breite hängt davon ab, wie viel der Baum innerhalb des Jahres gewachsen ist. Trockene Sommer ergeben schmale, feuchte Sommer breite Jahresringe. Die Reihenfolge schmaler und breiterer Jahresringe ist bei allen Bäumen einer Gegend gleich, weil sie dem gleichen Wetter ausgesetzt sind. Wenn man eine lange Reihe immer älterer Bäume und Hölzer miteinander vergleicht, bekommt man einen lückenlosen „Baumringkalender". Jedes neu gefundene Holz, z. B. Pfähle eines alten Hauses, kann mithilfe dieses Kalenders zeitlich eingeordnet werden; denn man kann herausbekommen, wie alt der Baum war, als er gefällt wurde.

**Q11 Luftbildarchäologie**
Durch Luftaufnahmen kann man Reste von Bauten erkennen, auch wenn sie unter der Erdoberfläche liegen. Über Gruben oder Gräben ist der Bewuchs (Wiese, Getreide) höher, denn der tiefere Boden bietet den Pflanzen mehr Nährstoffe; bei Mauerresten ist es umgekehrt. Links siehst du die Luftaufnahme eines römischen Gutshofes in Hessen.

## Fragen und Anregungen

1. Bringe die archäologischen Arbeitsschritte (D2–8) in die richtige Reihenfolge und ordne die Überschriften zu: restaurieren und wiederherstellen, dokumentieren, freilegen, suchen, wissenschaftlich untersuchen, präsentieren, bergen.

2. Bildet Gruppen von ca. fünf Personen. Jede Gruppe vergräbt für eine andere in der Sprunggrube des Sportplatzes oder an einem anderen geeigneten Ort einen Fund (z. B. Scherben eines Blumentopfes). Der Fund kann auch unvollständig sein. Die „Forschergruppe" hat die Aufgabe, den Fund nach den einzelnen Schritten (D2–8) zu sichern.

3. Versuche auf der Luftaufnahme Haupt- und Nebengebäude sowie Mauerreste zu unterscheiden (Q11). Fertige eine Nachzeichnung an und beschrifte sie.

4. „Ötzis" Alter haben Wissenschaftler mit der C14-Methode bestimmt. Finde in der Linksammlung (www.klett-verlag.de/gug) heraus, wie diese Methode funktioniert.

# 2. Die Entstehung des Menschen

| vor ca. 4,5 Mrd. Jahren | Die Erde entsteht als glühender Gasball, der sich langsam abkühlt. 500 Mio. Jahre später bildet sich eine dünne Kruste. |
|---|---|
| vor ca. 3,5 Mrd. Jahren | In den Meeren entsteht das erste Leben. |
| vor ca. 400 Mio. Jahren | Auch auf dem Land gibt es Leben. |
| vor ca. 245 Mio. Jahren | Die Dinosaurier entwickeln sich. |
| vor ca. 65 Mio. Jahren | Die Dinosaurier sterben aus. Die Säugetiere entwickeln sich. |
| vor ca. 8 Mio. Jahren | Vorfahren des Menschen beginnen sich zu entwickeln. |
| vor ca. 4 Mio. Jahren | Die ersten menschenartigen Wesen gehen aufrecht. |
| vor ca. 40 000 Jahren | In Europa breitet sich der Homo sapiens aus. |

**Fußabdrücke des „Australopithecus afarensis"** Q1
Zu dieser Menschengattung gehörte auch „Lucy". Die Fußabdrücke entdeckten Archäologen 1978 in Laetoli in Tansania.

**„Lucy" – Mensch oder Affe?**

Das erste, was sie fanden, war ein Teil des Unterarms. Als Nächstes entdeckten sie den Unterkiefer. Vor lauter Begeisterung gaben sie ihrem Fund einen Namen: „Lucy" – nach einem Lied der damals berühmtesten Musikgruppe, der „Beatles".
Eine amerikanisch-französische Archäologengruppe war in der Steinwüste von Hadar (Ostafrika) auf der Suche nach Überresten menschlicher Besiedlung. Am 30. November 1974 fanden sie die ersten Teile eines Skeletts, am Ende waren es etwa 40 Prozent der Knochen. „Lucy" ist eines der am besten erhaltenen und ältesten menschenartigen Wesen, die man bisher gefunden hat – 3,18 Millionen Jahre alt. War „Lucy" ein Vorläufer des heutigen Menschen? Wahrscheinlich hat sie eher wie ein Schimpanse ausgesehen. Aber sie hatte eine Besonderheit: Sie lief vorwiegend aufrecht. Darauf weisen ihr Knochenbau und erhaltene Fußspuren hin. Der aufrechte Gang war ein wichtiger Entwicklungsschritt. Dadurch hatte „Lucy" eine bessere Sicht auf Nahrung oder Bedrohung. Sie benötigte für längere Wege weniger Energie. Und sie bekam die Hände frei, um Nahrung zu sammeln oder Gegenstände zu tragen.

**Afrika – Wiege der Menschheit**

Dass „Lucy" gerade in Afrika gefunden wurde, ist kein Zufall. Inzwischen sind sich die Forscher weitgehend einig: Die Wurzeln menschlichen Lebens liegen in Afrika. Das warme Klima und die reiche Pflanzenwelt waren die Voraussetzung für die Entwicklung des Menschen. Vor etwa einer Million Jahren begannen dann Gruppen des Frühmenschen (Homo erectus) ihre ursprünglichen Lebensgebiete zu verlassen. Ursache dafür waren vermutlich Klimaveränderungen, die zu einer Verschlechterung des Nahrungsangebots führten. Aus dem Homo erectus hat sich in Europa und Vorderasien der Neandertaler entwickelt.

**Die Ausbreitung des Menschen**

Vor mehr als 100 000 Jahren hat sich dann wieder von Afrika aus eine neue Gattung des Menschen, der „Jetztmensch", auf die Wanderung gemacht und allmählich alle Erdteile besiedelt. Der Neandertaler ist vermutlich ausgestorben, weil er mit diesem „neuen" Menschen nicht konkurrieren konnte. Vielleicht hat er sich aber auch mit der „neuen" Menschenform vermischt. Alle heute lebenden Menschen gehören also zu ein und der selben Menschengattung. So unterschiedlich die Menschen heute auch aussehen: Sie alle sind sozusagen Schwestern und Brüder.

## Überleben in der Kälte

In Europa hatte vor etwa zwei Millionen Jahren das Eiszeitalter begonnen. Kalt- und Warmzeiten lösten einander ab, insgesamt wurde das Klima kühler. Von Natur aus waren die Menschen für das Leben in kälteren Gebieten nicht gut eingerichtet. Sie verwendeten Hilfsmittel, um dort zu überleben: Kleidung, Behausungen, Feuer. Das war ein großer Schritt in der Entwicklung der Menschheit: Durch seine eigene Tätigkeit gelang es dem Menschen, seinen Lebensraum auszudehnen – bei den Tieren gibt es nur die biologische Anpassung an veränderte Umweltbedingungen.

## Erforschung der Menschheitsgeschichte

Neue Möglichkeiten für die Erforschung der Menschheitsentwicklung bieten heute genetische Untersuchungen. Anhand kleinster Knochenüberreste können Wissenschaftler das Erbmaterial, den inneren Bauplan verschiedener Menschenarten miteinander vergleichen. Zwischen dem Neandertaler und dem Jetztmenschen haben sie deutliche Unterschiede festgestellt. Das spricht für die Annahme, dass es zwischen ihnen keine unmittelbare Verwandtschaft gibt. Größer als erwartet ist dagegen die genetische Ähnlichkeit zwischen Schimpansen und heutigen Menschen.

## Schöpfungsmythen

Wie ist die Erde, wie ist das Leben auf ihr, wie sind vor allem die Menschen entstanden? Diese Fragen beschäftigen die Menschen seit tausenden von Jahren. Meist glaubten sie an eine göttliche Schöpfung. Darüber, wie sich diese Schöpfung vollzogen haben könnte, erzählten sich die Menschen Geschichten: die Schöpfungsmythen. Die Schöpfungsmythen verschiedener Völker weisen manche Ähnlichkeit, aber auch viele Unterschiede auf – je nachdem, in welchen Gegenden und unter welchen Umständen die Menschen leben.

## Die Evolution

Heute wissen wir mehr darüber, wie und wann die Erde entstanden ist, wie Meere und Berge ihr Aussehen verändert und sich allmählich Pflanzen und Tiere entwickelt haben. Der Mensch hat sich über mehrere Millionen Jahre hinweg aus tierischen Vorfahren entwickelt; Biologen bezeichnen das als „Evolution". Er ist eng verwandt mit den Affen, besonders den Menschenaffen. Noch vor 200 Jahren glaubten die meisten Leute, der Mensch sei als göttliches Geschöpf in seiner heutigen Gestalt fertig entstanden und er nehme gegenüber der Natur eine völlige Sonderstellung ein – als „Krone der Schöpfung". So hatten es die Philosophie und die Religionen jahrhundertelang gelehrt. Die Grundlage für die neue Anschauung legte der britische Biologe Charles Darwin 1859 mit seinem Buch „Die Entstehung der Arten". Aber immer noch ist unser Wissen begrenzt, denn innerhalb des Weltalls (Kosmos) ist die Erde nur ein winziges Teilchen. Über die Entstehung des ganzen Kosmos können wir bis heute nur Vermutungen anstellen.

**Alte Frau und Neandertalermädchen,** D1
Rekonstruktion. Was kannst du aus der Kleidung über die Lebensweise der Neandertaler schließen?

 **Out-of-Africa-Theorie**

Die meisten Wissenschaftler nehmen an, dass sich der Mensch in seiner heutigen Form (Homo sapiens sapiens, d.h. verständiger Mensch) vor etwa 150 000 Jahren in Afrika entwickelt und von dort über die Erde verbreitet hat (s. ADS). Andere dort lebende Menschenarten wie den Neandertaler soll er dabei verdrängt haben.

## Der Mensch in Steckbriefen

Forscher haben viele Überreste von Menschen und Vorformen des Menschen gefunden. Über die einzelnen Entwicklungsschritte gibt es unterschiedliche Vorstellungen. Hier die wichtigsten Stationen:

### D2 Der Neandertaler
Name: Homo sapiens neandertalensis
Alter: 220 000–27 000 Jahre
Größe: bis 1,60 m
Gewicht: bis 80 kg
Wohnort: Europa und Vorderasien
Ernährung: Pflanzen und Fleisch
Besondere Kennzeichen: H. S. N. ist sehr stark und ein guter Jäger. Seine gedrungene Gestalt macht ihn widerstandsfähig gegen Kälte. Er bestattet seine Toten. Vermutlich kann er sprechen. H. S. N. ist wahrscheinlich kein direkter Vorläufer von uns heutigen Menschen; er wird vom H. S. S. verdrängt.

### D3 Der Urmensch
Name: Homo rudolfensis („Mensch vom Rudolfsee")
Alter: 2,5–1,8 Millionen Jahre
Größe: 1,55 m
Gewicht: etwa 40 kg
Wohnort: Afrika, vielleicht auch schon Asien
Ernährung: Pflanzen und Fleischreste
Besondere Kennzeichen: H. R. stellt einfache Steinwerkzeuge her, um damit Tierkadaver zu zerlegen.

### D4 Der Jetztmensch
Name: Homo sapiens sapiens („verständiger Mensch")
Alter: 150 000 bis heute
Größe: zunächst bis 1,80 m
Gewicht: etwa 80 kg
Wohnort: zunächst Ostafrika, dann auch Asien, Europa, Amerika
Ernährung: Pflanzen und Fleisch
Besondere Kennzeichen: H. S. S. entwickelt alle Arten von Werkzeugen, Kleidung und Kunstgegenstände. Er kann sprechen und hat religiöse Vorstellungen. Die Arbeit teilt er sich mit anderen Menschen, es gibt Spezialisten für bestimmte Tätigkeiten.

### D5 Der Vormensch
Name: Australopithecus („Südmensch")
Alter: 4,2–1,1 Millionen Jahre
Größe: 1,20–1,40 m
Gewicht: 35–80 kg
Wohnort: Ost- und Südafrika
Ernährung: Pflanzen
Besondere Kennzeichen: A. ist die älteste menschenähnliche Gattung. Er kann aufrecht gehen.

### D6 Der Frühmensch
Name: Homo erectus („aufrecht gehender Mensch"; man kannte bei der Namensgebung die älteren Gattungen noch nicht)
Alter: 1,8 Millionen–40 000 Jahre
Größe: bis 1,65 m
Gewicht: bis 65 kg
Wohnort: Afrika, Asien, Europa
Ernährung: Pflanzen und Fleisch
Besondere Kennzeichen: H. E. stellt planvoll Werkzeuge her und nutzt das Feuer. Jagdbeute macht einen wachsenden Anteil seiner Ernährung aus.

**Q2 Schöpfungsgeschichte der Karraru aus Australien:**
Nachdem die Sonne die Tiere geschaffen hatte, begannen diese einige Zeit später sich über die Gestalt und Eigenarten anderer Tiere lustig zu machen, was großes Ärgernis, heftige Streitereien und schließlich erbitterte
5 Kämpfe zur Folge hatte. Zuletzt begannen die einzelnen Tierfamilien einander zu töten. Voller Kummer schaute die Sonnen-Mutter auf die Erde hinunter und sah, wie die Geschöpfe, die ihr Licht und die Wärme ihrer Strahlen ins Leben gerufen hatten, sich gegensei-
10 tig vernichten wollten.
  Sie rief den weisen Rat des großen All-Vaters zu Hilfe. „Ich ging davon aus, einen Plan verwirklicht zu haben, der alles Leben auf der Erde ordnet und regelt. Doch unter den Pelztieren, den Vögeln, den Echsen und den
15 Fischen fehlt diese ordnende Vernunft. Wir müssen uns ein Wesen ausdenken, das sie alle zu der ursprünglichen Ordnung zurückführt." Dann beschlossen Sonnen-Mutter und All-Vater, den Menschen als Hüter über diese Ordnung einzusetzen.

*Victoria Kamp-Linfort (Hg.), Mythen von der Erschaffung der Menschen, Hamburg 1994, S. 147.*

**Q3 Eine Schöpfungsgeschichte aus Afrika:**
Moari (Gott) machte sich einen Menschen, der hieß Mwuetsi (Mond). (…) Die Erde war damals ganz kahl und leer. Es gab keine Gräser. Es gab keine Büsche. Es gab keine Tiere. (…) Moari gab Mwuetsi ein Mädchen,
5 das hieß Massassi (Morgenstern). (…) Mwuetsi ging abends mit Massassi in eine Höhle. (…) Als Mwuetsi gegen Morgen aus dem Schlaf erwachte, blickte er zu Massassi hinüber. Da sah Mwuetsi, dass Massassis Leib geschwollen war. Als es Tag war, begann Massassi
10 zu gebären. Massassi gebar Büsche. Massassi gebar Bäume. Massassi hörte nicht auf mit Gebären, bis die Erde mit Gräsern, Büschen und Bäumen bedeckt war.

**Q4 Die Schöpfungsgeschichte der Bibel**
hat Lucas Cranach d. Ä. in einem Gemälde aus dem Jahr 1530 erzählt. Hier siehst du einen Ausschnitt aus dem Bild.

(…) (Die zweite Frau Muetsis hieß Morongo.) Als es am anderen Tage gegen Morgen war, erwachte Mwuetsi. Mwuetsi sah, dass der Leib Morongos geschwollen 15 war. Als der Tag anbrach, begann Morongo zu gebären. Morongo gebar am ersten Tag Hühner, Schafe und Ziegen. (…) Am andern Tag gebar Morongo Elenantilopen und Rinder. (…) Am vierten Tag gebar Morongo erst Knaben und dann Mädchen. 20

*Olga Rinne (Hg.), Der neue Entwurf der Welt. Ursprungsmythen Bd. 1, Darmstadt/Neuwied 1985, S. 40–42.*

## Fragen und Anregungen

1. Beschreibe anhand der Karte auf der ADS die Ausbreitung des Menschen über die Erde. Nenne die Ursachen dafür und die Schwierigkeiten, mit denen er fertig werden musste. Die nötigen Informationen findest du im Verfassertext.

2. Bringe die Steckbriefe (D2–6) in die richtige zeitliche Reihenfolge und ordne die Abbildungen (D7–11) den Steckbriefen zu. Nach welchen Merkmalen hast du dich dabei gerichtet?

3. Finde heraus, zu welchen Gattungen „Ötzi" und „Lucy" gehören. Vergleiche dazu die Informationen, die du im Verfassertext über sie findest, mit den Steckbriefen (VT, D2–6).

4. Vergleiche die verschiedenen Vorstellungen von der Entstehung des Menschen (Q2–4). Lies auch die biblische Schöpfungsgeschichte (1. Mose 1, 21–28). Welche Rolle spielen jeweils Gott und Götter? Welche Stellung nimmt der Mensch in der Schöpfung ein?

5. Darwins Forschungsergebnisse haben damals große Ablehnung hervorgerufen. Begründe, was die Menschen an seinen Überlegungen so empörte (VT).

# 3. Sammlerinnen und Jäger – die Altsteinzeit

| | |
|---|---|
| vor ca. 2 Mio. Jahren | Die Menschen stellen einfache Steinwerkzeuge her, z. B. Faustkeile oder Schaber. |
| vor ca. 1,5 Mio. Jahren | Die Menschen nutzen durch Wald- oder Steppenbrände entstandenes Feuer. |
| vor 150–100 000 Jahren | Die Menschen lernen selber Feuer zu machen. |
| vor ca. 35 000 Jahren | Die Menschen fertigen sich Kleidung gegen die Kälte an. |

**Werkzeuge aus Stein**

Ungefähr vor zwei Millionen Jahren begannen die Menschen mit der Herstellung einfacher Steinwerkzeuge. Der Faustkeil war das erste Werkzeug. Mit der Zeit gab es immer speziellere Formen zum Schlagen, Schaben, Bohren oder als Speerspitze. Viele tausend Jahre blieb Stein neben Holz das wichtigste Material, bis die Menschen etwa 4000 v. Chr. lernten, auch Metalle zu bearbeiten. Deshalb bezeichnet man diesen Abschnitt der Menschheitsgeschichte als „Steinzeit".

**Immer unterwegs**

Den größten Teil der Steinzeit (bis ca. 10 000 v. Chr.) waren die Menschen nicht sesshaft. Sie lebten in Gruppen von 25 bis 30 Personen an wechselnden Plätzen und ernährten sich durch das Sammeln von Pflanzen und durch die Jagd. Wenn sie im Umkreis ihres Lagerplatzes nicht mehr genügend Nahrung fanden, zogen sie weiter.

**Die Ernährung**

Mit der Nahrungsbeschaffung verbrachten die Menschen einen großen Teil ihrer Zeit. Oft war es mühevoll, das Lebensnotwendige zu finden, manchmal gab es aber auch ein reichhaltiges Angebot. An den Lagerplätzen steinzeitlicher Jäger hat man Spuren von allen möglichen Tierarten gefunden: von Großwild wie Elefanten, Nashörnern, Auerochsen, Wildpferden, Bären oder Wildschweinen, aber auch von kleinen Säugetieren und Vögeln. Die Jagd war allerdings eine unsichere Sache: Beute musste erst gefunden und unter Mühen und Gefahren erlegt werden. Die Grundlage der Ernährung sicherte meist das Sammeln von Früchten, Beeren, Körnern, Nüssen, Pilzen, Honig, Insekten. Die regelmäßige Sammelarbeit war vor allem Aufgabe der Frauen und Kinder. Auch die Männer nahmen daran teil. Vor allem aber betätigten sie sich als Jäger. Bei der Treibjagd waren sie wiederum auf die Hilfe der Frauen angewiesen. Um die Arbeitsteilung deutlich zu machen, sprechen Wissenschaftler heute oft von „Sammlerinnen und Jägern".

**Ein Rentier als Lieferant:**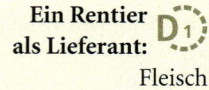

Fleisch
Behälter
Gemüse aus Renmoos
Zelte
Kleidung
Riemen
zugespitzte Dolche mit Griff
Schnüre, Zwirne, Nähgarn

Fleisch · Schulterblatt · Geweih
Fell
Magen und Darm
Sehnen, Nerven, Därme
Wadenbeine
Langknochen, Rippen, Gelenkpfannen

Darmschaber
Nadelbehälter
Nähnadeln
Schaufeln
Fellschaber
Angelhaken
Kämme
Speerspitzen
Harpunen

**Q1** **Höhlenbild in der Chauvet-Höhle in Frankreich**
Die Umrisse wurden mit Feuerstein in die Wand geritzt und dann mit Farbe ausgemalt. Aus Eisenoxid (Eisen in Gestein, das durch Berührung mit der Luft rote Frabe angenommen hat), Fett, Tierblut, Ruß oder Holzkohle erzeugten die Maler die Farben Schwarz, Braun, Rot, Gelb und Ocker. Mit Pinseln aus Tierhaaren, Zweigen oder bloßen Fingern trugen sie die Farben auf. Benenne die Tiere, die du auf dem Bild erkennen kannst.

**„Wildbeuter"**

Weil diese Menschen allein vom natürlichen Angebot ihrer Umwelt lebten, nennt man sie auch Wildbeuter. Noch heute gibt es Menschen, die so leben, zum Beispiel Inuit in Nordamerika, Buschmänner in Südafrika und Ureinwohner Australiens (Aborigines). Uns erscheint diese Lebensweise heute manchmal reizvoll und abenteuerlich, aber auch primitiv. Aber die Wildbeuter der Steinzeit waren nicht „unterentwickelt". Sie waren Spezialisten in ihrer Lebensweise. Das Angebot der Natur nutzten sie gezielt und geschickt und beuteten ihre Umwelt nicht aus.

**Die Zähmung des Feuers**

Der Frühmensch wanderte in neue Siedlungsgebiete in Europa und Asien ein. Dort musste man sich gegen die Kälte schützen. Die „Zähmung des Feuers" vollzog sich in zwei Schritten. Wahrscheinlich schon vor 1,5 Millionen Jahren konnten die Menschen das Feuer hüten und nutzen. Aber sie kamen nur in seinen Besitz, wenn sie es irgendwo vorfanden, zum Beispiel wo ein Blitz einen Brand verursacht hatte. Erst viel später, vor 150 000 oder 100 000 Jahren, lernten die Menschen selber Feuer zu machen. Sie erzeugten durch Reibung zwischen zwei Hölzern Hitze oder durch das Aufeinanderschlagen von Steinen (Feuerstein) Funken. Ein Lagerfeuer bot Wärme und Licht, diente zum Braten oder Kochen und schreckte wilde Tiere ab.

**Wohnen und Kleidung**

Als Wohnungen dienten den Wildbeutern vor allem Hütten. Sie bedeckten ein Gestell aus Ästen und Zweigen mit Gras, Laub, Schilf oder Tierfellen. Auch Felsvorsprünge und Höhlen wurden als Behausungen genutzt. Kleidung haben die Menschen seit etwa 35 000 v. Chr. verwendet. Eine wichtige Erfindung war die Nähnadel. Felle und Häute bildeten das wichtigste Material. Mit Unterkleidung, Umhängen, Schuhen und Mützen konnten sich die Menschen jetzt gegen die Kälte schützen – so wie „Ötzi".

**„Kunst" und Glaube**

Ungefähr aus derselben Zeit stammen die ersten „Kunstwerke": Verzierungen auf Gebrauchsgegenständen, Schmuckstücke, vor allem aber die berühmten Höhlenmalereien. Mit den Höhlenmalereien wollten die Menschen vermutlich die Geister der gejagten Tiere beschwören und so ihre Jagd erleichtern. Die Menschen fingen auch an, ihre Toten sorgfältig zu bestatten und für das Jenseits auszurüsten. Sie machten sich also Gedanken über den Tod und über ein Dasein danach. Sie versuchten die Welt und ihr Leben zu verstehen und zu erklären.

**Q2** Frau eines Buschmannstammes aus Südafrika
Erläutere, was die Frau tut. Achte auf ihre Ausrüstung.

**Q3** Jäger in der Kalahari
(Botsuana, Südafrika) haben eine Antilope erlegt. Auch heute noch gibt es Völker, die so ähnlich leben wie die Sammlerinnen und Wildbeuter der Steinzeit. Durch Beobachtungen an ihnen versuchen Forscher Informationen über die Lebensweise von Steinzeitmenschen zu gewinnen.

**D2** Auf der Jagd
*In dem Jugendbuch „Die Sonne bleibt nicht stehen" nimmt die Hauptfigur Dilgo, ein steinzeitlicher Junge, an einer Jagd im Donautal vor ungefähr 7000 Jahren teil:*
Dilgo schrie. Das Blut hämmerte in seinen Ohren. Er rannte bergauf, hetzte zwischen Felsbrocken und Bäumen durch, schlug mit seinem Knüppel gegen die Stämme und schrie aus Leibeskräften. Sein Schreien
5 mischte sich mit dem Gebrüll der Männer: hohe, schrille Töne zwischen rauen und tiefen. Auch die Männer schlugen mit starken Ästen gegen die Bäume. Lärm erfüllte den Wald.
Nun ging er steiler bergan. Dilgo rang nach Luft, nur
10 noch heiseres Keuchen drang aus seiner Kehle. Erschöpft taumelte er gegen eine Eiche, hielt sich an ihr fest, aber schon war sein Vater neben ihm, riss ihn am Arm mit sich: „Weiter, Junge! Schrei!"(…)
Der Onkel jagte hinter dem Stier her, hob im Laufen
15 einen Stein vom Boden auf und schleuderte ihn nach dem Tier. Am Nacken getroffen, fuhr der Auerochse herum und ging auf seinen Angreifer los. Der Onkel rannte vor ihm her zwischen den Bäumen den Hang hinauf, schreiend und lärmend folgten die anderen
20 Männer mit Dilgo. So erreichten sie die Stelle, an der Talgor wartete.
„Talgor! So lauf doch weg! Der Stier nimmt dich auf die Hörner!" schrie Dilgo außer sich. Fassungslos sah er, wie sein Vetter Talgor bewegungslos
25 dastand genau in der Bahn, die der Stier bergauf stürmte. (…)

Talgors Körper war angespannt wie eine Sehne vor dem Losschnellen, bereit zum Berganlaufen, aber Kopf und Oberkörper waren bergab gerichtet, dem Stier entgegen, auf den er mit Pfeil und Bogen zielte. 30
Und endlich schoss er. (…) Talgor rannte dem Berggipfel entgegen. Der Stier blieb ihm dicht auf den Fersen, ja, der Abstand verringerte sich immer mehr. Nicht mehr als zwei Schritte trennten Talgor noch von den gefährlichen Hörnern. (…) 35
Verfolgt von dem Stier, lief Talgor mit äußerster Kraft dem Abgrund entgegen. Zwei Schritte noch! Danach die todbringende Tiefe. (…)
Da, zwischen den beiden letzten Bäumen am Abgrund war es gespannt, an einem Baum fest verknotet, am 40 anderen nur locker über den untersten Ast gelegt. Mit einem Sprung fasste Talgor mit beiden Händen das Seil und hielt es fest. Unvermittelt wurde er in seinem rasenden Lauf gebremst und um den Baum herumgeschleudert, an dem das Seil befestigt war. 45
Eine Handbreit vom Abgrund entfernt kam Talgor zum Stehen. Der Stier aber stürmte blindwütig weiter, zwischen den beiden Bäumen hindurch, auf den Rand des Felsens zu und – stürzte hinunter.
Ein Brüllen, ein Poltern und Krachen, ein entsetzlicher 50 Aufprall, dann Stille. Eine tiefe Stille, in der der Wald den Atem anzuhalten schien. Dann sprang Talgor hinter seinem Stamm hervor, riss die Arme in die Höhe und stimmte ein wildes Triumphgeschrei an.

*G. Beyerlein/H. Lorenz, Die Sonne bleibt nicht stehen. Eine Erzählung aus der Jungsteinzeit, Würzburg 1998, S. 7–9.*

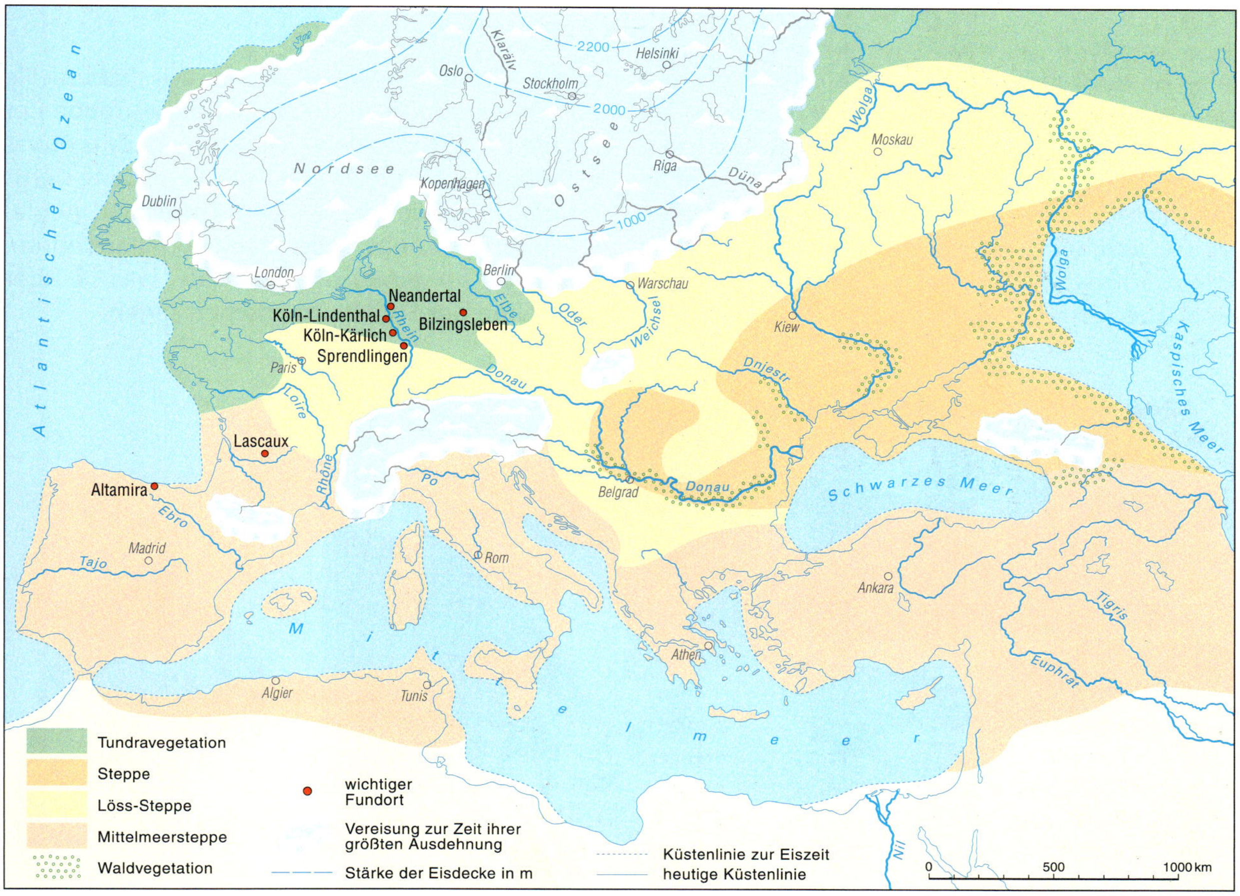

**D2** **Europa während der letzten Eiszeit, vor 75 000 Jahren bis vor 10 000 Jahren**

Im Laufe der Eiszeit wechselten etwas mildere mit sehr kalten Perioden ab. Auf dem Höhepunkt der letzten Eiszeit waren ca. fünf Prozent aller Gewässer der Erde gefroren. Schreibe auf, welche heutigen Länder während der Eiszeit von Eis bedeckt waren.

### Altsteinzeit

Die Altsteinzeit nimmt den größten Teil der Steinzeit ein (bis etwa 10 000 v. Chr.). Während dieser ganzen Zeit waren die Menschen Sammlerinnen und Jäger. Sie zogen umher und lebten an wechselnden Orten. Diese Lebensweise bezeichnet man als Nomadentum.

### Fragen und Anregungen

1. Zeichne eine Zeitleiste und trage nebeneinander ein, wann welche Erfindungen und Entwicklungen stattgefunden haben (VT). Stelle fest, in welcher Zeit sie gehäuft vorkamen.

2. Die Menschen der Altsteinzeit verwendeten so viel wie möglich von einem Tier, dass sie erlegten. Neben dem Bild (D1, S. 30) sind Gegenstände aufgelistet, die z. B. ein Rentier lieferte. Ordnet sie den entsprechenden Teilen des Tieres zu.

3. Zähle anhand der Jagdszene (D2) die verschiedenen Aufgaben auf, die Dilgo und seine Sippe bei der Jagd zu bewältigen hatten.

4. Überlege, welche Fähigkeiten erforderlich waren, damit Menschen gemeinschaftlich jagen konnten.

5. Lange Zeit war umstritten, ob man den Frühmenschen (Homo erectus) überhaupt schon als Menschen bezeichnen sollte. Wie würdest du entscheiden? Nenne deine Argumente (VT, D2).

# SACHQUELLEN UNTERSUCHEN

## Wie erfahren wir etwas über die Steinzeit?

Alte Gegenstände, etwa Geräte oder Werkzeuge, wecken oft unser Interesse, wenn wir sie zufällig finden. Solche Überreste – Historiker nennen sie auch Sachquellen – haben ihre eigene Geschichte. Wenn man sie untersucht, können sie viel von der Vergangenheit berichten. Da die steinzeitlichen Menschen keine Schrift hatten, sind Überreste für die Steinzeit zudem die einzigen Informationsquellen, die wir haben. Sie auszuwerten und zu deuten ist die Aufgabe der Archäologen, über deren Arbeit du bereits etwas erfahren hast (Seite 24–25). Auf dieser Seite siehst du einige Funde, die aus dem Lone- und Achtal stammen, das liegt in der Nähe von Blaubeuren. Betrachte sie genau und überlege, was sie über das Leben der Steinzeitmenschen sagen.

Die Gegenstände Q2–4 sind alle in Höhlen oder Nischen unter Felsüberhängen gefunden worden. Die meisten Funde der Altsteinzeit stammen aus Höhlen. Allerdings vermutet man, dass die steinzeitlichen Menschen sie nur bei extremem Wetter, vor allem im Winter, aufsuchten. Sonst lebte man im Freien, wahrscheinlich in Zelten. Doch Fundstellen im Freien sind selten; denn entweder wurden die Siedlungsplätze mit der Zeit „überschottert", d.h. durch Erd- und Geröllschichten überdeckt, oder durch Erosion beseitigt. Die Suche nach steinzeitlichen Überresten wird dadurch erschwert, dass sich auch die Landschaft seit der Altsteinzeit verändert hat: Vor ungefähr 35 000 Jahren gab es in Mitteleuropa keinen Wald und keine üppigen Wiesen, sondern eine karge Tundralandschaft (vergleiche dazu die Karte D2, Seite 33).

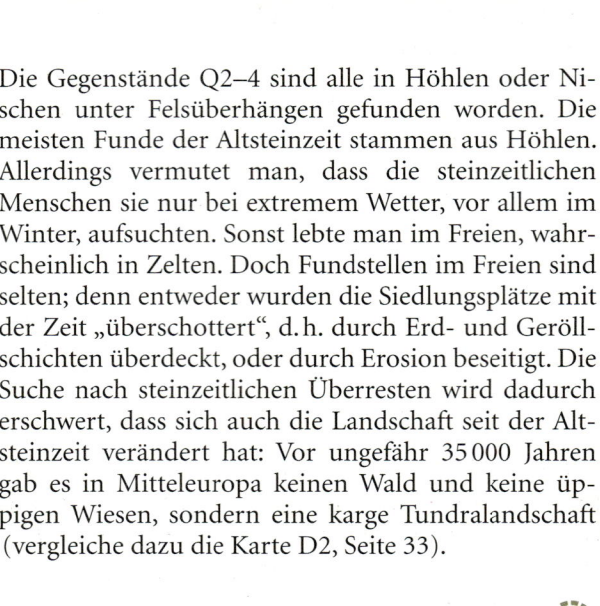

# GEWUSST WIE

**Methodische Arbeitsschritte:**

1. Schaue dir zuerst den Gegenstand genau an: Aus welchem Material ist er, wie ist das Material beschaffen? Sind Gebrauchsspuren zu erkennen? Notiere alles, was dir auffällt – auch Fragen!
2. Sachquellen sind unmittelbare Überreste aus der Vergangenheit. Sie müssen zeitlich eingeordnet werden. Mithilfe von Lexika, Sachbüchern und dem Internet kannst du zusätzliche Kenntnisse und Informationen erhalten.
3. Versuche herauszubekommen, wie die Menschen die Gegenstände damals benutzt haben, welche Bedeutung sie für das tägliche Leben der Menschen hatten. Waren sie im Alltag wichtig oder spielten sie bei einem konkreten Ereignis eine besondere Rolle? Welchen Wert wird der Gegenstand wohl für die Menschen besessen haben?
4. Überlege, welche heutigen Gegenstände die Funktionen dieser Funde übernommen haben könnten.

### D1 Das „Felsställe", ein Felsüberhang bei Ehingen
Felsüberhänge oder Felsdächer waren wahrscheinlich häufige Aufenthaltsorte der steinzeitlichen Menschen. Sie boten Schutz vor … und gleichzeitig bessere Arbeitsmöglichkeiten als dunkle Höhlen. Bei Ausgrabungen im „Felsställe" wurden Hunderttausende von Absplissen, also winzigen …, gefunden. Diese entstanden bei der Herstellung steinzeitlicher Werkzeuge und belegen, dass der Ort immer wieder bewohnt war.

### D2 Eine menschliche Figur
Die Splitter dieser Statuette wurden in der Höhle „Stadel" im Hohlenstein gefunden und von Archäologen wieder zusammengepuzzelt. Die Figur wurde aus dem … eines jungen Mammuts herausgearbeitet, was an der leicht geschweiften Form zu sehen ist. Das Material unterstreicht ihren Wert. Sie ist etwa 30 cm hoch und ca. … Jahre alt. Sie und einige andere Figuren aus dem Lone- und Achtal gelten als die ältesten plastischen Kunstwerke der Menschheit. Die Forscher sehen in ihr eine Frau mit dem Kopf einer …. Als die Statuette entstand, lebten diese Tiere in Mitteleuropa und jagten ebenso wie die altsteinzeitlichen Menschen Wildpferde, Rentiere und Mammuts. Vielleicht wurde in dieser altsteinzeitlichen Figur die Fruchtbarkeit der Frau und der … der … zusammengefügt.

Q4

### D3 Kostbare Schmuckstücke
Diese … stammen aus der Höhle „Geißenklösterle" bei Blaubeuren. Sie sind aus … gefertigt, das damals wie heute ein wertvoller und seltener Werkstoff war. Das … war Lieferant dieses begehrten Materials. Allein die schwierige Jagd mag erklären, dass … gern als … gezeigt wurde. Wahrscheinlich wurden diese Schmuckstücke an der … getragen. Über ihre Funktion kann nur gemutmaßt werden.

### D4 Werkzeuge aus Hornstein
… wurden hergestellt, indem man mit einem Stein auf einen anderen schlug. Der Stein wurde so zugerichtet, bis die eine Seite gut in der Hand lag. Manchmal nutzten die Menschen auch die natürliche Rundung des Steins als Griff. Die andere Seite wurde so bearbeitet, dass aus der Faust eine … hervorragte. Sie war zum Schneiden und … gleich gut geeignet. Der … ist seit … Jahren belegt, dieses Fundstück ist etwa … Jahre alt.

### Fragen und Anregungen

**1** Unter D1–D4 findest du Beschreibungen der Gegenstände Q1–Q4. Ordne sie zu und setze in die Lücken der Texte D1–D4 die richtigen Begriffe ein:

Faustkeile – 2 Millionen – Spitze – Faustkeil – Stoßen – Trophäe – Elfenbein (2x) – eiszeitliche Mammut – Kleidung – Löwin (2x) – 30 000 (2x) – Stoßzahn – Jagderfolg – Anhänger – Nässe und Kälte – Steinsplittern

**2** Auch „jüngere" Gegenstände können etwas über „ihre" Zeit sagen. Suche zu Hause einen alten Gegenstand und untersuche ihn anhand der methodischen Arbeitsschritte.

# 4. Bauern und Viehzüchter – die Jungsteinzeit

**Webstuhl der Jungsteinzeit,** D1 rekonstruiert aus Fundbruchstücken.

| um 10 000 v. Chr. | In Vorderasien beginnen Menschen sesshaft zu werden. Sie halten Vieh und treiben Ackerbau. |
|---|---|
| um 6000 v. Chr. | Die neue Lebensweise breitet sich auch in Mitteleuropa aus. |
| um 4000 v. Chr. | Die Menschen erfinden das Rad. |

**Die Menschen werden sesshaft**

Viele tausend Jahre waren die Menschen Wildbeuter, Sammlerinnen und Jäger. Etwa seit 10 000 v. Chr. begann sich das allmählich zu verändern: Sie fingen an sesshaft zu werden, Vieh zu züchten und Ackerbau zu treiben. Zuerst geschah das in Vorderasien, in der besonders fruchtbaren Gegend an Euphrat und Tigris im heutigen Irak. Von dort verbreitete sich die neue Lebensweise. Um 6000 v. Chr. hatte sie auch Mitteleuropa erreicht.

**Viehzucht**

Die Menschen lernten Tiere zu halten und zu züchten: Schaf, Ziege, Schwein und Rind. Zuerst nutzen sie die Tiere nur als Fleischreserve, aber bald auch wegen ihrer Milch. Sie begannen, aus der Wolle der Tiere Stoffe für Kleidung und Decken herzustellen. Spinnen und Weben waren die neuen Techniken dafür. Etwa ab 5000 v. Chr. verwendete man Rind, Esel und Pferd als Reit-, Pack- und Zugtiere. Große Bedeutung hatte die Erfindung des Rades um 4000 v. Chr.

**Ackerbau und Handwerk**

Zugleich mit der Viehhaltung entwickelte sich auch der Ackerbau. Die Menschen begannen planvoll Aussaat, Ernte, Vorratshaltung und Getreidezüchtung zu betreiben. Neue Werkzeuge wurden eingesetzt, vor allem Hacke und Pflug. Zur Vorratshaltung und zur Nahrungszubereitung benötigte man geeignete Gefäße. Das neue Material, die Keramik, wurde aus Ton oder Lehm gebrannt. Für solche handwerklichen Verfahren brauchte man besondere Kenntnisse. Einzelne Menschen wurden zu Spezialisten dafür. So entwickelte sich die Arbeitsteilung und die Unterscheidung verschiedener Berufe. Viele, wenn nicht die meisten der neuen Erfindungen wurden von Frauen gemacht, denn sie fanden in ihren Arbeitsbereichen statt.

Q1 **Bandkeramische Tongefäße**
Gefunden bei Aschersleben in Sachsen-Anhalt (rechts) und Düren in Nordrhein-Westfalen (links).

Um Vorräte aufzubewahren und Nahrung zuzubereiten, brauchten die Menschen in der Jungsteinzeit mehr Gefäße als früher. Einige Wissenschaftler sprechen deshalb von einer „Behälter-Revolution". Die Gefäße mussten wasserdicht und feuerfest sein. Sie konnten ein größeres Gewicht haben, denn die Menschen mussten sie nicht mehr ständig mit sich tragen. Manche Gefäße wurden mit Ziermustern versehen, die man mit den Fingernägeln, mit Knochen oder Hölzchen einritzte. Diese Ziermuster hatten oft die Form von Bändern. Sie waren so typisch, dass die

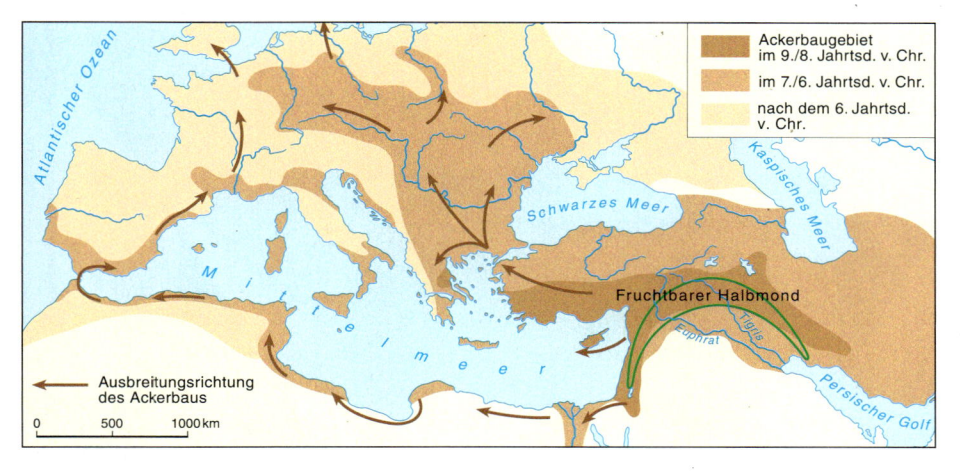

**D2 Ackerbau und Viehzucht**
Beschreibe, wo und auf welchem Wege sich die landwirtschaftliche Lebensweise auf der Welt ausgebreitet hat. Nenne Gründe dafür.

Wissenschaftler danach die bäuerlichen Siedlungen in Mitteleuropa als „bandkeramische Kultur" bezeichneten. Anhand der Verzierungen lassen sich sogar einzelne Siedlungsgruppen unterscheiden und erkennen.

**Das Dorf**

Die Menschen siedelten sich in Dörfern an. Sie bauten festere und größere Häuser, die auch Platz zum Lagern von Vorräten boten: ein Gerüst aus Stämmen, Wände aus Flechtwerk, das mit Lehm verputzt wurde, dann auch Ziegelwerk aus Lehm. Die Bevölkerung wuchs, denn mit weniger Fläche konnten jetzt mehr Menschen ernährt werden. Ernteüberschüsse und Handwerksprodukte wurden zu Handelswaren. Unterschiedlicher Besitz konnte zu Streitigkeiten und Überfällen führen. Deshalb gingen die Menschen dazu über, ihre Dörfer zu befestigen. Wo mehr Menschen beisammen lebten, musste man auch neue Regeln finden.

**Ursachen der Veränderung**

Die neue Lebensweise unterschied sich so stark von der alten, dass sich dafür die Bezeichnung „neolithische Revolution" eingebürgert hat. Mit ihr begann ein neues Zeitalter, die Jungsteinzeit. Was diese Veränderung in Gang gesetzt hat, ist schwer zu sagen. Sicherlich spielten Klimaveränderungen eine Rolle. Mit dem Ende der letzten Eiszeit zogen sich in Asien und Europa die Gletscher zurück. Es wurde wärmer, Wälder begannen das Land zu bedecken. Der Boden wurde fruchtbarer, zugleich die Jagd schwieriger. Es kann auch sein, dass die Menschen zu viele wurden und sich nicht mehr auf die herkömmliche Art ernähren konnten. Vermutlich spielte aber auch eine Rolle, dass sie die Natur anders wahrnahmen als bisher: Sie beobachteten genauer, sie probierten aus. So fanden sie etwa heraus, dass dort am meisten neues Getreide wuchs, wo sie im Jahr zuvor ihre Körner gelagert hatten.

### Neolithische Revolution

In der Jungsteinzeit (ab etwa 10 000 v. Chr.) hat sich die Lebensweise der Menschen durchgreifend verändert. Sie wurden allmählich zu sesshaften Bauern, trieben Ackerbau und Viehzucht. Dieser Einschnitt war so tief, dass die meisten Historiker von der „neolithischen (griech., d. h. jungsteinzeitlichen) Revolution" sprechen.

Allerdings darf man sich durch den Begriff „Revolution" nicht täuschen lassen. Die Veränderung geschah nicht von heute auf morgen. Die bäuerliche Lebensform setzte sich erst im Laufe von Jahrhunderten und Jahrtausenden durch. Lange Zeit gab es beide Lebensweisen nebeneinander oder Mischformen davon.

## Kontrovers — Haben Frauen ein leichteres Leben?

Schon bei den Wildbeutern gab es eine Arbeitsteilung zwischen Frauen und Männern. Bei den Bauern und Viehzüchtern war das nicht anders. Dazu findest du auf dieser Doppelseite und in Kapitel 3 viele Hinweise. Wie stand es in der Steinzeit aber mit dem Ansehen von Männern und Frauen? Hatten die einen mehr zu sagen als die anderen? Führte die „jungsteinzeitliche Revolution" zu Veränderungen?

**D 3** Bei den Wildbeutern zählt es gewöhnlich zu den Aufgaben der Frauen, die – zumeist ja nur aus leichtem Zweigwerk und Fellen zusammengesetzten – Behausungen zu errichten. Und damit verknüpfen sich eben
5 bestimmte Besitzansprüche und Rechte: Die Frauen sind hier die Besitzer und Herrinnen des Hauses (…). Die Lage der Frauen hatte sich in den Pflanzerkulturen (…) deutlich verschlechtert. Die Beziehungen der Gruppenangehörigen untereinander waren enger, die Bewegungs-
10 und Ausweichmöglichkeiten begrenzter geworden.

*Klaus E. Müller, Die bessere und die schlechtere Hälfte. Ethnologie des Geschlechterkonflikts, Frankfurt a. M. 1984, S. 165 und 209.*

**D 4** (Durch Feldbau und Tierhaltung) werden vor allem die Frauen von ihrer mit zunehmender Entfernung vom Lager immer gefährlicher werdenden und auch enorme Trageleistungen erzwingenden Sammeltätigkeit entlastet. Dabei ist zu beachten, dass die
5 Mütter ihre kleineren Kinder wegen des Stillens mit sich tragen müssen. (…) Die neolithische Revolution macht vor allem zunächst den Frauen das Leben leichter. (…) Dort haben auch sie stets mehr Eigenrechte. Sie können sich jetzt stärker den Kindern widmen.
10

*Hans-Jürgen Müller-Beck, Die Steinzeit. Der Weg des Menschen in die Geschichte, München 1998, S. 102.*

**D 5** (Die Frauengräber aus der Bronzezeit in Europa belegen eine) allgemeine Ebenbürtigkeit von Frauen gegenüber Männern. Nicht nur, dass die Frauen in ihrem persönlichen Besitz, in der ihnen offenbar geschuldeten und erwiesenen Pietät (Ehrerbietung), und
5 damit wohl generell ihrer sozialen Position den Männern gleichgestellt waren; sie hatten auch im selben Umfang teil an den kunsthandwerklichen Erzeugnissen, den technischen Errungenschaften, dem Reichtum und den auswärtigen Wirtschafts- und Kulturkontak-
10 ten der Gemeinschaften.

*Hermann Müller-Karpe, Frauen des 13. Jahrhunderts v. Chr., Mainz 1985, S. 199.*

**D6 Altsteinzeitlicher Lagerplatz (links) und Siedlung der Jungsteinzeit (oben)**
Rekonstruktionszeichnungen, 2002.

Mithilfe einer Tabelle kannst du zusammenfassen, was für das Leben an einem altsteinzeitlichen Lagerplatz und in einem jungsteinzeitlichen Dorf typisch ist und worin die Unterschiede liegen. Übertrage die Tabelle in dein Heft und fülle sie vollständig aus. Die notwendigen Informationen erhältst du aus dem Verfassertext und den beiden Rekonstruktionszeichnungen.

| Lebensbereiche | Altsteinzeit | Jungsteinzeit |
|---|---|---|
| Wohnen | | |
| Kleidung | | |
| Ernährung/Waffen | | |
| Werkzeuge | | |
| Gefäße/Aufbewahrung | | |
| Natur/Landschaft | | |

**D7 Ein jungsteinzeitliches Dorf**

*Auf der Aldenhovener Platte in der Nähe von Jülich (Nordrhein-Westfalen) haben Forscher seit 1971 so genannte bandkeramische Siedlungen ausgegraben, die mehrere hundert Jahre hintereinander bewohnt waren. Der Archäologe Jens Lüning berichtet:*

Die rund 160 im Merzbachtal ausgegrabenen Gebäudegrundrisse (…) konnten (…) in 14 Hausgenerationen untergliedert werden. (…) Die Besiedlung des Tales begann (…) um 5300 vor Christus mit drei Hofplätzen.
5 (…) Die langsam wachsende Eiche lieferte vor allem das wertvolle Bauholz für die Häuser.
Das Ackerland hat aus praktischen Gründen sicher in unmittelbarer Nähe der Höfe gelegen. (…) Zur Berechnung der Anbaufläche gehen wir von der kleinsten
10 Anzahl von Personen aus, die für die Bewirtschaftung eines Hofes denkbar ist: von einer Familie mit fünf bis sieben Bewohnern. Es ergibt sich dann für eine solche Familie eine Anbaufläche von 1,8 Hektar (18 000 Quadratmeter). (…)
Dieses zweite Jahrhundert bandkeramischer Besied- 15
lung des Tales brachte außer der Erschließung neuer Wohnplätze auch Veränderungen in der Siedlungsweise mit sich. (…) Aus der lockeren Zeile von Einzelhöfen mit Abständen zwischen 50 und 100 Metern entstand eine geschlossene Hofgruppe – es scheint, als seien 20
hier die ersten Dörfer entstanden. (…) Von hier aus sind offenbar (…) die kleineren Siedlungen und Einzelhöfe mit Halb- und Fertigfabrikaten aus Feuerstein versorgt worden.

*Jens Lüning u. a., Siedlungen der Steinzeit. Haus – Festung – Kult, Heidelberg 1989, S. 116 f. Bearb. d. Verf.*

# JUGENDBÜCHER KRITISCH LESEN

## Was man aus Romanen über Geschichte lernen kann

Wer einen Roman schreibt, geht anders vor als ein Historiker. Er beschreibt nicht die vergangenen Ereignisse und Verhältnisse an sich, sondern er erzählt eine Geschichte. Sie hat eine Handlung – je spannender sie ist, desto besser kommt sie beim Leser an. Sie konzentriert sich auf wenige Hauptfiguren – so wird die Geschichte überschaubar und die Leser nehmen am Schicksal der Personen teil. Die Besonderheiten der Geschichte sind erfunden, aber der historische Rahmen und einzelne Details – wie lebten die Menschen zusammen und was für Kleidung trugen sie – sollten stimmen. Damit das gelingt, muss sich ein Schriftsteller vorher oft eine Menge an historischen Informationen beschaffen. Deswegen kann man aus Romanen auch viel über die Geschichte lernen. Vor allem aber können einem Romane dabei helfen, sich lebendige Vorstellungen davon zu machen, wie die Menschen früher gelebt haben – denn aus ihrer Sicht wird die Geschichte dargestellt.

### D8 Streitgespräch zwischen Dilgo und Mirtani

*Im weiteren Verlauf der Geschichte (siehe D2, S. 32) lernt Dilgo eine Siedlung von Bauern kennen. Dort trifft er auf das Bauernmädchen Mirtani. Beide verlieben sich ineinander. Doch die großen Unterschiede zwischen ihren Lebensweisen führen zu vielen Spannungen und Missverständnissen. Das zeigt folgender Streit:*

„Was ist das?" flüsterte Mirtani erschrocken.

„Ein verletzter Wolf. Er muss schreckliche Schmerzen haben. Komm!"

Mirtani wollte Dilgo zurückhalten, aber er war schon losgelaufen, genau in die Richtung, aus der das Heulen kam. Widerstrebend folgte sie ihm. Sie kamen in einen lichten Eichenwald. Das Heulen wurde immer lauter. Dilgo rannte so schnell, dass Mirtani nicht mitkam. Als sie ihn eingeholt hatte, kniete er am Boden unter einer Eiche.

Mirtani näherte sich vorsichtig. Sie schaute Dilgo über die Schulter. Sie sah den herabgestürzten Stein und das zuckende Hinterteil des Wolfes. Sein Vorderteil war nicht zu sehen. Es war unter dem Stein begraben. Festgeklemmt lag der Wolf da, mit zerschmetterten Schultern. Also hatte es geklappt – es war ihrem Vater und ihrem Bruder gelungen, einen Wolf in der Falle zu fangen.

Dilgo zog sein Messer vom Gürtel. Er schob es unter den Leib des Wolfes. Dann stieß er kräftig zu.

Das Heulen verstummte. Das Zucken hatte ein Ende.

Dilgo stemmte sich gegen den Steinbrocken und versuchte ihn wegzuheben. Es ging nicht. Der Stein war zu schwer. Da stand Dilgo langsam auf und drehte sich zu Mirtani um. Mirtani erschrak. Dilgos Gesicht war blass und von Tränen überströmt. Seine Augen waren fast schwarz und sein Ausdruck ganz fremd. Was hatte er nur?

Heiser sagte er: „Es ist eine Wölfin. Sie hat Milch in den Zitzen. Jetzt werden ihre Jungen verhungern." Und plötzlich schrie er los: „Das wart ihr! Ihr! Ihr! Was seid ihr bloß für Menschen! Wie könnt ihr nur so grausam sein, so hinterhältig und so gemein!"

Mirtani starrte ihn an. Was war in ihn gefahren? Wie konnte er sie so anschreien, ihr solche Dinge an den Kopf werfen? Zorn stieg in ihr auf, aber sie versuchte sich zu beherrschen. Mühsam sagte sie: „Aber wir müssen uns doch gegen die Wölfe wehren. Wir müssen sie doch ausrotten."

„Ausrotten?", schrie Dilgo nun vollends außer sich. Er packte Mirtani an den Schultern und schüttelte sie heftig. „Ausrotten? Heißt das, dass ihr alle Wölfe hier im Wald auf diese niederträchtige Art umbringen wollt?"

Mirtani wand sich unter seinem Griff. Was fiel Dilgo eigentlich ein so mit ihr umzuspringen! „Ja, das heißt es! Die Wölfe reißen unsere Ziegen und unsere Kälber. Wir lassen uns doch unsere Tiere nicht von den Wölfen auffressen!"

Dilgo ließ sie los. Er schrie jetzt nicht mehr, seine Stimme war ganz kalt und voller Hass: „Eure Tiere! Es gibt keine Tiere, die euch gehören! Tiere gehören nicht den Menschen. Tiere gehören sich selbst. Aber davon habt ihr ja keine Ahnung!"

„Du hast keine Ahnung!" Nun konnte sich Mirtani nicht mehr halten. „Du hast keine Ahnung davon, wie viel Mühe es macht, die Rinder und Ziegen zu hüten und zu schützen und ihre Pferche zu bauen und dafür zu sorgen, dass sie im Winter genug zu fressen haben. Das ganze Laub, das dafür gesammelt werden muss! Und dann kommt so ein Rudel Wölfe und frisst uns unsere Tiere weg! Unsere Tiere, jawohl! Aber von denen verstehst du ja nichts!"

„Ach, ich verstehe nichts von Tieren? Ich lebe nur mit ihnen, als ob sie meine Brüder und Schwestern wären. Aber richtige Tiere, nicht solche widersinnigen Zerrbilder wie eure Rinder es sind! Ein Auerochse, das ist ein wirkliches, ein herrliches Tier, aber wozu habt ihr ihn

# GEWUSST WIE

gemacht! Ihr macht ja alles kaputt. Alles, was ihr in die Hand nehmt, zerstört ihr. Die Auerochsen. Die Wölfe. Den Wald. Wenn ich sehe, was ihr aus dem Wald hier gemacht habt, kann ich nur heulen. Zerstörung, nichts als Zerstörung! Und darauf seid ihr auch noch stolz!"

„Nun hab dich bloß nicht so mit deinem Wald! Der Wald ist riesengroß. Was macht es da aus, wenn wir ein Stück davon roden! So etwas Lächerliches, was sollen ein paar gefällte Bäume schon schaden! Du bist nur neidisch, weil ihr das nicht könnt! Nichts könnt ihr! Ihr könnt keine Bäume fällen und keine Häuser bauen, ihr könnt keine Tiere züchten und keine Gefäße töpfern und ihr könnt schon gar nicht einen Acker bestellen und Getreide ernten und Korn mahlen und Brot backen! Ihr seid so stolz darauf, dass ihr euch so gut an Tiere anschleichen könnt und seltene Pflanzen findet. Was ist das schon! Das können die Tiere auch! Aber was wir machen, das können nur Menschen. Nur wir! Nicht ihr!"

Dilgo war leichenblass geworden. Stumm stand er da und sah Mirtani fremd an. „So ist das also", sagte er leise.

„Ja, so ist das! Wenn ich denke, dass ich für dich so leben wollte wie du! Ohne Haus und ohne meine Familie und ohne Brot! Aber das ist vorbei. Zum Glück! Geh du in deinen Wald und zu deinen Wölfen! Die liebst du ja mehr als mich!" Damit drehte sie sich um und lief davon.

Dilgo stand wie vom Donner gerührt. Endlich rannte er ihr nach. „Mirtani!", schrie er.

Sie blieb stehen und fuhr ihn an: „Lass mich! Ich will dich nicht mehr sehen! Ich gehe zurück zu meiner Familie. Und nie mehr, hörst du, nie mehr will ich dich wieder sehen."

*Gabriele Beyerlein / Herbert Lorenz, Die Sonne bleibt nicht stehen. Eine Erzählung aus der Jungsteinzeit, Würzburg 1998, S. 107–109.*

---

**Methodische Arbeitsschritte:**

1. Wer sind die Hauptfiguren? Charakterisiere sie mit passenden Adjektiven. Lassen sie sich bestimmten gesellschaftlichen Gruppen zuordnen?
2. Aus wessen Sicht wird die Handlung geschildert? Warum hat der Autor diese Figur(en) gewählt?
3. Welche Konflikte stehen im Mittelpunkt der Handlung? Was scheinen die Ursachen dieser Konflikte zu sein? Liegen sie eher im Charakter der Figuren begründet oder in den unterschiedlichen Lebensweisen?
4. Wird die Geschichte zeitlich genau eingeordnet? Welche Informationen geben Hinweise auf die historische Zeit, in der sie spielt?
5. Woher hat der Autor seine Informationen über die Epoche? Belegt er seine historischen Kenntnisse? Dazu findest du häufig auch Informationen in den Texten auf dem Umschlag, im Vorwort, Nachwort oder der Einleitung.
6. Was sagt die Erzählung über die Zeit aus, in der sie spielt? Was für ein Bild will der Autor von dieser Zeit vermitteln?

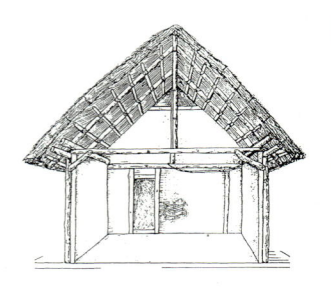

**Wagen aus der Jungsteinzeit, D9**
rekonstruiert nach im Moor gefundenen Einzelteilen. Spurbreite: 1,53 m, Radhöhe: 90 cm, Länge ohne Deichsel: 2,30 m. Überlege, wie die Erfindung von Rad, Achse und Wagen das Leben der Steinzeitmenschen verändert hat.

**D10 Ein Haus aus der Jungsteinzeit**
In Rosdorf (Kreis Göttingen) fanden Archäologen Überreste eines jungsteinzeitlichen Hauses. Es war ca. 26 m lang und ca. 6 m breit. Dicke Holzpfosten trugen das 6 m hohe Dach, dünnere Pfeiler stützten die 1,70 m hohen Außenwände. Die Wände wurden mit Lehm verputzt, den die Menschen aus Gruben neben dem Bauplatz entnahmen. Erkläre, was du aus dem Grundriss über das Aussehen und die Bauweise des Hauses ablesen kannst. Vergleiche deine Erkenntnisse mit der Zeichnung und dem nachgebauten Haus: Welche Informationen benötigt man zusätzlich zum Grundriss, um das Haus vollständig zu rekonstruieren?

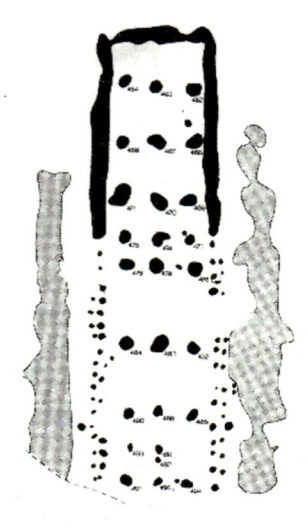

## Fragen und Anregungen

1. Von 1 km² Land konnten sich 1 Jäger, 6 Viehzüchter und 20 Bauern ernähren. Berechne und zeichne selbst: Wie viel Raum braucht ein Jäger, Viehzüchter und Bauer für seine Ernährung? Gehe in deiner Zeichnung für den Bauern von 1 cm² Fläche aus.

2. Schreibe die wichtigsten Merkmale der jungsteinzeitlichen Lebensweise aus dem Text heraus (D7).

3. Zu den Bildern (D6) lassen sich Geschichten erzählen. Wähle auf jedem Bild eine (möglichst ähnliche) Figur aus und schildere ihren Tagesablauf. Welche Arbeiten mussten erledigt werden, welche Aufgaben und Pflichten gab es? Wie würden die Bilder zu anderen Jahreszeiten aussehen?

4. Stelle fest, wo die Einschätzungen der Forscher einander widersprechen. Überprüfe, was sie als Begründungen anführen (D3–5).

5. Mirtani nennt Gründe, warum der Wolf gefangen und getötet werden muss (D8). Suche sie aus dem Text heraus. Dilgo hat eine ganz andere Ansicht. Gib sie in eigenen Worten wieder.

6. Bei dem Streit zwischen Mirtani und Dilgo geht es nicht nur um den Wolf. Überlege, was die tiefere Ursache dafür ist, dass Dilgo und Mirtani sich in diesem Punkt nicht verstehen (D8).

7. Wo prallen heute verschiedene Kulturen aufeinander? Stelle mögliche Streitpunkte zusammen.

42

# 5. Handwerker und Händler – die Metallzeit

| | |
|---|---|
| ca. 4500–4200 v. Chr. | Im Vorderen Orient und auf dem Balkan beginnen die Menschen mit der Kupfergewinnung. Die Menschen entwickeln die Bronzetechnik. |
| 4000–2200 v. Chr. | Kupferzeit in Mitteleuropa |
| 2200–750 v. Chr. | Bronzezeit in Mitteleuropa |
| ca. 1200–750 v. Chr. | Die Menschen fangen an, Eisen zu verarbeiten (Eisenzeit). |

**Kupfer und Bronze**

Auch bei den Bauern und Viehzüchtern blieb zunächst Stein das wichtigste Material zur Herstellung von Werkzeugen. Aber dann entdeckten die Menschen einen neuen Werkstoff, die Metalle. Schon im 8. Jahrtausend v. Chr. hatte man kleine Kupferklumpen verarbeitet, die man in den Flüssen finden konnte.

Um 4500 v. Chr. entwickelten die Menschen neue Verfahren zur Gewinnung und Verarbeitung von Kupfer. Sie bauten das erzhaltige Gestein ober- oder unterirdisch ab. Die ersten einfachen Bergwerke entstanden. Erst wurde das Gestein mit Feuer erhitzt, dann plötzlich mit Wasser abgekühlt. So bildeten sich Risse. Mit Schlägel und Hacke löste man die Felsstücke ganz ab. Dann wurden sie zermalen. So konnte man das Erz vom unbrauchbaren Gestein trennen. Für den eigentlichen Schmelzvorgang wurde der Ofen aus Stein oder Ton unten mit Holzkohle, darüber mit Erz gefüllt. Um das Kupfer zum Schmelzen zu bringen, waren Temperaturen von über 1000° C notwendig. Durch das Schmelzen erhielt man reine Kupferstücke. Für die Herstellung eines Geräts wurde das Kupfer noch einmal geschmolzen und dann in eine Form aus Holz, Ton oder Stein gegossen.

Aus Kupfer konnte man Waffen, Geräte und Schmuck herstellen. Kupfer ist ziemlich weich. Deshalb lässt es sich gut formen, aber es ist nicht sehr widerstandsfähig. Bald fanden die Menschen heraus, dass sich ein festeres Metall ergab, wenn man Kupfer und Zinn (im Verhältnis 9 : 1) mischte: die Bronze. Sie war fast so hart wie Stein.

**D1 Ein Fürstengrab**
1978 wurde in Hochdorf (Baden-Württemberg) das Grab eines keltischen Fürsten gefunden. Das Volk der Kelten bewohnte das Gebiet des westlichen Deutschland, Frankreichs und Großbritanniens. Das Grab stammt von ca. 550 v. Chr. Außen hatte es die Form eines Hügels von ca. 6 m Höhe und 62 m Durchmesser. Das Innere der Grabkammer haben Wissenschaftler rekonstruiert. Das Bild zeigt, wie sie vermutlich ausgesehen hat.

**Eisen** Erst im letzten Jahrtausend v. Chr. kam ein Werkstoff auf, der wiederum der Bronze an Härte und Haltbarkeit überlegen war: das Eisen. Allerdings lösten die neuen Materialien die alten nicht schlagartig ab. Kupfer und Bronze waren wertvoll, deshalb benutzten die meisten Menschen noch immer Alltagsgeräte aus Stein.

**Handwerk, Handel und Herrschaft** Geräte aus Metall wurden rasch zu einer begehrten Handelsware. Denn im Norden und Osten Europas gab es kaum Kupfervorkommen und die Techniken der Metallverarbeitung waren nicht leicht zu beherrschen. Das führte zu erneuten Veränderungen im Zusammenleben der Menschen. Es entwickelten sich besondere Berufe: Bergleute, Schmiede oder Bronzegießer waren Spezialisten für die Metallbearbeitung. Händler übernahmen den Transport und den Austausch von Geräten und Schmuck. Der Besitz der Menschen nahm zu. Es gab Reichere und Ärmere, Mächtigere und Schwächere. Immer öfter lebte man in größeren Stammesgruppen zusammen, an deren Spitze Fürsten oder Häuptlinge standen.

**Eisenwerkzeuge der Kelten aus Manching in Bayern**
Dort wurde ein keltischer Ort ausgegraben, der um 150 v. Chr. entstanden sein muss.

## PROJEKT

**Kupferschmuck selbst gemacht**
*Aus einem Kupferdraht kannst du einen Arm- oder Fußring herstellen, wie ihn die Menschen der Bronzezeit getragen haben. Du benötigst einen Draht von 1 Meter Länge und 1,5 Millimeter Dicke. Mit einer Rundzange biegst du die Drahtenden zu einem kleinen Kreis. Wickele den Draht in der Mitte einmal um dein Handgelenk; beide Drahtenden müssen gleich lang sein. Ziehe deinen Arm aus dem Draht heraus. Mit der Zange drehst du beide Enden zu Spiralen auf. Am Ende sieht dein Schmuckstück so ähnlich aus wie dieser alte Fußring.*

### Bronze- und Eisenzeit

Seit ungefähr 4000 v. Chr., in Mitteleuropa etwa seit 2500 v. Chr. lernten die Menschen Geräte aus haltbarem Metall herzustellen – erst aus Kupfer, dann aus Bronze, seit etwa 750 v. Chr. schließlich aus Eisen. Metallgeräte waren jedoch kostbar. Im Alltag blieb Stein der wichtigste Werkstoff.

## Fragen und Anregungen

**1** Liste auf, welche besonderen Kenntnisse und Fähigkeiten die Menschen haben mussten, um Metalle wie Kupfer oder Eisen bearbeiten zu können.

**2** In Manching wurden Werkzeuge und Haushaltsgeräte wie Kesselhaken, Bratspieße, Gabeln und Hausschlüssel aus Eisen gefunden. Benenne die Werkzeuge (Q1–4). Vergleiche ihre Form mit der heute gebräuchlichen. Schätze den Entwicklungsstand der Werkzeugherstellung damals ein.

**3** Nenne die verschiedenen Metallgegenstände, die du in der Grabkammer erkennen kannst (D1).

**4** Erläutere, woran man erkennen kann, dass es sich um ein Fürstengrab handelt (D1). Suche Gründe dafür, weshalb man den Toten so bestattet hat.

**5** Schmiede waren in der Eisenzeit sehr angesehen. Finde eine Begründung dafür. Nenne Sagen oder Märchen, in denen Schmiede eine Rolle spielen.

**6** Fasse die Informationen von D1 und Q1–4 zusammen. Beschreibe, wie sich die Lebensweise und das Zusammenleben der Menschen verändert haben. Welche Schlüsse kannst du aus dem Fund von Hausschlüsseln ziehen?

# Mit deinem Geschichtsbuch lernen

Lesen ist eine der wichtigsten Lerntätigkeiten im Geschichtsunterricht. Einen großen Teil deines Wissens eignest du dir trotz Fernseher und Radio durch Lesen an. Es ist deshalb wichtig, dass du dein Lesen gut vorbereitest und deinen Lerngewinn gezielt festhältst.

**Der Lernwürfel zur Randbemerkung „Afrika – Wiege der Menschheit"**
Zeichne zuerst eine Bauanleitung des Würfels. Diese kopierst du dann am besten auf leichten Karton. Beschrifte den Würfel, bevor du ihn zusammenbaust.

Würfelflächen:
- gute Umweltbedingungen – warmes Klima – die Pflanzenwelt liefert genug Nahrung
- Aus Afrika stammt sehr wahrscheinlich der Vorfahre aller heutigen Menschen – der Frühmensch
- Vermutlich veränderte sich das Klima, so – dass der Frühmensch schlechter Nahrung fand.
- Warum bezeichnen wir Afrika als die "Wiege der Menschheit"?
- Warum entstand der Mensch in Afrika?
- Welchen Grund gibt es dafür, dass der Frühmensch Afrika verließ und sich auf anderen Kontinenten ausbreitete?

Überlege dir vor dem Lesen immer, wie gründlich du lesen musst. Manchmal willst du bei einem Text nur herausfinden, worum es geht und ob dich das Thema interessiert. Dann kannst du überfliegend lesen und sogar einzelne Zeilen und Abschnitte überspringen. Viel häufiger musst du aber im Geschichtsunterricht gründlich lesen, um einen Text genau zu verstehen. Fürs gründliche Lesen gibt es verschiedene Techniken, die du lernen kannst und mit „Geschichte und Geschehen" auch lernen wirst. All diesen Techniken ist gemeinsam, dass du den Text zuerst überfliegend liest, damit du ungefähr weißt, worum es geht, dass du danach den Text langsam und Satz für Satz durcharbeitest und dass du schließlich das Gelesene in irgendeiner Form schriftlich festhältst und dadurch sichtbar machst.

Eine der wichtigsten Lesehilfen bei den Verfassertexten in „Geschichte und Geschehen" sind die Randbemerkungen (Marginalien). Sie erleichtern dir das überfliegende Lesen. Bevor du einen Verfassertext ausführlich studierst, schau dir immer zuerst die jeweilige Marginalie kurz an. Dann weißt du, wie lang der Text ist und worum es ungefähr geht. Die Randbemerkungen eignen sich natürlich auch für die Wiederholung. Du kannst sie herausschreiben und dann versuchen, zum entsprechenden Abschnitt drei Sätze zu formulieren.

Am besten lernt man, wenn Lernen Spaß macht. Deshalb kannst du auch spielerisch und gemeinsam mit deinen Mitschülern das Wichtigste aus den Kapiteln festhalten. Fertige zu einzelnen Randbemerkungen oder den Themen ganzer Kapitel Lernwürfel an: Schreibe zu den Grundbegriffen und Absätzen in einem Verfassertext drei Fragen auf und notiere diese auf drei Seiten des Lernwürfels. Pass aber auf, dass du die Antworten auf die Felder schreibst, die den entsprechenden Fragen gegenüberliegen. Tragt dann alle Würfel in der Klasse oder eurer Lerngruppe zusammen. „Knobelt" gemeinsam und achtet darauf, dass die Antworten bei euren Mitschülern richtig sind.

45

# LEBEN IN FRÜHEN HOCHKULTUREN

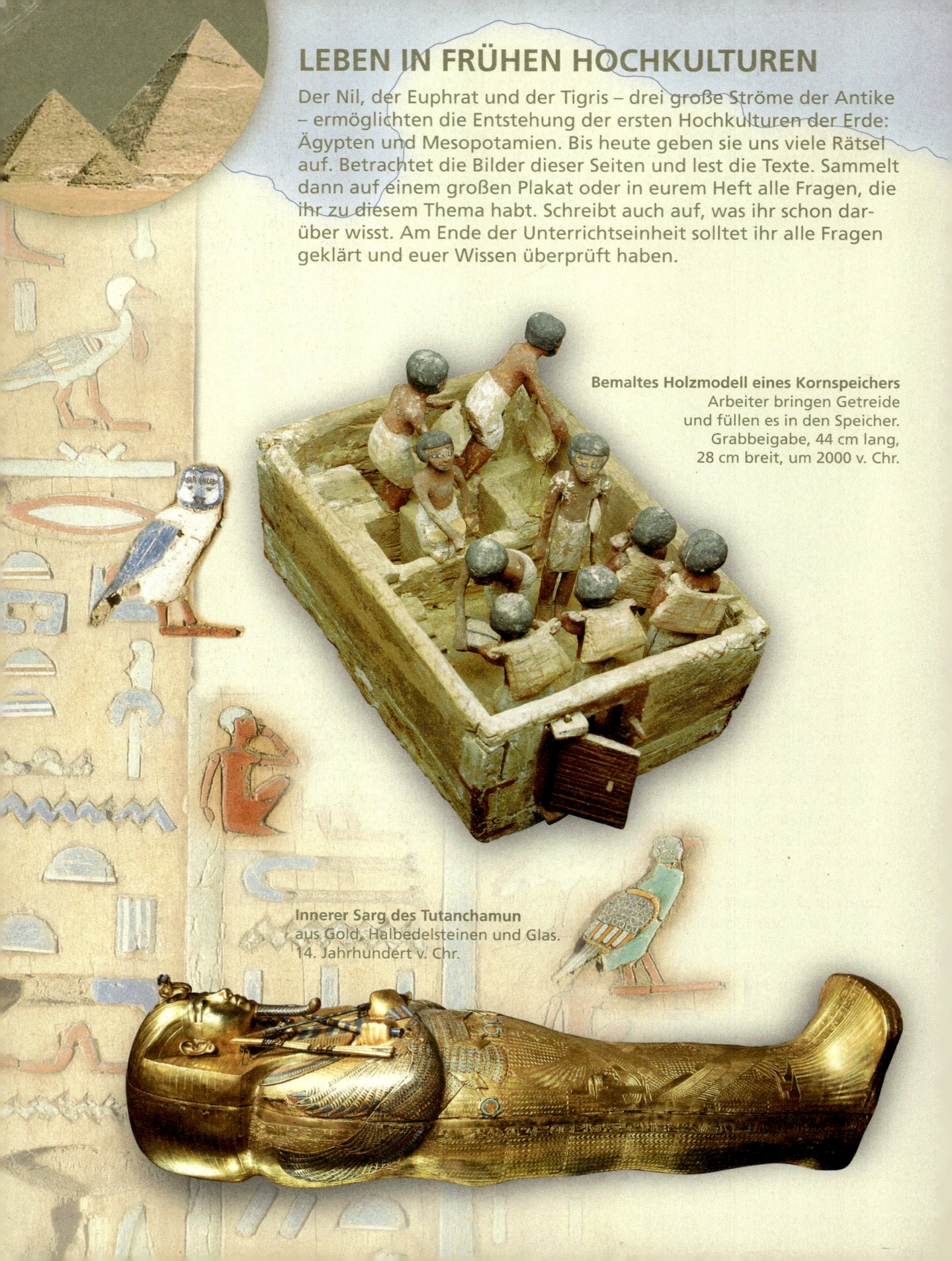

Der Nil, der Euphrat und der Tigris – drei große Ströme der Antike – ermöglichten die Entstehung der ersten Hochkulturen der Erde: Ägypten und Mesopotamien. Bis heute geben sie uns viele Rätsel auf. Betrachtet die Bilder dieser Seiten und lest die Texte. Sammelt dann auf einem großen Plakat oder in eurem Heft alle Fragen, die ihr zu diesem Thema habt. Schreibt auch auf, was ihr schon darüber wisst. Am Ende der Unterrichtseinheit solltet ihr alle Fragen geklärt und euer Wissen überprüft haben.

**Bemaltes Holzmodell eines Kornspeichers**
Arbeiter bringen Getreide und füllen es in den Speicher. Grabbeigabe, 44 cm lang, 28 cm breit, um 2000 v. Chr.

**Innerer Sarg des Tutanchamun**
aus Gold, Halbedelsteinen und Glas. 14. Jahrhundert v. Chr.

# Ägypten – Land am Nil

**Der Sphinx bei den Pyramiden von Gise,** erbaut um 2590 v. Chr., 73 m lang, 20 m hoch. Foto vor 1875; erst später wurde der Sphinx von Sand und Schutt freigeräumt.

„Well, can you see anything?" – „Yes, wonderful things!" 1923 öffnete der britische Ägyptologe Howard Carter die letzte Tür zur Sargkammer des ägyptischen Königs Tutanchamun. 14. Jahrhundert v. Chr.

MITTELMEER

Nildelta
Unterägypten
Gise
Memphis
Oberägypten
Nil
Beni Hassan
Tal der Könige (Grab des Tutanchamun)
Theben (heute Luxor und Karnak)
ROTES MEER
Assuan
heutiger Assuanstaudamm
heutiger Nassersee
Abu Simbel

Legende:
- Steinbruch
- heutiger Küstenverlauf
- Überschwemmungsgebiet, Kulturland

0  100  200 km

# 1. Ägypten – das Land am Nil

| | |
|---|---|
| ca. 3000 v. Chr. | Ober- und Unterägypten werden ein gemeinsames Reich. |
| ca. 2700–2100 v. Chr. | Im „Alten Reich" regieren u.a. die Pharaonen Cheops und Chefren. |
| ca. 1600–1000 v. Chr. | Im „Neuen Reich" regieren u.a. die Pharaonen Hatschepsut, Echnaton, Tutanchamun und Ramses II. |

**Fruchtbares Land**

In die Tiefebene des Nil wanderten um 5000 v. Chr. Nomaden ein. Ihr Leben in der nordafrikanischen Steppe war wegen zunehmender Trockenheit schwierig geworden. Im Niltal wurden die Nomaden sesshaft; aus Sammlerinnen und Jägern wurden Ackerbauern und Viehzüchter. Sie fanden aber kein Paradies vor. Sumpfgebiete und Hochwasser bedrohten die Menschen. Um hier auf Dauer leben zu können, begannen sie Sümpfe von Papyruswäldern trockenzulegen und Dämme gegen Hochwasser zu bauen. Ihr Land auf beiden Seiten des Flusses nannten sie „Kemet", das „schwarze Land", nach der Farbe des fruchtbaren Bodens, im Gegensatz zum „Descheret", dem „roten Land" der feindlichen Wüste. „Ägypten" ist die griechische Bezeichnung für das Land am Nil.

**Leben mit der Natur**

Jedes Jahr im Sommer führte der Nil Hochwasser. Die Ägypter glaubten, dass der Nil ein göttlicher Fluss sei, der im Reich der Götter entspringe. Seine Quelle sei unerschöpflich und bringe das Hochwasser, die sogenannte Nilschwelle. Heute haben wir natürlich andere Erklärungen für die Nilschwelle. Den genauen Zeitpunkt, an dem das Hochwasser die bewohnten Gebiete überschwemmte, kannten die Ägypter aus ihrer Beobachtung der Natur: Wenn der Stern Sirius zum ersten Mal in der Morgendämmerung am Horizont auftauchte, folgte regelmäßig die Flut. Nach dieser Beobachtung setzten die Ägypter das „Niljahr" mit 365 Tagen fest. So schufen sie sich einen genauen Kalender, der es ihnen ermöglichte, sich auf die Überschwemmungen vorzubereiten. Das Hochwasser brachte fruchtba-

**Q1 Das Niltal bei Beni Hasan heute**
Beschreibe den Lebensraum der Ägypter. Erkläre, warum man vom „Volk am Fluss" spricht. Foto, um 1990.

ren Schlamm für die Felder der Bauern mit. Deshalb erwarteten die Ägypter das Wasser jedes Jahr mit großer Hoffnung.

Wenn die Überschwemmung langsam zurückging und der fruchtbare Schlamm auf den Feldern liegen blieb, kamen Abgesandte des Königs. Sie beherrschten die Kunst, die Einteilung der Felder zu berechnen. Es waren die Feldvermesser, die den Bauern das zu bebauende Land zuteilten. Damit nach der Aussaat genügend Wasser vorhanden war, bauten die Bauern gemeinsam Dämme, Kanäle und Schöpfvorrichtungen, um das Wasser auf die höher gelegenen Felder zu transportieren. War das Getreide reif, kam der Schreiber, führte Buch über die Ernte und legte die Steuern fest. Er hielt die Angaben für Gerste in schwarzer und für Emmer, eine andere Getreideart, in roter Tinte fest, damit es keine Verwechslung gab.

**Q2 Das Schaduf, ein Schöpfgerät,** benutzten die Ägypter seit ca. 1400 v. Chr. Vorlage für das Aquarell war eine inzwischen zerstörte Wandmalerei im Grab des Ipui, Deir el-Medina, ca. 1240 v. Chr. Versuche anhand des Gemäldes zu erklären, wie das Schaduf funktionierte.

**Der Nil stellt Aufgaben**

Der Nil wurde zum Mittelpunkt des Lebens aller Ägypter; er war ihre Heimat und sie waren ein „Volk am Fluss". Sie erkannten, dass sie die Aufgaben nicht einzeln bewältigen konnten. Das ging allein nach Absprache oder in Übereinstimmung mit den anderen. Nur in der Gemeinschaft gab es für alle ein sicheres Auskommen. Jeder Einzelne hatte dabei einen Teil der gemeinsamen Aufgaben zu erfüllen.

Im Laufe der Zeit bildeten sich für bestimmte Aufgaben Spezialisten. Schon ab etwa 3300 v. Chr. gab es für die Verwaltung Beamte. Eine für alle wichtige Persönlichkeit war z. B. der „oberste Scheunenverwalter". Er war für die Versorgung der Bevölkerung zuständig und kümmerte sich darum, dass Getreide für Notfälle abgeliefert und in großen Kornkammern gelagert wurde. Ein anderer hoher Beamter war der, „der die Kanäle anlegt". Er musste neben der Aufsicht über die Bewässerungsanlagen auch Abgaben eintreiben lassen.

**Q3 Getreide wird von der Spreu getrennt** Wandmalerei aus dem Grab eines Tempelastronomen in Theben, um 1400 v. Chr. Beschreibe, wie das gedroschene Korn von der Spreu getrennt wurde.

49

**Q4 Felder nach dem Nilhochwasser**
Zurück bleibt eine schwarze Schlammschicht.

**Q5 Über den Nil schrieb der ägyptische Dichter Cheti**
*diesen Text, der auch als Übungstext in den Schulen in Ägypten verwendet wurde:*
Sei gegrüßt Nil, der aus der Erde herauskommt und herbeikommt, um Ägypten zu ernähren; von Rê (dem falkenköpfigen Gott) erschaffen, um alle Durstigen zu beleben. Der Gerste schafft und Emmer entstehen
5 lässt. Ist er träge (bei geringer Überschwemmung), dann werden die Nasen verstopft und jedermann verarmt. Wenn er steigt, dann ist das Land in Jubel, dann ist jeder Bauch in Freuden. Herr der Hoheit, der alles Gute bringt, der den Herden das Futter bringt, der jedem Gott Schlachtopfer zukommen lässt, der 10 die Speicher füllt und die Scheunen weit macht, der den Armen Besitz gibt. Der Bäume wachsen lässt, der das Schilf hervorbringt durch seine Kraft. Niemand weiß, wo seine Quelle ist, der zu seiner Zeit kommt, Ober- und Unterägypten zu füllen. Der Frieden 15 schafft, einer, dem keine Grenzen gesetzt werden können. Nil, komm nach Ägypten, lass die Gesetze entstehen.

*Jan Assmann (Hg.), Ägyptische Hymnen und Gebete. Zürich 1975, S. 500 ff. (Datierung ungewiss, gekürzt)*

**Q6 Saat und Ernte im Niltal**
*Der griechische Geschichtsschreiber Herodot (ca. 480–420 v. Chr.) schrieb nach einem Besuch in Ägypten:*
Offenbar sind die Gebiete Ägyptens, die von Griechen besucht werden, Neuland (Schwemmland des Nil) und ein Geschenk des Stromes. (…) Die Ägypter ernten den Ertrag ihres Bodens heute recht mühelos wie kaum an- 5 dere Menschen. Sie haben es nicht nötig, mühevoll mit dem Pflug Furchen zu ziehen, den Boden zu hacken oder Feldarbeiten zu tun, womit sich andere plagen. Der Strom kommt von selbst, bewässert die Äcker und fließt dann wieder ab. Dann besät jeder seinen Acker 10 und treibt Schweine darauf. Wenn er die Tiere die Saat hat festtreten lassen, wartet er ruhig die Ernte ab. (…) Über die Natur des Flusses habe ich weder von den Priestern noch von sonst jemand etwas erfahren können. Ich hätte gern wissen wollen, warum der Fluss von der Sommersonnenwende an fast 100 Tagen so 15 wasserreich strömt, und auch, warum er danach wieder zurückgeht.

*Herodot, Historien II, 4, 5, 19, übers. v. J. Feix. München 1977, S. 203 ff.*

## Fragen und Anregungen

1. Erkläre, was du auf dem Bild Q4 erkennen kannst. Warum legten die Ägypter ihre Felder so an?

2. Warum meint Herodot, Ägypten sei „ein Geschenk des Stromes" (Q6)? Er behauptet auch, viele Ägypter ernteten recht mühelos. Überprüfe, ob du dieser Einschätzung zustimmen kannst (VT, Q2–4).

3. Herodot möchte gern mehr über die Ursachen der Nilschwelle erfahren (Q6). Aus dem Verfassertext und Q5 weißt du, was ein Ägypter ihm geantwortet hätte. Erkundige dich, wie wir uns heute das Nilhochwasser erklären. Bereite dann mit deinen Mitschülern eine Fishbowl-Diskussion vor, in der ein Mensch aus dem Alten Ägypten und einer aus dem 21. Jahrhundert versuchen, Herodot von ihrer Antwort zu überzeugen. Welche Nachfragen könnte Herodot seinerseits stellen?

4. Das Leben der Alten Ägypter vor mittlerweile 5000 Jahren erscheint uns teilweise sehr fremd, teilweise aber auch sehr fortschrittlich. Stelle zusammen, in welchen Punkten sich die Ägypter von uns unterscheiden und in welchen nicht. Welche eigenen Vorstellungen verbindest du noch mit den Menschen des Alten Ägypten?

# 2. Schule, Schrift und Schreiber

**um 3000 v. Chr.** Die Ägypter entwickeln eine Schrift.

**1822 n. Chr.** Der Franzose François Champollion entziffert die Hieroglyphen.

**Schreiberfigur Q1**
Bemalte Grabstatue aus Kalkstein
(53 cm hoch, 43 cm breit), um 2500 v. Chr.

Als der Dichter Duauf – er lebte im 2. Jahrtausend v. Chr. – seinen Sohn Phiops in die Schreiberschule schicken wollte, erklärte er ihm die Vorzüge seines Berufes: „Auf das Schreiben sollst du deine Gedanken richten; ich kenne keinen Beruf, der mit dem des Schreibers zu vergleichen wäre. Es gibt nichts, was über die Bücher ginge." Obwohl die meisten Ägypter weder lesen noch schreiben konnten, war Schreiben in ihrer Gesellschaft von großer Bedeutung. Schon lange vor Duauf hatten die Ägypter eine Schrift erfunden. Wozu diente sie?

Vielfältig waren die Aufgaben, die die Bewohner des Niltales zu bewältigen hatten. Sie brauchten nämlich Merkzeichen, um bedeutende Ereignisse, wie z. B. die Nilschwelle, registrieren zu können. Listen über Vorräte und Abgaben der Bauern mussten angelegt, Berichte der Beamten verfasst, Aufträge und Befehle geschrieben werden. Das gesprochene Wort reichte nicht mehr aus. Die ältesten schriftlichen Überlieferungen waren Beschriftungen für Wirtschaftsgüter, aber auch Texte, in denen sich Könige selbst darstellten. Die Erfindung der Schrift war der entscheidende Schritt für die Entwicklung zu einer „Hochkultur". So erleichterten die Ägypter nicht nur ihren Arbeitsalltag, sie konnten auch Kenntnisse und Traditionen bewahren und an nachfolgende Generationen weitergeben.

Die älteste Schrift nannten die Ägypter „Gottesworte". Wir finden sie heute noch an Wänden in Grabmälern und Tempeln, in Stein gehauen oder in Holz geschnitzt. Die Griechen konnten die Schriftzeichen nicht lesen und nannten sie Hieroglyphen; das bedeutet „heilige Einritzung". Die Schrift veränderte sich im Laufe der Jahrtausende. Auch die Zahl der verwendeten Hieroglyphen schwankte zwischen etwa 1000 und mehr als 7000.

Die Hieroglyphen bestanden aus Bild-, Laut- und Deutzeichen. Bildzeichen erklärten sich selbst, also ★ = Stern und O = Sonne. Tätigkeiten ließ man durch Personen darstellen, z. B. Sitzen durch einen sitzenden Mann, Geben durch eine ausgestreckte Hand. Weniger anschauliche Begriffe wurden durch anschauliche gekennzeich-

**Eine Schrift wird notwendig**

**Hieroglyphen werden entziffert**

**Q2 Schreibwerkzeug**
mit Farbpalette.
Binsen dienten als Pinsel.

## Hochkultur

Der Begriff bezeichnet ein Volk, das schon früh Schrift und Zeitrechnung, Leistungen in Kunst, Literatur und Architektur, städtische Siedlungen, eine Verwaltung und eine von den Menschen anerkannte Ordnung – wir nennen das Staat – vorzuweisen hatte. Dadurch unterscheiden sich Hochkulturen von dörflich-bäuerlichen Völkern. Eine leistungsfähige Landwirtschaft produzierte Ernteüberschüsse, mit denen man Handel treiben konnte. So entstanden immer spezialisiertere Berufe. Frühe Hochkulturen entwickelten sich ab 3000 v. Chr. an großen Flüssen (Nil, Euphrat und Tigris, Hwangho, Indus), auf Kreta, in Kleinasien und Mittelamerika.

**Thot, der Gott der Schrift und Wissenschaften,** dargestellt als Pavian (16,5 cm hoch), 1. Jahrtausend v. Chr.

net: Ein Segel bedeutete Wind, ein Bierkrug Bier. Schriftzeichen mussten auch gesprochen werden, darum besaßen sie einen Lautwert. Eine Hand stand für „d" oder eine Hacke für „mr". Die Ägypter schrieben keine Vokale, deshalb benutzten sie Deutzeichen. Ein Beispiel aus unserer Sprache soll das erklären. Die Konsonanten „l" und „b" kommen in mehreren Wörtern vor, etwa in Lob, Liebe oder Elbe. Um deutlich zu machen, welches Wort gemeint war, wurden hinter die Zeichen „lb" Deutzeichen gesetzt. So könnte ein Orden bedeuten, dass es Lob heißt, eine Wellenlinie könnte für Elbe stehen und ein Herz für Liebe.

Lange war der Sinn der Hieroglyphen ein Rätsel. Nach vielen Versuchen gelang es dem Franzosen François Champollion im Jahre 1822 die Schrift zu entziffern. Auf einem im Niltal gefundenen Stein entdeckte er einen Text, der in Hieroglyphen und Griechisch gleich lautend geschrieben war. Champollion ging vom bekannten Text in Griechisch aus, entdeckte dort die Namen zweier Könige, Kleopatra und Ptolemäus, und fand sie im Hieroglyphentext wieder – der Schlüssel zur Lösung des Rätsels war gefunden.

**Schreibmaterial für den täglichen Gebrauch**

Für den täglichen Gebrauch wurde die Hieroglyphenschrift meistens durch Kürzungen der Zeichen vereinfacht. Außerdem wurde statt in Holz oder Stein auf flache Kalksteinsplitter, auf Tonscherben, so genannte Ostraka, oder auf Papyrus geschrieben. Diese Materialien waren sehr billig. Man schrieb mit Binsen und benutzte schwarze und rote Tinte, die man aus Ruß bzw. aus rotem Ocker gewonnen hatte.

**In die Schule darf jeder**

Der Dichter Duauf berichtet, dass die Schüler im Alter zwischen fünf und zehn Jahren in die Schule kamen. Sie stammten aus allen Bevölkerungsschichten. Der Besuch einer Schule war kein Vorrecht, sondern jedem Jungen gestattet. Wir kennen den Bericht eines Priesters, der sagte, er sei dank seiner Klugheit „in die Schule aufgenommen worden" und „von seiner Armut bis zum Dolmetscher für jedes Ausland aufgestiegen". Mädchen dagegen besuchten die Schule selten. Es gab aber auch Frauen, die das Schreiben beherrschten.

Erziehung und Lernen waren für die Ägypter ein Teil der göttlichen Ordnung. Die jungen Menschen mussten in der Schule lernen, sich in diese Ordnung einzufügen. Sie mussten gehorsam sein, strenge Disziplin wahren und das Wissen, die Erfahrung und die Traditionen der Älteren übernehmen. Deshalb gab es neben dem Schreiben die Unterrichtsfächer Lesen, Mathematik, Bildhauerei, Malerei, Geografie und Sport.

**Papyrusernte** Relief aus dem Grab des Nefer, ca. 2400 v. Chr. Die Bauern schnitten die Stängel in dünne Streifen und legten sie in zwei Lagen kreuz und quer übereinander. Durch Pressen und Schlagen verklebte das aus den Stängeln austretende Mark. Welche Tätigkeiten kannst du auf dem Bild erkennen?

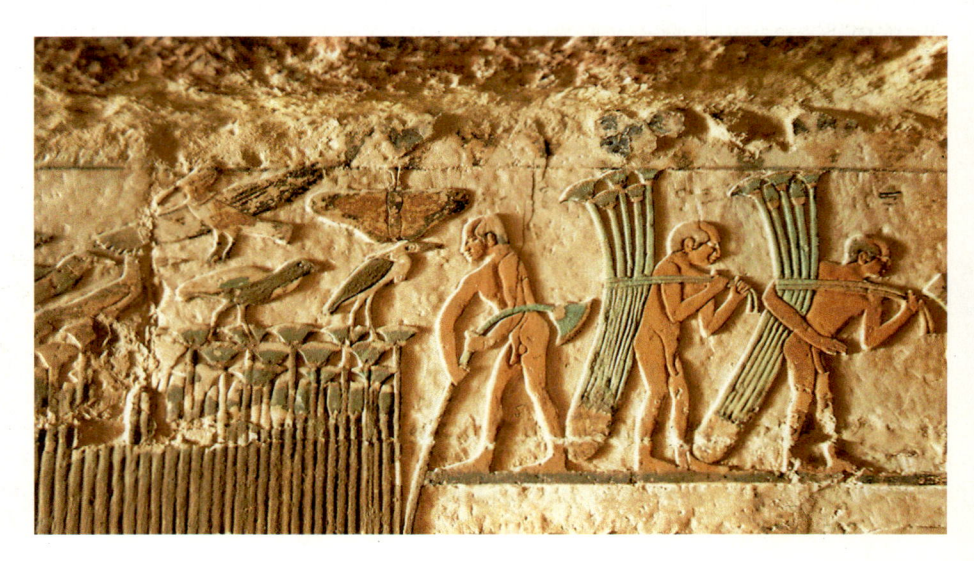

## D1 Hieroglyphen

Die Vokale nehmen Forscher als gesprochene Laute an.

| Hieroglyphen | Gegenstand | Laut | Bedeutung |
|---|---|---|---|
| | Brot | t | |
| | "Sandalen-riemen" | anch | leben |
| | Schilfrohr | i | |
| | Brettspiel | men | bleiben |
| | Wasser | n | |
| | Zepter | heka | Herrscher |
| | Korb | neb | Herr |
| | Mistkäfer | cheper | verwandeln/Verwandlung |
| | Sonne | rê | Sonnengott |

## Q5 Schultag eines Jungen, ca. 1200 v. Chr.:

Mit einem „Wach auf, an deinen Platz!" wird der Junge geweckt. „Die Bücher liegen schon vor deinen Kameraden. Bring deine Kleider in Ordnung (der Junge schläft in seiner Kleidung) und zieh die Sandalen richtig
5 an!", so fing der Tag an. Dann hieß es: „Du legst deine Aufgaben täglich ordnungsgemäß vor. Sei nicht faul! Man gibt auf: 3 + 3 (…). Dann fängst du an, ein Buch zu lesen, rechnest und bist dabei still. Lass keinen Laut aus deinem Mund hören! Schreibe mit deiner Hand und
10 lies mit deinem Mund! Faulenze nie oder wehe deinen Gliedern! Suche zu verstehen, was dein Lehrer will, höre auf seine Mahnungen; werde ein Schreiber!"

*Zit. nach: E. Brunner-Traut, Die Alten Ägypter, Stuttgart 1987, S. 72 f.*

## Q6 Der Dichter Duauf an seinen Sohn Phiops, ca.1250 v. Chr.:

Ich lasse dich die Schriften mehr lieben als deine Mutter. Ich führe dir ihre Schönheit vor Augen; sie ist größer als die aller anderen Berufe und im ganzen Land gibt es nichts, was ihnen gliche. Kaum ist ein Schrift-
5 kundiger herangewachsen, wird man ihn grüßen. Der Steinmetz graviert mit dem Meißel in allerlei harten Steinen. Hat er die Arbeit vollendet, so versagen ihm seine Arme und er ist müde. Der Töpfer steckt in seinem Lehm; der beschmiert ihn mehr als ein Schwein.
10 Wenn der Weber den Tag vollbracht hat ohne zu weben, wird er mit 50 Peitschenhieben geschlagen. Siehe, es gibt keinen Beruf, in dem einem nicht befohlen wird, außer dem des Schreibers; da ist er es, der befiehlt. Wenn du schreiben kannst, wird dir das mehr Nutzen bringen
15 als alle Berufe, die ich dir genannt habe. Nützlich ist dir schon ein Tag in der Schule und eine Ewigkeit hält die in ihr geleistete Arbeit vor.

*Zusammengestellt nach: Geschichte in Quellen, Bd. I, München 1978, S. 29 f.*

## Q7 Türschild von Amenophis II. (König 1436–1413 v. Chr.)

Die Inschrift lautet: „Der geliebte Sohn des Rê, Amenophis, der Gott und Herrscher von Theben, wird ewig leben." In dem ovalen Rahmen, der Kartusche, steht der Königsname. Welche der Hieroglyphen kannst du erkennen und „übersetzen"?

### Fragen und Anregungen

1. Probiere aus, wie die Hieroglyphenschrift funktionierte (VT), und denke dir Deutzeichen zu Konsonanten aus (z. B. d + m: Damm, Dame, Dom).

2. Der zweite Name König Tutanchamuns lautete „Neb-cheper-rê". Finde heraus, wie das geschrieben wurde und was es bedeutete (D1).

3. Versuche selbst einmal mit einem Pinsel Hieroglyphen, die du in diesen oder anderen Kapiteln findest, auf einen Stein oder eine Tonscherbe (z. B. von einem Blumentopf) zu schreiben.

4. In der Schule sollten die Ägypter genau wie du bestimmte Dinge lernen (VT, Q5). Wie könnte ein Lehrplan für die ägyptischen Schulen ausgesehen haben? Überlege, was in dem Lehrplan für dich stehen könnte und vergleiche mit Ägypten.

5. Der Beruf des Schreibers hat viele Vorteile (Q6). Stelle dir vor, du wohnst im Alten Ägypten und in deiner Stadt beschweren sich die Handwerker, dass nur sie so hart arbeiten müssen. Du bist Schreiber und musst dich verteidigen. Was antwortest du ihnen?

# 3. Der Pharao – Gott und König

**Der König – Bewahrer der Weltordnung**

Der griechische Geschichtsschreiber Herodot bezeichnete die Ägypter als die frömmsten aller Menschen. Sie glaubten an viele Götter. Die Welt der Götter war von der Welt der Menschen streng getrennt. Die Verbindung zwischen Göttern und Menschen war der König. Seine herausragende Stellung zeigte sich in verschiedenen Namen und Titeln. Der erste war „lebender Horus auf Erden". Damit war der König dem Himmelsgott Horus gleichgestellt, er war Stellvertreter des Gottes auf der Erde. Außerdem wurde der König als „Sohn des Rê", des Sonnengottes, bezeichnet.

Der König war Herr über seine Untertanen, ihm gehörte das ganze Land mit allen Produkten. Da er seine Herrschaft im Auftrag der Götter ausübte, konnte der König nach Überzeugung der Ägypter niemals Fehler machen. Seine wichtigste Aufgabe war es, die von den Göttern festgelegte Weltordnung, die Maat, zu bewahren. Sie gab allen Ägyptern Gerechtigkeit und Ordnung. Das Gegenteil von Maat waren Schlechtigkeit und Lüge. Diese Eigenschaften würden die Welt ins Chaos stürzen. Nur der König als „Herr der Maat" konnte die Maat garantieren. Wie wichtig die Maat für die Ägypter war, können wir in einer Grabinschrift lesen: „Nur der Mensch bleibt bestehen, der der Maat entspricht".

**Pharao – „Großes Haus"**

Den Palast des Königs nannten die Ägypter „Großes Haus". In der Sprache der Ägypter hieß das „Pharao"; darum nannten sie ab etwa 1500 v. Chr. ihren König Pharao. Da diese Häuser aus Lehm und nicht wie die Pyramiden aus Stein gebaut wurden, ist von ihnen fast nichts erhalten. Von Bildern wissen wir aber, dass es großzügige Häuser mit prächtigen Gärten waren. Viele Diener standen dem Pharao zur Seite; es gab „Geheime Räte des königlichen Schmucks", „Sandalenverwalter" oder „Haarmacher". Bei wichtigen Staatsangelegenheiten trug der Pharao prächtige Kleider wie den Königsrock und Schmuck. Krummstab und Geißel (Peitsche) waren Zeichen für Macht und Würde und verliehen Kraft und Schutz der Götter. Ein göttliches Zeichen war auch der Zeremonialbart, den sich der König umbinden konnte.

Der Pharao regierte den Staat. Dazu setzte er Beamte ein, die seine Befehle ausführen mussten. Er empfing Gesandtschaften und begab sich auf Inspektionsreisen. Er allein entschied über Krieg und Frieden.

Der Pharao war aber auch oberster Priester. Obwohl viele Priester im Land Aufgaben für ihn übernahmen, führte er bestimmte religiöse Handlungen selbst aus. Er opferte den Göttern und einmal im Jahr beging er z. B. eine feierliche Zeremonie, die in den Augen der Ägypter die Nilschwelle auslöste. Die Ägypter glaubten, dass der Pharao sich nach seinem Tod mit dem Totengott Osiris vereine und daher weiterlebe.

**Q1 Eingeweidesarg Tutanchamuns** aus Gold, Halbedelsteinen und Glas (ca. 40 cm lang), 14. Jahrhundert v. Chr. Geier und Schlange auf der Stirn waren Zeichen seiner Herrschaft über Ober- und Unterägypten und sollten den Pharao beschützen.

**Q2** „Freundlich sein ist gut"
*schrieb der Pharao Meri-Ka-Rê an seinen Sohn, ca. 1480 v. Chr.:*

Sei geschickt im Reden, damit du die Oberhand behältst; Reden ist erfolgreicher als Kämpfen. Ahme deine Väter nach, die vor dir gestorben sind. Sei nicht böse; freundlich sein ist gut. Zeige dich deinem Land gütig, man preist deine Güte und betet für deine Gesundheit. Mache deine Beamten vermögend, damit sie nach deinen Gesetzen handeln. Wer reich ist, ist nicht parteiisch. Sag die Wahrheit in deinem Hause, dann haben die Großen vor dir Respekt. Tu du als Pharao das Rechte, quäle keine Witwe. Hüte dich davor, ungerechterweise zu strafen. Mache keinen Unterschied zwischen dem Sohn eines Vornehmen und dem niedriger Herkunft, hole dir einen Mann wegen seiner Fähigkeiten.

Zit. nach: Geschichte in Quellen, Bd. I, München 1978, S. 24 f.

**König Mykerinos (2489–2471 v. Chr.) Q3**
Links und rechts von ihm stehen zwei Göttinnen. Mykerinos hat die Statuengruppe selbst in Auftrag gegeben. Sie wurde in seinem Totentempel aufgestellt. Schieferrelief (ca. 92 cm hoch), um 2480 v. Chr.

## Herrschaft

Herrscher oder Herrschergruppen üben Macht aus über Menschen, die ihnen untergeben und von ihnen abhängig sind. Herrschende sind die mächtigsten Personen in einem Staat. Sie haben das Recht, Gesetze für die Untertanen ihres Reiches zu erlassen und Befehle zu erteilen. Sie können auch einzelne Rechte an Personen übertragen, die ihnen unterstellt sind, sich aber durch besondere Fähigkeiten auszeichnen. Diese Personen üben die Herrschaft dann im Auftrag der Herrschenden aus.

## Monarchie

(griech.: Alleinherrschaft) Staatsform, in der ein Einzelner, der Monarch, die Herrschaft ausübt. Monarchen sind z. B. Könige und Königinnen oder Kaiser. Sie rechtfertigen ihre Alleinherrschaft meist mit dem Willen der Götter. Monarchen herrschen ihr Leben lang, danach wird die Thronfolge an die Nachkommen vererbt oder ein Nachfolger gewählt. In Ägypten bezeichnet man die Alleinherrschaft des Pharaos als Königtum; der Begriff „Monarchie" wurde zum ersten Mal um 400 v. Chr. von griechischen Gelehrten verwendet.

### Fragen und Anregungen

1. Beschreibe den Sargdeckel des Tutanchamun (Q1) und das Standbild des Königs Mykerinos (Q3). Erkläre, warum die Pharaonen sich so abbilden ließen (VT, Q1, Q3).
2. Sammle Bilder von wichtigen Personen unserer Zeit. Woran lässt sich die Bedeutung dieser Personen erkennen? Vergleiche mit Q1 und Q3.
3. Was beabsichtigt der Pharao mit den Ratschlägen an seinen Sohn (Q2)? Welche anderen Aufgaben hatte der Pharao (VT)? Setze den Brief fort.
4. In diesem Kapitel lernst du drei ägyptische Götter kennen. Informiere dich in einem Lexikon über sie und weitere ägyptische Götter. Erläutere, warum die Ägypter mehrere Götter hatten.

# EIN SCHAUBILD ERKLÄREN

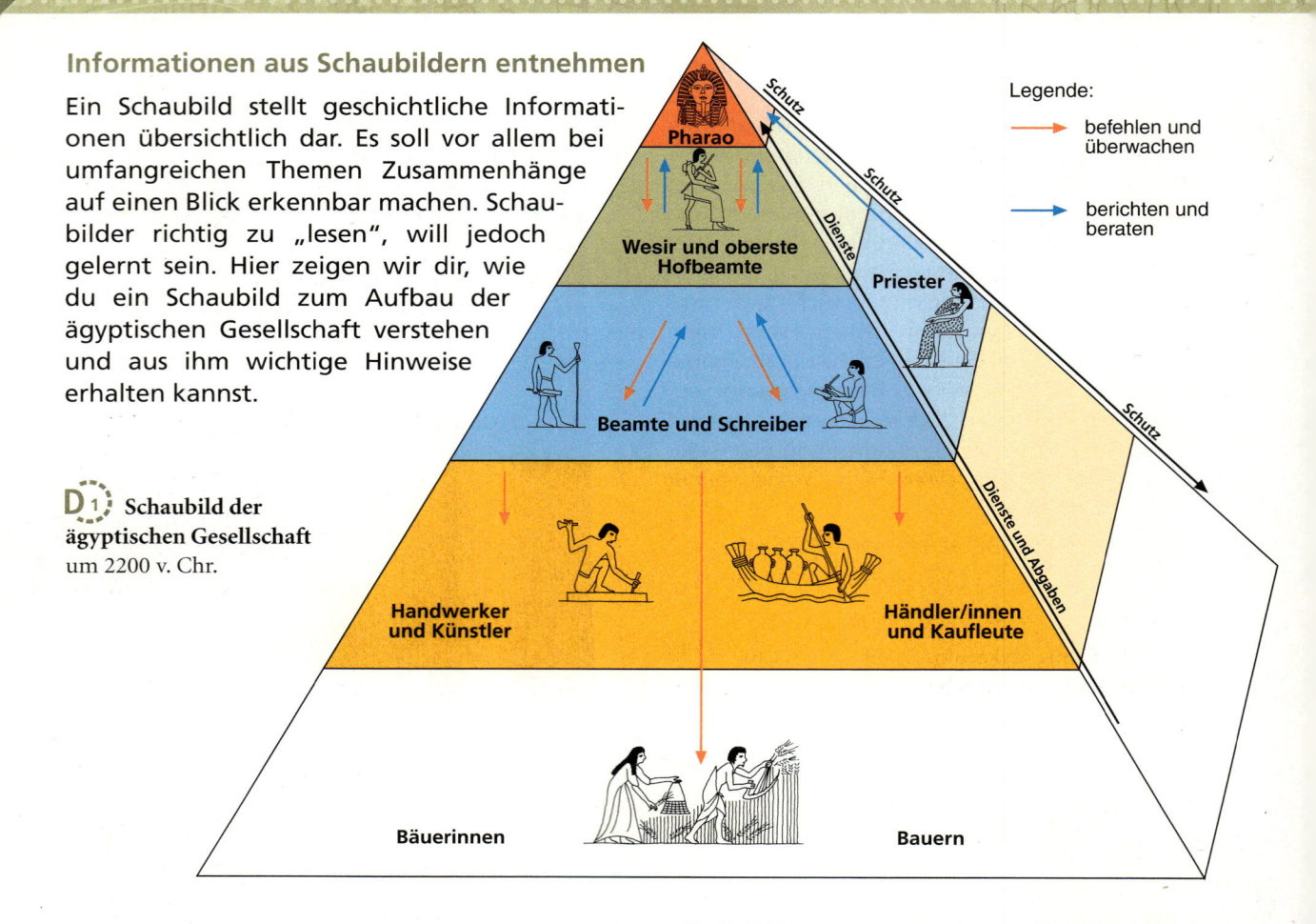

### Informationen aus Schaubildern entnehmen

Ein Schaubild stellt geschichtliche Informationen übersichtlich dar. Es soll vor allem bei umfangreichen Themen Zusammenhänge auf einen Blick erkennbar machen. Schaubilder richtig zu „lesen", will jedoch gelernt sein. Hier zeigen wir dir, wie du ein Schaubild zum Aufbau der ägyptischen Gesellschaft verstehen und aus ihm wichtige Hinweise erhalten kannst.

**D1** Schaubild der ägyptischen Gesellschaft um 2200 v. Chr.

Legende:
→ befehlen und überwachen
→ berichten und beraten

Pharao — Wesir und oberste Hofbeamte — Priester — Beamte und Schreiber — Handwerker und Künstler — Händler/innen und Kaufleute — Bäuerinnen — Bauern

Schutz — Dienste — Dienste und Abgaben

Der Pharao nahm in der Hierarchie der Gesellschaft den ersten Platz ein. Darum ist er in dem Schaubild ganz oben eingesetzt. Das Schaubild zeigt auch, wem der König seine Befehle übermittelte und woher er wusste, was in seinem Lande vor sich ging. Er teilte seine Anordnungen z. B. dem Wesir, dem obersten Beamten, mit, der wiederum dem Pharao über die Ereignisse in seinem Reich berichtete und ihn beriet. Für diese Dienste gewährleistete der Pharao dem Wesir Schutz. Das Schaubild gibt aber nicht nur Auskunft über den Pharao, sondern auch über die Aufgaben und Pflichten aller Ägypter.

### Hierarchie

(griech.: heilige Ordnung) Hierarchie bezeichnet die Rangordnung, also das Oben und Unten bzw. Nebeneinander in einer Gesellschaft. In einer Hierarchie werden oben Entscheidungen gefällt und jeweils von den nächsten Untergebenen ausgeführt. Auf welcher Stufe der Rangordnung Menschen stehen, hängt z. B. davon ab, ob sie hohes oder niedriges Ansehen besitzen, viele oder wenige Rechte haben, arm oder reich sind oder als Frau oder Mann geboren wurden.

### Methodische Arbeitsschritte:

1. Stelle fest, welches Thema das Schaubild behandelt. Die Legende gibt dazu Informationen.
2. Untersuche, warum einzelne Teile des Schaubildes in verschiedenen Farben bzw. größer oder kleiner dargestellt werden.
3. Arbeite heraus, an welchen Stellen Pfeile/Linien verwendet werden. Was sagen sie über die Beziehungen zwischen Personen und Gruppen aus?
4. Welche Form wurde gewählt (z. B. Pyramide)? Überlege, welchen Zusammenhang es zwischen dem Thema und der Form des Schaubildes gibt.

# GEWUSST WIE

**D 2** Mein Vater fährt im Auftrag der Verwaltung oder des Tempels mit dem Boot in ferne Länder. Er bringt Gold, Edelsteine, Weihrauch, Parfüm und Gewürze mit. Die wertvolleren Waren gehören natürlich dem Pharao. Den Rest verkauft meine Mutter auf dem Markt. Bald darf ich mit meinem Vater mitfahren.

**D 3** Meine Eltern gehören zu den einflussreichsten Menschen in Ägypten und beraten sogar den Pharao. Sie sorgen dafür, dass die Götter in richtiger Weise verehrt werden und bereiten den göttlichen Pharao nach seinem Tod für seine Fahrt ins Totenreich vor. Wir leben in der Tempelstadt. Im Lebenshaus erlerne ich alle heiligen Handlungen, Gebete und geheimen Künste, um später das Amt meiner Eltern zu erben.

**D 4** Unsere ganze Familie bestellt die Äcker des Pharaos. Unser Dorf muss den größten Teil der Ernte bei den Beamten des Pharaos abliefern. Für uns bleibt nur wenig zum Leben. Wer seine Abgaben nicht entrichtet, wird in die Kupferbergwerke geschickt. Bei Hochwasser arbeitet mein Vater im Auftrag der Beamten auf der Pyramidenbaustelle.

**D 5** Mein Vater ist sehr geachtet und wichtig für den Pharao. Sein Vorgesetzter ist der Wesir. Mein Vater kann lesen und schreiben, er treibt Steuern ein, kontrolliert die Arbeit der Bauern und notiert den Bestand an Vieh und Getreide. Bei guter Arbeit kann er in der Beamtenlaufbahn aufsteigen. Wir leben sehr angenehm. Nach zwölf Jahren Schreiberschule kann auch ich den Beruf meines Vaters ausüben.

**D 6** Meine Mutter ist Parfümherstellerin. Duftstoffe sind in unserem Land sehr begehrt. Wir leben ganz gut, obwohl wir einen Teil des Parfüms als Steuer an die Schreiber abgeben müssen. Den Rest tauschen wir gegen Brot, Bier und manchmal Fleisch. Für eine Schreiberlehre reicht es aber nicht.

**D 7** Mein mächtiger Vater sorgt dafür, dass die Befehle des Pharaos ausgeführt werden. Er legt die Steuern fest und schlichtet Streitigkeiten. Bei wichtigen Entscheidungen holt der Pharao Ratschläge von meinem Vater ein. In einem Palast werde ich als sein Nachfolger von einem Privatlehrer unterrichtet.

## Fragen und Anregungen

1. Ordne die Personen und Gruppen (D2–7) in die Gesellschaftspyramide (D1) ein. Begründe deine Entscheidung.

2. Auf dieser Seite werden nur einige Berufe beschrieben. Suche in den anderen Kapiteln nach Informationen über weitere Berufe und beschreibe sie nach der Art der Texte D2–D7 aus der Sicht eines Kindes. Diskutiere, an welcher Stelle diese Personen in das Schaubild eingeordnet werden müssten.

3. Die Texte D2–D7 zeigen, dass Kinder nicht nur in die Schule gingen. Sammele alle Informationen über Kinder (Kap. 2–5). Verfasse Texte, in denen verschiedene Kinder ihr eigenes Leben beschreiben.

4. Entwerft ein Rollenspiel mit Personen aus verschiedenen gesellschaftlichen Gruppen. Verteilt die Rollen und denkt euch ein Thema aus, z. B.: Die Ernte in diesem Jahr war schlecht, deshalb fordern die Bauern eine Senkung der Abgaben.

5. Auch du erlebst, dass es in unserer Gesellschaft Hierarchien gibt. Überlege, welche Hierarchie bei dir an der Schule besteht, wer welche Rechte und Pflichten hat, wer oben und unten steht. Halte deine Ergebnisse in einem Schaubild fest.

# 4. Die Frau – „Herrin des Hauses"

**Das Leben der Frauen**

**Q1 Müllerin bei der Arbeit**
Kalksteinfigur (26 cm hoch), um 2400 v. Chr.

Sicherlich ist dir aufgefallen, dass bisher meist nur von Männern die Rede war. Was aber erfahren wir über das Leben der Frauen, welche Rechte hatten sie im Vergleich zu den Männern? Wir finden viele Hinweise auf Wandmalereien in Gräbern, in Grabbeigaben und Papyrustexten. Diese Darstellungen beziehen sich aber auf das Leben im Jenseits. Es sind Wunschvorstellungen der Verstorbenen für das Leben nach dem Tod. Wie die Wirklichkeit aussah, können wir manchmal nur vermuten. Einiges verraten die Quellen aber schon.

In vielen Dingen war die Frau dem Mann rechtlich gleichgestellt. Sie durfte Verträge abschließen, vor Gericht Klage erheben und als Zeugin auftreten. Ihren eigenen Besitz durfte sie an ihre Kinder vererben. Ihre wichtigsten Aufgaben waren die Ehe, die Kinder zu erziehen und den Haushalt mit der Dienerschaft zu führen. Dazu gehörte auch die Verwaltung des Familienvermögens. In allen Quellen ist nur von verheirateten Frauen die Rede. Bei der Bestellung der Felder und bei der Ernte mussten die Frauen den Männern helfen.

Berufe ergreifen durften die Frauen in der Regel nicht. Dennoch finden wir Weberinnen, Spinnerinnen, Hebammen oder Frisörinnen. In den Quellen finden wir auch Hinweise auf eine Wesirin, eine Schatzmeisterin, auf Richterinnen, Priesterinnen und Schreiberinnen. Wie ist das zu erklären? Die Titel haben diese Frauen bekommen, weil ihre Männer diese Berufe ausübten. Es waren also keine Berufsbezeichnungen der Frauen, sondern Rangtitel. Eine Schule besuchen durften vor allem die Mädchen aus vornehmen Familien.

**Eine Frau wird Pharao**

Der Pharao musste nach Meinung der Ägypter immer ein Mann sein. Tapferkeit und Stärke waren männliche Eigenschaften. Einmal jedoch kam es anders. Als im Jahre 1490 v. Chr. der Pharao Thutmosis II. starb, übernahm seine Witwe Hatschepsut für den noch unmündigen Stiefsohn die Regierung. Die Königin gab die Macht dem Stiefsohn aber auch nicht zurück, als er volljährig geworden war. Damit geschah für die Ägypter etwas Unglaubliches: Eine Frau übernahm die männliche Rolle des Pharaos. Das erschien den Ägypterinnen und Ägyptern als Verstoß gegen die Weltordnung, die Maat. Hatschepsut verwaltete aber ihr Amt mit großem Erfolg. „Sie ist die Meisterin der Herrschaft, ihre Pläne sind ausgezeichnet!" Das sagte ein Ägypter über sie. Sie regierte zwanzig Jahre lang und brachte dem Land einen langen Frieden.

**Q2 Holzmodell einer Weberei**
aus dem Grab des Kanzlers Meketre in Theben, um 2000 v. Chr.
Viele Grabbeigaben zeigen Frauen bei der Arbeit im Haus. Allerdings wurden die meisten überlieferten Grabbeigaben verstorbenen Männern mit ins Grab gegeben; aus ihnen können wir nur ablesen, wie sich Männer die Frauenarbeit vorstellten. Ob die Arbeitsteilung zwischen Frauen und Männern wirklich so war, ist nicht klar. Versuche, verschiedene Tätigkeiten zu erkennen.

**Q3  Grabstein des Sched-iti-ef und der Nefer-chau-neb** um 2100 v. Chr.

**Q4  Grabstein des Nit-Ptha, um 1950 v. Chr.**
Nit-Ptha und sein Sohn Antef sind an der dunklen Hautfarbe zu erkennen. Der Herrschaftsstab symbolisiert die Ämter, die ein Mann ausübt. Seni, die Ehefrau, und die Tochter Ded halten Lotusblüten in den Händen, Zeichen für das Leben.

**Q5  Lehre des Schreibers Ani an seinen Sohn,** um 1500 v. Chr.

Nimm dir eine Frau, solange du jung bist. Sie soll dir einen Sohn bringen und Kinder bekommen, solange du noch ein junger Mann bist. (…) „Wer ist der da?", fragt man immer. Ämter bringen ihre Regeln mit sich.
5 Eine verheiratete Frau wird eingestuft nach ihrem Ehemann, ein Mann wird eingestuft nach seinem Rang. (…) Du sollst nicht deine Frau in ihrem Haus beaufsichtigen, wenn du weißt, dass sie tüchtig ist. Sage nicht „Wo ist denn das? Bring es her!", wenn sie es an die
10 richtige Stelle getan hat. Lass sie dein Auge beobachten und schweige, dann wirst du ihre Geschicklichkeit kennen lernen. Welche Freude, wenn sie dann deine Hand empfängt.

*Zit. nach: Hellmut Brunner (Hg.), Altägyptische Weisheit. Lehren für das Leben, Zürich/München 1988, S. 199, 205 und 210 f.*

**Q6  Hatschepsut, ein weiblicher Pharao**
Teil eines Standbildes, um 1465 v. Chr.

## Fragen und Anregungen

1. Vergleiche die Darstellung von Hatschepsut (Q6) mit der des Tutanchamun (S. 54, Q1). Was fällt dir auf? Überlege, warum sich Hatschepsut so hat darstellen lassen.

2. Der Stiefsohn von Hatschepsut hat das Andenken an seine Mutter aus allen ihm erreichbaren gemalten oder in Stein gehauenen Bildern auslöschen lassen. Versuche zu erklären, warum er das tat.

3. Stelle dar, was wir über die Rolle von Frauen in Ägypten aus den Worten des Ani (Q5) erfahren.

4. Wie ist das Verhältnis zwischen Frau und Mann dargestellt und woran erkennst du das (Q3)?

5. Woran kannst du Vater und Sohn bzw. Mutter und Tochter unterscheiden (Q4)?

6. Stell dir vor, du besuchst das Alte Ägypten und lebst dabei in einer ägyptischen Familie. Wähle zunächst aus, zu welcher Berufsgruppe die Familie gehört. Schreibe dann einen Brief nach Hause, in dem du berichtest, was du über das Leben der einzelnen Familienmitglieder beobachten konntest.

# 5. Deir el-Medina – ein Dorf im Alten Ägypten

**Zweigeschossiges Stadthaus Q1**
Dorfhäuser wie in Deir el-Medina hatten nur ein Stockwerk. Das Dach diente als Schlafstätte. Kalksteinmodell, ca. 1500–1000 v. Chr.

**Das Dorf in der Wüste**

Bisher war von Schreibern, Priestern, Wesiren und Pharaonen die Rede. Über ihr Leben haben wir gute Kenntnisse. Bilder und Inschriften aus ihren Grabanlagen und Tempeln geben uns Auskunft. Wer aber hat diese Bauwerke errichtet, wer hat die Bilder an den Wänden gezeichnet? Es waren Handwerker und Arbeiter. Ihre Häuser waren meist aus Materialien gebaut (Nilschlammziegel, Palmblätter, Holz, Schilf und Stroh), die die Zeit nicht überstanden haben. Erhalten sind uns aber die Grundmauern einer Siedlung, nicht weit von Theben entfernt. Die Archäologen fanden Papyri und Ostraka, denen wir entnehmen können, dass das Dorf ungefähr zwischen 1500 und 1000 v. Chr. bewohnt wurde. Es heißt Deir el-Medina. In ungefähr 70 gleich aussehenden Häusern lebten bis zu 700 Menschen. Es waren die Familien von 30 bis 120 Männern, die die Grabanlagen von Pharaonen und hohen Würdenträgern im Tal der Könige bauten. Eine hohe Ziegelmauer schützte das Dorf gegen wilde Tiere und gegen den Sand der Wüste.

**Arbeit und Lohn**

Den Auftrag zum Bau eines Grabes bekamen die Arbeiter vom Wesir, der die Baustelle auch überwachte. Die Arbeiter trieben in mühsamer Handarbeit die bis über 200 m langen und 100 m in die Tiefe führenden Grabschächte in den Fels und trugen in Körben den Schutt weg. Das Grab wurde mit Reliefs geschmückt und ausgemalt. Die Fertigstellung eines Grabes dauerte mehrere Jahre. Gearbeitet wurde das ganze Jahr hindurch. An drei Tagen im Monat hatten die Arbeiter frei, wie wir an Sonntagen. Außerdem wurde an den recht häufigen Götterfesten nicht gearbeitet. Über Fehlzeiten wurde genau Buch geführt, daher kennen wir noch weitere Gründe, warum jemand nicht zur Arbeit erschien: „Muss für den Schreiber arbeiten", „braut Bier", „vom Skorpion gebissen", „opfert der Hathor". Die Handwerker und Arbeiter bekamen als Lohn hauptsächlich Lebensmittel. Einmal im Monat kam der Abgesandte des Wesirs und verteilte im Auftrag des Pharaos an die Menschen in Deir el-Medina Dinkel und Gerste, aus denen Brot gebacken wurde. Gerste nahm man auch zur Herstellung von Bier. Es war das beliebteste Getränk.

**Ansicht eines Arbeiterhauses in Deir el-Medina D1**
Jedes Haus wurde aus luftgetrockneten Nilschlammziegeln gebaut und hatte eine Grundfläche von ca. 6 x 15 m. Zumindest die vorderen beiden Räume waren mit Wandgemälden geschmückt, sonst waren sie wie die Decken weiß getüncht. Im Nebenraum und im Keller werden Haushaltsgegenstände, Werkzeuge, Kleidungsstücke und Nahrungsmittel aufbewahrt.

Außerdem erhielt jede Familie Trockenfisch, Salz, Gemüse, Datteln, Brennholz und Natron, das man als Seife benutzte. Fleisch, Wein und Honig gab es nur an Festtagen. Was die Familien nicht für die Ernährung brauchten, tauschten sie gegen Kleider, Töpfe oder andere wichtige Dinge.

In den Häusern von Deir el-Medina lebten viele Kinder. Eine Schule gab es für sie in diesem kleinen Ort nicht. Der Weg nach Theben war zu weit und zu gefährlich, er führte ein Stück durch die Wüste. Wandbilder und Grabbeigaben geben uns Hinweise darauf, wie Mädchen und Jungen ihre Freizeit verbracht haben: Die Jungen trugen Wettkämpfe wie Ringen, Laufen, Springen und Stockfechten aus. Mädchen werden beim Tanzen und Balljonglieren gezeigt. Besonderen Spaß hatten die Kinder, wenn sie sich auf dem Nil mit langen Stangen aus den Booten zu stoßen versuchten. Viel Zeit zum Spielen gab es in Deir el-Medina aber nicht, denn die Kinder mussten schon früh ihren Eltern bei der Arbeit helfen.

**Das ausgegrabene Deir el-Medina heute** Q2
Die größeren Gebäude im Ort sind Tempelanlagen. Rechts sind die Ruinen des Friedhofs zu sehen, im Hintergrund die Überreste des Totentempels von Pharao Ramses III. Die Arbeiter von Deir el-Medina hatten ihn erbaut. Dahinter liegt das bewässerte, fruchtbare Land am Nil.

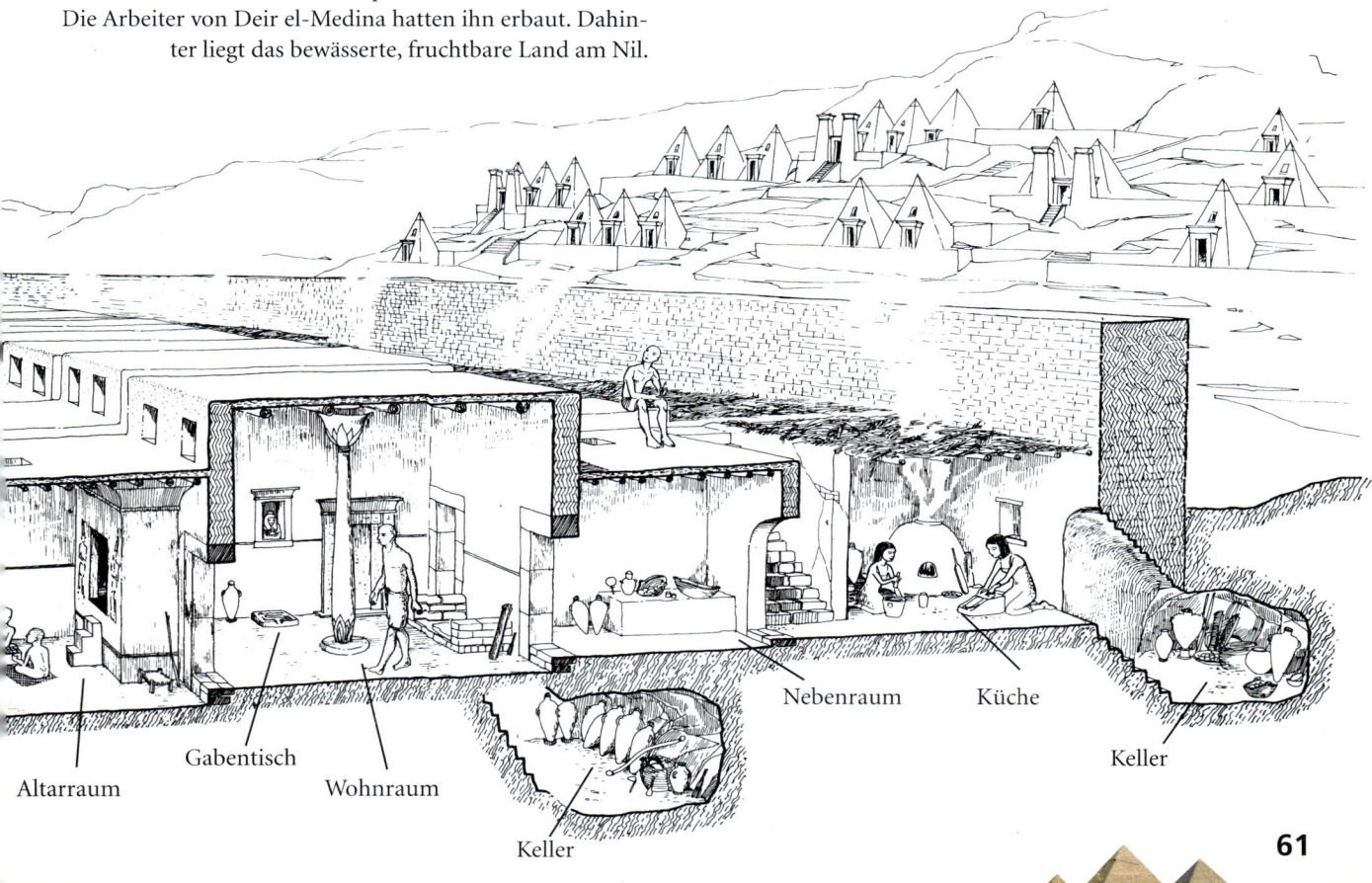

Altarraum — Gabentisch — Wohnraum — Keller — Nebenraum — Küche — Keller

**Q3 Beschwerdebrief der Arbeiter von Deir el-Medina an den Wesir Ta, um 1150 v. Chr.:**

Ich teile meinem Herrn mit, dass ich an den Gräbern der Königskinder arbeite, deren Errichtung der Wesir befohlen hatte. Wir Arbeiter sind sehr elend geworden. Alle Sachen für uns, die das staatliche Schatzhaus, die Scheune und das Magazin uns liefern sollten, sind nicht verteilt worden. Nicht leicht ist das Tragen von Steinen! Man hat uns auch die 1 1/2 Sack Gerste fortgenommen, um uns stattdessen 1 1/2 Sack Dreck zu geben! Möge mein Herr handeln, sodass wir leben können, denn wir sind schon am Sterben. Wir haben kein Brot, wir haben keine Kleider. Denn man gibt uns nichts, gar nichts! Schreibt an den König, unseren Herrn, damit er uns zu leben gebe.

*Die Arbeiter verweigern daraufhin die Arbeit, sie besetzen die Tempel der Stadt Theben mehrere Tage. Erst als die Lohnzahlungen endlich eintreffen, beruhigen sie sich wieder. Für die Streikaktionen wird niemand bestraft. Nach einiger Zeit jedoch wiederholt sich das Geschehen, als erneut kein Lohn gezahlt wird. Die Arbeiter beschuldigen diesmal sogar den Wesir, ihren Lohn für sich behalten zu haben. Wieder können sie ihre Forderungen durchsetzen, indem sie die Arbeit niederlegen. Angeblich handelt es sich hier um den ersten Streik in der Weltgeschichte.*

Zit. nach: Arne Eggebrecht, Das Alte Ägypten, München 1984, S. 219.

**KLICK INS INTERNET**

www.klett-verlag.de/gug
*In der „Werkstatt" findest du eine Linkliste zu allen Themen des Buches. Informiere dich hier über die Arbeitstechniken der Arbeiter, Handwerker und Künstler im Alten Ägypten.*

**Q4 Modell einer Viehzählung**
aus dem Grab des Meketre in Theben
(173 cm lang, 55,5 cm hoch), um 2000 v. Chr.

## Fragen und Anregungen

1. Beschreibe, was du auf dem Bild der Ausgrabung sowie der Rekonstruktionszeichnung erkennen kannst (Q2, D1). Wie passen die gefundenen Überreste und die Rekonstruktion zusammen? Was fällt dir an der Bauweise der Häuser auf? Warum sind z. B. die Fenster so klein, warum sind alle Häuser aneinander gebaut?

2. Nicht alles, was sie zum täglichen Leben brauchten oder was in den Grabanlagen in Theben gefunden wurde (VT, Q4), stellten die Einwohner von Deir el-Medina selbst her. Stelle mithilfe der im Internet gefundenen Bilder in einem Kurzreferat die Techniken, Werkzeuge und Materialien der ägyptischen Handwerker und Künstler dar.

3. Fasse zusammen, worüber sich der Schreiber beschwert (Q3). Überlege, warum er sich nicht erst an den nächsten Beamten, sondern gleich an den Wesir wendet.

# 6. Pyramiden – Bauten für die Ewigkeit

| | |
|---|---|
| um 2500 v. Chr. | Die Pyramiden von Gise werden gebaut. |
| um 1339 v. Chr. | Der Pharao Tutanchamun wird im „Tal der Könige" westlich von Theben bestattet. 1922 wird sein Grab entdeckt. |

**Dienerfiguren, so genannte Uschebtis** Q1 (34 cm hoch), wurden dem Verstorbenen mit ins Grab gegeben. Sie sollten ihm die Pflichten abnehmen, falls ihn die Götter zur Arbeit riefen. Theben, um 1250 v. Chr.

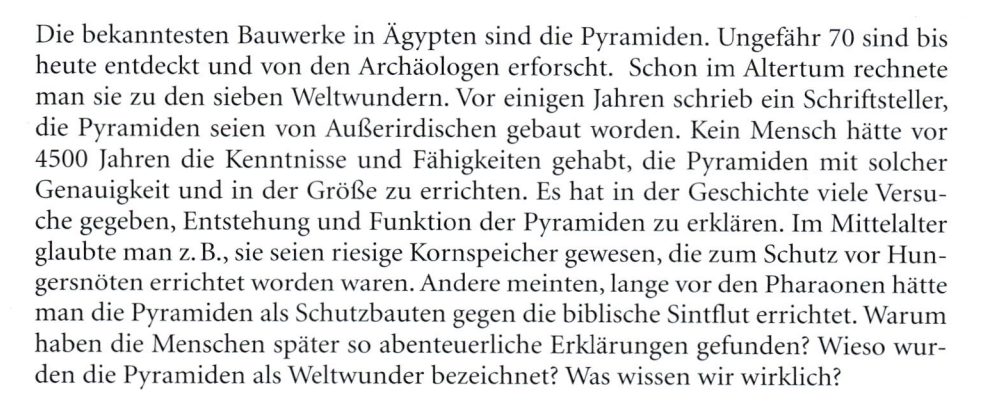

**Rätselhafte Pyramiden?**

Die bekanntesten Bauwerke in Ägypten sind die Pyramiden. Ungefähr 70 sind bis heute entdeckt und von den Archäologen erforscht. Schon im Altertum rechnete man sie zu den sieben Weltwundern. Vor einigen Jahren schrieb ein Schriftsteller, die Pyramiden seien von Außerirdischen gebaut worden. Kein Mensch hätte vor 4500 Jahren die Kenntnisse und Fähigkeiten gehabt, die Pyramiden mit solcher Genauigkeit und in der Größe zu errichten. Es hat in der Geschichte viele Versuche gegeben, Entstehung und Funktion der Pyramiden zu erklären. Im Mittelalter glaubte man z. B., sie seien riesige Kornspeicher gewesen, die zum Schutz vor Hungersnöten errichtet worden waren. Andere meinten, lange vor den Pharaonen hätte man die Pyramiden als Schutzbauten gegen die biblische Sintflut errichtet. Warum haben die Menschen später so abenteuerliche Erklärungen gefunden? Wieso wurden die Pyramiden als Weltwunder bezeichnet? Was wissen wir wirklich?

**D1 Pyramidenbau – gerade oder umlaufende Rampen?**
Im Hintergrund siehst du das Pyramidenfeld von Gise mit den Pyramiden der Könige Mykerinos, Chephren und Cheops (v. links n. rechts). Sie wurden in den Jahren 2510–2457 v. Chr. erbaut.
Für den Bau der Cheops-Pyramide nehmen Archäologen Rampen an, auf denen Mannschaften von Arbeitern die Steinblöcke mit Schlitten herbeischafften. Sand, Schlamm und Wasser dienten als Schmiermittel. Die Rampen wurden aus Steinen der nahen Steinbrüche und Sand gebaut. Beides könnte später als Füllmaterial im Innern der Pyramide wieder Verwendung finden. Wie die Rampen ausgesehen haben, darüber streiten sich die Forscher. Eine gerade auf die Pyramide zulaufende Rampe hätte die Ecken und Seiten der Pyramide freigelassen. So konnte ständig die richtige Neigung der Pyramide überprüft werden. Ab etwa 20 m Höhe wurde die Steigung für die Arbeiter unüberwindbar. Um die Steigung gering zu halten, hätte man die Rampe so lang bauen müssen, dass sie mehr Material verschlungen hätte als die ganze fertige Pyramide. Manche Fachleute nehmen mehrere Rampen an, die sich von unten um die Pyramide herumwanden. Auch diese Rampen wurden ab einer bestimmten Höhe zu steil. Wie die Pyramiden im oberen Teil bis zur Spitze gebaut wurden, ist unklar. Nach neueren Erkenntnissen arbeiteten die Ägypter mit Hebeln, Walzen, Brechstangen und Schlitten; kranartige Hebewerkzeuge wie etwa Flaschenzüge und auch das Rad waren zur Zeit des Pyramidenbaus noch nicht bekannt.

**Die Cheops-Pyramide**

Die größte der Pyramiden ist die des Pharaos Cheops. Sie ist 147 m hoch, eine Seite ist 230 m lang. Zum Bau benötigte man ca. 2,5 Millionen Steinblöcke, von denen jeder 2,5 Tonnen wog. Tausende von Ziegelmachern, Maurern, Zimmerleuten, Bildhauern, Malern, Steinmetzen u. a. waren auf der Baustelle beschäftigt. Den Transport der Steine leisteten Bauern in der Zeit, in der sie wegen der Nilschwelle nicht auf ihren Feldern arbeiten konnten. Heute wissen wir, dass Pyramiden Pharaonengräber sind. Man fand im Innern Grabkammern mit Mumien von Pharaonen. Allerdings konnte immer noch nicht eindeutig geklärt werden, mit welcher Technik die Pyramiden gebaut wurden. Ein „Geheimnis" bleibt außerdem: Warum haben die Ägypter für eine Grabstätte die Form einer Pyramide gewählt?

**„Häuser für das ewige Leben"**

Pyramiden waren „Häuser für das ewige Leben", denn die Ägypter waren fest davon überzeugt, dass es ein Weiterleben nach dem Tod gibt. Das Leben im Jenseits stellten sie sich vor wie das irdische, daher wurden den Toten Nahrung, Geräte, Schmuck und Waffen ins Grab gelegt. Die benötigten Gegenstände wurden aber auch an die Wände gemalt oder als Modell angefertigt. Zusätzlich brachte die Familie dem Toten an bestimmten Festtagen frische Speisen. Vor allem aber musste der Körper des Toten für das Leben im Jenseits erhalten bleiben; er wurde mumifiziert.

**Die Mumie – ein Körper für die Ewigkeit**

Wenn ein Ägypter gestorben war, wurde der Leichnam zu den Einbalsamierern, die außerhalb der Siedlung arbeiteten, gebracht. Um den Körper vor Verwesung zu schützen, wurden zuerst das Gehirn und alle Organe bis auf das Herz entfernt. Die Organe waren aber für den Übergang des Körpers ins Jenseits unverzichtbar, deshalb wurden sie einzeln einbalsamiert und in besonderen Gefäßen bestattet. Dann wurde der Leichnam mit Hilfe von Natron künstlich getrocknet. Wenn nach ca. vierzig Tagen der Leichnam vollständig ausgetrocknet war, wurde er gewaschen und eingeölt. Der Körper wurde mit Füllmaterial ausgestopft, damit der Tote wieder seine natürliche Gestalt bekam, und zum Schluss mit langen Leinenstreifen umwickelt. In die Bandagen wurden zum Schutz des Toten kleine Götterfiguren oder Amulette gewickelt. Über Kopf und Schultern der Mumie wurde eine Maske des Toten gelegt. Die Mumie wurde schließlich in einem Sarg im Grab bestattet. Das Grab sollte den Körper und alle für das Leben im Jenseits notwendigen Dinge sicher verwahren. Nach der Bestattung stand der Tote auf der Schwelle zum Jenseits. Bevor er es aber betreten durfte, musste er sich vor dem Totengericht verantworten. Das galt auch für einen verstorbenen Pharao.

Zunächst bauten die Pharaonen Pyramiden als Grabstätten für sich und ihre Familien. Später ließen sie sich in den Felsengräbern im Tal der Könige bestatten. Aber nicht nur Könige und hohe Würdenträger konnten sich den Bau von Gräbern leisten. Die Einwohner von Deir el-Medina legten ganz in der Nähe des Dorfes schön ausgestattete Felsengräber für sich an.

**Q2 Die „Mundöffnung"** war ein Begräbnisritual wie die Berührung von Augen und Ohren. Der Tote sollte im Jenseits sprechen, sehen und hören können. Wandmalerei in einem Grab in Theben, um 1100 v. Chr.

**Modellboot Q3**
Solche Boote wurden den Toten mit ins Grab gelegt; sie sollten ihnen im Jenseits als Transportmittel dienen. Modell aus bemaltem Ton (55 cm lang), um 3500 v. Chr.

**Q4 Über den Pyramidenbau**

*schrieb der griechische Geschichtsschreiber Herodot (484–425 v. Chr.) 2000 Jahre später:*

Cheops [König 2545–2520 v. Chr.] hat das Land ins tiefste Unglück gestürzt. Er hat alle Ägypter gezwungen für ihn zu arbeiten. Die einen mussten aus den Steinbrüchen im arabischen Gebirge Steinblöcke bis an den Nil
5 schleifen. (…) Andere mussten die Steine weiterschleifen bis hin zu den so genannten libyschen Bergen. (…) So wurde das Volk bedrückt und es dauerte zehn Jahre, ehe nur die Straße gebaut war, auf der die Steine dahergeschleift wurden, ein Werk, das mir fast ebenso ge-
10 waltig erscheint, wie der Bau der Pyramide selber. Denn die Straße ist 890 m lang, 18 m breit, an der höchsten Stelle 14 m hoch und aus geglätteten Steinen hergestellt, in die Tiergestalten eingemeißelt sind. (…) An der Pyramide selbst wurde zwanzig Jahre gearbeitet.

*Zit. nach: Geschichte in Quellen, Bd. I, bearb. von Walter Arend, München 1965, S. 15.*

### LITERATURTIPPS

**Mumien und Pyramidenbau**
*Beide Bücher veranschaulichen ägyptische Totenrituale: die Mumifizierung und den Pyramidenbau von der Planung über die Bautechnik und Organisation des Arbeitsheeres bis zur Grablegung des Pharaos.*

**James Putnam, Mumien. Das Geheimnis der konservierten Mensch- und Tierkörper, Hildesheim 1993, 64 Seiten.**

**David Macaulay, Wo die Pyramiden stehen, München 1986, 84 Seiten.**

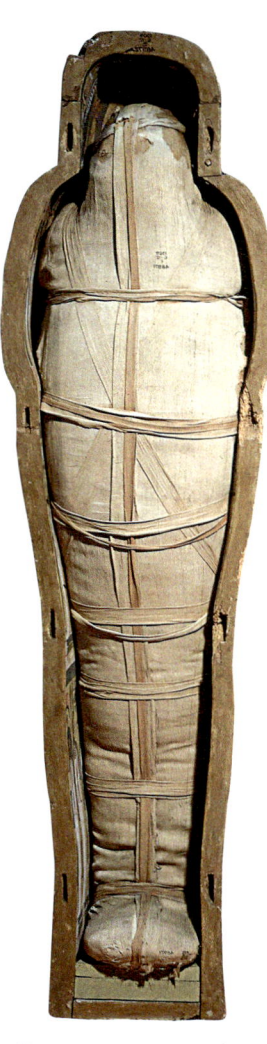

**Q5 Mumie in reich bemaltem Sarg**
Diese thebanische Priesterin wurde in einem Sarg in Menschengestalt bestattet (1,83 m lang), um 1000 v. Chr.

### Fragen und Anregungen

1. Fertige einen Grundriss der Cheopspyramide (VT) im Maßstab eines Stadtplans deines Wohnorts an. Welche Flächen könnte man mit ihr überbauen? Wie oft passt deine Schule auf diese Fläche? Vergleiche die Höhe der Pyramide mit dem höchsten Gebäude eures Wohnortes.

2. Bei einer Podiumsdiskussion vertreten mehrere Zuhörer die Meinung, die Ägypter seien nicht in der Lage gewesen, die Pyramiden zu bauen. Du sitzt als Experte für Ägyptologie auf dem Podium. Beweise den zweifelnden Zuhörern in der Diskussion das Gegenteil. Nutze dazu auch die Hinweise zum Pyramidenbau (D1).

3. Ein vollständig erhaltenes Pharaonengrab ist in einem Museum ausgestellt. Du führst eine Besuchergruppe durch diese Ausstellung. Was erklärst du den Besuchern (VT, Q1–3, Q5)? Ihr könnt einzelne Gegenstände und Grabbilder oder -reliefe auch auf große Plakate zeichnen und in der Klasse aufhängen. Eure Führungen finden dann in diesem „Museum" statt.

4. Herodot meint, Cheops habe mit dem Pyramidenbau „das Land ins tiefste Unglück gestürzt" (Q4). Vergleiche diese Ansicht mit den Informationen über die Bedeutung der Pyramiden für die Ägypter (VT). Bilde dir eine eigene Meinung.

# EIN BILD ZUM SPRECHEN BRINGEN

## Was Bilder über die Geschichte erzählen

Bilder sind wertvolle Quellen, denn sie können uns wichtige Informationen über die Vergangenheit geben. Wir erhalten auch Hinweise darüber, wie diejenigen, die die Bilder hergestellt haben, gedacht oder was sie mit ihrem Bild beabsichtigt haben. Um Bilder zum Sprechen zu bringen, musst du genau hinsehen, was die Künstler gemalt haben. Wir zeigen dir hier, welche Fragen du an ein Bild stellen solltest, um es zu entschlüsseln.

Das Bild wurde im Grab des Hunefer gefunden, es war nur für den Toten bestimmt. Kein Lebender konnte es sehen. Dargestellt ist der Augenblick, in dem der Verstorbene vor die Götter tritt und sich für die Taten in seinem Leben rechtfertigen muss. Er muss versichern, dass er keine Sünden begangen hat. Wenn ihm die Götter das glauben, kann er im Jenseits weiterleben.

Darstellungen vom Totengericht ähneln einander sehr. Immer ist der Verstorbene auf dem Weg zum Gericht zu sehen. Vor einer großen Zahl von Göttern bittet er – festlich gekleidet – um ein günstiges Urteil. Er wird vor eine Waage geführt. Hier wird sein Herz, dargestellt durch ein kleines Gefäß, gegen die Maatfeder, das Zeichen für Ordnung und Wahrheit, gewogen. Herz und Maat müssen im Gleichgewicht sein. Ist das nicht der Fall, wird der Verstorbene von einem Ungeheuer gefressen.

Die Götter sind meist in Menschengestalt mit Tierköpfen gezeichnet. Wichtig ist Anubis mit dem Hundekopf. Er überwacht das Totengericht. Thot, der Gott der Schreiber mit dem Kopf des Vogels Ibis, schreibt alles auf. Der Gott Horus mit dem Falkenkopf ist der Begleiter der Toten. Der wichtigste und höchste Gott im Totengericht ist Osiris. Er ist der Gott der Unterwelt und entscheidet, ob der Verstorbene im Jenseits weiterleben darf. Meist ist er in ein Mumiengewand gekleidet und hat eine prächtige Krone auf dem Kopf. Zu ihm gehören seine Schwestern Isis und Nephthys.

**Das Totengericht** Q 6
Ausschnitt aus dem Totenbuch des Schreibers Hunefer.
Bemalte Papyrusrolle aus Theben (39 cm hoch), um 1285 v. Chr.

## Methodische Arbeitsschritte:

### Einzelheiten beschreiben
1. Welche Personen, Tiere und Gegenstände sind zu sehen? Wie sind die Figuren gekleidet, was halten sie in den Händen?
2. Handelt es sich um eine realistische Darstellung? Beschreibe, woran du das erkennen kannst.

### Zusammenhänge untersuchen
3. Was tun die einzelnen Figuren? Welche Figuren gehören zusammen und welche Verbindungen gibt es zwischen ihnen?
4. Gibt es besonders wichtige Szenen, was steht im Mittelpunkt des Bildes? Stelle dar, woraus du das schließen kannst (Farben, Größe usw.).
5. Erkennst du einen Ablauf oder eine Aktion in der Darstellung?

### Erklären, warum es so dargestellt ist
6. Wenn das Bild eine Legende hat, lies sie genau durch. Für wen ist das Bild gemalt worden? Wann und zu welcher Gelegenheit ist es entstanden?
7. Überlege, was mit dem Bild erreicht werden sollte.

# GEWUSST WIE

**D2** Umrisse der Figuren im Wandbild

## Fragen und Anregungen

1. Vergrößere die Umrissskizze (D2) für dein Heft. Lies den Text über das Totengericht und beschrifte die Figuren und Gegenstände in der Zeichnung.

2. Gliedere das Bild (Q6) in einzelne Abschnitte. Formuliere für jeden Abschnitt eine Überschrift.

3. Bringe die einzelnen Figuren zum Sprechen. Erzähle aus Hunefers Sicht „dein" Erlebnis vor dem Totengericht. Du kannst die Szene auch mit deinen Mitschülern nachspielen.

4. Betrachte die Körperhaltung des Verstorbenen und der Götter. Was fällt dir auf? Versuche dich so hinzustellen wie die Figuren. Welche Körperteile kann ein Betrachter nun sehen? Dein Kunstlehrer kann dir diese Körperhaltung bestimmt erklären.

5. Vergleiche den ägyptischen Glauben an das Totengericht und ein Weiterleben im Jenseits mit den Vorstellungen im Christentum und im Islam.

67

# 7. Mesopotamien – das Land zwischen den Flüssen

**Ziegenbock am Lebensbaum** Q1
Nachbildung einer Weihgabe aus einem Königsgrab in Ur, um 2400 v. Chr.
Auf der ganzen Welt gilt die Ziege als „Rasiermesser des Waldes". Die in den Ebenen siedelnden Sumerer aber begrüßten die Entwaldung der fruchtbaren Berge durch die Ziegen. Kannst du dir vorstellen, warum?

| | |
|---|---|
| ca. 7000 v. Chr. | In Mesopotamien entstehen die ersten Städte: Ur, Uruk, Lagasch. |
| um 3000–2300 v. Chr. | Die Sumerer schaffen eine der ersten Hochkulturen. |
| ca. 1700 v. Chr. | König Hammurabi macht Babylon zur Hauptstadt eines großen Reiches. Er lässt Gesetze aufzeichnen und veröffentlichen. |

**Leben im Lande Sumer**

Die Griechen nannten das Land zwischen den Flüssen Euphrat und Tigris „Mesopotamien". Das bedeutet „das Zwischenstromland". Hier entstand etwa zur gleichen Zeit wie in Ägypten die Hochkultur des Volkes der Sumerer. Wie der Nil traten Euphrat und Tigris über die Ufer, wenn in den Quellgebieten die Schneeschmelze einsetzte. Anders als in Ägypten geschah das aber nicht regelmäßig. Daher mussten die Sumerer nicht nur Dämme und Deiche gegen das Hochwasser bauen, sondern auch die Felder in der Trockenzeit bewässern.

Die Arbeiten an den komplizierten Bewässerungsanlagen waren nur zu bewältigen, wenn viele Menschen zusammenarbeiteten. Deshalb schlossen sich die Sumerer in Siedlungen zusammen, in denen sie nach gemeinsamen Regeln und Gesetzen lebten. Hier hatten sie alle Nutzen von den Bewässerungsanlagen: Der fruchtbare Schlamm, den die Flüsse mitbrachten, düngte die überschwemmten Felder und brachten den Bewohnern reiche Ernten: Was nicht für die tägliche Ernährung gebraucht wurde, konnte man z. B. gegen Baumaterial für Häuser tauschen.

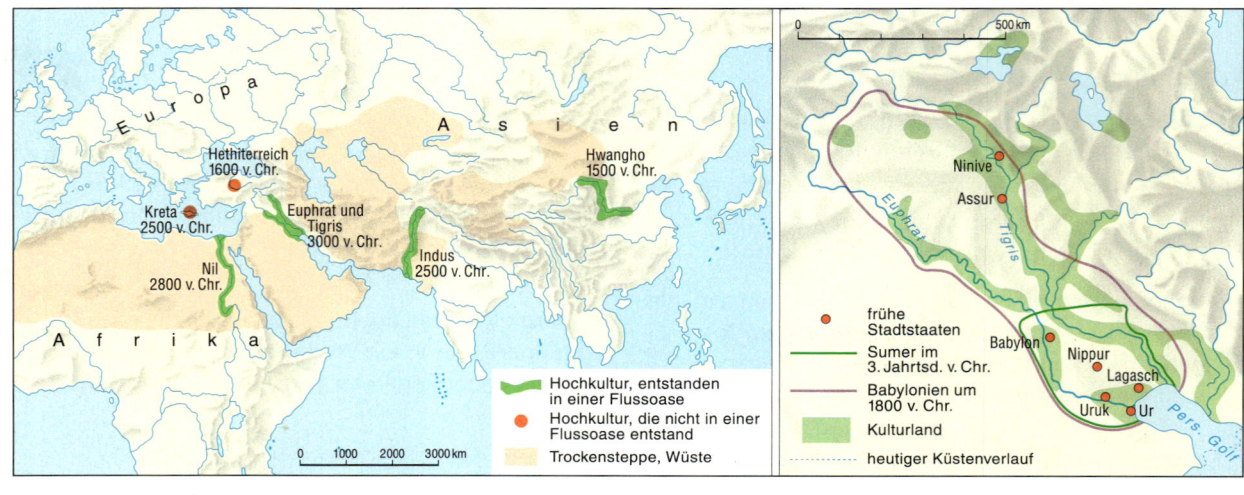

D1 **Frühe Hochkulturen** in Asien, Afrika und Europa (links) und in Mesopotamien (rechts).
Schau in einem Atlas nach, in welchen Ländern diese Gebiete heute liegen.

**Die ersten Städte entstehen**

Mit der Zeit kamen immer mehr Menschen aus den umliegenden Bergen und aus der Wüste in das fruchtbare Land. Die Siedlungen wuchsen und aus Dörfern wurden Städte, in denen Menschen mit vielerlei Berufen lebten. Um Besitz und Leben zu schützen, umgaben die Sumerer ihre Siedlungen mit festen Mauern. Im Mittelpunkt einer Stadt stand der Tempel. Hier wurden die Götter durch Opfer verehrt. Der Tempel war auch ein wirtschaftliches Zentrum. In großen Vorratsräumen sammelte und speicherte man die Ernteerträge der Bauern. Vom Tempel aus wurde die Stadt regiert und Recht gesprochen. An der Spitze der Stadt stand ein König, der zugleich auch oberster Priester war. Er verteilte das Land im Auftrag des Stadtgottes, dessen Vertreter er war, gegen eine Pachtgebühr an die Bauern. Für die Aufgaben in der Stadt entwickelten die Sumerer eine Schrift. Man nannte sie Keilschrift, weil ein kantiger Schreibgriffel aus Rohr im weichen Ton einen keilförmigen Eindruck verursachte.

**Von fruchtbaren Feldern zur Salzsteppe**

Wenn wir die Möglichkeit hätten, uns in einem „Time Tunnel" ungefähr 4500 Jahre in die sumerische Stadt Ur zurückversetzen zu lassen, dann könnten wir erstaunliche Dinge sehen. Vor der Stadt am Euphrat arbeiten Bauern auf ihren großen Weizen- und Gerstefeldern. Unter Schatten spendenden Dattelpalmen haben sie allerlei Gemüse angebaut. Das blühende, reiche Land ist von einem System von Kanälen und Gräben durchzogen. Die Bauern können mehrmals im Jahr ernten. Heute finden wir um die Ruinen von Ur nur unfruchtbare Wüste. Die Ackerfläche, die die Sumerer durch Bewässerung bewirtschafteten, ist heute im Irak nur noch zur Hälfte nutzbar. Was ist in Mesopotamien passiert?

Das Wasser, das die Böden fruchtbar gemacht hat, hat auch das Verderben mit sich gebracht. Im Quellgebiet von Euphrat und Tigris in der heutigen Türkei kommt im Boden Steinsalz vor, das durch starke Schmelzwasser im Frühjahr bis in die Bewässerungsgebiete getragen wurde. Im Laufe vieler Jahre stieg der Salzgehalt in den Kanälen. Verdunstung durch Sonne und Hitze beschleunigte das noch. Das Salz ließ sich aber nicht beseitigen. Als in kriegerischen Zeiten die Bewässerungsanlagen nicht sorgfältig genug gepflegt wurden, entwickelten sich große Teile der blühenden Kulturlandschaft in eine Salzsteppe. Der Forscher Karl Kreeb erklärt die Situation mit einem Vergleich: „Allein in Südmesopotamien müsste man, um wieder salzfreien Boden zu bekommen, so viel Salz entfernen, dass ein Güterzug von der dreifachen Länge des Erdumfangs damit gefüllt werden könnte. Wenn dieser Zug mit 50 km/h an einer Bahnschranke vorbeiführe, müsste man drei Jahre warten, ehe der letzte Wagen diese Strecke passiert hätte."

Mesopotamien hat in besonderer Weise „Geschichte" gemacht. Zur Geschichte gehört nämlich auch, dass eine menschliche Anstrengung zunächst sehr erfolgreich ist, schließlich aber ihr Gegenteil bewirkt. Die Kulturlandschaft der Sumerer ist für immer verschwunden.

**Die Zikkurat (Tempelturm) von Nippur heute,** Q2 erbaut um 2100 v. Chr. Das obere Gebäude errichteten Ausgräber in den 1890er-Jahren. Nippur, das wichtigste religiöse Zentrum Sumers, lag seinerzeit am Ufer des Euphrat. Heute liegt die Ruine ca. 65 km vom Flussbett entfernt.

**Q3 König Hammurabi von Babylon**
*ließ die Gesetze sammeln und in Stein meißeln. In einem Nachwort zu seiner Sammlung schrieb er:*
Um den Schwachen vom Starken nicht entrechten zu lassen, um der Witwe, der Waise Recht zu verschaffen, habe ich in Babylon (…) meine köstlichen Worte auf meinen Denkstein geschrieben. (…) Der Bürger, der
5 vor Gericht steht, soll vor mein Bild, das des Königs der Gerechtigkeit, treten, sich meine beschriebene Steinsäule vorlesen lassen und meine kostbaren Worte hören. Meine Steinsäule soll ihm zeigen, wie sein Fall steht, sein Urteil soll er finden, sein Herz soll aufat-
10 men: Hammurabi, soll er sagen, der Herr, der wie ein leiblicher Vater zu den Menschen ist, hat das Herz des Gottes Marduk erfreut, seinem Volk Wohlbefinden bereitet und dem Land Recht verschafft.

**Q4 König Hammurabi**
wird vom Sonnengott (rechts) empfangen. Der König grüßt mit einer Handbewegung. Mit der Begegnung genehmigt der Gott die Gesetze.
Oberer Teil der 2,23 m hohen Basaltsäule, um 1700 v. Chr.

**Q5 Steingewicht in Form einer Ente**
Das Schriftzeichen oben rechts kannst du mithilfe der Tabelle D2 deuten. Nun kannst du bestimmen, aus welcher Zeit das Gewicht stammt.

**Q6 Aus den Gesetzen Hammurabis:**
§ 53: Wenn ein Bürger seinen Deich nicht befestigt hat und in seinem Deich eine Öffnung entsteht, sodass der Acker vom Wasser weggeschwemmt wird, so soll der Bürger, in dessen Deich die Öffnung entstanden ist, das Getreide, das er dadurch vernichtet hat, ersetzen. 5
§ 54: Wenn er das Getreide nicht ersetzen kann, so verkauft man ihn und seinen Besitz; und seine Mitbürger, deren Getreide das Wasser weggeschwemmt hat, teilen den Erlös. (…)
§ 128: Wenn ein Bürger eine Ehefrau genommen, aber 10 keine vertragliche Abmachung über sie aufgesetzt hat, so ist diese Frau keine Ehefrau. (…)
§ 138: Wenn sich ein Bürger von seiner ersten Gemahlin, die ihm keine Kinder geboren hat, scheiden lassen will, so gibt er ihr Geld in Höhe ihres Brautpreises 15 zurück. Außerdem entschädigt er sie für die Mitgift; dann erst kann er sich von ihr scheiden lassen.
§ 139: Wenn ein Brautpreis nicht vorhanden ist, so gibt er ihr 1 Mine Silber als Trennungsgeld.

*Q3 und Q6 zit. nach: Geschichte in Quellen, Bd. I, München 1978, S. 64 f., Bearb. d. Verf.*

**D2 Die Entwicklung einiger Keilschriftzeichen**

| ca. 3200 | ca. 3000 | ca. 2500 | ca. 1800 | ca. 700 | Bedeutung |
|---|---|---|---|---|---|
| | | | | | Himmel Gott |
| | | | | | Gebirge |
| | | | | | Kopf |
| | | | | | Wasser |
| | | | | | Vogel |
| | | | | | Kind |

### Fragen und Anregungen

1. Vergleiche die Keilschriftzeichen (D2) mit den ägyptischen Hieroglyphen (S. 53, D1). Wo entdeckst du Gemeinsamkeiten, wo Unterschiede?
2. Wie hat der Künstler das Verhältnis zwischen dem König und dem Gott dargestellt (Q4)?
3. Begründe, warum Hammurabi Bürger bestrafen ließ, die ihren Deich nicht geschützt hatten (Q6). Wie würde man das heute bestrafen?
4. Überlege, was Hammurabi mit seinen Gesetzen zur Ehescheidung beabsichtigte (Q6).
5. Aufgeschriebenes Recht gehört zu den Kennzeichen antiker Hochkulturen. Erkläre, warum.
6. Erkundige dich über die antiken Hochkulturen der Minoer auf Kreta und die der Hethiter (D1).
7. Nenne Merkmale, die die ägyptische und die mesopotamische Kultur zu Hochkulturen machten.

# 8. Das Volk Israel auf Wanderschaft

**Q1** **Nomaden, Viehzüchter ohne feste Wohnstätte, treiben Handel in Ägypten**
Die Hieroglyphen verraten, dass es sich um Semiten handelt, eine Volksgruppe, zu der auch die Israeliten zählen. Ihre Kleidung ist aus Stoffstreifen zusammengenäht, die man auf tragbaren Webstühlen herstellen konnte. Ägyptisches Grabfresko in Beni Hassan, 19. Jahrhundert v. Chr.

| | |
|---|---|
| **um 1800 v. Chr.** | Israelitische Nomadenvölker wandern nach Kanaan und dann nach Ägypten ein. |
| **um 1250 v. Chr.** | Pharao Ramses II. zwingt die Israeliten zur Sklavenarbeit. Mose führt sein Volk aus Ägypten zurück nach Kanaan. |
| **um 1000 v. Chr.** | König David einigt die israelitischen Stämme. Jerusalem wird Hauptstadt des neuen Reiches. |
| **586 v. Chr.** | Die Babylonier erobern Israel und führen einen Teil der Bevölkerung in die Gefangenschaft nach Babylonien. |
| **70 n. Chr.** | Die Römer zerstören die Heiligtümer in Jerusalem und lösen bald darauf den jüdischen Staat auf. |

**Ein kleines Volk mit einer großen Religion**

Das Volk Israel, das sich nach dem Stamm Juda auch das jüdische Volk nannte, ist in der Geschichte kaum jemals groß oder mächtig gewesen. Es lebte als kleines Hirtenvolk, das jahrhundertelang mit seinen Herden umherzog, im Gebiet zwischen Ägypten und Mesopotamien. Im Laufe der Zeit wurden einige von ihnen sesshaft und bauten Wein und Getreide an, aus dem sie Fladenbrote backten.
Die Israeliten waren in zahlreiche Kämpfe und Streitigkeiten mit ihren Nachbarvölkern verwickelt; dabei ging es meistens um Land. Gegen die großen Reiche, vor allem das mächtige Babylonien, hatten die Israeliten kaum eine Chance. Darin unterschieden sie sich nicht von den anderen kleinen Völkern der Gegend, deren Namen wir heute kaum mehr kennen.
Sicherlich wäre auch Israel längst in Vergessenheit geraten, hätte es nicht eine Besonderheit gehabt: seine Religion. Anders als die anderen Völker der damaligen Zeit, glaubten die Juden an nur einen Gott und nicht an eine Vielzahl von Göttinnen und Göttern wie etwa die Ägypter. Die Juden waren überzeugt: Ihr Gott, Jahwe, lenkte und leitete sie durch die Geschichte; sie waren sein auserwähltes Volk. Was sie mit ihrem Gott erlebt hatten, erzählten sie von Generation zu Generation weiter. Später schrieben sie ihre Erfahrungen mit Gott auf. Diese große Sammlung der Geschichte des jüdischen Volkes ist die hebräische Bibel, Christen nennen sie „Altes Testament".

**„Und die Bibel hat doch Recht"**

1955 erschien in Deutschland ein Buch mit dem Titel „Und die Bibel hat doch Recht". Der Autor hatte darin Forschungsergebnisse zusammengetragen, die auf Ausgrabun-

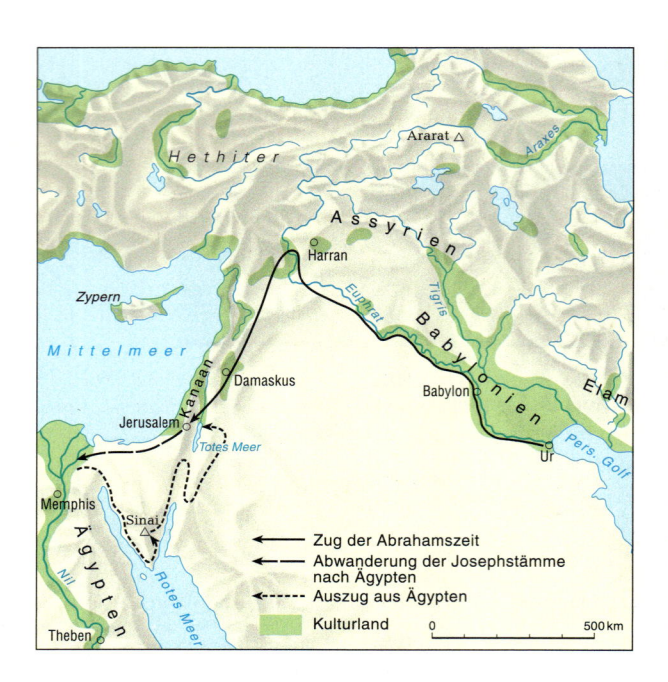

**D1 Wanderungen der Israeliten**
im 2. Jahrtausend v. Chr. Um 1200 v. Chr. ließen sich die israelitischen Volksstämme dauerhaft in Kanaan nieder.

gen beruhten. Sie bewiesen: Die Erzählungen des Alten Testamentes haben einen geschichtlich wahren Kern. Inzwischen sind sich die Wissenschaftler einig: Die Bibel enthält unterschiedliche Erzählungen. Manche enthalten keine historisch greifbaren Tatsachen, sondern in ihnen haben die Menschen versucht, ihre persönlichen Erfahrungen mit Gott zu beschreiben; z. B. in der Geschichte von Adam und Eva im Paradies. Andere biblische Erzählungen knüpfen an wirkliche Begebenheiten an oder berichten von Personen, die tatsächlich gelebt haben. Diese Geschichten nennt man Sagen, man kann sie als Mischung aus Märchen und historischem Bericht verstehen. Dazu gehören viele Texte über die frühe Geschichte Israels. Wo die Bibel historisch „Recht" hat, ist nicht leicht herauszufinden.

**Mesopotamien – Kanaan – Ägypten**

So erzählt die Bibel, dass Gott dem Stammvater Abraham, der in der Gegend von Ur in Babylonien lebte, ein wunderbares, „gelobtes" Land versprochen hatte – wenn er ihm vertraue. Abraham vertraute Gott und wurde mit seiner Sippe nach Kanaan geleitet – in das heutige Israel. Historisch gesichert ist, dass seit ca. 1800 v. Chr. nach und nach israelitische Nomadenvölker nach Kanaan eingewandert sind. Vermutlich hat es auch einen Stammesführer Abraham gegeben; über ihn weiß man aber nur, was die Bibel schreibt. Die israelitischen Stämme blieben nicht in Kanaan, sondern wanderten nach Ägypten weiter. Manche flohen vor Hungersnöten ins reiche Ägypten, andere wollten Handel treiben, etliche sind wohl auch in die Sklaverei verkauft worden. Die Bibel erzählt von der Zeit in Ägypten anhand der Geschichte von Joseph, der von seinen eifersüchtigen Brüdern als Sklave nach Ägypten verkauft wurde, dort zu Macht und Reichtum gelangte und seine Geschwister nachholte. Über die Zeit der Israeliten in Ägypten wissen wir auch Bescheid, weil sie in ägyptischen Papyri erwähnt wird.

**Auszug aus Ägypten**

Anders als seine Vorgänger zwang Pharao Ramses II. die Israeliten zur Sklavenarbeit. Sie taten sich unter der Führung des Mose – eines gebildeten, ägyptisch erzogenen Mannes – zusammen und erhoben sich gegen die Ägypter. Nach dem Aufstand ließ sie der Pharao zurück ins Land ihrer Vorväter ziehen, nach Kanaan. Der Auszug („Exodus") aus Ägypten ist in der Erinnerung der Juden bis heute

## Monotheismus, Polytheismus

(griech.: „monos", d. h. einzig, und „theos", d. h. Gott) Anhänger monotheistischer Religionen glauben an einen einzigen Gott. Das Judentum ist die älteste monotheistische Religion. Aus ihm ging im 1. Jahrhundert n. Chr. das Christentum hervor. Als dritte monotheistische Religion begründete Mohammed, der sich als Nachfolger von Mose und Jesus verstand, im 7. Jahrhundert n. Chr. den Islam. Der Gegenbegriff lautet Polytheismus (griech.: „polys", d. h. viel). Damit bezeichnet man den Glauben an mehrere Götter, wie er z. B. bei den Ägyptern, den Griechen oder den Römern üblich war. Atheismus ist der Glaube, dass es keinen Gott gibt.

verankert. Mose führte die Israeliten nach Kanaan. Dort aber siedelten bereits andere Volksstämme, u. a. die Philister, nach denen das Land später Palästina genannt wurde. In zahlreichen Kämpfen mit ihnen schlossen sich die israelitischen Stämme enger zusammen. Vereint unter der Führung ihres Königs David konnten sie um 1000 v. Chr. ihre Gegner schlagen. David errichtete einen mächtigen Staat und machte Jerusalem zur Hauptstadt. Sein Sohn Salomo erbaute hier einen prächtigen Tempel. Das große Reich hielt aber nicht lange, sondern zerfiel bald in Teile. Der letzte selbstständige Teil, Juda, wurde 586 v. Chr. von den Babyloniern angegriffen und nach heftigen Kämpfen besiegt. Jerusalem wurde dabei vollständig zerstört. Der babylonische König nahm die jüdische Oberschicht – reiche Händler, Priester und Politiker – als Kriegsgefangene mit an den Euphrat. Im „babylonischen Exil" lebten sie und ihre Nachkommen 50 Jahre, bis Babylon von den Persern erobert wurde und die Israeliten wieder in ihre Heimat zurückkehren konnten.

**Q2 Szene aus der jüdischen Geschichte**
Lies den Textabschnitt neben dem Bild. Überlege, welches Ereignis auf dem Relief dargestellt ist. Ausschnitt vom Titusbogen in Rom, 1. Jahrhundert n. Chr.

Die Landnahme durch Abraham, der Exodus unter Mose und das babylonische Exil – alle drei Ereignisse zeigen das jüdische Volk auf der Suche nach seiner Heimat, auf der Wanderschaft. Später eroberten die Römer das ehemalige Kanaan, das sie Palästina nannten: 70 n. Chr. plünderten und zerstörten römische Soldaten den Tempel und die jüdischen Heiligtümer in Jerusalem. 135 n. Chr. zerstörten sie die Stadt vollständig und vertrieben die Juden aus ihrem Land. Nur wenige jüdische Gemeinden blieben in Palästina bestehen. Die vertriebenen oder vorher ausgewanderten Juden gründeten in den Ländern, in denen sie sich niederließen, neue Gemeinden. Gerade in Zeiten der Bedrohung und Vertreibung hielten viele Juden an ihrem Glauben und ihren Bräuchen fest. Ihre Geschichte als „auserwähltes" Volk Israel spielte ebenso wie das „gelobte Land" in ihrem Denken eine große Rolle. Bis heute sehen die Juden in Israel das Land, das ihnen einst von Gott zugesprochen wurde.

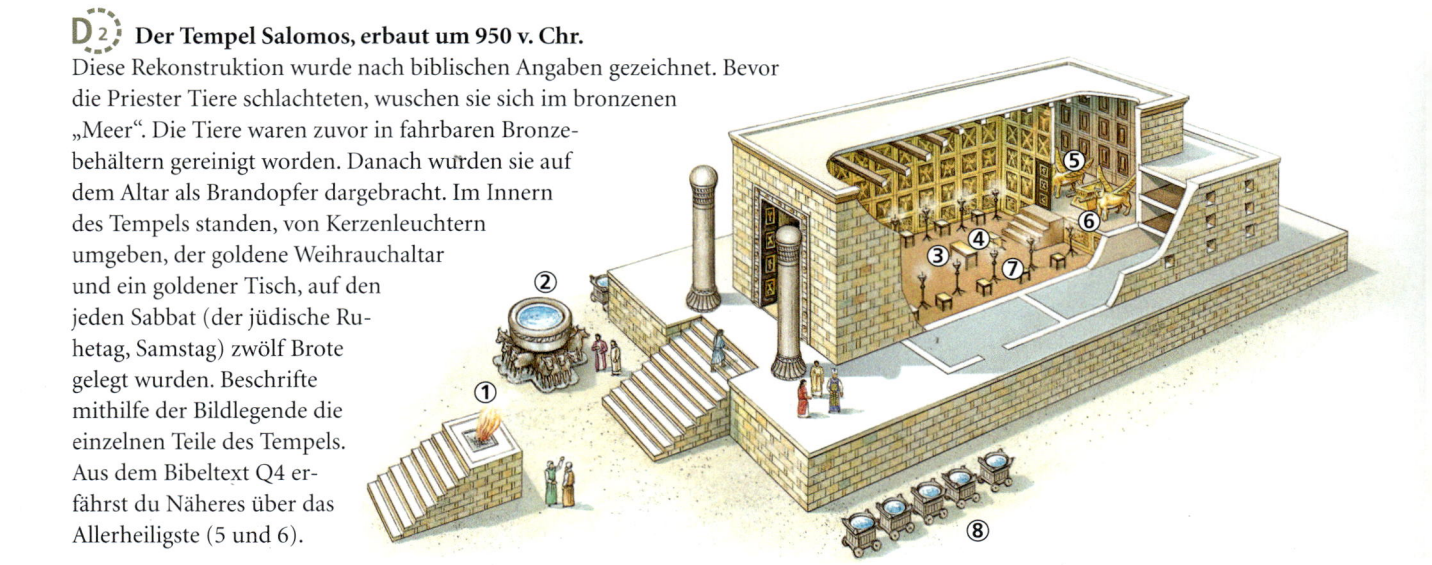

**D2 Der Tempel Salomos, erbaut um 950 v. Chr.**
Diese Rekonstruktion wurde nach biblischen Angaben gezeichnet. Bevor die Priester Tiere schlachteten, wuschen sie sich im bronzenen „Meer". Die Tiere waren zuvor in fahrbaren Bronzebehältern gereinigt worden. Danach wurden sie auf dem Altar als Brandopfer dargebracht. Im Innern des Tempels standen, von Kerzenleuchtern umgeben, der goldene Weihrauchaltar und ein goldener Tisch, auf den jeden Sabbat (der jüdische Ruhetag, Samstag) zwölf Brote gelegt wurden. Beschrifte mithilfe der Bildlegende die einzelnen Teile des Tempels. Aus dem Bibeltext Q4 erfährst du Näheres über das Allerheiligste (5 und 6).

**Q3 Menora vor der Knesset in Jerusalem**
Der bronzene Leuchter vor dem israelischen Parlamentsgebäude ist fünf Meter hoch. 29 Szenen zeigen wichtige Stationen der jüdischen Geschichte.

**Q4 Mose empfängt von Gott die Gesetze**
*für das Volk Israel. In der Bibel wird darüber berichtet:*
Nun sagte der Herr zu Mose: „Steig zu mir auf den Berg herauf und bleib eine Zeit lang hier! Ich werde dir die Steintafeln geben, auf die ich meine Gebote geschrieben habe. Das Volk soll genau wissen, was
5 ich von ihm verlange. (…) Die Israeliten sollen mir ein Heiligtum errichten, denn ich will unter ihnen wohnen. (…) Die Israeliten sollen eine Lade aus Akazienholz anfertigen: einundviertel Meter lang, dreiviertel Meter breit und ebenso hoch. Außen und innen soll
10 sie mit reinem Gold überzogen sein und ringsum mit einer Goldleiste verziert. (…) Lass eine Deckplatte aus reinem Gold herstellen, die in den Maßen genau auf die Lade passt. An den beiden seitlichen Enden der Deckplatte werden zwei geflügelte Engelfiguren aus
15 getriebenem Gold angebracht. Sie stehen einander zugewandt, den Blick auf die Deckplatte gerichtet; ihre Flügel halten sie schirmend über der Platte ausgebreitet. In der Lade verwahrst du die zwei Tafeln mit dem Bundesgesetz und legst die Deckplatte darauf. Dort will ich dir begegnen. Von der Deckplatte aus,
20 von der Stelle zwischen den beiden Engeln, werde ich mit dir reden und dir alle Anweisungen für das Volk Israel geben."

*Zusammengestellt nach: 2. Mose Kap. 24, Vers 12 und Kap. 25, Verse 8 und 10–22. Gute Nachricht Bibel, rev. Fass., durchges. Ausg. in neuer Rechtschreibung, Stuttgart 2000. Bearb. d. Verf.*

**Q5 Unabhängigkeitserklärung des Staates Israel,** verkündet am 14. Mai 1948:
Im Lande Israel entstand das jüdische Volk. Hier prägte sich sein geistiges, religiöses und politisches Wesen. Hier lebte es frei und unabhängig. Hier schuf es eine nationale und universelle Kultur und schenkte der Welt das Ewige Buch der Bücher (die Bibel).
5 Durch Gewalt vertrieben, blieb das jüdische Volk auch in der Verbannung seiner Heimat in Treue verbunden. Nie wich seine Hoffnung. Nie verstummte sein Gebet um Heimkehr und Freiheit.
Beseelt von der Kraft der Geschichte und Überlieferung, suchten Juden aller Generationen in ihrem
10 alten Lande wieder Fuß zu fassen. Im Laufe der letzten Jahrzehnte kamen sie in großen Scharen, Pioniere, Verteidiger und Einwanderer, (…) erweckten Einöden zum Blühen, belebten aufs Neue die hebräische Sprache.
15

*Zit. nach: Peter Antes/Gisela Aslam-Malik (Hg.), Judentum, Stuttgart 1990, S. 55.*

## Fragen und Anregungen

1 Beschreibe die Karawane (Q1). Achte auf die Gegenstände, die die Personen bei sich haben, und überlege, welchen Zweck sie erfüllen sollten.

2 Auf dem Grabfresko ist auch ein Ägypter zu sehen (Q1). Erkläre, wie das Verhältnis zwischen ihm und den Fremden dargestellt ist.

3 Was erfährst du aus dem Bibeltext (Q4) über das Verhältnis zwischen Gott und dem Volk Israel?

4 Informiert euch in drei Gruppen über je eine der Wanderungen des israelitischen Volkes (D1, VT, Bibel). Berichtet aus Sicht der Menschen damals den anderen Gruppen über „eure" Erlebnisse auf der Wanderschaft. Ihr könnt auch einzelne Szenen in einem Rollenspiel nachstellen.

5 Stellt die Argumente für die Gründung eines neuen Staates Israel aus der Unabhängigkeitserklärung zusammen (Q5). Diskutiert die Kapitelüberschrift: „Das Volk Israel auf Wanderschaft".

6 Schlage im Lexikon die Bedeutung der Menora nach. Betrachte noch einmal das Relief Q2. Jetzt kannst du sicherlich begründen, warum eine Menora vor dem israelischen Parlament steht (Q3).

7 Gestalte selbst eine Menora mit ausgewählten Szenen aus der jüdischen Geschichte.

8 Die Geschichte der Israeliten fasziniert die Menschen seit jeher; Gemälde, Bücher und Filme beschäftigen sich damit. Informiere dich über eines der folgenden Werke und stelle es in der Klasse vor:
– die Oper „Nabucco" von Giuseppe Verdi
– das Gedicht „Belsazar" von Heinrich Heine
– das Musical „Joseph" von Andrew Lloyd Webber
– das Lied „By the Rivers of Babylon" von „Boney M".

# Eine Mind Map entwickeln

Um ein Thema übersichtlich darzustellen und zusammenzufassen, kannst du eine Mind Map entwickeln. Du erkennst eine fertige Mind Map daran, dass das Thema in der Mitte des Blattes steht und eingekreist ist. Von diesem Mittelpunkt zweigen verschiedene Äste und Zweige ab.

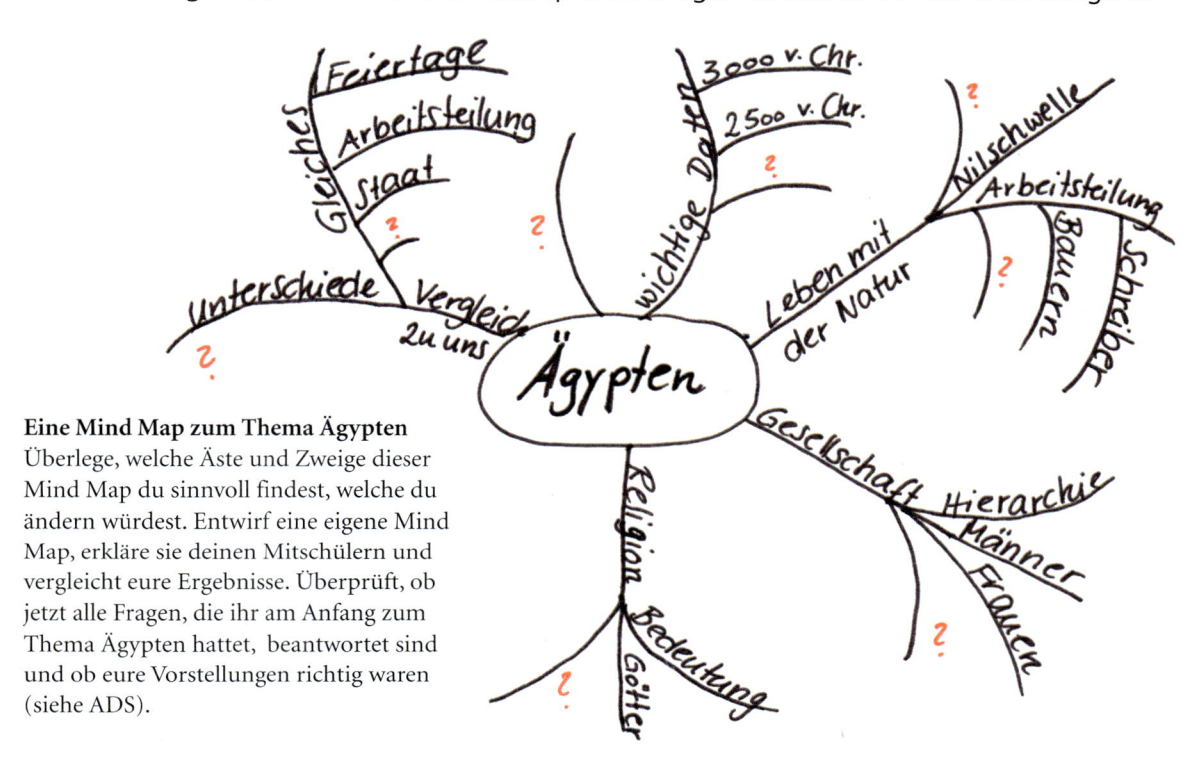

**Eine Mind Map zum Thema Ägypten**
Überlege, welche Äste und Zweige dieser Mind Map du sinnvoll findest, welche du ändern würdest. Entwirf eine eigene Mind Map, erkläre sie deinen Mitschülern und vergleicht eure Ergebnisse. Überprüft, ob jetzt alle Fragen, die ihr am Anfang zum Thema Ägypten hattet, beantwortet sind und ob eure Vorstellungen richtig waren (siehe ADS).

Eine Mind Map fasst Gedanken, Wissen oder auch Fragen zu einem Thema auf einer Seite zusammen. Im Unterschied zu anderen Notiztechniken beginnst du beim Mind-Mapping damit, dass du das Thema in die Mitte des Blattes schreibst und es mit einer Linie umkreist. Von diesem Kreis aus ziehst du Linien, sogenannte Äste, in alle Richtungen des Blattes. Ein Ast wird immer für einen wichtigen Leitgedanken deines Themas angelegt und gleich entsprechend beschriftet. Von den Ästen aus zeichnest du wiederum Linien, die sogenannten Zweige. Jeder Zweig steht für eine Idee, einen Gedanken oder eine Frage zu dem Leitgedanken des dazugehörenden Astes. Du wirst sehen, dass Zweige manchmal zu mehreren Ästen passen. Wenn du weitere Gestaltungsmittel wie Farben, Symbole oder kleine Skizzen einsetzt, wird die Mind Map noch übersichtlicher.

Bei der Themeneinheit „Leben in frühen Hochkulturen" kannst du eine Mind Map zum Thema Ägypten entwickeln. Überlege genau, welche Leitgedanken dir für das Thema wichtig erscheinen, und ordne diesen Ästen dann Zweige zu. Bei einer Mind Map zur Geschichte ist es oft günstig, einen Ast „Wichtige Daten" anzulegen. Dabei helfen die Zeittafeln zu Beginn der einzelnen Kapitel.

Wenn du zu einem Thema eine Mind Map selber entwickelst, hast du bereits einen wichtigen Lernschritt getan. Um zu überprüfen, ob du dir einen Lerninhalt gut angeeignet hast, stellst du deine Mind Map einer anderen Person vor. Du solltest die Einteilung deiner Mind Map, die Zusammenhänge zwischen Zweigen und Ästen und die Einzelheiten erklären können. Wenn du merkst, dass deine Mind Map Lücken oder Fehler enthält, dann kannst du sie jederzeit verbessern oder ergänzen. Den Lerninhalt beherrschst du dann sicher, wenn es dir gelingt, eine reichhaltige Mind Map auswendig zu entwickeln. Diese ist dann ein Abbild dessen, was über ein bestimmtes Thema im Gehirn gespeichert ist.

# DIE GRIECHISCHEN WURZELN EUROPAS

Die Geschichte Europas ist die Geschichte sehr unterschiedlicher Völker und Länder. Ihre Eigenart macht sie unverwechselbar. Und doch verbinden sie alle gemeinsame Wurzeln. Eine dieser Wurzeln führt ins antike Griechenland, das unserem Kontinent auch den Namen schenkte: Denn Europa ist in einer Sage eine Königstochter, die der griechische Gott Zeus entführte.

Mit dem antiken Griechenland verbindet uns offenbar mehr, als uns im Alltag immer bewusst ist. Auf dieser Auftaktdoppelseite bekommst du bereits erste Hinweise dazu.

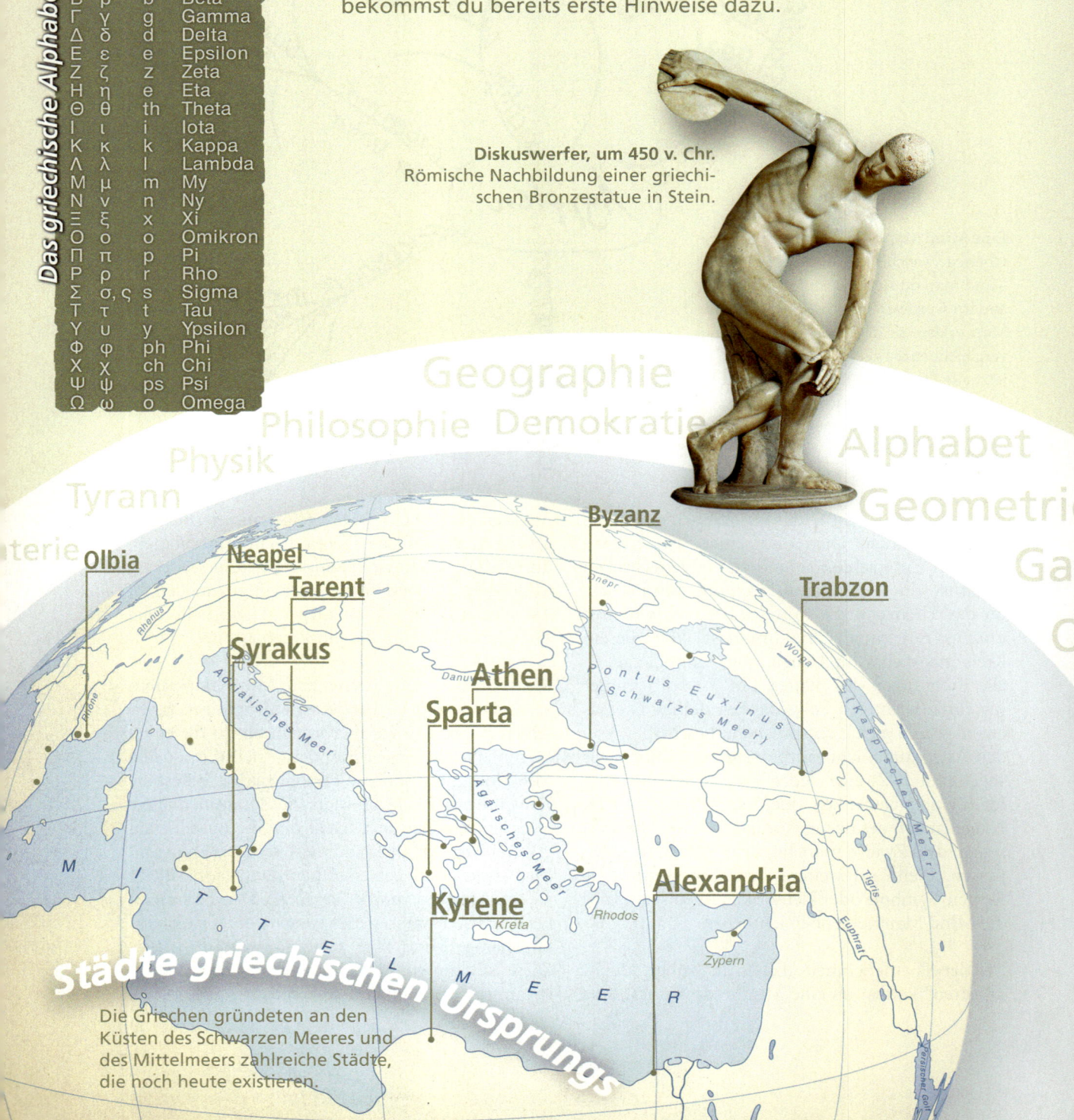

## Das griechische Alphabet

| | | | |
|---|---|---|---|
| Α | α | a | Alpha |
| Β | β | b | Beta |
| Γ | γ | g | Gamma |
| Δ | δ | d | Delta |
| Ε | ε | e | Epsilon |
| Ζ | ζ | z | Zeta |
| Η | η | e | Eta |
| Θ | θ | th | Theta |
| Ι | ι | i | Iota |
| Κ | κ | k | Kappa |
| Λ | λ | l | Lambda |
| Μ | μ | m | My |
| Ν | ν | n | Ny |
| Ξ | ξ | x | Xi |
| Ο | ο | o | Omikron |
| Π | π | p | Pi |
| Ρ | ρ | r | Rho |
| Σ | σ, ς | s | Sigma |
| Τ | τ | t | Tau |
| Υ | υ | y | Ypsilon |
| Φ | φ | ph | Phi |
| Χ | χ | ch | Chi |
| Ψ | ψ | ps | Psi |
| Ω | ω | o | Omega |

**Diskuswerfer, um 450 v. Chr.**
Römische Nachbildung einer griechischen Bronzestatue in Stein.

Geographie · Philosophie · Demokratie · Physik · Tyrann · Alphabet · Geometrie · Gas

## Städte griechischen Ursprungs

Olbia · Neapel · Tarent · Syrakus · Byzanz · Trabzon · Athen · Sparta · Kyrene · Alexandria

Die Griechen gründeten an den Küsten des Schwarzen Meeres und des Mittelmeers zahlreiche Städte, die noch heute existieren.

**Die Akropolis in einer Rekonstruktionszeichnung**
In Athen ragt der Tempelberg in die Höhe. Die Athener errichteten die Statuen und Tempel vor ca. 2500 Jahren. Überreste kann man noch heute besichtigen.

**Das Brandenburger Tor in Berlin aus dem späten 18. Jahrhundert**
Griechische Bauwerke dienten den später lebenden Menschen als Vorbild für eigene Bauten.

is
opädie
Epidemie
Diphterie
Aristokratie
Biologie
Mathematik
Epilepsie
Graphologie

# 1. Antikes Griechenland – Leben in Städten

| | |
|---|---|
| seit 800 v. Chr. | Entwicklung von Stadtstaaten (Poleis) in Griechenland |
| 750 v. Chr. | Beginn der Griechischen Kolonisation |

**Entstehung städtischen Lebens**

Hohe Berge und enge Täler, schmale Küsten und ferne Inseln – Griechenland ist ein vielfältiges, aber auch karges und unwegsames Land. Im Altertum lebten die Griechen in kleinen Siedlungen über das Land verstreut und waren durch das Meer oder Gebirgszüge voneinander getrennt. Sie selbst nannten sich „Hellenen" und ihr Land „Hellas".
Ihr Lebensraum stellte sich ihnen wie eine Zwiebel mit mehreren Schalen dar: Den Kern bildeten die Siedlungen der Menschen. Um sie herum lag Ackerland, das man gestaltete und pflegte, indem etwa Terrassen und Feldmauern angelegt wurden. Daran schloss ein Grenzgebiet, in dem Hirten mit Hunden und halbwilden Ziegen umherzogen. Dahinter begann die Wildnis.
In dieser Umwelt entwickelte sich die Kultur der Griechen ganz anders als die ägyptische. Für das ägyptische „Volk am Fluss" (Seite 49) war die planvolle Zusammenarbeit entlang des Nils inmitten einer Wüstenlandschaft lebenswichtig. So entstand ein zentraler Staat. Die Griechen hingegen haben sich niemals zu einem einheitlichen Staat zusammengeschlossen. Stattdessen entstanden aus den kleinen Siedlungen seit 800 v. Chr. Hunderte von selbstständigen Städten (Poleis). Städtisches Leben prägte die gesamte Antike, d. h. die griechische und römische Geschichte des Altertums.

**Herrschaft in der Polis**

Jede Polis, auch die kleinste, war ein Staat für sich. Darin wurden die Dinge, die alle angingen, von den Bürgern gemeinsam geregelt. Dafür gab es nach und nach überall eine Volksversammlung. Zu den Bürgern zählten allerdings nur erwachsene männliche Einwohner, die eine Familie hatten sowie Haus und Land besaßen. Frauen nahmen an den Volksversammlungen nicht teil.

Heutige griechische Landschaft Q1

## Polis (Mehrzahl: Poleis)

(griech.: Burg, Stadt) Bezeichnung für den typischen griechischen Stadtstaat mit eigenem Gebiet, eigener Bevölkerung, eigenen politischen Einrichtungen. Es gab mehrere Hundert Poleis. Die meisten waren sehr klein (4–6 km im Umkreis, 2000–3000 Bewohner). Große Poleis wie Athen, Sparta oder Korinth bildeten Ausnahmen. Vom Wort „Polis" stammt unser Begriff „Politik" (das, was alle angeht!).

Die Führungsämter in den Poleis hatten Adlige inne, Männer, die sich im Kampf für die Polisgemeinschaft besonders bewährt oder beim Schlichten von Streitfällen hervorgetan hatten. Sicher war ihre herausgehobene Stellung aber nicht. Sie mussten ihre Tüchtigkeit immer wieder aufs Neue beweisen, sonst wurden sie durch andere Adlige verdrängt.

**Die griechische Kolonisation**

Weil die Bevölkerung wuchs, wanderten zwischen 750 und 500 v. Chr. viele Griechen aus. Auf der Suche nach neuem Siedlungs- und Ackerland, nach günstigen Plätzen für Handelsniederlassungen und oft aus Abenteuerlust gründeten sie an den Küsten des Mittelmeers und des Schwarzen Meers zahlreiche Poleis. Durch diesen Vorgang, die griechische Kolonisation, breitete sich die griechische Lebensweise weit über das Mutterland hinaus aus.

D1 **Griechenland und Kleinasien.** Geschichtskarte zum Siedlungsraum der Griechen bis 750 v. Chr.

# EINE TEXTQUELLE AUSWERTEN

## Der Umgang mit Textquellen

Wenn Geschichtsforscher Textquellen untersuchen, gehen sie oft in bestimmten Schritten vor. Etwas Ähnliches solltest du auch machen, um möglichst viel aus einer Quelle „herauszuholen". An einem Bericht des griechischen Geschichtsschreibers Herodot über die Gründung der Kolonie Kyrene (630 v. Chr.) wird dir das einmal gezeigt.

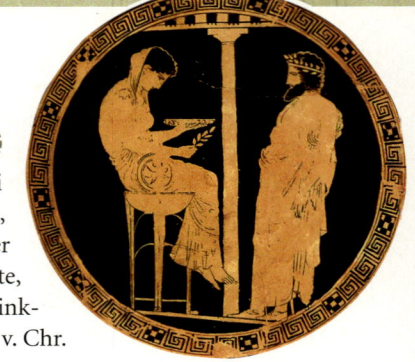

**Die Pythia Q3**
Das Orakel von Delphi war eine Priesterin, durch deren Mund der Gott Apollon weissagte, wie man glaubte. Trinkschale, 5. Jh. v. Chr.

**Q2 Herodot (ca. 480–420 v. Chr.) berichtet, wie sich die Bürger von Thera erinnern:**

Grinnos, der König der Insel Thera, reiste nach Delphi zum Orakel des Gottes Apollon. Bei ihm waren einige Bürger von Thera, darunter ein junger Mann namens Battos. Als Grinnos das Orakel befragte, gab ihm die
5 Pythia eine ganz andere Antwort als die erwartete, indem sie ihn aufforderte, in Libyen eine Stadt zu gründen. Grinnos antwortete: „Herr! Ich bin zu alt dafür. Fordere doch einen Jüngeren auf." Dabei zeigte er auf Battos. Aber es geschah weiter nichts. Und als
10 die Theraier heimgekehrt waren, beachteten sie den Orakelspruch nicht mehr. Denn sie wussten nicht, wo in aller Welt Libyen liegt, und sie wollten es nicht wagen, Siedler ins Ungewisse zu schicken. (…)
Nun blieb aber sieben Jahre lang der Regen in Thera aus und alle Bäume außer einem verdorrten auf der 15 Insel. Da befragten die Theraier wieder das Orakel und die Pythia erinnerte sie an das Gebot des Gottes Apollon, in Libyen eine Kolonie zu gründen. (…) Es segelten nun einige Männer von Thera los, um Libyen auszukundschaften. Sie besetzten die Insel Platea vor 20 der libyschen Küste und meldeten dies nach Thera. Die Theraier beschlossen, dass in allen sieben Gemeinden der Insel immer einer von jeweils zwei Brüdern auswandern sollte, wobei das Los entschied, wen es traf. Anführer und König der Auswanderer sollte 25 Battos sein. In zwei Fünfzigruderern machten sich die Auswanderer auf den Weg nach Platea.

*Herodot, Historien IV, 150–154. Übers. u. bearb. v. P. Offergeld.*

## Methodische Arbeitsschritte:

1. Lies den Text sehr genau, am besten auch einmal laut, und stelle dabei zunächst fest, worum es überhaupt geht. Beachte dabei, welche Orte, Personen oder Gruppen genannt werden.
2. Kläre alle dir unbekannten oder nicht verständlichen Wörter und Wendungen. Benutze dafür ein Wörterbuch oder frage deine Lehrerin/deinen Lehrer.
3. Unterteile den Text in Sinnabschnitte, die jeweils einen einzelnen Gedanken ausdrücken. Schreibe für jeden Abschnitt eine kurze Überschrift.
4. Fasse mit deinen eigenen Worten zusammen, was in dem Text mitgeteilt wird.

 Jetzt weißt du, was in dem Text steht. Es könnte natürlich sein, dass der Verfasser des Textes wenig Wissen hatte oder seine Leser zu einer bestimmten Ansicht bringen wollte. Deshalb musst du auch etwas über den Verfasser wissen. Gute Nachschlagewerke helfen dir dabei. Bei Informationen aus dem Internet ist große Vorsicht geboten, weil sie oft nicht stimmen und man meist nicht weiß, von wem sie kommen.

5. Stelle fest, wer den Text verfasst hat (Autor) und an wen er sich damit wandte (Publikum). Ist erkennbar, warum er geschrieben hat?
6. Kläre, mit welchem zeitlichen Abstand vom Geschehen der Autor schrieb und woher er seine Kenntnisse darüber hatte.
7. Suche im Text selbst und in deinem Wissen über den Autor nach Hinweisen dafür, ob dieser sehr einseitig schrieb oder persönliche Wertungen deutlich zur Geltung brachte. Hilfreich ist es, den Text mit anderen Quellen zu vergleichen.
8. Abschließend muss die Quelle in den größeren Zusammenhang eingeordnet werden. Dafür solltest du dich im Verfassertext oder in anderen Darstellungen informieren.

# GEWUSST WIE

**Die Kolonisation förderte den Handel** Q4
Schale aus der Kolonie Kyrene (Ø 29 cm),
Mitte des 6. Jahrhunderts v. Chr.

**Eine mögliche Antwort auf die Arbeitsschritte:**
1. Es soll erklärt werden, warum die Theraier in Libyen eine Kolonie gründeten. Dabei spielte das Apollonorakel von Delphi eine besondere Rolle (Q2). Die Rede ist von Delphi, Thera und Libyen sowie der Pythia, Bewohnern von Thera, besonders dem König Grinnos und dem jungen Battos.
2. Die Orte findest du auf den Karten D1 und D2 auf den Seiten 79 und 82. Die Pythia ist die Priesterin im Apollontempel in Delphi (siehe Q3).
3. Zeile 1–4: König Grinnos von Thera mit Gefolge in Delphi.
   Zeile 4–9: Das Orakel fordert die Gründung einer Kolonie in Libyen.
   Zeile 9–13: Die Theraier vergessen den Spruch.
   Zeile 14–16: Dürrezeit auf Thera.
   Zeile 16–18: Das Orakel wiederholt seine Forderung.
   Zeile 18–25: Besiedlung von Platea vor der libyschen Küste mit Battos als König.
   Zeile 25–27: Auswahl der Kolonisten und Aufbruch nach Libyen.
4. Die Zusammenfassung dürfte dir jetzt nicht schwer fallen. Sie könnte beginnen:
   „Einmal reiste König Grinnos von Thera …"
5. Diesen Punkt kannst du mit den Angaben zu Herodot (Q5) selbst ergänzen.
6. Den Abstand zwischen der Gründung der libyschen Kolonie Kyrene und Herodots Lebenszeit kannst du leicht ausrechnen. Und wie er an sein Wissen gekommen ist, erfährst du in Q5.
7. Wenn du Quelle 7 auf Seite 83 hinzunimmst, bemerkst du, dass Herodot zwei Gründungsberichte hatte, einen der Theraier und einen der Kyrener, die sich etwas voneinander unterschieden. Er teilt beide mit und überlässt es dem Leser, darüber nachzudenken. Er ist also nicht einseitig.
8. Die Quelle gibt uns wichtige Hinweise darüber, wie die Griechen die Küsten rund um das Mittelmeer besiedelten. Die Karte D2 auf Seite 82 erläutert das genauer.

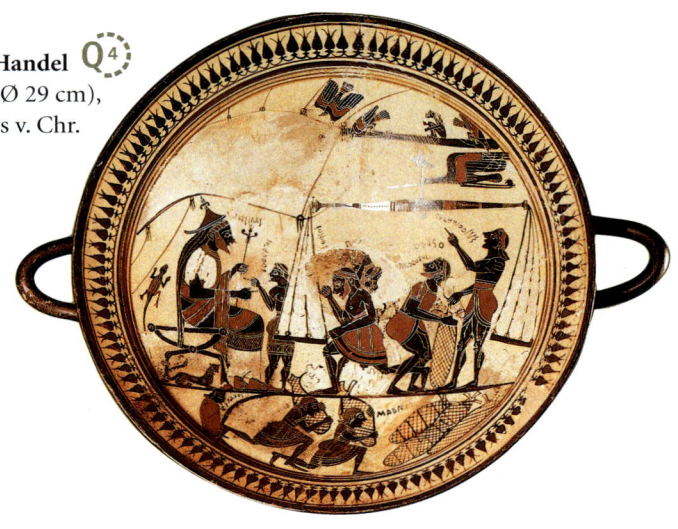

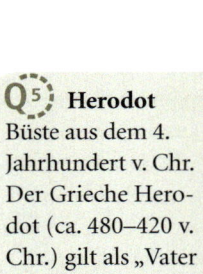

**Q5 Herodot**
Büste aus dem 4. Jahrhundert v. Chr. Der Grieche Herodot (ca. 480–420 v. Chr.) gilt als „Vater der Geschichtsschreibung". Sein Wissen sammelte er auf seinen weiten Reisen, die ihn nach Italien, Asien und Afrika führten. Überall ließ er sich von den Menschen berichten, was sie über ihre Vergangenheit wussten. Das schrieb er auf. Denn er wollte, dass die wichtigen Ereignisse nicht vergessen würden. Ab und zu hielt er interessierten Zuhörern auch Vorträge darüber. 425 v. Chr. veröffentlichte er seine Schriften unter dem Titel „Historien" (Erkundungen).

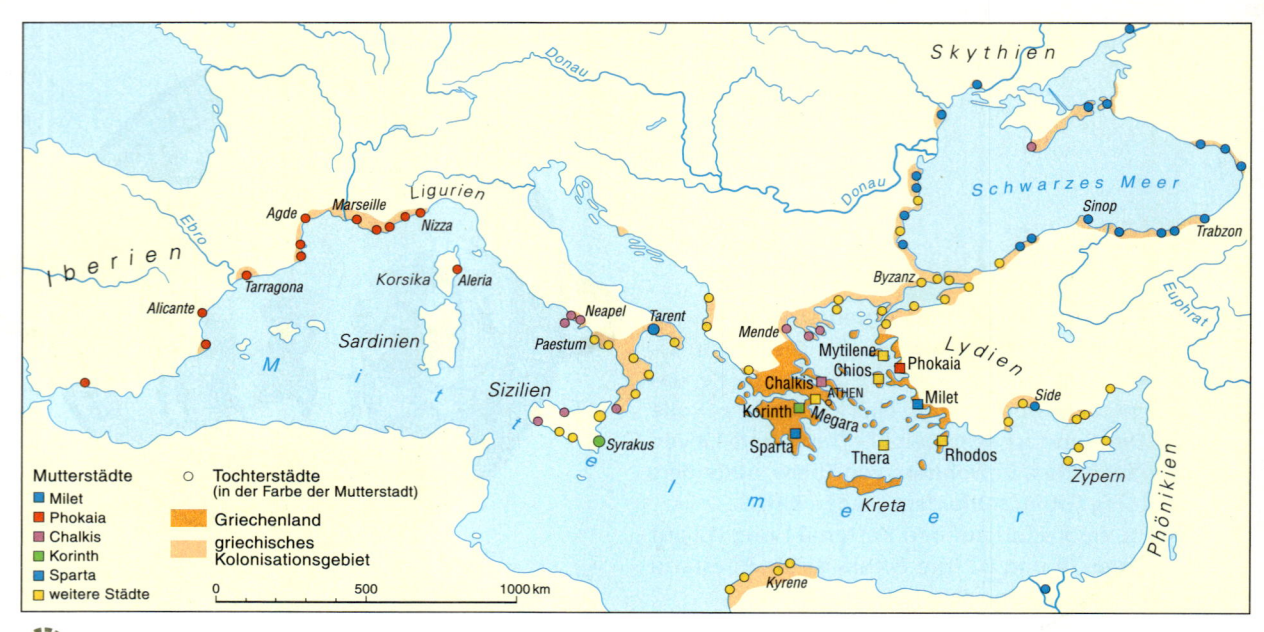

**D 2 Geschichtskarte zur Kolonisation**
Bürger einer Polis („Mutterstadt") gründeten eine selbstständige Kolonie („Tochterstadt") mit eigener Regierung. Tochterstädte gründeten oft weitere Kolonien und wurden größer als die Mutterstädte.

**Taras und Phalantes, die sagenhaften Gründer der Stadt Taras (heute: Tarent) in Süditalien** Q 6
Phalantes soll als Anführer einer Gruppe Spartaner, die vielleicht im Unfrieden ihre Heimatstadt verlassen mussten, Taras gegründet haben. Einem anderen Bericht zufolge war der Halbgott Taras, Sohn Poseidons, der Gründer der Stadt. Sie liegt an der Mündung des ebenfalls nach ihm benannten Flusses Taras. Vorder- (oben) und Rückseite (unten) einer Silbermünze, die um 480 v. Chr. geprägt wurde.

## Kolonisation

Anlegen von Siedlungen („Kolonien") in neu erworbenem Land. Die griechischen Kolonien entstanden vor allem, weil die Poleis im Mutterland überbevölkert waren. Dagegen sollten die römischen Kolonien die Herrschaft Roms über Italien militärisch sichern. In der neueren Geschichte bezeichnet der Begriff Kolonialismus die planvolle Eroberung und Unterwerfung überseeischer Gebiete durch europäische Staaten.

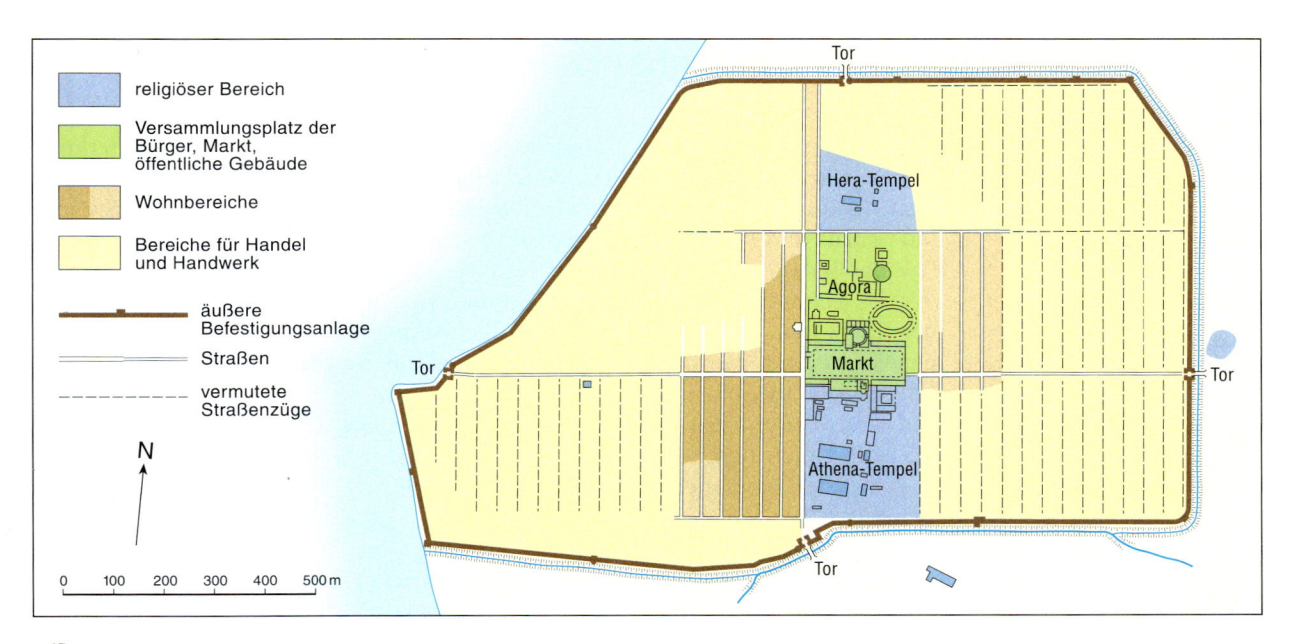

**Legende (Stadtplan):**
- religiöser Bereich
- Versammlungsplatz der Bürger, Markt, öffentliche Gebäude
- Wohnbereiche
- Bereiche für Handel und Handwerk
- äußere Befestigungsanlage
- Straßen
- vermutete Straßenzüge

**D3 Stadtplan der griechischen Kolonie Poseidonia**
Poseidonia wurde um 550 v. Chr. gegründet und ist heute als Ruinenstadt Paestum südlich von Neapel bekannt.

## Q7 Wie sich die Kyrener erinnern

*Bei den Bürgern der Kolonie Kyrene hörte Herodot noch etwas mehr über die Gründung der Kolonie:*
Die Theraier schickten also Battos mit zwei Fünfzigruderern fort. Doch als die Männer sich keinen Rat mehr wussten, kehrten sie wieder nach Thera zurück. Die Theraier aber schossen auf sie und ließen sie nicht
5 an Land. Gezwungenermaßen fuhren sie zur libyschen Küste zurück und besiedelten dort zunächst die Insel Platea. Hier wohnten sie zwei Jahre. Aber es ging ihnen dort nicht gut. So ließen sie einen Mann zurück, die anderen fuhren nach Delphi. Dort berichteten sie dem Orakel, sie hätten alles wie befohlen getan, 10 dennoch gehe es ihnen schlecht. Aber die Pythia hielt ihnen vor, sie seien noch gar nicht in Libyen gewesen. Darauf fuhren sie zurück und ließen sich auf dem Festland gegenüber von Platea nieder. (…)
Hier blieben sie sechs Jahre. Dann boten ihnen die 15 Libyer an, sie zu einer besseren Stelle zu führen. Sie verließen die Küste, und die Libyer führten sie nach Westen (…) an eine Quelle und sagten: „Hier, Griechen, ist der richtige Platz für eure Kolonie."

*Herodot, Historien IV, 156–158. Übers. u. bearb. v. P. Offergeld.*

## Fragen und Anregungen

1. Bearbeite Quelle 7, wie es dir auf Seite 80/81 vorgemacht worden ist. Stelle anschließend in einer Liste die Ereignisse gegenüber, an die sich die Theraier besser als die Kyrener erinnerten und umgekehrt. Finde Gründe heraus.

2. Untersuche den Stadtplan (D3). Stelle dir dann vor, du würdest als Bewohner der Polis nun auch eine Tochterstadt gründen wollen. Was müsstest du als Anführer der Kolonisten bei der Errichtung einer ähnlichen Stadt beachten?

3. Beschreibe die Rolle, die das Orakel von Delphi in den Berichten Herodots spielt (Q2, Q7). Für wie verlässlich hältst du die Auskünfte des Orakels?

4. Beschreibe die beiden Seiten der Münze (Q6). Was soll der Betrachter der Münze über die 706 v. Chr. gegründete Stadt Taras erfahren? Welche Rückschlüsse auf das Wirtschaftsleben der Griechenstädte lässt die Münze in Verbindung mit Q4 (Seite 81) zu?

5. Ein Gelehrter im alten Griechenland hat einmal gesagt: „Die Griechen sitzen um das Mittelmeer herum wie die Frösche um einen Teich." Erläutere mithilfe der Kolonisationskarte (D2), was er wohl gemeint hat.

# 2. Götter und Helden – Vorbilder für das Leben?

**Götterverehrung**

Wenn jemand in Athen sagte: „Zeus regnet", hätte man ihn mit dieser Bemerkung auch in Milet in Kleinasien verstanden. Denn obwohl die Griechen getrennt in zahlreichen selbständigen Stadtstaaten lebten, hatten sie vieles gemeinsam: ihre Sprache und Schrift und vor allem die Verehrung derselben Götter. Für alle Griechen war Zeus der Göttervater, und was in der Natur geschah, galt ihnen als Werk der Götter. Wer die Götter zornig machte, den bestraften sie – und manchmal auch seine Mitmenschen. Man musste sie daher freundlich stimmen: Vor jeder Mahlzeit brachte man ihnen ein Opfer dar. Wenn man etwas Größeres plante, ging man zuerst zu Sehern, Traumdeutern oder Orakeln, um den Willen der Götter zu erkunden.

Anders als bei uns war die Religion keine Privatsache. Die Städte hatten ihre besonderen Gottheiten. Wenn diese Götter in großen Festen verehrt wurden, dann mussten alle Einwohner der Stadt teilnehmen. Eine Polis war auch eine religiöse Gemeinschaft.

**Die olympischen Götter**

Die Griechen stellten sich ihre Götter als Menschen vor, jedoch als unsterblich, ewig jung und schön, und ausgestattet mit übernatürlichen Fähigkeiten. Sie glaubten, die Götter hätten sich wie die Menschen durch Fortpflanzung vermehrt, sodass sie eine große Familie mit Zeus als Oberhaupt bildeten. Auch Halbgötter wurden verehrt, die Liebesverbindungen zwischen Göttern und Menschen entsprungen sein sollten. Die Götterfamilie, so nahmen die Griechen an, hatte ihren Wohnsitz auf dem Berg Olymp, von wo aus Zeus Götter und Menschen regiere.

**Vorstellungen vom Jenseits**

Die Griechen verbrannten ihre Toten und glaubten nicht an ein Weiterleben nach dem Tode. Ihrer Vorstellung nach verwandelten sich die Toten zu erinnerungs- und willenlosen Schatten in der Unterwelt, dem Hades. Ein Totengericht wie bei den Ägyptern oder ein Jüngstes Gericht wie später bei den Christen gab es für die Griechen nicht. Sie konnten nicht auf ein ewiges Leben im Jenseits hoffen. Für gute Taten auf Erden erwartete sie keine Belohnung.

**D1 Die olympische Götterfamilie**
Die römischen Namen für die Götter stehen in Klammern.

Hera (Juno)
Hades (Pluto)
Demeter (Ceres)
Hephaistos (Vulcanus)
Hermes (Merkur)
Dionysos (Bacchus)
Artemis (Diana)
Ares (Mars)
Athene (Minerva)
Apollon (Apollo)
Aphrodite (Venus)
Zeus (Jupiter)
Poseidon (Neptun)

84

**Homer und die griechische Sagenwelt**

Das Wissen der Griechen über Götter und göttergleiche Helden der Vergangenheit ging auf Sagen zurück, die zunächst mündlich überliefert wurden. Diese Geschichten waren größtenteils erfunden, enthielten aber manchmal einen wahren Kern. Als sich im 8. Jahrhundert v. Chr. die griechische Schrift entwickelte, wurden sie aufgeschrieben. Um diese Zeit lebte auch der Dichter Homer, der als Autor der Erzählungen „Ilias" und „Odyssee" gilt. Diese beiden Sagen spielen noch vor der Entstehung der griechischen Polis. Die Götter greifen immer wieder in das Geschehen ein und bestimmen so das Schicksal der Helden. Die „Ilias" erzählt vom Krieg mächtiger griechischer Adliger gegen die Stadt Troja in Kleinasien, die „Odyssee" von der abenteuerlichen Rückreise des griechischen Helden Odysseus von Troja. Beide Werke blieben das ganze Altertum über bekannt und zählen auch heute noch zur Weltliteratur.

**„Immer der Beste sein"**

Diese Helden lebten in einer von Adligen, von „Aristokraten" bestimmten Welt. In diesem Begriff steckt das griechische Wort „aristoi", das heißt die „Besten", die „Tüchtigsten". Als solche verstanden sich die Helden Homers. Sie bewiesen ihre Tüchtigkeit vor allem im Kampf, in dem sie lieber mutig das Leben als feige die Ehre verloren. „Immer der Beste sein und hervorragen vor anderen …", so sagt einer der Helden Homers – und das imponierte den Griechen. Auch bei ihnen entschied ja die Tüchtigkeit darüber, welche Adligen in einer Polis Führungsämter innehatten.

> **LITERATURTIPP**
>
> **Ilias und Odyssee**
> *Das Buch erzählt packend die Taten der griechischen und trojanischen Helden.*
> **Ilias und Odyssee, nacherzählt von Walter Jens, Ravensburg 2002, 19. Aufl., 96 Seiten, 27 Zeichnungen.**

**Ein berühmtes Ereignis im Krieg um Troja** Q1
Darstellung auf einer Amphore (1,34 m hoch), um 670 v. Chr.

## Aristokratie

(griech.: „aristoi", d.h. die Besten, Tüchtigsten) Als „Aristoi" bezeichneten sich die Griechen, die sich durch kriegerischen Erfolg, Besitz und vornehme Geburt von anderen unterschieden. Wenn in einer Staatsform diese Gruppe der Gesellschaft herrscht, nennen wir sie Aristokratie. Später ging die Bezeichnung auf die Personen über, die man als Aristokraten oder zusammenfassend als Aristokratie bezeichnete. Wir sprechen heute eher von Adel, Adligen und Adelsherrschaft.

## Sagen/Mythen (Einzahl: Mythos)

Sagen sind Geschichten aus einer meist fernen Vergangenheit, in denen Götter, gute und böse Mächte und Helden eine Rolle spielen. Mythen sind wie Sagen aufgebaut. Sie geben dem Menschen Antworten auf Fragen, die er mit dem Verstand allein nicht beantworten kann, z.B. warum es überhaupt Menschen gibt oder wovon das Schicksal des Einzelnen abhängt. Mythen sind häufig Bestandteil von Religionen; z.B. ist die Geschichte von Adam und Eva in der Bibel ein Schöpfungsmythos.

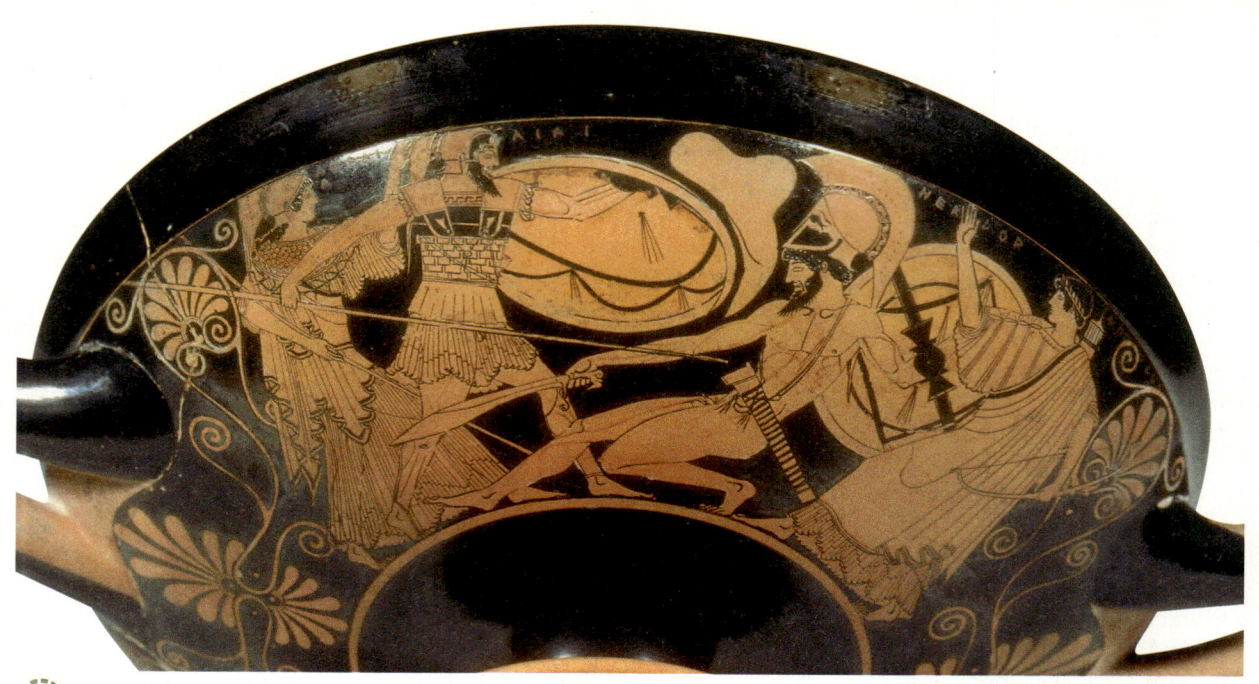

**Q2** Kampf zwischen dem Griechen Ajax und dem Trojaner Hektor – links steht Athene, rechts Apollon
Vasenbild aus Athen (Ø 26 cm), um 480 v. Chr.

**Q3** Das letzte Treffen des trojanischen Königssohns und Heerführers mit seiner Frau
*Dialog zwischen Hektor und Andromache nach Homer:*
Andromache flehte tränenüberströmt:
„Ich begreife dich nicht! Vernichten wird dich dein Übermut! Du kennst weder Erbarmen mit deinem kleinen Kind noch mit mir! Ich Unglückliche, ich bin bald deine Witwe, denn bald werden dich die Griechen erschlagen. (…) So erbarme dich doch und bleib hier auf dem Turm, dass du dein Kind nicht zur Waise machst und mich nicht zur Witwe!" (…)
Da sagte zu ihr der große Hektor mit dem funkelnden Helm: „Ja, an all das denke auch ich, Frau. Aber zu furchtbar schäme ich mich vor den Trojanern, wenn ich mich wie ein schlechter Mann vom Kampfe fernhalte. Das verbietet mir mein Mut, weil ich lernte, immer ein Edler zu sein und unter den vordersten Trojanern zu kämpfen, um des Vaters großen Ruhm und meinen eigenen zu bewahren. Doch eines weiß ich gewiss in meinem Innersten: Es wird der Tag kommen, an dem das heilige Troja, mein Vater Priamos selbst und das Volk der Trojaner untergehen." (…)
Er streichelte sie und sagte: „Dem Schicksal ist noch keiner der Männer entkommen, egal, ob er nun gering oder edel von Geburt war. Doch du geh ins Haus und kümmere dich um deine Arbeit: Webstuhl und Spindel, und befiehl den Dienerinnen an ihre Arbeit zu gehen. Der Krieg ist Sache der Männer, aller, und besonders die meine, die wir aus Troja stammen."
*Homer, Ilias VI, 405–493. Übers. u. bearb. v. P. Offergeld.*

### Fragen und Anregungen

1. Informiere dich über die einzelnen Götter (D1) in einem Lexikon und erkläre dann, durch was sie auf den Zeichnungen charakterisiert sind.

2. Vergleiche die Göttervorstellungen der Griechen mit denen der Ägypter (VT). Was fällt dir auf?

3. Beschreibe das Vasenbild (Q2) und erläutere, was du über das Wirken der Götter und über das Verhältnis von Menschen und Göttern erfährst.

4. Suche in „Ilias und Odyssee" nach weiteren Begebenheiten, bei denen Götter eine Rolle spielen.

5. Arbeite aus dem Text (Q3) heraus, wie Hektor seine Entscheidung begründet und nimm Stellung dazu.

6. Vergleiche das griechische Alphabet (ADS, S. 76) mit unserem und mit der ägyptischen Hieroglyphenschrift (S. 51–53). Warum kommen unser Alphabet und das griechische mit viel weniger Zeichen aus?

# 3. Griechen im Wettkampf – Olympische Spiele

**Vorbereitung zum Wettkampf** Q1
Rotfigurige Malerei, Weinmischkrug (35 cm hoch), um 510 v. Chr.

| | |
|---|---|
| 776 v. Chr. | gilt den Griechen als Beginn der Spiele zu Ehren des Zeus in Olympia. |
| 393 n. Chr. | Der christliche römische Kaiser Theodosius verbietet die Spiele als heidnische Unsitte. |
| 1896 | Erste Olympische Spiele der Neuzeit in Athen |

**Wettkämpfe und Götterverehrung**

Kein anderes Volk der Antike hat so viel Freude an Wettkämpfen gehabt wie die Griechen. Aber die Spiele dienten in erster Linie der Verehrung der Götter. Das zeigte sich bei den vier großen Veranstaltungen für alle Griechen, von denen jedes Jahr mindestens eine stattfand. Denn sowohl in Olympia als auch in Delphi, Nemea und Korinth wurden sie bei einem Tempel ausgetragen zu Ehren des Gottes, dem der Tempel geweiht war.

**Entwicklung der Olympischen Spiele**

Die ältesten und berühmtesten Spiele fanden alle vier Jahre beim Tempel des Zeus in Olympia statt. Anfangs bestanden sie nur aus einer Feier zu Ehren des Gottes Zeus und einem Wettlauf von der Länge eines Stadions (ca. 190 m). Das dauerte einen Tag. Später kamen immer mehr Disziplinen dazu: der doppelte Stadionlauf, Langlauf, der Fünfkampf mit Laufen, Weitsprung, Ringen, Diskus- und Speerwurf, Boxen, Pankration (eine Mischung aus Boxen und Ringen), Wagen- und Pferderennen. Auch die religiösen Feierlichkeiten wurden ausgeweitet. So verlängerte sich die Dauer der Spiele auf fünf Tage.

D1 **Das Modell von Olympia** zeigt den Zustand im 5. Jahrhundert v. Chr. mit dem Tempel des Zeus.

87

**Q2** **Amphore – bauchiges Vorratsgefäß**
mit zwei Henkeln, um 480 v. Chr.

**Amphore,** **Q4**
6. Jahrhundert v. Chr.

**Amphore (42 cm hoch),** **Q3**
um 510 v. Chr.

Vasen aus Keramik sind für uns wichtige Quellen über das Leben in Griechenland. Viele Handwerker waren damit beschäftigt, diese Alltagsgegenstände herzustellen.

**Organisation, Teilnahmebedingungen und Durchführung**

Im Jahr von Olympischen Spielen reisten Gesandte des Zeus-Heiligtums von Olympia durch alle griechischen Städte und luden zu den Spielen ein. Wer als Sportler teilnehmen wollte, musste Grieche sein und männlich. Zuschauen durften fast alle, auch Nichtgriechen und Sklaven – nur keine verheirateten Frauen. Mit der Einladung verpflichteten die Gesandten die Städte zu Waffenruhe. Die Spiele sollten ungestört stattfinden und die Teilnehmer gefahrlos nach Olympia und wieder nach Hause reisen können.

Die Olympischen Spiele fanden Mitte Juli statt. Die Sportler mussten einen Monat vorher da sein und ihr Können den Oberschiedsrichtern vorführen. Wer von diesen für geeignet gehalten wurde, war für die Wettkämpfe qualifiziert.

**Q5** **Siegreicher Athlet**
mit Auszeichnungen.
Amphore, um 410 v. Chr.

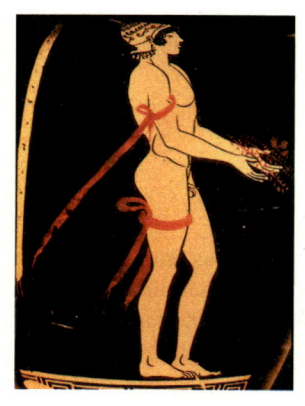

Die eigentlichen Spiele begannen mit einem Umzug aller Beteiligten – Sportler, Betreuer, Schiedsrichter, Zuschauer –, der zum Tempel des Zeus führte. Hier schworen die Sportler, sich an die Regeln der Spiele zu halten. Die Wettkämpfe selbst wurden mit höchster Leidenschaft ausgetragen. Nur der Sieg zählte. Die Gewinner wurden mit Zweigen von einem heiligen Olivenbaum bekränzt. Jede Niederlage – sogar schon ein zweiter oder dritter Platz – galt als untilgbare Schmach. Die Verlierer kehrten unglücklich und auf Schleichwegen in ihre Heimat zurück, um dem Spott zu entgehen, der sie erwartete. Denn nur ein Sieg bewies nach Ansicht der Griechen, dass die Götter dem Sportler und seiner Heimatstadt wohlgesonnen waren. Außerdem wurden der Sieger und seine Polis durch einen Erfolg in Olympia in der ganzen Welt der Griechen bekannt. Daher ehrte die Heimatstadt einen zurückgekehrten Sieger mit höchsten Auszeichnungen, gewährte ihm z. B. Essen und Trinken auf Kosten der Polis bis an sein Lebensende.

**Deckel einer Amphore,** Q6
um 500 v. Chr.

**Q7 Tasse**
(9 cm hoch), um 490 v. Chr.

**Q8 Über den Wert sportlicher Übungen spricht ein Nichtgrieche mit einem Athener**
*Der griechische Schriftsteller Lukian (120–180 n. Chr.) gab seine Aussage wieder:*

Weswegen tun dies bei euch die jungen Männer? Die einen umschlingen einander und stellen sich ein Bein, versuchen sich gegenseitig zu Boden zu werfen und wälzen sich wie Schweine im Kot. Zu Anfang aber salb-
5 ten sie sich mit Öl und einer rieb den anderen friedlich abwechselnd ein; darauf jedoch (…) rennen sie mit geducktem Kopf aufeinander zu und schmettern die Stirn aufeinander wie die Widder. Ich möchte nun gerne wissen, wofür das alles gut sein soll.
10 Das Erbärmlichste ist, dass so viele Zuschauer Zeugen der Misshandlung der Athleten sind. Ich wundere mich sehr (darüber) (…), dass sie ihre wichtigen Geschäfte beiseite lassen und für derartige Darbietungen Zeit finden. Ich kann nicht begreifen, dass es ihnen Ver-
15 gnügen bereiten soll, Menschen zu sehen, die sich stoßen und boxen und sich zu Boden schmettern.
*Zit. nach: Lukian, Anacharsis 1–5. Übers. u. bearb. v. P. Offergeld.*

**Q9 Ein Lob auf die Spiele**
*Der griechische Redner Isokrates (436–338 v. Chr.) sagte in einer Festrede für die Olympischen Spiele:*

Zu Recht loben wir die Gründer unserer großen Festspiele. Denn sie haben uns die Sitte überliefert, an einem Ort zusammenzukommen, nachdem Frieden verkündet worden ist und wir unsere Streitigkeiten beigelegt haben. Wenn wir an 5 diesem Ort dann gemeinsam beten und opfern, werden wir daran erinnert, dass wir miteinander verwandt sind. Wir bekommen freundlichere Gefühle füreinander, machen alte Freundschaften wieder lebendig, knüpfen neue für die Zukunft. 10 Weder Zuschauer noch Athleten verbringen ihre Zeit umsonst und nutzlos. Athleten können im Wettstreit der Hellenen ihre Höchstleistungen zeigen; Zuschauer können miterleben, wie sie miteinander wetteifern. Jeder findet etwas Interessantes am Festspiel und alle 15 etwas, was ihrem Stolz schmeichelt: die Zuschauer, wenn sie sehen, wie sich die Athleten für sie anstrengen, und die Athleten, wenn sie daran denken, dass die ganze Welt gekommen ist, um sie zu bestaunen.
*Isokrates, Panegyrikos 43–44. Übers. und bearb. v. P. Offergeld.*

**Q10 Wettlauf von Frauen, die eigene Spiele zu Ehren der Göttin Hera in Olympia hatten**
Amphore, 5. Jahrhundert v. Chr.

## Fragen und Anregungen

1. Beschreibe, was du auf den Vasen (Q1–4, Q6–7) erkennst, und liste auf, welche Diziplinen bei den griechischen Wettkämpfen ausgetragen wurden.
2. Stelle dir vor, ein Grieche von früher erlebt die heutigen Olympischen Spiele. Was käme ihm bekannt, was fremd vor?
3. Gib genau an, worin Isokrates die Bedeutung der Wettkämpfe für die Hellenen sieht (Q9).
4. Vergleiche die Auffassung über die Wettkämpfe von Isokrates mit der bei Lukian (Q8 und Q9).
5. Nimm Stellung: Kannst du die Einstellung der Griechen zu Sieg und Niederlage teilen?

# 4. Athen auf dem Weg zur Polisgemeinschaft

**Das Leben der Adligen** Q1
Das Vasenbild zeigt oben ein Trinkgelage (Symposion) der Aristokraten. Weinmischkrug (46 cm hoch), um 600 v. Chr.

| | |
|---|---|
| um 620 v. Chr. | Drakon setzt Gerichte bei Tötungsfällen ein. |
| 594/93 v. Chr. | Solon versucht durch Gesetze und Aufrufe den Zusammenhalt der Athener zu stärken. |
| 565–510 v. Chr. | Adlige Alleinherrscher (Tyrannen) regieren Athen. |
| 510–507 v. Chr. | Kleisthenes setzt durch, dass alle Bürger in der Volksversammlung mitentscheiden können. |

**Ungewisse Anfänge**

Vom Beginn der Geschichte Athens gibt es keine verlässlichen Nachrichten. Die Athener selbst erzählten sich Sagen über die Gründung ihrer Polis, in denen der Held Theseus und Athene, die Schutzgöttin der Stadt, eine wichtige Rolle spielen.

**Adelsrivalität und Bauernnot**

Die ersten Bruchstücke glaubwürdiger Überlieferung zeigen Athen seit etwa 700 v. Chr. in den gleichen Schwierigkeiten wie andere griechische Gemeinden. Die Bevölkerung wuchs, und das Land auf der Halbinsel Attika wurde knapp. Dürrezeiten und die geringe Größe ihrer Felder machten den Kleinbauern schwer zu schaffen.

Die Adligen hingegen bereicherten sich, indem sie Handel und Seeräuberei trieben. Sie zeigten ihre Überlegenheit durch eine aufwändige Lebensführung: Pferdezucht, teure Waffen und gutes Essen mit ihren Freunden. Ihre Vorbilder waren die Helden Homers: Jeder, der sich zum Adel zählte, also zu den Reichsten und Kriegstüchtigsten, wollte die anderen übertrumpfen. Dazu musste er seinen Landbesitz vermehren und benötigte deshalb immer mehr Arbeitskräfte.

Diese kamen aus den Reihen armer Bauern. Sie waren auf den Schutz durch die Adligen angewiesen und baten diese in schlechten Erntejahren um Hilfe, Werkzeuge und Saatgut. Da sie meist keine Gegenleistung erbringen konnten, arbeiteten sie längere Zeit oder für immer auf den Feldern und Höfen der Adligen (Schuldknechtschaft).

Q2 **Bauern ernten Oliven**
Vasenmalerei, 6./5. Jh. v. Chr.

Viele wurden gar als Sklaven verkauft oder flohen aus Attika. Hilfe konnten sie nirgendwo finden, denn es gab weder eine unabhängige Macht noch Gerichte.

**Erste Streitregelungen**

Aber auch die Adligen litten zunehmend unter den gesetzlosen Zuständen, da ihre Rivalitäten oft zu Mord, Totschlag und Blutrache führten. Um 620 v. Chr. konnte der Adlige Drakon durchsetzen, dass Angehörige von Getöteten vor Gericht zu gehen hatten, anstatt in Blutrache selbst zurückzuschlagen. Die angedrohten Strafen waren überaus hart und so spricht man noch heute von „drakonischen" Strafen. Dies waren die ersten Gesetze, die schriftlich festgehalten und für jedermann sichtbar aufgestellt wurden. Ein erster Schritt zu einer öffentlichen Ordnung war getan.

**Die Reformen Solons**

Die Not der Bauern war damit aber nicht behoben. Vielleicht fürchteten die Adligen, einer von ihnen könnte reich und mächtig genug werden, um die anderen im Bunde mit unzufriedenen Bauern beiseite zu schieben und sich zum Alleinherrscher aufzuschwingen. So bestellten sie 594 v. Chr. den angesehenen Adligen Solon zum Schiedsrichter. Er schaffte die Schuldknechtschaft ab und bemühte sich, die verkauften oder geflohenen Athener zurückzuholen. Reiche und Ärmere gab es natürlich auch weiterhin, aber wenigstens als freie Bürger der Polis waren nun alle gleich.

**Ein Rückfall? Die Tyrannis**

Allerdings konnte wenig später ein einzelner Adliger, Peisistratos, eine Alleinherrschaft (Tyrannis) errichten. Vermutlich hatte der Tyrann Anhänger gewonnen, indem er das Bauernland gleichmäßiger verteilte. Ämter und Gesetze blieben bestehen, aber nichts geschah mehr gegen den Willen des Tyrannen. Wie Alleinherrscher das häufig tun, verschönerten Peisistratos und seine Söhne die Stadt durch Bauten und ließen eine Wasserleitung anlegen.

**Die Volksversammlung wird aufgewertet**

Nach dem Sturz der Tyrannis im Jahre 510 v. Chr. flammten die Adelskämpfe wieder auf. Aber die Athener wollten sich damit nun nicht mehr abfinden. Sie folgten daher dem Adligen Kleisthenes, der eine grundlegende Neuordnung der Polis vorschlug. Die Versammlung aller erwachsenen freien Männer, die unter den Tyrannen verkümmert war, gewann an Macht. Neu eingerichtet wurde ein Rat aus 500 Bürgern. Sie waren jeweils für ein Jahr im Amt und sollten die Volksversammlungen vorbereiten sowie die laufenden Geschäfte führen. Durch ein ausgeklügeltes System wurde sichergestellt, dass alle Teile Attikas, auch die weit entfernten Siedlungen, in diesem Rat vertreten waren. Dadurch wuchs im Laufe der Zeit ein Gemeinschaftsgefühl. Persönliche Bindungen an einzelne Adlige spielten dagegen keine so große Rolle mehr. Athen war dabei, zum Staat seiner Bürger zu werden, die sich an gemeinsame Regeln hielten. Deshalb war hier kein Platz mehr für einen Tyrannen oder einen Pharao wie in Ägypten, der als Gott verehrt wurde.

**D1 Die Halbinsel Attika** bildete das Gebiet der Polis Athen. Mit 2250 Quadratkilometern war sie etwa so groß wie das Saarland heute. Im 5. Jahrhundert v. Chr. lebten hier etwa 250 000 Menschen.

### Q3 Solon rechtfertigt sich

*Nach seiner Gesetzgebungstätigkeit 594/93 v. Chr. verzichtete Solon auf seine Machtstellung in Athen und zog sich ins Privatleben zurück. Aus dieser Zeit sind von ihm Dichtungen überliefert, in denen er auf Vorwürfe eingeht, die ihm nach seinen Reformen von Adligen einerseits und Bauern andererseits gemacht wurden. Hier zwei Auszüge aus diesen Gedichten:*

(I)

Das Volk, wenn ich denn gradheraus es schelten muss,
Hätt selbst im Traum mit eignen Augen nie erschaut,
Was ihm jetzt eigen;
5 Die Herrn jedoch, in deren Hand die Herrschaft liegt,
Die sollten wohl mir dankbar sein wie einem Freund.

*Und er denkt auch darüber nach, wie ein anderer an seiner Stelle gehandelt hätte:*

10

(II)

Gebändigt hätt er nicht das Volk und nicht geruht,
Bevor er selbst den fetten Rahm der Milch geschöpft.
Doch ich stand wie ein Grenzpfahl auf umkämpftem
15 Feld in ihrer Mitte.

Aristoteles, Staat der Athener, 12, Zit. nach: Geschichte in Quellen, Bd. I, München 1975, S. 155.

### Q4 Freiheit macht stark

*Der Geschichtsschreiber Herodot (ca. 480–420 v. Chr.) berichtet über die ersten Kämpfe Athens nach dem Sturz der Tyrannen und urteilt dann:*

Das Mitspracherecht ist in jeder Hinsicht eine wichtige Sache. Denn solange die Athener von ihren Tyrannen regiert wurden, waren sie keinem ihrer Nachbarn im Krieg überlegen. Als sie die Tyrannen aber los waren, wurden sie weitaus die Ersten. Das zeigt, dass sie sich als 5 Untertanen absichtlich nicht anstrengten, da sie ja für einen Herrscher arbeiteten. Nachdem sie aber befreit worden waren, war jeder einzelne Bürger darauf bedacht, sich ganz einzusetzen, da es für ihn selber war.

Herodot, Historien V, 78, übers. v. W. Marg, Bd. 1, München 1991, S. 440, Bearb. d. Verf.

### Q5 Die Ermordung des Hipparchos

Hipparchos, der jüngere Sohn des Tyrannen Peisistratos, wurde von zwei Athenern ermordet, weil er seine Macht missbraucht und das Ansehen der beiden in der Polis beschmutzt hatte. Schon in der Antike wurde immer wieder diskutiert, ob die Ermordung von Tyrannen zulässig sei. Auf diese Frage wirst du wieder stoßen, wenn du dich mit der römischen Geschichte beschäftigst (Seite 156–158). Vase, um 470 v. Chr.

### Fragen und Anregungen

1. Spielt eine kleine Dialogszene: Ein athenischer Kleinbauer hat seinen Besitz verloren, flieht aus Attika und tritt um 600 v. Chr. als Soldat in den Dienst des Pharaos. Dort schildert er einem ägyptischen Bauern die Lage der Bauern in Griechenland und vergleicht sie mit der Situation in Ägypten.

2. Wie erklärst du dir die Unzufriedenheit von Großgrundbesitzern und Kleinbauern mit Solons Reform (VT)? – Formuliere die Aussage Solons (Q3, [I]) in eigenen Worten. Stimmst du Solon zu?

3. Zeige, was Solon mit dieser Aussage (Q3, (II)) gemeint haben könnte. Berücksichtige bei deiner Antwort die politische Entwicklung in Athen nach Solon (VT).

4. Gib die Gründe an, die Herodot (Q4) für das Erstarken Athens nach dem Ende der Tyrannis nennt.

5. Die Athener bilden auf Vasen die Mörder des Hipparchos ab (Q5). Auf dem Marktplatz errichteten sie ihnen ein Denkmal. Überlege, warum die Athener das taten.

# 5. Griechen vereint im Kampf gegen die Perser

**Griechen und Perser im Kampf** Q1
Schale, 5. Jahrhundert v. Chr.

| | |
|---|---|
| seit 550 v. Chr. | Die Perser erobern Teile Asiens sowie Ägypten. |
| 490 und 480/479 v. Chr. | Persische Angriffe auf Griechenland scheitern. |

**Das persische Weltreich**

Die meisten griechischen Poleis haben eine ähnliche Entwicklung genommen wie Athen. Um das Jahr 500 fühlte sich nun ganz Griechenland von außen bedroht, von einem mächtigem Feind im Osten, dem Perserreich. Die Perser waren ein Reitervolk, das aus dem kargen Hochland des heutigen Iran stammte. Sie beherrschten ein Reich, das von Indien bis zur Mittelmeerküste reichte und mit Mesopotamien, Palästina und Ägypten alte Hochkulturen umfasste. Man kann von einem Weltreich sprechen.

Der persische Großkönig beließ den unterworfenen Völkern ihre Religionen und Sitten, aber sie mussten regelmäßig Abgaben zahlen und Krieger stellen, wenn sie der Perserkönig dazu aufforderte. Im versammelten Heeresaufgebot wurde das Reich in seiner Größe sichtbar, im erfolgreichen Kriegszug zeigte sich die Unbesiegbarkeit des Königs. Wegen der großen Entfernungen und der begrenzten Möglichkeiten zur direkten Kontrolle setzte der Großkönig für die einzelnen Gebiete Stellvertreter ein; sie wurden Satrapen genannt.

**Der Konflikt zwischen Griechen und Persern**

Natürlich konnte es der Perserkönig nicht dulden, wenn sich Teile seines Reiches selbständig machten. Genau dies aber taten die Griechenstädte in Kleinasien seiner Meinung nach, als sie im Jahre 500 v. Chr. unter der Führung Milets einen Aufstand unternahmen. Im Jahr 494 v. Chr. wurde Milet auf seinen Befehl zerstört.

Die Athener hatten den Aufstand unterstützt. Der Perserkönig Dareios ließ deshalb 490 v. Chr. ein nicht sehr großes Heer übers Meer in Richtung Griechenland setzen. Die Athener wollten sich nicht unterwerfen und entschlossen sich zu kämpfen.

Q2 **Felsrelief von König Dareios**
Bisutun, ca. 520 v. Chr.
An der alten Karawanenstraße von Mesopotamien nach Ekbatana ließ König Dareios ein Bild nach einem Sieg über aufständische Fürsten in den Felsen hauen. Das Flügelwesen in der Mitte stellt den höchsten iranischen Gott, Ahura Mazda, dar.

**Verlauf der Perserkriege**

In der Schlacht von Marathon besiegte ein athenisches Heer die Perser. Dabei spielte eine von den Persern nicht praktizierte Kampfesweise eine wichtige Rolle: Die Athener kämpften als schwer bewaffnete Fußsoldaten, als „Hopliten", und traten dabei in geschlossener Reihe, der „Phalanx" (Walze), an. Die in mehreren Reihen hintereinander aufgestellten Hopliten wurden durch Musik angefeuert und gehorchten einem einheitlichen Kommando. Wenn der Vordermann fiel, musste der Hintermann sofort aufrücken. Jeder musste sich auf den anderen verlassen können.

Die Perser fanden sich mit der Niederlage bei Marathon nicht ab. Dareios' Sohn Xerxes unternahm daher 480 v. Chr. einen besser vorbereiteten Angriff auf ganz Griechenland mit vielleicht 100 000 Soldaten und etwa 1000 Schiffen.

Viele Staaten in Nord- und Mittelgriechenland unterwarfen sich notgedrungen oder freiwillig, nicht aber ein von Sparta geführtes Bündnis, zu dem auch Athen mit seiner Flotte von 200 neuen Kriegsschiffen gehörte. Sparta war damals die mächtigste Polis in Griechenland und zum äußersten Widerstand entschlossen.

Ein erster Versuch, die Perser an den Thermopylen, einem Engpaß zwischen Gebirge und Meer aufzuhalten, brachte 300 Spartanern zwar einen ruhmvollen Tod, misslang aber. Der Weg nach Athen war für die Perser nun frei. Dort brachte man die Bevölkerung aus der Stadt und hoffte auf einen Sieg der Flotte. Die Perser rückten in Athen ein, plünderten es und zerstörten die wichtigsten Tempel. Dies gaben sie als Rache für eine ähnliche Tat der aufständischen Griechen in Kleinasien aus.

Doch entschieden wurde der Krieg in zwei großen Schlachten. Zuerst besiegten die Griechen mit Glück und Geschick die zahlenmäßig überlegene persische Flotte in der Meerenge bei der Insel Salamis. Und 479 v. Chr wurde das persische Landheer bei Plataiai von den Spartanern und einigen Verbündeten vernichtend geschlagen. Ein Bündnis griechischer Stadtstaaten hatte damit gegen ein übermächtig scheinendes Reich die eigene Unabhängigkeit verteidigt.

**Griechische Schiffe** Q3
Trinkschale, 5. Jh. v. Chr.

**Die Perser als „Barbaren"?**

Über die Perser verbreitete sich in Griechenland jetzt die Ansicht, sie seien nicht nur anders als die Griechen, sondern von Natur aus minderwertige Menschen. Diese „Barbaren" wurden als Feinde angesehen, die man zugleich verachtete und fürchtete. Das griechische Wort „Barbar" hatte bis dahin jemanden bezeichnet, der nicht griechisch und damit unverständlich sprach. Seit es die Griechen auf die Perser anwandten, nahm es die herabsetzende Bedeutung an, die es heute noch hat.

Q4 **Schlachtenreihe (Phalanx)**
mit schwer bewaffneten Fußsoldaten (Hopliten), Ausschnitt einer Kanne (26 cm hoch), um 650 v. Chr.

**D1 Die Schlacht von Salamis**
Rekonstruktionszeichnung einer möglichen Kriegsszene mit so genannten Trieren (Dreiruderern).

**D2 Blick in eine Triere**

## Q5 Athens Anteil am Sieg der Griechen

*Die Griechen stritten darüber, wer am meisten zum Sieg über die Perser beigetragen habe. Herodot stellte dazu die folgenden Überlegungen an:*

Hätten die Athener in Angst und Schrecken vor der nahenden Gefahr ihre Heimat verlassen oder wären sie dageblieben und hätten sich dem Xerxes ergeben, dann hätte zur See niemand versucht, dem König
5 Widerstand zu leisten. Hätte nun niemand Xerxes zur See Widerstand geleistet, dann wäre es auf dem Land gewiss etwa so gekommen: Mochten die Spartaner sich bei Korinth mit noch so vielen Mauern gepanzert haben, so wären sie doch von den Bundesgenossen
10 im Stich gelassen worden, nicht aus freien Stücken, sondern aus Zwang, da eine Stadt nach der andern der Seemacht der Perser zum Opfer gefallen wäre, und so wären sie schließlich allein übrig geblieben. Verlassen und allein hätten sie zwar bestimmt Großes vollbracht und einen ehrenvollen Tod gefunden. Oder 15 aber sie wären schon vorher, als sie sahen, wie auch die anderen Hellenen zum Feind übergingen, zu einer Übereinkunft mit Xerxes gekommen. Und so wäre in beiden Fällen Griechenland unter persische Herrschaft gekommen. (…) Recht hat also, wer sagt, die Athener 20 seien die Retter von ganz Griechenland gewesen. Denn auf welche Seite sie sich schlugen, da musste die Waage sinken. Sie aber wählten Griechenlands Überleben in Freiheit.

*Herodot, Historien VII,139, übers. v. W. Marg. Bd. 2, München 1991, S. 131, Bearb. d. Verf.*

## Fragen und Anregungen

1. Beschreibe den Aufbau des persischen Reichs und vergleiche ihn mit den politischen Verhältnissen in Griechenland (Q2, VT). Überlege, was die Darstellung in dem Felsrelief über die politischen Zustände im Perserreich aussagt.

2. Vergleiche die Schiffe auf der Vase (Q3) mit der Rekonstruktionszeichnung (D1). Beschreibe ihren Aufbau und den Einsatz im Kampf.

3. Es gibt die Meinung, die Griechen hätten die Perser nur besiegen können, weil sie in größerer Freiheit lebten als die Untertanen der Perser. Also hätten sie mit mehr Einsatz gekämpft. Welche Auffassung zu der Frage kann man bei Herodot vermuten (Q5)? Was meinst du selbst dazu?

# GESCHICHTSKARTEN VERSTEHEN

## Orientierung in der Geschichte

Karten helfen nicht nur zur Orientierung im Alltag, sondern erleichtern auch das Verständnis der Geschichte. Aus einer Geschichtskarte kann man schnell und anschaulich Informationen darüber bekommen, in welchem Raum der Welt, an welchem Ort und zu welcher Zeit sich Ereignisse, Entwicklungen und Beziehungen abspielten.

Genauso wie eine geographische Karte lässt die Geschichtskarte viele Einzelheiten weg und sie informiert nur über einen bestimmten Zeitabschnitt. Aus der Vielfalt der Geschehnisse wählt sie Informationen zu einem bestimmten Thema aus. Deshalb vereinfacht eine Geschichtskarte immer auch.

Am Beispiel des Verlaufs des Krieges zwischen Griechen und dem Perserreich 480/479 v. Chr. kannst du lernen, wie man eine Karte schnell erschließen und welche Informationen man daraus gewinnen kann.

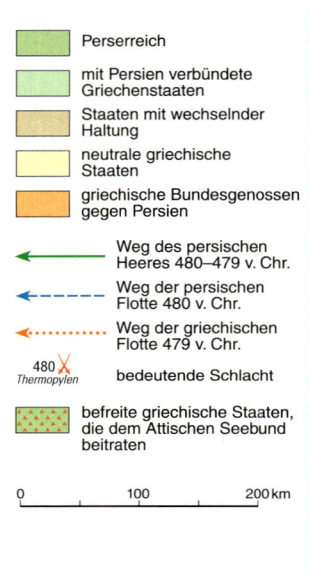

**Griechen und Perser im Krieg** D3
Geschichtskarte zu den Feldzügen 480/479 v. Chr.

Legende:
- Perserreich
- mit Persien verbündete Griechenstaaten
- Staaten mit wechselnder Haltung
- neutrale griechische Staaten
- griechische Bundesgenossen gegen Persien
- Weg des persischen Heeres 480–479 v. Chr.
- Weg der persischen Flotte 480 v. Chr.
- Weg der griechischen Flotte 479 v. Chr.
- 480 Thermopylen ✗ bedeutende Schlacht
- befreite griechische Staaten, die dem Attischen Seebund beitraten

## Methodische Arbeitsschritte:

1. Über welches Thema informiert die Karte? Beachte dabei die Unterschrift und die Legende.
2. Welcher Raum wird dargestellt? Welche Orte werden hervorgehoben? Vergleiche mit dem Geographie-Atlas, um welches heutige Gebiet es sich handelt.
3. Stelle fest, wie die Karte zeitlich eingeordnet ist. Bezieht sie sich auf ein bestimmtes Jahr, auf einen kurzen oder langen Zeitabschnitt? Werden unterschiedliche Zeitstufen dargestellt?
4. Mache dich sorgfältig mit der Legende vertraut. Welche besonderen Bedeutungen haben die Farben und Zeichen der Karte?
5. Suche einige der Zeichen auf der Karte und stelle fest, welche Informationen du zur historischen Situation erhalten kannst.

# GEWUSST WIE

### Hinweise zur Arbeit mit Geschichtskarten

Geschichtskarten sind leichter verständlich, wenn man ihre besondere Zeichensprache kennt. Diese muss entschlüsselt werden, damit man die Karte lesen kann. Hierzu dient die Legende. Sie erläutert die Bedeutung der in der Karte verwendeten Farben und Zeichen sowie den Maßstab.

**Abbildung Maßstab**

Mithilfe des Maßstabes kannst du die Entfernung zwischen Orten, die Ausdehnung von Ländern und Gebieten oder die Wegstrecke von Handelslinien, Wanderungen und Kriegszügen bestimmen. Gib einmal die Entfernung auf dem Landweg von Sardes zu den Thermopylen an.

**Ausschnitt oder Ganzes**

Die Karte, die auf dieser Doppelseite abgebildet ist, zeigt nur den Ausschnitt des riesigen Perserreiches, wo die Kriege von 480/479 v. Chr. stattfanden. Die gesamte Größe des Perserreiches kannst du der Karte auf Seite 121 entnehmen.

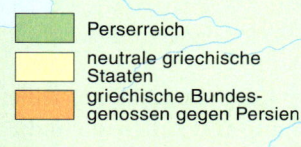

- Perserreich
- neutrale griechische Staaten
- griechische Bundesgenossen gegen Persien

Verschiedene Farben und Namen kennzeichnen Gebiete oder Staaten. Hier sind die einzelnen griechischen Staaten nicht gekennzeichnet, sondern nur die für dieses Thema wichtigen. Die Farben geben an, in welchem Verhältnis die Staaten zueinander standen. Gib die zu einer Farbe gehörenden Gebiete an.

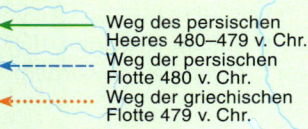

- Weg des persischen Heeres 480–479 v. Chr.
- Weg der persischen Flotte 480 v. Chr.
- Weg der griechischen Flotte 479 v. Chr.

Farbige Linien und Pfeile zeigen die Wege von Heeren und Flotten zu unterschiedlichen Zeiten. Wenn du die Vormarschwege der Perser betrachtest, kannst du vermuten, wie ihre militärische Planung (Strategie) aussah.

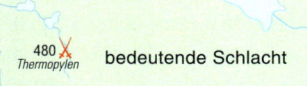

480 ✗ Thermopylen — bedeutende Schlacht

Symbole kennzeichnen bedeutende Städte und die Orte, an denen sich Land- und Seeschlachten ereignet haben. Warum die Schlacht gerade bei den Thermopylen stattgefunden hat, kann man nur erkennen, wenn man auf einer geographischen Karte sieht, dass dort der Vormarsch der Perser durch einen Engpass zwischen Meeresküste und Gebirge verlief. Über den Verlauf und den Ausgang der anderen Schlachten gibt die Karte keine Auskunft. Informiere dich darüber im Verfassertext.

Thrakien

Die Namen auf der Karte sind nicht so neutral, wie man meinen sollte, sondern legen oft schon eine bestimmte Sichtweise (Perspektive) fest. So könnte „Kleinasien" auch mit dem Namen der persischen Provinz (Satrapie) „Sparda" bezeichnet werden. Statt des griechischen Namens „Thrakien" könnte das persische „Skudra" auf der Karte stehen.

## Fragen und Anregungen

**1** Bereitet in einer Kleingruppe einen Vortrag zur Karte vor. Wendet dabei die „Methodischen Arbeitsschritte" an und nehmt auch die „Hinweise zur Arbeit mit Geschichtskarten" hinzu. Stellt sicher, dass die Zuhörer Antworten auf folgende Punkte erhalten:
– die politische Lage vor dem Feldzug
– Verlauf und Orte des Krieges
– Ergebnis der Auseinandersetzung.

**2** Ordnet nun die Karte in den historischen Zusammenhang ein. Dazu müsst ihr euch über das Verhältnis der Griechen und Perser im Verfassertext erkundigen: Erläutert die Ursachen und die Folgen der Perserkriege.

# 6. Athen – ein erstes Modell der Demokratie

**462 v. Chr.**     In Athen hat sich die Demokratie herausgebildet.

**Münzen aus Athen** Q1
trugen den Kopf der Göttin Athene und ihr „Wappentier", die Eule. Die Buchstaben „Athe" stehen kurz für „(Münze der) Athe(ner)". Die Athener sorgten dafür, dass ihre Münzen im ganzen Gebiet des Seebundes verwendet wurden.

**Athen wird Großmacht**

Nach den Siegen bei Salamis und Plataiai wollten die kleinasiatischen Griechenstädte dauerhaft von der persischen Herrschaft befreit werden und baten die Athener um Hilfe. Diese fühlten sich stark und verbündeten sich 478 v. Chr. mit vielen Städten der Ägäis zum Attischen Seebund, um den Krieg gegen die Perser fortzuführen. Athen stellte die meisten Schiffe, und die Perser wurden tatsächlich immer weiter zurückgedrängt.

Doch bald zeigte sich, dass der Seebund Athen in erster Linie dazu diente, seine Interessen auch in Griechenland durchzusetzen. Im Seebund traf Athen allein die Entscheidungen, und mit den jährlichen Zahlungen der Verbündeten finanzierten die Athener nicht nur ihre Flotte. Die Gelder flossen auch in prächtige Bauten, die im 5. Jahrhundert v. Chr. in Athen entstanden. Athen war Großmacht geworden. Abtrünnige Bündnispartner bekämpfte es.

**Wirtschaftliche Vorteile für die Athener**

Fast alle freien Einwohner Athens zogen Nutzen aus der neuen Machtstellung ihrer Stadt. Bauern, die in Attika nur kleine Höfe besaßen, konnten nun auswärts ein größeres Stück Land bekommen. Händler und Handwerker hatten reichlich zu tun, denn über den neuen Hafen Piräus führte Athen von überall her Nahrungsmittel, Sklaven und Bauholz ein, während Wein, Olivenöl, Tongefäße und Waffen ausgeführt wurden. Die reichen Bürger mussten zwar mit ihrem Vermögen die Schiffe ausstatten oder Theateraufführungen finanzieren. Dafür hatten sie im Wirtschaftsraum des Seebundes viele Möglichkeiten Geld zu verdienen. Die Ärmeren, die kein eigenes Land oder Geschäft besaßen, fanden immer Arbeit, oft auch bei den großen Bauprojekten: Schiffshäuser, Tempel und andere öffentliche Gebäude wurden errichtet.

## Demokratie – damals und heute

In Athen gab es eine direkte Demokratie: Alle männlichen Bürger fassten in der Volksversammlung Beschlüsse und konnten eines der zahlreichen Ämter bekleiden. Sie waren, wie man damals sagte, Herrscher und Beherrschte zugleich. Allerdings bildeten nur „Vollbürger" die Volksversammlung, nämlich die als Freie geborenen Athener. Die zahlreichen in Athen lebenden freien Ausländer (Metöken) galten nicht als Bürger und waren nicht zugelassen.

Heute haben wir eine andere Form von Demokratie. Die vielen Millionen Bürger, Männer und Frauen, können nicht immerzu in einer Volksversammlung über die zahlreichen und komplizierten Gesetze und Beschlüsse abstimmen. Sie wählen daher Abgeordnete als ihre Vertreter in ein Parlament; bei uns ist das der Deutsche Bundestag. Politiker ist heute ein Beruf, der viel Spezialwissen erfordert, anders als in Athen.

**Der Bürger konnte Ämter übernehmen und Amtsträger wählen und überwachen.**

**Der Bürger entschied in der Volksversammlung über**
- Krieg und Frieden
- Gesetze
- Ausgaben des Staates
- Sicherung der Getreideversorgung
- und vieles andere.

**Der Bürger leistete Militärdienst als Hoplit mit Rüstung oder als Ruderer auf einem Kriegsschiff.**

**Der Bürger saß als ausgeloster Geschworener im Volksgericht.**

**D1 Bürger und Politik in Athen**
Schaubild zur politischen Mitwirkung eines Bürgers und zu seinen Pflichten

### Herrschaft des Volkes

Außerdem gewannen die Ärmeren an politischem Einfluss. Denn sie ruderten die Kriegsschiffe, welche die Schlacht gegen die Perser bei Salamis entschieden hatten. Auch ihnen verdankte Athen letzten Endes Macht und Wohlstand. Nun vertraten sie in der Volksversammlung selbstbewusst ihre Meinung. Ihre Stimmen waren zahlreich und hatten dadurch Gewicht. Im Jahr 462 v. Chr. übernahm die Volksversammlung die Aufsicht über alle Amtsträger. Seither bezeichneten die Athener ihre Staatform als Demokratie, als „Herrschaft des Volkes".

Die Demokratie zeigte sich auch darin, dass die Amtsträger nicht mehr gewählt, sondern ausgelost wurden. Jeder Bürger sollte die gleichen Chancen haben. Und damit sich nicht nur reiche Leute, die nicht arbeiten mussten, der Auslosung stellten, wurde den Amtsträgern ihr Verdienstausfall durch eine kleine Geldsumme ersetzt.

### Die Adligen in der Demokratie

Auch den Adligen bot die Demokratie Chancen. Sie konnten zeigen, dass sie zu den Besten, den „aristoi", gehörten, indem sie sich um das Amt des Heerführers, des „Strategen", bewarben. Dies war das einzige Amt, in das man gewählt und nicht gelost wurde. Denn hier kam es auf militärische Fähigkeiten an, über die nicht jeder verfügte. Außerdem mussten die Bewerber gut reden können, um die versammelte Menge von ihren Fähigkeiten und Plänen zu überzeugen. Erfolgreiche Strategen erlangten Ehre und Ruhm, aber wenn sie das Vertrauen des Volkes verloren, stürzten sie tief. Die Athener verurteilten einige Strategen sogar zum Tode, weil sie leichtfertig waren oder angeblich den Feind unterstützt hatten.

Unliebsame Politiker konnte die Volksversammlung außerdem durch das Scherbengericht (Ostrakismos) verbannen. Damit wollten sich die Athener davor schützen, dass sich mächtige Einzelne zu Tyrannen aufschwangen. Denn einige Politiker sammelten auch in der Demokratie viel Macht und Einfluss, obwohl sie für ihre Politik immer wieder die Zustimmung der Volksversammlung benötigten. Der bekannteste von ihnen war Perikles, der von 443 bis 429 v. Chr. ohne Unterbrechung Stratege war. Zu seiner Zeit sei Athen nur dem Namen nach eine Demokratie gewesen, urteilt der Geschichtsschreiber Thukydides – in Wirklichkeit habe Perikles alleine geherrscht.

**Q2 Bildnis des Perikles**

99

**D 2**  Agora (Marktplatz) von Athen, um 400 v. Chr.
Modell. Unterhalb des Tempels des Gottes Hephaistos (1), standen wichtige Bauten der Demokratie. In der Stoa (Säulenhalle) (2) wurde Gericht gehalten, im Rathaus (Buleuterion) (3) tagte der aus den Bürgern ausgeloste Rat der 500, im Rundbau (Tholos) (4) trat ein aus dem Rat gebildeter Ausschuss zusammen, der die ständigen Geschäfte führte.

**Q 3**  Liste von Gefallenen
*Die Bürgerschaft Athens war in zehn Unterabteilungen gegliedert, die so genannten Phylen. Mitglieder einer Phyle arbeiteten im Rat der 500 zusammen und sie leisteten auch gemeinsam Militärdienst. Die folgende, hier nur in Auszügen wiedergegebene, zudem nicht vollständig überlieferte Liste verzeichnet in drei Spalten mit Namen die Gefallenen der Phyle Erechtheis aus einem einzigen Kriegsjahr, wahrscheinlich 459/58 v. Chr.:*
Von (der Phyle) Erechtheis fanden Folgende den Tod im Krieg in Zypern, in Ägypten, in Phönikien, bei Halieis, bei Aigina und bei Megara im Verlauf desselben Jahres: Von den Heerführern Phrynichos. Pantatelon, Polystratos, Drakontides (es folgen 52 weitere Namen). (Der) Stratege Hippodamas, Euthymachos, Eumelos, Androsthenes; Bogenschützen: Phynos, Tauros, Theodoros, Aleximachos. Phanyllos (es folgen 55 weitere Namen). In Ägypten: Telenikos (der) Seher. Akryptos, Timokrates, Archelas (es folgen 53 weitere Namen).

Zit. nach: Kai Brodersen/Wolfgang Günther/Hatto Schmitt, Historische Griechische Inschriften in Übersetzung, Bd. I, Darmstadt 1992, Nr. 53.

**Q 4**  Scherbengericht
*Ein griechischer Historiker schreibt dazu:*
Das Volk stimmt jedes Jahr ab, ob das Scherbengericht überhaupt stattfinden soll. Wenn das beschlossen ist, wird der Versammlungsplatz mit einer Schranke eingezäunt und es werden zehn Eingänge gelassen, durch welche man, nach Phylen geordnet, hineingeht und die Scherben abgibt, und zwar mit verdeckter Aufschrift. Den Vorsitz führen die neun Archonten (Amtsträger) und der Rat. Nur wenn mehr als 6000 Stimmen abgegeben wurden, zählen sie aus, wer die meisten Stimmen erhalten hat. Dieser muss seine privaten Angelegenheiten innerhalb von zehn Tagen regeln und die Stadt für zehn Jahre verlassen (später waren es fünf), darf sein Vermögen weiter nutzen, jedoch die Höhe von Geraistos auf Euboia nicht überschreiten.

Philochorus Fragment 30, in: F. Jacoby (Hg.), Die Fragmente der griechischen Historiker, Bd. III B, Leiden 1950, Nr. 328. Übers. u. bearb. v. U. Walter.

**Q 5**  Tonscherbe als Stimmzettel, 5. Jahrhundert v. Chr.
Die Scherbe nennt einen Mann, der Sohn des Xanthippos war (2. Zeile). Wenn du die letzten vier Buchstaben der ersten Zeile entzifferst, kommst du sicherlich auf den Namen.

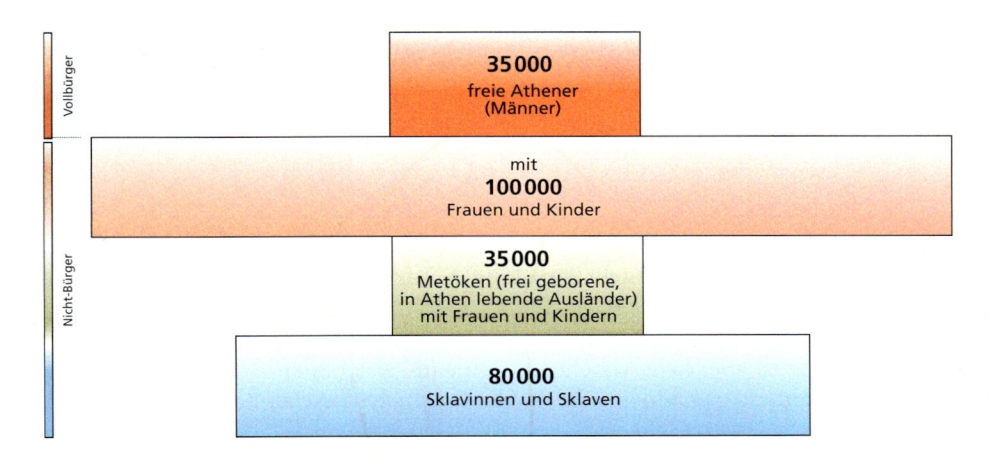

**Die Bevölkerung Athens**

D3 Zusammensetzung um 450 v. Chr. Die Zahlen sind geschätzt und beziehen sich auf Attika, das gesamte Gebiet der Polis Athen.

- Vollbürger: 35 000 freie Athener (Männer)
- mit 100 000 Frauen und Kinder
- Nicht-Bürger: 35 000 Metöken (frei geborene, in Athen lebende Ausländer) mit Frauen und Kindern
- 80 000 Sklavinnen und Sklaven

## Q6 Was ist die beste Staatsform und wer soll im Staat entscheiden?

*Die Philosophen lehrten ihre Schüler, in Rede und Gegenrede für und gegen eine Sache zu sprechen. Der Geschichtsschreiber Herodot hat in diesem Sinn ein Gespräch persischer Adliger über Staatsformen erfunden:*
Otanes setzte sich für die Herrschaft des ganzen Volkes, für die Demokratie, ein und sagte: „Auch der Edelste wird, wenn er zur Herrschaft gelangt, überheblich, aber auch neidisch auf das Gut der anderen werden. Er verlangt Schmeichelei und setzt das Recht außer Kraft. Die Herrschaft des Volkes aber bringt erstens gleiches Recht für alle. Zweitens aber tut sie nichts von all dem, was ein Alleinherrscher tut. Sie bestimmt die Regierung durch das Los, und diese Regierung ist dem Volke verantwortlich."
Ein zweiter, Megabyzos, spricht für die Herrschaft der Adligen, für die Oligarchie [eigentlich: „Herrschaft weniger"; steht hier für Aristokratie]: „Woher sollte vom Volk Vernunft kommen? Ohne Sinn und Verstand, wie ein Strom im Frühling, stürzt es sich auf die Staatslenkung. (…) Wir sollten vielmehr einem Ausschuss von Männern des höchsten Adels die Regierung übertragen. Es ist doch klar, dass von den Edelsten auch die edelsten Entschlüsse ausgehen."
Dareios dagegen wünscht die Herrschaft eines Einzelnen, die Monarchie: „Es gibt nichts Besseres, als wenn der Beste regiert. Er wird untadelig für sein Volk sorgen und Beschlüsse gegen Feinde des Volkes werden am besten geheim gehalten werden. In der Oligarchie (…) will jeder der Erste sein und seine Meinung durchsetzen. Daher pflegt es zu heftigen Kämpfen der Adligen untereinander zu kommen. Herrscht dagegen das Volk, so kann es nicht ausbleiben, dass Schlechtigkeit und Gemeinheit sich einstellen!"

*Zit. nach: Herodot, Historien III, 80 ff. Bearb. d. Verf.*

## Fragen und Anregungen

1. Entwickelt, vielleicht mithilfe Eures Lehrers, ein Schaubild, das zeigt, wie die Athener sich regierten und wie sie Beschlüsse fassten. Berücksichtigt die Bevölkerung, die Volksversammlung, die Amtsträger, den Rat der 500 und die Gerichte.

2. Diskutiert, ob ihr den Ostrakismos für ein sinnvolles Verfahren zur Sicherung der Demokratie haltet (Q4, Q5, VT). Berücksichtigt dabei auch die Bedeutung weiterer Einrichtungen in Athen, die die Demokratie verwirklichen und schützen sollten.

3. Findet ihr es richtig, dass die Athener ihre Staatsform „Demokratie" nannten? Überlegt, wie sie die Verwendung dieses Begriffs wohl begründet haben (VT, D1, D3).

4. Eine Phyle umfasste ungefähr 4000 Bürger. Zähle die Toten auf der Gefallenenliste (Q3) und berechne aus beiden Zahlen den Anteil der Gefallenen an der Gesamtzahl der Phylenmitglieder in diesem Jahr.

5. Schaue auf einer Geschichtskarte nach, wo überall die Athener im Jahr 459/58 v. Chr. kämpften (Q3). Aus welchen Gründen haben sie in dieser Zeit Kriege geführt (VT)? In welchem Verhältnis steht deiner Ansicht nach das kriegerische Verhalten der Athener zur Demokratie im Innern ihres Stadtstaates?

6. Vergleiche die Vor- und Nachteile der Staatsformen in einer Tabelle (Q6). Welche Argumente überzeugen dich?

# 7. Sosibros – ein Hausherr in Athen

**Frau mit Kleinkind** Q1
Innenbild einer Schale (Ø 4,38 cm),
um 450 v. Chr.

**Haus und Familie von Sosibros**

In den folgenden drei Kapiteln lernst du Sosibros kennen und mit ihm das Leben in Athen um das Jahr 450 v. Chr. Sosibros ist eine erfundene Gestalt, seine Geschichte ist aber kein Märchen. Denn alles, was in der Erzählung geschildert wird, haben Geschichtsforscher herausgefunden.

Sosibros wohnt am Stadtrand von Athen, an der Straße nach Marathon, in einem einfachen, hübschen Haus. Um einen kleinen Innenhof liegen in zwei Stockwerken die verschiedenen Räume. Am wichtigsten für Sosibros ist der einfach eingerichtete Speiseraum, wo er sich öfter am Abend mit seinen Freunden trifft, Wein trinkt, sich unterhält und Lieder singt. Ansonsten ist er nur selten zu Hause. Wenn er nicht gerade arbeitet oder zur Volksversammlung geht, treibt er Sport oder steht mit Bekannten zusammen, um zu diskutieren. Sosibros hat ziemlich spät geheiratet. Seine Frau Kalliope war damals erst 16 Jahre alt, er schon 33. Aber das war nicht ungewöhnlich. Kalliopes Vater hatte ihr seinerzeit Geld, Kleidung und eine Dienerin als Mitgift gegeben, die sie in den Besitz des Sosibros einbrachte. Mittlerweile ist er Vater von zwei kleinen Kindern, die meist im Haus spielen.

Kalliope verlässt das Haus selten. Sie bewohnt einen Raum im zweiten Stock, wo kein männlicher Besucher zugelassen ist. Wenn sie zum Einkaufen geht, Verwandte besucht oder an einem religiösen Fest teilnimmt, wird sie meist von einer Dienerin begleitet. Im Haus bestimmt sie die täglichen Abläufe. Sie überwacht die Arbeit der Sklaven, sorgt für das Essen, achtet auf die Vorräte und erzieht die Kinder. Viel Zeit verbringt sie damit, Stoffe und Kleidungsstücke herzustellen.

Q2 **Frauen am Brunnen**
Da in Athen die einzelnen Häuser keinen Wasseranschluss hatten, mussten die Frauen das gesamte Trinkwasser für den Haushalt von den öffentlichen Brunnen nach Hause schleppen. Wasserkrug (45,9 cm hoch), um 500 v. Chr.

Sosibros ist froh, dass er seiner Frau ein so zurückgezogenes und behütetes Leben zu Hause ermöglichen kann. In vielen anderen Familien müssen die Frauen auf dem Feld mitarbeiten oder auf dem Markt Waren verkaufen. Kalliope hat ihm zwei prächtige Kinder geboren, geht sparsam mit dem Geld um und hält den Haushalt in Ordnung. Das ist, wie Sosibros weiß, eine schwierige Aufgabe, die viel Zeit und Umsicht erfordert. Vor allem aber steht Kalliope in einem tadellosen Ruf. Selten nur wird über sie gesprochen, und wenn doch, dann nur Gutes.

**Lebender Hausrat – die Sklaven**

Außer seiner Frau und den beiden Kindern leben noch der Sklave Skythos und die Sklavin Hermione im Haus. Sie sind das Eigentum von Sosibros, er hat sie gekauft wie das Haus und die Möbel. Mit ihnen spricht er nicht viel, außer wenn er ihnen etwas befiehlt oder sie tadelt. Beide wurden schon als Sklaven geboren; ihre Eltern waren vor langer Zeit als Kriegsbeute nach Athen gekommen. Im Haus verrichten beide die anfallenden Arbeiten. Wenn wenig zu tun ist, nimmt Skythos eine Arbeit auf dem Markt oder im Hafen an. Was er verdient, muss er bei Sosibros abgeben, manchmal aber darf er einen kleinen Teil behalten.

**Q3 Frauen bei der Arbeit im Haus**
Vasenmalerei, 6. Jh v. Chr.

Skythos kann sich nicht beklagen. Weil er geschickt mit den Händen ist, fällt ihm jede Arbeit leicht. Andere Sklaven haben es, das weiß er, sehr viel schwerer. Unter der sengenden Sonne auf dem Feld arbeiten zu müssen, das würde ihm gar nicht gefallen. Viel schlechter aber noch ergeht es den Sklaven, die in den Silberbergwerken schuften müssen. In niedrigen Gängen bauen sie bei flackerndem Lampenlicht das wertvolle Erz ab, ständig bedroht vom Einsturz der Decke des Stollens. Zehn Stunden am Tag, bei 35 Grad Hitze und feuchter Luft. Im Gegensatz zu diesen armen Teufeln hat Skythos wenigstens die Aussicht alt zu werden und vielleicht sogar von Sosibros freigelassen zu werden. Dann könnte er für sich selbst arbeiten, eine Familie gründen und hätte die gleichen Rechte wie die in Athen ansässigen Ausländer (Metöken).

**Viele Ausländer wohnen in Athen**

Von ihnen kennt Skythos viele. Sie arbeiten als Händler und Handwerker oder verrichten einfache Dienstleistungen. Athen führt über seinen Hafen Piräus viele Waren ein und aus und mit den Abgaben der Verbündeten kommt viel Geld in die Stadt. So gibt es immer viel Arbeit. Regelmäßig müssen die Metöken eine Steuer zahlen und manchmal auch Militärdienst leisten; zur Volksversammlung sind sie aber nicht zugelassen.

**D1 Rekonstruktionszeichnung eines athenischen Hauses**

## Q4 Frauen arbeiten außerhalb ihres Hauses

*Vor Gericht in Athen musste ein Angeklagter auch seine Herkunft und seine Lebensweise in einem möglichst guten Licht erscheinen lassen. Hier spricht der Athener Euxitheos, dem unter anderem vorgeworfen worden war, dass seine Mutter früher auf dem Markt Schnüre verkauft habe:*

Außerdem hat der Ankläger meine Mutter beschuldigt, sie habe früher als Amme in Diensten gestanden. Ich bestreite nicht, dass das so war, in einer Zeit, als sich wegen des Krieges der Staat im Unglück und
5 jedermann in Not befand. Aber denkt dabei nichts Schlimmes, ihr Bürger von Athen: Auch jetzt noch gibt es genug Bürgerfrauen, die solche Ammendienste tun und die ich euch mit Namen nennen kann. Wenn wir alle reich wären, würden wir weder mit Schnüren handeln
10 noch so kümmerlich leben. Aber was hat das alles mit unserer Herkunft zu tun? Nichts, meiner Meinung nach.

Demosthenes, Rede gegen Euboulides 57, Kap. 36. Übers. u. bearb. v. U. Walter.

## Q5 Die Ehe, wie sie sein sollte?

*Ein griechischer Autor sagt im 4. oder 3. Jh. v. Chr., wie Mann und Frau im Haus am besten zusammenwirken:*

Was wäre wohl heiliger und erstrebenswerter, als mit der besten und wertvollsten Frau Kinder zu haben? Diese stützen die Eltern im Alter am besten, beschützen sie und erhalten das Haus. (…) Deshalb muss man
5 der Ehefrau sagen, wie sie die Kinder zu erziehen hat, damit beide Eltern eng zusammenwirken und so die besten Kinder hinterlassen. (…)
Die größte Ehre für eine tüchtige Frau ist es zu wissen, dass der Mann ihr die Treue hält, an keine andere Frau
10 denkt und immer weiß, dass die eigene Frau seine beste und treueste Freundin ist. Und auf nichts hat die Frau so sehr Anspruch wie auf treue Gemeinschaft mit ihrem Mann. (…) Er soll sie mit Respekt, Mäßigung und Zurückhaltung behandeln, soll sie loben, wenn sie
15 etwas recht und ordentlich gemacht hat, soll Freundlichkeit und Vertrauen zeigen und kleine Fehler übersehen. Er soll weder gleichgültig noch übermäßig streng sein.

[Aristoteles], Über Haushaltung 3,69 ff., 94 ff. Übers. u. bearb. v. U. Walter.

## Q6 Eine Frau beurteilt ihr Leben

*In seinem Theaterstück „Medea" lässt der Dichter Euripides (etwa 480–406 v. Chr.) die Hauptperson über das Leben einer Frau klagen. Obwohl Medea eine mythische Figur und keine Griechin ist, waren die Verhältnisse, von denen sie spricht, den athenischen Zuschauern aus ihrem Alltag vertraut. In dem 431 v. Chr. erstmals aufgeführten Stück ist Medea von ihrem Mann Jason, für den sie alles aufgegeben hatte, sitzen gelassen worden.*

Denn er, in dem ich all mein Glück erkennen durfte,
mein Ehemann, wurde zum schändlichsten Verbrecher.
Von allem, was beseelt ist und Verstand besitzt,
sind doch wir Frauen das unglücklichste Geschöpf.
Erst müssen durch ein Übermaß an Geld den Mann 5
wir kaufen – und den Herrn gewinnen über Leben
und Leib. Der Kernpunkt dann: Ist schlecht, ist gut, den
wir bekommen?
Sich scheiden lassen, bringt ja einer Frau nur Schande,
und einen Gatten abzulehnen, ist nicht möglich. 10
In eine neue Lebensführung tritt die Frau.
Gelingt uns das und lebt der Mann mit uns zusammen
und trägt das Ehejoch geduldig, spricht man von
beneidenswertem Leben. Sonst bleibt uns der Tod!
Und fällt dem Manne lästig das Familienleben, 15
geht er hinaus und macht sein Herz vom Kummer frei.
Wir aber dürfen nur auf eine Seele schauen.
Sie sagen, ein gefahrloses Leben führten wir
im Hause, sie dagegen kämpften mit der Waffe.
Diese Dummköpfe! Dreimal möchte ich mich lieber 20
stellen
in Reih und Glied als einmal nur ein Kind zu gebären!

Euripides, Medea, Vers 228–251, aus: Euripides: Werke in drei Bänden. Aus dem Griechischen übertragen und herausgegeben von Dietrich Ebener. 2. durchgesehene und ergänzte Auflage. Berlin, Weimar 1979, Bd. 1, S. 54–55. Bearb. d. Verf.

## Q7 Frauen beim Brotbacken

Tonfiguren.

Auf einfachen Herden wurde das Essen für die Familie zubereitet. Die Athener nahmen ihre tägliche Hauptmahlzeit am Abend ein; sie bestand aus Getreidebrei und Brot, Oliven, Knoblauch und Zwiebeln, Feigen oder anderem Obst. Auch Käse wurde gern gegessen. Guter Fisch galt als besonderer Leckerbissen. Fleisch gab es selten und meist nur dann, wenn ein Tier als Opfer für die Götter geschlachtet worden war. Den Durst löschte man mit Wein, der mit Wasser vermischt war.

**Q8 Junges Mädchen als Dienerin**
Gut gekleidete junge Frauen, so genannte Hetären („Gefährtinnen"), hatten sich darauf spezialisiert, Männer bei Festgelagen durch Musizieren, Tanzen und kluge Bemerkungen zu unterhalten. Oft lebten sie auch über längere Zeit mit einem Mann zusammen und waren so etwas wie dessen zweite Frau. Für ihre Dienste erhielten sie Geld und Geschenke, aber sie achteten darauf, nicht als Prostituierte (Frauen, die körperliche Liebe für Geld anbieten) betrachtet zu werden. – Auf dem Bild könnte auch eine Sklavin dargestellt sein, die ihrem betrunkenen Herrn behilflich ist. Sklavinnen mussten alles tun, was von ihnen verlangt wurde. Trinkschale (Ø 32 cm), um 480 v. Chr.

**Q9 Arbeit im Bergwerk**
Zu sehen sind Sklaven oder Tagelöhner, die möglicherweise in Tongruben arbeiten. Terrakotta, um 650 v. Chr.

## Sklaven

In fast allen Staaten der Antike gab es Menschen, die persönlich unfrei und Eigentum eines anderen Menschen waren. Im 5. Jahrhundert v. Chr. kamen griechische Sklaven vor allem aus Ländern außerhalb Griechenlands; sie wurden auf Märkten wie Waren verkauft. Auch die Bewohner einer eroberten Stadt konnten in die Sklaverei verkauft werden. Die Kinder von Sklaven waren wiederum Sklaven. Sklaven hatten nur sehr wenige Rechte und mussten tun, was ihnen befohlen wurde. Sie wurden überall eingesetzt: im Haus, in der Landwirtschaft, im Handwerk und im Handel.

## Fragen und Anregungen

1. Beschreibe das griechische Haus und seine Einrichtung (D1) mithilfe der Informationen aus dem Verfassertext.

2. Lege eine Tabelle an und trage in die einzelnen Spalten die Bewohner ein, die im Haushalt des Sosibros leben (VT). Liste dort die genannten Tätigkeiten auf. Stelle Unterschiede zu heutigen Verhältnissen zusammen und suche nach Gründen.

3. Untersuche, wie sich der griechische Autor das Zusammenleben von Mann und Frau in der Ehe vorstellt (Q5). Nimm Stellung. Vergleiche diese Aussage mit den Äußerungen Medeas in dem Theaterstück des Euripides (Q6).

4. Beschreibt das Aussehen des Brunnens (Q2). Überlegt dann, warum die athenischen Frauen gern zum Brunnen gingen, obwohl das Schleppen der vollen Wasserkrüge schwere Arbeit war. Spielt eine kleine Szene: Kalliope geht zum Brunnen um Wasser zu holen. Dort trifft sie auf eine Bekannte, die gerade von ihrem Mann verlassen wurde. Benutzt dazu die Informationen aus Q4–8.

5. Ein Verwandter von Skythos arbeitet in einem Bergwerk (VT). Er schlägt vor, gemeinsam wegzulaufen. Was antwortet Skythos? Spielt eine Szene.

# 8. Sosibros – vom Stolz des Handwerkers

**Auf dem Weg zur Arbeit**

Früh am Morgen bricht Sosibros mit Stock und Lederranzen zur Arbeit auf. Sosibros ist Handwerker, aber anders als viele seiner Kollegen arbeitet er nicht in einer Werkstatt, die sich in seinem Haus befindet. Vielmehr muss er ein ganzes Stück gehen, um zur Erzgießerei von Lysias zu kommen.

**In der Bronzegießerei**

Morgens ist es in der Werkstatt noch angenehm. Aber wenn der Schmelzofen erst einmal richtig angeheizt ist, wenn die Blasebälge Luft in die Glut drücken, um sie noch heißer zu machen, und wenn das Metall flüssig genug ist, um es zu gießen, dann herrscht eine mörderische Hitze, trotz der großen Öffnungen ins Freie. Die Luft ist von Qualm und stinkenden Gasen erfüllt, und die Wände hallen wider von den Rufen und dem Keuchen der schwitzenden Männer. Alle müssen sehr aufpassen, denn mit flüssigem Metall umzugehen ist nicht ungefährlich. Sosibros begrüßt die anderen Männer, die schon in der Werkstatt sind. Sie sind zu sechst: Sosibros ist Gießmeister und der „zweite Chef" im Betrieb; Laches ist Formenmacher, Kallikles ist für das Zusammensetzen und die Endfertigung der Figuren verantwortlich. Sie alle werden für ihre Arbeit bezahlt. Zwei Sklaven sind für den Schmelzofen zuständig, ein Gehilfe hat die Aufgabe, die fertigen Figuren auf Hochglanz zu polieren. Mit den Sklaven würde Sosibros nie über seine Familie sprechen oder über politische Fragen. Sie sind eben doch nur Sklaven, Arbeitsgeräte mit Händen und Füßen und einer Stimme. Aber von ihrer Arbeit verstehen sie etwas, das erkennt er an. Lysias, der Besitzer der Gießerei, kommt oft vorbei, um die Arbeit zu kontrollieren. Manchmal bringt er auch Kunden mit, die eine fertige Figur ansehen wollen oder eine neue bestellen. Bei großen Aufträgen mietet Lysias noch zusätzliche Sklaven für ein paar Tage.

**„Wir schaffen großartige Figuren!"**

In diesen Tagen freut sich Sosibros noch mehr als sonst auf seine Arbeit. Lysias hat nämlich einen besonderen Auftrag hereingeholt: Im Auftrag der Volksversammlung von Athen soll er eine große Figur aus Bronze herstellen. Zwei Meter groß

**Q1 Bronzegießerei**
Die beiden Abbildungen zeigen die Außenseiten einer Trinkschale (Ø 30,5 cm), 490–480 v. Chr. Auf ihr sind verschiedene Arbeitsschritte in einer Bronzegießerei zu sehen.

soll sie sein und den Gott Apollon darstellen. Es ist vorgesehen, die Lippen und Brustwarzen aus Kupfer, den Bogen aus Silber, die Augen aber aus edlen Steinen zu machen. Schon seit Tagen ist Laches mit den Sklaven dabei, Gießformen aus Ton für die einzelnen Teile der Figur zu bauen. Heute sind die Beine dran. Die Form steht bereit: Um einen Kern aus Holz und Ton ist eine Schicht aus Wachs aufgetragen und so geformt, wie später das Bein außen aussehen soll. Lange hat Laches an den Muskeln, Sehnen und der Kniescheibe herumgeknetet. Schließlich wurde auf die Wachsschicht wieder eine dicke Tonschicht aufgelegt und durch Stege mit der inneren Tonschicht verbunden. Der Ton musste trocknen und wurde dann gebrannt. Dabei schmolz das Wachs und floss heraus. Übrig blieb ein Hohlraum, in den nun die Bronze gegossen wird.

Sosibros ist ganz bei der Sache. Die flüssige Bronze muss genau die richtige Temperatur haben und in der richtigen Geschwindigkeit aus dem Schmelztiegel in die Form fließen. Zu schnell oder zu langsam – und der Guss misslingt. Viel Zeit wäre dann verloren und viel teure Holzkohle umsonst verfeuert. Doch Sosibros ist zuversichtlich, denn er hat viel Erfahrung.

Der Guss der beiden Beine ist Sosibros gleich gelungen. Nachdem das Metall abgekühlt ist, brechen die Sklaven vorsichtig die äußere Tonschicht ab. Das Metall kommt zum Vorschein. Noch ist es unansehnlich und mit einigen Löchern von den Stegen versehen. Aber wenn es nachbehandelt und poliert ist, wird es wie Gold in der Sonne funkeln. Schon sucht Kallikles sein Werkzeug und das Material zusammen, um die einzelnen Teile zusammenzufügen. Später wird niemand mehr sehen, dass die Figur aus einzelnen Teilen gefertigt ist. Sosibros hat gehört, dass der Apollon ein Geschenk der Athener an die Götter sein und auf der Akropolis aufgestellt werden soll. Griechen aus vielen Städten werden kommen und ihn bestaunen und bewundern. Sie werden voller Neid sagen: „Die Athener machen eben doch die schönsten Bronzefiguren. Niemand kann das so gut wie sie." Sosibros freut sich und ist stolz auf seine Arbeit, obwohl sie sehr hart und ziemlich schmutzig ist. Denn es gibt nichts Schöneres, als auf seinem Gebiet der Beste zu sein und von vielen Menschen geachtet zu werden.

**Q2 Der fertige Apollon**
Die meisten antiken Bronzefiguren kennen wir nur durch Kopien in Stein aus der Römerzeit, so auch den „Kasseler Apollon", um 450 v. Chr. Diese Nachbildung in Originalgröße (ca. 1,90 m) zeigt, wie die werkstattfrische Figur ausgesehen hat.

**Q3** Vorbau eines Tempels auf der Akropolis

**Warum sind einige Figuren nackt?**
Wenn du das Bild der Figur unten betrachtest, fällt dir sicher als Erstes auf, dass sie ganz nackt ist. Wahrscheinlich findest du das seltsam oder du lachst darüber. Die Griechen fanden das aber ganz normal und lachten auch nicht. Zunächst einmal: Die Götter besaßen natürlich Kleidung. Auch die Handwerker in der Gießerei trugen mindestens einen Lendenschurz, sahen also nicht wirklich so aus wie die Männer, die du auf dem Vasenbild (Q1) siehst. Aber die Figur und das Vasenbild sind deshalb doch nicht „falsch". Die Griechen wollten einfach den Menschen oder auch einen jungen Gott (in Gestalt eines Menschen) in seiner schönsten Form. Ihn so zu zeigen bedeutete so viel wie: ihn zu rühmen. Er sollte den Leuten gefallen. Sie sollten wissen: Diese Figur stellt einen vollkommenen Unsterblichen oder einen sehr tüchtigen Krieger dar, oder: Diese Handwerker verstehen ihr Geschäft besonders gut. Ihre Klasse wird durch die Nacktheit hervorgehoben. Göttinnen und „normale" Frauen wurden übrigens fast immer bekleidet dargestellt. Nackt waren auf Vasenbildern meist nur Frauen, die dem Vergnügen von Männern dienten.

**Q4** Bei dem athenischen Schriftsteller Xenophon (etwa 430–355 v. Chr.) lesen wir:
Die Handwerksarbeit hat einen schlechten Ruf und wird in den Städten mit Recht verachtet. Sie fügt den Arbeitern und Aufsehern körperliche Schäden zu, weil sie dazu zwingt, zu sitzen und ohne Tageslicht zu arbei-
5 ten. Einige Handwerker müssen sogar den ganzen Tag vor dem Feuer zubringen. Wenn aber die Körper dadurch geschwächt worden sind, dann nimmt auch die Seele Schaden. Außerdem haben solche Leute keine Zeit mehr sich um ihre Freunde und ihre Stadt zu küm-
10 mern. Man sagt deshalb, sie sind nicht fähig Freunde zu haben und für ihre Vaterstadt einzutreten.

*Xenophon, Von der guten Führung eines Haushaltes 4, 2–3. Übers. v. U. Walter.*

**Krieger von Riace** **Q5**
Bronzestatue (ca. 2 m hoch),
um 460/50 v. Chr.

## Fragen und Anregungen

1. Sosibros erklärt einem Bekannten mithilfe der Trinkschale (Q1), wie Bronzestatuen gegossen werden. Versuche es ebenfalls.
2. Erkläre, warum Sosibros die ganze Figur nicht allein macht (VT).
3. Kläre, welche Einstellung Xenophon zur Handarbeit hat (Q4) und wie er sie begründet. Was könnte Sosibros ihm entgegenhalten (VT, Kap. 7, 8, 9)?
4. Liste heutige Berufe auf, in denen körperlich hart gearbeitet werden muss. Stelle ihnen entsprechende Berufe aus der griechischen Antike und dem Alten Ägypten gegenüber.
5. Erkundige dich bei Verwandten, Freunden und Bekannten nach deren Ansicht über körperliche Arbeit in heutigen Berufen und berichte.

# 9. Sosibros – Bürger und Soldat

**In der Volksversammlung**

An diesem Morgen geht Sosibros nicht zur Arbeit. Denn heute findet eine Volksversammlung statt. Sosibros weiß, dass eine wichtige Entscheidung gefällt werden soll. Deshalb verzichtet er für diesen Tag auf seinen Arbeitslohn und nimmt als Bürger an der Volksversammlung teil. Sosibros geht natürlich nicht zu jeder der mehr als 40 Versammlungen im Jahr; manchmal lässt er sich auch von seinen Freunden und Nachbarn berichten, worum es ging, und er spricht vorher mit ihnen darüber, wie sie wohl am besten abstimmen. Es fällt ihm leicht, öfter zur Versammlung zu gehen, denn er wohnt in der Stadt und muss nicht wie viele Bauern in Attika 30 oder 40 Kilometer zurücklegen, um teilnehmen zu können.

**Eine Flotte nach Ägypten?**

Aber das Thema heute ist wichtig: Soll Athen einen großen Teil seiner mächtigen Flotte nach Ägypten schicken oder nicht? Seit über 30 Jahren führt Athen Krieg gegen das Perserreich. Nun ist in Ägypten, das auch zum Perserreich gehört, ein Aufstand ausgebrochen. Es erscheint möglich, den verhassten Feind endlich entscheidend besiegen zu können. Dazu müsste Athen die Aufständischen unterstützen. Auf dem Versammlungsplatz, der Pnyx, ist es schon ziemlich voll. Sosibros erwartet, dass heute mindestens 7000 Bürger zusammenkommen. Für Ruhe und Ordnung sorgen Polizeisklaven aus dem fernen Skythenland. An ihren typischen Bogen sind sie leicht zu erkennen. Wie alle anderen Sklaven in Athen dürfen sie an der Versammlung selbst natürlich nicht teilnehmen.

**Q2 Heutiger Zustand der Rednerbühne**

**Q1 Foto des Versammlungsplatzes,** der so genannten Pnyx.
Die halbrunde Fläche der Pnyx war im 5. Jh. v. Chr. etwa 2500 Quadratmeter groß. Das Foto zeigt den Ausbauzustand des 4. Jahrhunderts v. Chr. Kläre, wie viele Personen auf einem Quadratmeter Platz finden. Rechne aus, wie viele Athener auf die Pnyx ungefähr passten, und vergleiche dein Ergebnis mit der Gesamtzahl der attischen Bürger (Seite 101).

Sosibros sieht viele Freunde und Bekannte und begrüßt sie herzlich. Dann geht es los. Nach dem üblichen Tieropfer trägt der Sprecher des Rates den Antrag vor, den der Rat kurz zuvor besprochen hat: Die Strategen sollten rasch eine schlagkräftige Flotte mit vielen Kämpfern ausrüsten und sie nach Ägypten führen. Die versammelten Männer hören aufmerksam dem Sprecher des Rates zu. Oft, vor allem bei weniger wichtigen Angelegenheiten, wird gleich abgestimmt. Heute ist das anders, heute wird lange und heftig diskutiert, obwohl es sehr heiß ist und es unter freiem Himmel keinen Schutz vor der Sonne gibt. Einige sprechen leidenschaftlich für das große Unternehmen und schwärmen vom sagenhaften Reichtum Ägyptens, andere malen die Gefahren in düsteren Farben aus. Sosibros findet das gut. Er ist stolz auf die demokratische Art, wie die Athener wichtige Entscheidungen treffen. Die Diskussion wird zeigen, welche Seite die besseren Argumente hat. Denn das Leben vieler Athener steht auf dem Spiel. Sosibros hat vor Jahren einen Bruder im Krieg verloren und einer seiner Neffen verrichtet Ruderdienst auf einem Kriegsschiff. Auch Sosibros hat zu Hause eine Hoplitenrüstung, und wenn er seinen Namen auf der großen Tafel des militärischen Aufgebots liest, legt er sie an und zieht zusammen mit seinen Mitbürgern in den Kampf. Für Sosibros ist das ganz selbstverständlich: Alle freien und erwachsenen Männer müssen, wenn es nötig ist, für ihre Stadt in den Krieg ziehen. Ebenso selbstverständlich ist für ihn, dass die Athener sich selbst regieren und alle ihre politischen Entscheidungen gemeinsam treffen. Auch diejenigen, die von der Mehrheit überstimmt werden, tragen die Entscheidung mit, denn sie können hoffen, das nächste Mal zur Mehrheit zu gehören.

Schließlich stimmt die große Mehrheit dafür, den Ägyptern mit einer Flotte zu helfen. Auch Sosibros hat so gestimmt. War den Athenern bisher nicht alles gelungen, was sie angefangen hatten? Fürchtete man ihre große Flotte nicht überall? Musste man nicht gerade jetzt Mut und Stärke zeigen? Mithilfe der Götter wird es schon gelingen, wird Athen erneut großen Ruhm erwerben. Sosibros ist bereit, seinen Beitrag zu leisten.

*Nachbemerkung:* 454 v. Chr. scheiterte die Ägyptenexpedition. Etwa 20 000 Kämpfer aus Athen und anderen Seebundstädten kehrten nicht nach Hause zurück.

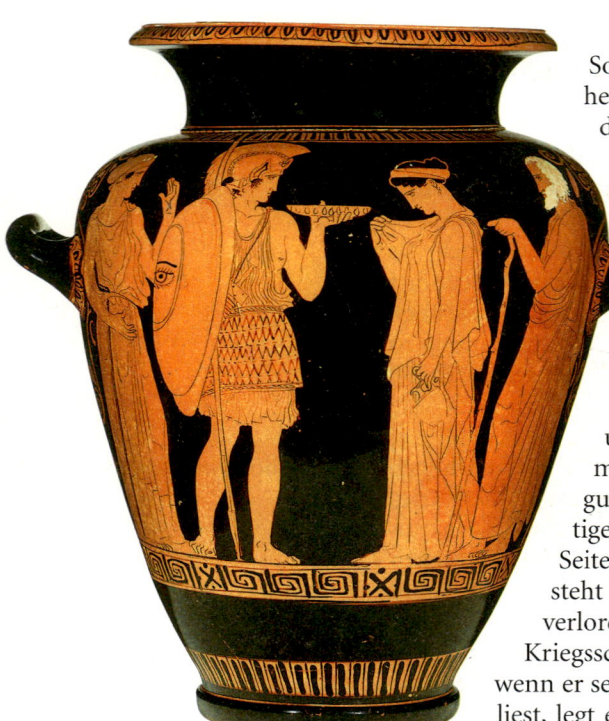

**Q3 Der Abschied des Kriegers**
Das Bild auf einem Krug (44 cm hoch) aus der Zeit um 430 v. Chr. zeigt den Moment, in dem ein Krieger Haus und Familie verlässt, um in den Krieg zu ziehen. Aus der flachen Schale wurde kurz zuvor ein Trankopfer gespendet: Verbunden mit einem Gebet wurde eine kleine Menge Wein für die Götter auf den Boden gegossen.

## Fragen und Anregungen

1. Versetze dich in die Lage eines ausländischen Besuchers. Berichte nach deiner Heimkehr, wie die Athener politische Entscheidungen treffen (VT).

2. Bestimme die Personen auf dem Krug (Q3). Betrachte auch die Gesichter der Figuren genau und überlege, in welcher Stimmung sie sich befinden. Welche anderen Gefühlsregungen wären in diesem Moment auch möglich?

3. Du warst auf der Volksversammlung vor der Ägypterexpedition anwesend und hast zu jener Minderheit gehört, die anders als Sosibros gegen die Entsendung der Flotte gestimmt hat.
Notiere deine Argumente und trage sie dann in einer Rede vor. Berücksichtige dabei den Verfassertext und Q3 sowie Q3 auf Seite 100.

# 10. Griechenland – Wiege europäischer Kultur

**Q1** Schulszene mit Lehrer, Schüler und Unterrichtsmaterialien für einzelne Schulfächer
Schale aus Athen (Ø 29 cm), um 480 v. Chr.

**Erklären mit dem Verstand**

Am 28. Mai 585 v. Chr. gab es eine Sonnenfinsternis. Sie machte den Gelehrten Thales von Milet (ca. 624–545 v. Chr.) mit einem Schlag berühmt. Denn er hatte sie exakt berechnet und vorhergesagt. Was war ausschlaggebend für seinen Erfolg? Anders als seine Zeitgenossen führte Thales Naturereignisse nicht einfach auf das Wirken der Götter zurück. Mit „Zeus regnet" als Erklärung für einen Wolkenbruch konnte man ihm nicht kommen. Er suchte nach Ursachen für Naturereignisse, die man mit dem Verstand begreifen konnte, und bediente sich dabei der Mathematik. Ein solches Herangehen an die Welt, planmäßig, mit dem Verstand, prägt noch die heutige Wissenschaft. Es wird auf dem „Gymnasium" vermittelt – diese Bezeichnung kommt aus dem Griechischen. Und es ist kein Zufall, dass auf manchen Gymnasien heute noch Altgriechisch, die Sprache des Thales von Milet, gelehrt wird.

**Nachdenken und Fragen – die Philosophie**

Man hat Thales den ersten griechischen „Philosophen" genannt. Die „Philosophen" (wörtlich: Freunde der Weisheit) versuchten Antworten auf grundlegende Fragen zu geben, die alle Menschen betreffen. Sie wollten nicht nur Naturerscheinungen erklären, sondern sie fragten auch nach der Entstehung der Welt. Oder: Hat das Leben der Menschen einen bestimmten Sinn? Wie sollten die Menschen leben? Was ist die beste Staatsform? Solche Fragen werden auch heute noch gestellt, und die Überlegungen der alten Griechen werden immer noch gelesen.

Der bekannteste Philosoph Athens war Sokrates (470–399 v. Chr.). Er verwickelte die Menschen in Diskussionen, um sie zum gründlichen Nachdenken anzuregen. Besonders Jugendliche wollte er dazu bringen, sich auf die Suche nach der Wahrheit und nach dem guten Leben zu begeben.

Allerdings wurde Sokrates in hohem Alter angeklagt und zum Tode verurteilt, weil er die Jugend durch seine Fragerei verunsichert und „verführt" habe. Hinter dem Vorwurf stand die Angst, dass der Glaube an die Götter und Traditionen erschüttert würde. Obwohl er hätte fliehen können, blieb Sokrates und trank den Giftbecher, den man ihm reichte, gelassen aus. Es sei richtig, den Gesetzen des Staates zu gehorchen, in dem man freiwillig gelebt habe, meinte er.

**Q2** Büste des Sokrates

**Das griechische Theater**

Q3 **Büste des Sophokles**

Das Interesse der Griechen am Fragen und Nachdenken prägte auch das Theater. In den Stücken wurde die Frage diskutiert und „durchgespielt", wie sich der Mensch in schwierigen Situationen verhalten solle. Er wird als ein Wesen gezeigt, das freie Entscheidungen in eigener Verantwortung treffen kann, auch wenn in diesen Stücken die Götter und das Schicksal häufig noch „mitspielen". Oft wurde auf Konflikte in der Stadt Athen angespielt. So half das Theater den Athenern, ihre eigenen Probleme besser zu bewältigen.

Theater war aber für die Athener auch eine wunderbare Unterhaltung. Es fand nur einmal im Jahr zum Fest des Gottes Dionysos statt. Die Bürger fieberten dem Ereignis schon lange vorher entgegen. Schließlich bekamen sie einen wahren Aufführungsmarathon geboten, der mehrere Tage von früh bis spät dauerte. Das riesige Theater fasste etwa 14 000 Zuschauer. Frauen waren wahrscheinlich nicht zugelassen. Alle Schauspieler waren männlich, auch Frauenrollen wurden von Männern gespielt. Die Schauspieler trugen Masken, die einen bestimmten Gesichtsausdruck zeigten, z.B. „Zorn und Wut". Bei der Größe des Theaters konnte man so vermutlich besser sehen, was geschah. Man sah ernste Stücke (Tragödien) und Werke zur Aufheiterung und Entspannung (Komödien). Der Dichter der besten Tragödie wurde mit einem Preis geehrt. Die hohen Kosten für das Theaterfest übernahmen reiche Athener Bürger. Die Zuschauer zahlten keinen Eintritt – wenn sie arm waren, bekamen sie sogar ein Tagegeld.

**Erziehung und Schulbildung**

Wer in Athen mitreden wollte, musste über eine gewisse Bildung verfügen. Daher legten die Athener auf eine gute Erziehung viel wert.

Nach der Geburt eines Kindes entschied der Vater, ob er es überhaupt aufziehen will. Wurde es nicht ausgesetzt, verbrachte es die ersten sechs Lebensjahre wohlbehütet zu Hause. Vom siebten Lebensjahr an besuchten die Jungen den Unterricht bei Privatlehrern in deren Häusern. Dafür mussten die Eltern natürlich bezahlen. Auf die Söhne der Reichen achtete ein Erzieher, ein „Paidagogos", der sie z.B. zum Schulunterricht brachte. Meistens war dieser Erzieher ein Sklave. Der einfache Unterricht im Lesen, Schreiben und Rechnen zog sich über drei, vier Jahre hin; als Lehrtexte dienten die Erzählungen Homers. Wahrscheinlich konnten am Ende des 5. Jahrhunderts die meisten Athener lesen und schreiben. Zum Unterricht in Lesen und Schreiben kamen dann noch die den Griechen sehr wichtige gymnastische Ausbildung (daher der Begriff „Gymnasium": Sportstätte) und Musikunterricht, bevor der Heranwachsende mit 18 Jahren Bürger wurde. Mädchen gingen nicht zur Schule, aber manche lernten Lesen und Schreiben zu Hause, wo sie hauptsächlich auf ein Leben als Ehefrau und Mutter vorbereitet wurden.

Höhere Bildung konnten junge Männer erwerben, wenn sie sich gegen Bezahlung von herumreisenden Philosophen, so genannten „Sophisten", unterrichten ließen: in Philosophie, Geometrie, Physik, Astronomie – vor allem aber in Rhetorik, das heißt: Redekunst. Sie war in der Volksversammlung gut zu gebrauchen. Wahrheitssuchende Philosophen wie Sokrates warnten allerdings vor den Sophisten. Warum?

---

**Tragödie – Komödie**

In den Theatern der Griechen spielte man ernste Stücke, so genannte *Tragödien*. Behandelt werden Stoffe aus den griechischen Sagen. Helden und Heldinnen, aber auch Götter treten auf und greifen in das Geschehen ein. Häufig verstoßen Menschen gegen die göttliche oder allgemeine Ordnung und erleiden ein schreckliches Schicksal. Die Stücke dienten nicht nur der Unterhaltung, sie regten auch zum Nachdenken an. *Komödien* sind dagegen heitere Spiele, in denen man sich über die Schwäche der Mitmenschen lustig macht. Kritik an den Mächtigen wird auch geübt, indem man sie der Lächerlichkeit preisgibt.

**Das Dionysostheater in Athen wurde im 4. Jahrhundert v. Chr. in den Hang der Akropolis gebaut** Q4
Später gestalteten die Römer es um:
1) Marmorsitze für die Vornehmen; 2) Platz für den Chor; 3) Bühne für die Schauspieler; 4) Bühnenwand.
Foto des heutigen Zustands.

Q5 **Die Antigone des Sophokles (497–406 v. Chr.)**
*In der Tragödie „Antigone" verbietet Kreon, der König von Theben, bei Todesstrafe, dass die Leiche seines Neffen Polyneikes, der einen Aufstand gegen ihn angezettelt hat, beerdigt wird. So aber kann die Seele des Toten keinen Frieden finden. Antigone, Polyneikes' Schwester, begräbt ihren Bruder trotz des Verbotes, wird dabei gefasst und soll sterben. Hier wird die gefangene Antigone vor Kreon geführt:*
Kreon (zu Antigone): Dich frag ich nun, du senkst den Blick zu Boden: Gestehst du oder leugnest du die Tat?
Antigone: Ich sage, dass ich's tat, und leugne nicht.
Kreon: Du aber sag mir – ohne Umschweif, kurz:
5 Hast du gewusst, dass es verboten war?
Antigone: Ich wusst es, allerdings, es war doch klar!
Kreon: Und wagtest, mein Gesetz zu übertreten?
Antigone: Der das verkündete, war ja nicht Zeus! (…)
So groß schien dein Befehl mir nicht, der sterbliche,
10 dass er die ungeschriebnen Gottgebote,
die wandellosen, konnte übertreffen.
Sie stammen nicht von heute oder gestern,
sie leben immer, keiner weiß, seit wann.
An ihnen wollt ich nicht, weil Menschenstolz
15 mich schreckte, schuldig werden vor den Göttern.

*Sophokles, Antigone. Tragödie, übersetzt von Wilhelm Kuchenmüller, Stuttgart 1955, Ausg. 2000, Verse 446–450, 453–460.*

Q6 **Schauspieler bereiten eine Aufführung vor**
Vasenmalerei (75 cm hoch), um 400 v. Chr.

## Fragen und Anregungen

1. Finde heraus, welche der Fächer, die an deiner Schule unterrichtet werden, auf die griechische Antike zurückgeführt werden können (VT).

2. Zeichne den Grundriss oder beschaffe dir Abbildungen eines heutigen Theaters und vergleiche mit Q4 (VT).

3. Stelle aus heutigen Theaterprogrammen eine Liste von Stücken griechischer Autoren zusammen oder von Stücken, die antike griechische Stoffe, z.B. aus den Erzählungen Homers, behandeln. Ein Tipp: Große überregionale Tageszeitungen oder Wochenzeitungen enthalten häufig Theaterprogramme; auch im Internet kannst du suchen.

4. Erkläre, welche Entscheidung Antigone zu treffen hat (Q5). Wie begründet sie ihr Verhalten? Diskutiere, ob Antigone richtig gehandelt hat. Überlege, ob es auch heute noch Entscheidungen gibt, die uns vor ein vergleichbares Problem stellen.

5. Erkundige dich, welcher Anteil der erwachsenen Bevölkerung in Deutschland und in anderen heutigen Staaten lesen und schreiben kann, und vergleiche mit Athen (VT).

# 11. Der Militärstaat Sparta

| | |
|---|---|
| ca. 730–710 v. Chr. | Sparta erobert Messenien. |
| ca. 620 v. Chr. | Sieg Spartas über die aufständischen Messenier; endgültige Einrichtung des Militärstaats |
| 371 v. Chr. | Niederlage Spartas gegen Theben; Sparta verliert den Ruf der Unbesiegbarkeit. |

**Die Eroberung von Messenien und die Folgen**

Sparta war neben Athen die bekannteste und mächtigste Polis in Griechenland. Beide Städte waren in den Perserkriegen verbündet, Sparta hat aber eine ganz andere Entwicklung genommen als Athen. Vollbürger und Nichtbürger gab es hier wie dort, doch deren Rechte und Aufgaben waren jeweils sehr unterschiedlich.

An der griechischen Kolonisation waren die Spartaner kaum beteiligt. Stattdessen unterwarfen sie im 8. Jahrhundert ihre Nachbarn auf der Peloponnes, die Messenier. Dabei führten die Spartaner die Hoplitenphalanx ein, die später in den Perserkriegen eine entscheidende Rolle spielte. Die Eroberungspolitik hatte Folgen für die Spartaner. Sie mussten vor den Unterworfenen auf der Hut sein. Daher richteten sie die gesamte Ordnung ihres Staates und ihr alltägliches Leben darauf ein, anderen militärisch überlegen zu sein.

**Die Spartiaten**

Wenn ein spartanisches Kind nach der Geburt auf Beschluss einer Kommission nicht ausgesetzt wurde, verbrachte es die ersten sechs Lebensjahre zu Hause. Vom siebten Lebensjahr an übernahm der Staat die Erziehung der Jungen. Von nun an lebten sie in Kasernen und wurden für ihren Kriegerberuf gedrillt. Dieses Leben dauerte auch an, wenn der Spartaner mit 20 Jahren Vollbürger (Spartiat) geworden war. Erst mit 30 Jahren konnte er an Ehe und Familie denken. Doch auch dann hielt er sich meistens noch in der Kaserne auf. Da war die Ordnung, in der er groß geworden war, und hier traf er die Männer, die so dachten und fühlten wie er. Gemeinschaftsgefühl zu wecken war ein wichtiges Ziel der spartanischen Erziehung. Keiner sollte sich vor den anderen hervortun können. Und „spartanisch leben", wie man heute noch sagt, hieß und heißt vor allem: Verzicht auf Luxus und jede andere Form von Verweichlichung. Bei den gemeinsamen Mahlzeiten in den Kasernen, an denen alle ein Leben lang teilnahmen, gab es einfache Speisen. Eisengeld, für das man keine Luxusartikel kaufen konnte, war Hauptwährung in Sparta. Auch hatte jeder aus den Eroberungen einen gleich großen Landanteil erhalten. Auf Gleichheit in jeder Hinsicht kam es an, der Einzelne galt nur etwas mit Blick auf die Gemeinschaft. Daher erhielten nur im Kampf gefallene Spartiaten Grabsteine mit Namen, allen anderen setzte man unbeschriftete Steine. Damit niemand am Sinn dieses Lebens zweifelte, sah man Auslandsreisen von Spartanern nicht gern – und Fremde in Sparta auch nicht.

Die Gemeinschaft der Spartiaten bestimmte auch die Politik. Sie bildeten die Volksversammlung, die den Rat der Alten und die fünf Aufseher des Staates (Ephoren) aus ihren Reihen wählte. Nur die beiden Könige verdankten ihre Ämter als Oberpriester und Feldherren ihrer vornehmen Abstammung. Mitunter konnten sie ihre politischen Vorstellungen auch gegen die Ephoren durchsetzen.

**Q1 Spartanischer Krieger**
Bronzefigur, 6. Jahrhundert v. Chr.

**Q2 Sparta**
liegt in der fruchtbaren Landschaft Lakonien auf der Peloponnes. Das Taygetosgebirge trennt Lakonien von Messenien.

## Periöken und Heloten

Die Periöken und Heloten besorgten jene Geschäfte und Arbeiten in der Polis Sparta, für die die ca. 8000 Spartiaten nichts übrig hatten. Die 40 000–60 000 Periöken („Umwohner") waren frei, hatten aber keine politischen Rechte. Sie lebten in den um Sparta herumliegenden Dörfern. Meist betätigten sie sich als Handwerker und Händler und stellten im Krieg Hilfstruppen. Sie standen unter dem Schutz der Spartaner.
Zu den Heloten (Kriegsgefangene), ca. 200 000 Menschen, gehörten vor allem die besiegten Messenier. Sie wurden wie Sklaven behandelt. Ihr Land, das die Spartaner als ihr Eigentum betrachteten, durften sie zwar weiter selbst bewohnen und bearbeiten, aber die Hälfte der Ernte mussten sie den Spartanern abliefern. Den Heloten erklärten die Spartaner jedes Jahr aufs Neue den Krieg: Damit verschafften sie sich das Recht, Heloten zu töten, ohne eine Strafe befürchten zu müssen.

## Spartanische Mädchen und Frauen

Die Erziehung der spartanischen Mädchen war zwar nicht ganz so streng geregelt wie die der Jungen, aber auch sie wurden durch Laufen, Ringen, Diskus- und Speerwurf fit gemacht. Denn sie sollten dem Staat viele gesunde Kinder gebären. Das galt für die Frauen als höchste Ehre. Eine Frau, die bei der Geburt eines Kindes starb, bekam wie gefallene Krieger einen Grabstein mit ihrem Namen.
Wegen der häufigen Abwesenheit ihrer Männer mussten sich die Spartanerinnen ausgiebig um die Alltagsgeschäfte kümmern, besonders um die Verwaltung des Familienvermögens. Das unterschied sie von den Frauen in den anderen Poleis. Sie galten darum als selbständiger und einflussreicher als andere griechische Frauen.

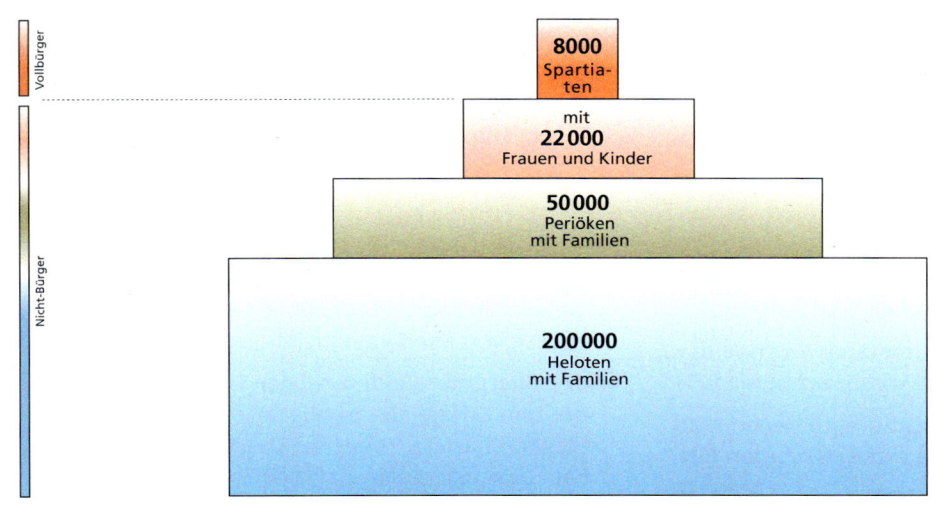

**D1 Die Bevölkerung Spartas**
Zusammensetzung im 5. Jahrhundert. Die Zahlen sind geschätzt und beziehen sich auf das gesamte Gebiet der Polis Sparta.

Vollbürger: 8000 Spartiaten mit 22 000 Frauen und Kinder
Nicht-Bürger: 50 000 Periöken mit Familien; 200 000 Heloten mit Familien

**Q3  Eine junge Spartanerin**
Bronzefigur, um 530 v. Chr.

**Q4  „Spartanische" Erziehung für Mädchen**

*Der griechische Gelehrte Plutarch (ca. 46–120 n. Chr.) erzählt über den sagenhaften Gesetzgeber Lykurg:*

Lykurg hat auch die Lebensführung der Frauen sorgfältig geregelt. Er sorgte dafür, dass die Körper der Mädchen durch Laufen, Ringen und Speerwerfen gekräftigt wurden. Denn er sagte sich, dass Frauen mit kräftigen Körpern auch kräftige Kinder gebären würden. Und auch bei der Geburt selbst hätten sie keine Schwierigkeiten. Weichlichkeit, Verzärtelung und alles, was er abfällig „weibisch" nannte, verbannte er. Er gewöhnte die Mädchen daran, wie die Knaben nackt ihre Aufzüge zu halten und bei bestimmten Festen zu tanzen und zu singen, und das vor den Augen junger Männer. Dass die Mädchen sich entblößten, hatte übrigens nichts Peinliches an sich. Denn es war Scham dabei und keine ungehörige Schaulust. So gewöhnten sie sich an Einfachheit und strebten nach wohl gestalteter Körperbeschaffenheit. Auch gab das der Frau Sinn und Geschmack für das stolze Selbstgefühl, dass auch sie nicht weniger als der Mann Anteil haben sollte am Streben nach Tapferkeit und Ruhm.

Zuweilen griffen die Mädchen bei ihren Umzügen durch Spottverse Leute an, die sich etwas hatten zu Schulden kommen lassen, oder sie sangen Loblieder auf würdige Personen und erweckten so den Ehrgeiz und Wetteifer unter den jungen Männern.

*Plutarch, Lykurg, 14, Bearb. d. Verf. nach: Plutarch, Große Griechen und Römer, Bd. 1, übertragen, eingeleitet und erläutert von Konrad Ziegler, München 1979, S. 142.*

**Q5  „Spartanische" Erziehung für die Jungen nach Plutarch:**

Der Vater durfte nicht entscheiden, ob er ein neugeborenes Kind aufziehen konnte. Er musste es zu der Sprechhalle bringen, dem Ort, wo die Ältesten saßen und das Kind untersuchten. Wenn es wohl gebaut und kräftig war, ordneten sie seine Erziehung an. War es aber schwächlich und missgestaltet, so ließen sie es zur so genannten „Ablage" bringen, einem Felsabgrund am Taÿgetosgebirge. Sie meinten, für einen Menschen, der nicht von Anfang an gesund und kräftig heranwachsen könne, sei es besser nicht zu leben, sowohl um seiner selbst wie um des Staates willen.

Die Ammen erzogen die Säuglinge dazu, das vorgesetzte Essen zu sich zu nehmen, alleine oder im Dunkeln keine Angst zu haben, nicht zu weinen und nicht launisch zu sein. (…) Niemand durfte seinen Sohn bei sich behalten und nach seinem Willen erziehen, sondern man teilte die Jungen, sobald sie sieben Jahre alt waren, in Gruppen ein, in denen sie miteinander aufwuchsen. So wurden sie erzogen und daran gewöhnt, dass sie beim Spiel und bei ernster Beschäftigung immer beisammen waren. Zum Führer der Horde wählten sie denjenigen, der sich durch Klugheit und Mut im Kampf auszeichnete. Ihn bewunderten sie, hörten auf seine Befehle und unterwarfen sich seinen Strafen. So bestand die Erziehung vor allem darin, Gehorsam einzuüben. Lesen und Schreiben lernten sie nur so viel, wie sie brauchten. Die übrige Erziehung war darauf gerichtet, dass sie lernten eifrig zu gehorchen, Anstrengungen zu ertragen und im Kampf zu siegen. Sobald sie zwölf Jahre alt waren, gingen sie stets ohne Unterkleidung, bekamen nur einen Mantel im Jahr, waren am ganzen Körper schmutzbedeckt und durften weder baden noch sich salben. Sie schliefen zusammen in Gruppen auf aufgeschütteten Strohstückchen, die sie selbst zusammentrugen, indem sie die Spitzen des am Flusse Eurotas wachsenden Schilfs mit bloßen Händen, ohne Messer, abbrachen.

*Plutarch, Lykurg, 14 und 16. Übers. u. bearb. v. P. Offergeld.*

## Fragen und Anregungen

1. Beschreibe die „Arbeitsteilung" zwischen Männern und Frauen (VT). Welchen Sinn hatte sie?
2. Erläutere, warum sich die Spartaner als „homoioi" (die sich gleichenden Männer) bezeichneten (VT).
3. Arbeite die Grundsätze heraus, nach denen Mädchen und Jungen in Sparta erzogen wurden (Q4, Q5).
4. Stelle die Erziehung in Athen (Kap. 10, VT) derjenigen in Sparta gegenüber. Nimm Stellung zu diesen verschiedenen Erziehungsprogrammen.
5. Die Spartaner fanden bei den Griechen Bewunderer und Kritiker. Begründe, zu welcher Gruppe du gezählt hättest. Zeige, welche Meinung Plutarch von den Spartanern hatte (Q4, Q5).

# 12. Der Krieg zwischen Athen und Sparta

Die Unterschiede zwischen Sparta und Athen hatten einem Bündnis nicht im Wege gestanden, als das persische Weltreich sie bedrohte. Aber nach den Siegen bei Salamis und Plataiai trat Sparta dem Attischen Seebund nicht bei. Zu sehr waren die spartanischen Krieger darauf bedacht, ihre Machtstellung auf der Peloponnes nicht zu gefährden. Dort hatten sie nicht nur die Messenier unterworfen, sondern auch die meisten anderen Poleis zur Gefolgschaft gezwungen: im Peloponnesischen Bund. Sparta und Athen hatten nun beide eine große Anzahl von Poleis hinter sich gebracht und konkurrierten um die Hegemonie (Vormachtstellung) in Griechenland.

**Ursachen des Peloponnesischen Kriegs**

Seit 431 v. Chr. führten die beiden Mächte gegeneinander Krieg. Weil Athen die starke Flotte und viel Geld hatte, glaubten Perikles und die meisten Athener die endgültige Vorherrschaft in Griechenland erringen zu können. Die Spartaner hatten weder eine Flotte noch Geld, verkündeten aber ein zündendes Kriegsziel: Alle Griechen sollten frei und unabhängig sein – nämlich von der drückenden athenischen Herrschaft im Seebund. Weil beide Seiten viele Verbündete hatten und unbedingt siegen wollten, waren bald fast alle Griechen in ein langes und blutiges Ringen verwickelt. Schließlich taten sich die Spartaner sogar mit den Persern zusammen, um nun auch eine Flotte zu bauen. Athen wurde geschwächt, als kurz nach Kriegsbeginn viele Menschen einer Seuche zum Opfer fielen. Danach wechselten sich Siege und Niederlagen ab. Schließlich besiegte Sparta Athen zur See. Die Stadt wurde ausgehungert und musste sich im Jahre 404 v. Chr. ergeben.

**Verlauf und Ergebnisse des Kriegs**

Aber es zeigte sich im folgenden Jahrhundert, dass eigentlich beide Mächte verloren hatten. Sparta konnte seine neue Vormachtstellung in Griechenland nur mit Gewalt und nicht auf Dauer behaupten. Zu sehr schwächte die Spartaner die andauernde Unterdrückung der Bevölkerungsmehrheit in ihrem Staat. Und auch das demokratische Athen gewann die alte Macht nicht mehr zurück.

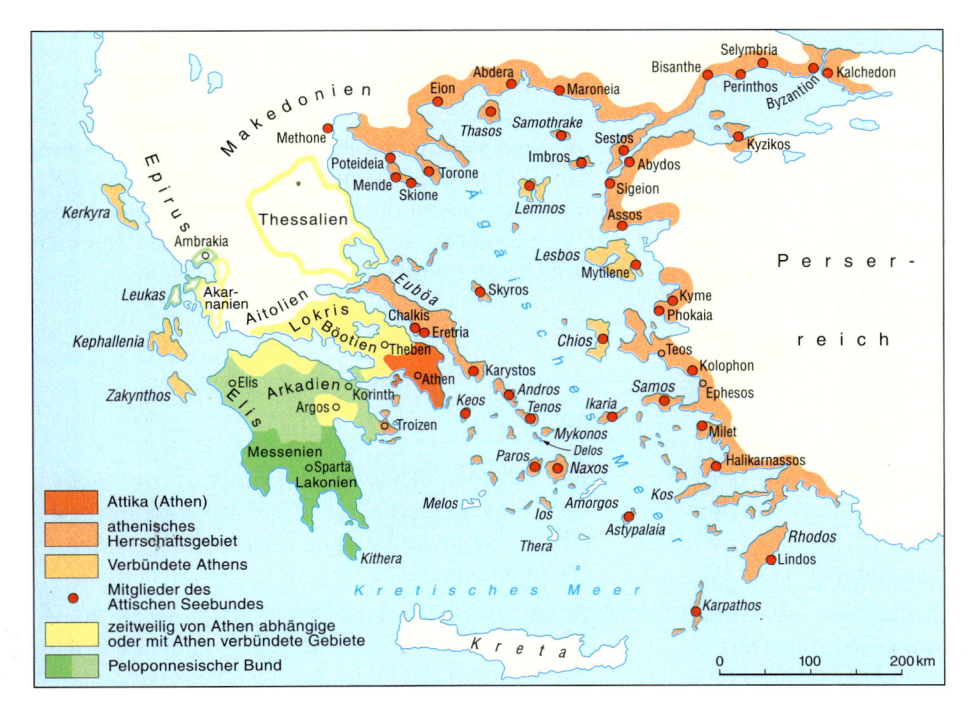

**D1 Athen und Sparta als Großmächte**
Geschichtskarte zu Bündnissen nach 477 v. Chr.

Legende:
- Attika (Athen)
- athenisches Herrschaftsgebiet
- Verbündete Athens
- Mitglieder des Attischen Seebundes
- zeitweilig von Athen abhängige oder mit Athen verbündete Gebiete
- Peloponnesischer Bund

**Kontrovers**

# Wie kam es zum Peloponnesischen Krieg?

Der Ausbruch des Krieges zwischen Athen und Sparta (431–404 v. Chr.) ließ die Zeitgenossen nach den Ursachen fragen. Sie kamen zu verschiedenen Antworten:

**Q1** *Der athenische Dichter Aristophanes spielt in diesem Abschnitt aus seinem Bühnenstück „Die Acharner" auf einen Volksbeschluss der Athener vor dem großen Krieg an, der sich gegen die benachbarte Polis Megara richtete. Das Stück wurde 425 v. Chr. aufgeführt. Es spricht Dikaiopolis („die gerechte Polis"), ein Athener vom Lande, der den Krieg satt hat:*
Perikles, als wäre er Zeus, warf im Zorn mit Blitz und Donner Griechenland durcheinander, erließ Gesetze, die sich wie Trinklieder lesen: „Die Megarer sollen ausgeschlossen sein vom Land und vom Markt, vom Meer
5 und vom Himmel." Die Megarer schwanden nun hungernd Stück um Stück dahin und suchten Hilfe in Sparta gegen dieses Verbot. Man bat uns oft, aber wir hörten nicht. Kein Wunder, gab's am Ende Schildgerassel. (…) Dreihundert Schiffe stachen schnell ins Meer, und
10 welch Getümmel in der Stadt, Matrosen und Soldaten, Rufe nach den Schiffskapitänen. Man hörte nichts als: (…) Löhnung! Zur Halle! Korn gemessen, Schläuche, Gefäße, Tonnen, Ruderriemen, Körbe, Knoblauch, Oliven, Netze voller Zwiebeln, Sardellen, Kränze, Flö-
15 tenmädchen, Prügel. Die Schiffswerft dröhnte vom Konzert der Säge, des Bohrers, Hobels, Hammers, Beils, vom Fluchen, Befehlen, Pfeifen, Trällern, Flötenblasen! So würdet ihr es immer wieder machen!

*Aristophanes, Die Acharner 530–540, 544–554. Übers. u. bearb. v. U. Walter.*

**Q2** *Zu den Ursachen des Krieges äußert sich der Geschichtsschreiber Thukydides (ca. 460–400 v. Chr.). Er war in Athen Stratege, wurde aber wegen eines fehlgeschlagenen Feldzuges vom Volk verbannt:*
Warum die Athener und die Spartaner den dreißigjährigen Friedensvertrag (von 446 v. Chr.) aufhoben und was sie sich gegenseitig öffentlich vorwarfen, darüber schreibe ich vorweg, damit nicht später einer fragt, woher denn ein solcher Krieg in Griechenland ausbrach. 5
Den wahrsten Grund aber, zugleich den am meisten verschwiegenen, sehe ich im Wachstum von Athens Macht. Das zwang die erschreckten Spartaner zum Kriege.

*Thukydides, Geschichte des Peloponnesischen Krieges, 1,23,4–6; Übers. u. bearb. v. U. Walter.*

**Thukydides Q3**
Römische Kopie einer griechischen Porträtsäule, 5. Jh. v. Chr.

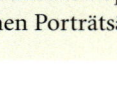

## Hegemonie

(griech.: „hegemonía", d. h. Führerschaft) meint die politische, militärische und oft auch wirtschaftliche Vormachtstellung eines Staates über andere. Meist wird dieses Verhältnis durch Verträge festgeschrieben. Bei den Griechen stand ein solches ungleiches Bündnisverhältnis in einem starken Gegensatz zur Autonomie einer jeden Polis, d. h. ihrer Selbstbestimmung und Unabhängigkeit. Das galt zumal dann, wenn die Vormacht direkt in innere Angelegenheiten der Verbündeten eingriff und ihnen z. B. eine bestimmte Regierungsform vorschrieb.

### Fragen und Anregungen

1. Erläutere die Ansicht des Thukydides über den Kriegsausbruch mithilfe der Karte (D1) und dem Verfassertext.

2. Thukydides gilt als der Geschichtsschreiber, der als Erster zwischen dem „Anlass" eines wichtigen historischen Ereignisses und seiner „Ursache" unterschied. Zeige an Beispielen aus deinem Alltag, wodurch sich „Anlass" und „Ursache" eines Vorgangs unterscheiden. Kläre, ob diese Unterscheidung im vorliegenden Text (Q2) gefunden werden kann.

3. Zeige, warum es dieser Quelle (Q1) zufolge zum Krieg zwischen Athen und Sparta kam. Stelle dem die Meinung des Thukydides (Q2) gegenüber.

# 13. Alexander der Große erobert ein Weltreich

**Q1 Alexander siegreich zu Pferd**
Kampfszene mit Alexander auf einem steinernen Sarg aus Sidon (Fries ca. 60 cm hoch).
Beschreibe das Bild. Was soll es wohl ausdrücken?

**Die Zähmung des Pferdes Bukephalos**

Eines Tages wollte König Philipp von Makedonien ein prachtvolles Pferd erwerben. Leider warf es jeden ab, der es zu reiten versuchte. Da sagte sein Sohn Alexander: „Schade, dass ein so schönes Pferd verloren geht, weil deine Reiter alle zusammen ängstlich und unfähig sind." Er nahm das Pferd beim Zügel und drehte es mit den Augen zur Sonne. Als Einziger hatte er nämlich bemerkt, dass das Pferd vor seinem eigenen Schatten scheute. Er streichelte es, schwang sich auf seinen Rücken, ließ es galoppieren und brachte das gebändigte Tier bald zurück. Sein Vater schenkte ihm das Tier, das Bukephalos hieß und Alexanders Lieblingspferd wurde. Und Philipp soll zu Alexander gesagt haben: „Mein Reich ist für dich zu klein, mein Sohn. Gehe hinaus und erobere dir ein größeres!"
Dies ist eine Geschichte über Alexander den Großen, die man sich im Nachhinein ausgedacht hat. Denn Alexanders Taten erstaunen die Menschen. Er eroberte tatsächlich in nur dreizehn Jahren ein Reich, das sich von Griechenland im Westen bis zum Indus im Osten streckte. Es war das größte Reich, das die Welt bis dahin gesehen hatte.

**Der Befreier der kleinasiatischen Griechenstädte**

Alexander bestieg 336 v. Chr. schon als Zwanzigjähriger den Thron, nachdem sein Vater Philipp ermordet worden war. Dieser hatte die nach dem Peloponnesischen Krieg geschwächten griechischen Poleis besiegt und sie in einen Bund unter seinem Oberbefehl gezwungen. Als Feldherr dieses Bundes betrat Alexander 334 v. Chr. den Boden Kleinasiens. Das Unternehmen galt als Rachefeldzug für die Zerstörung der Tempel Athens während der Perserkriege – die Tat lag 146 Jahre zurück. Die kleinasiatischen Griechenstädte befreite Alexander von der persischen Herrschaft. Zweimal besiegte er die Perser in großen Schlachten: 334 v. Chr. am Fluss Granikos und 333 v. Chr. bei Issos, wo der Großkönig Dareios III. selbst das persische Heer anführte.

**Alexander in Ägypten**

Im folgenden Jahr zog Alexander die Mittelmeerküste entlang nach Ägypten und schnitt so die Perser von ihrer Flotte ab. In Ägypten nahm er den mühsamen Weg durch die Wüste zu dem Orakel in der Oase Siwa auf sich. Er eiferte damit dem Helden Perseus und dem Halbgott Herakles nach, beide Gestalten aus den Erzählungen Homers. Vom Priester des Orakels soll Alexander als „Sohn des Zeus"

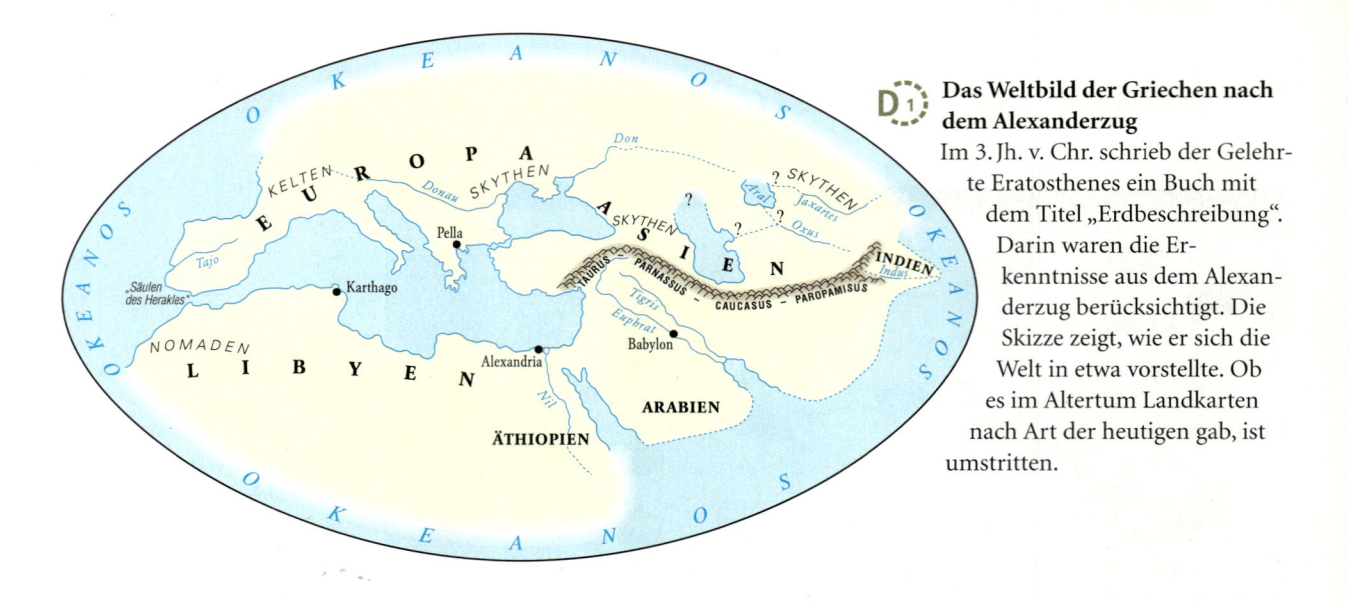

**D1** Das Weltbild der Griechen nach dem Alexanderzug

Im 3. Jh. v. Chr. schrieb der Gelehrte Eratosthenes ein Buch mit dem Titel „Erdbeschreibung". Darin waren die Erkenntnisse aus dem Alexanderzug berücksichtigt. Die Skizze zeigt, wie er sich die Welt in etwa vorstellte. Ob es im Altertum Landkarten nach Art der heutigen gab, ist umstritten.

begrüßt worden sein. Als Herrscher über Ägypten war Alexander nun Pharao und galt so wie alle Pharaonen als Sohn des Gottes Ammon. Dies war der ägyptische Name für Zeus. Alexander konnte von nun an als Gott verehrt werden.

**Alexander als persischer Großkönig**

331 v. Chr. drang Alexander mit seinem Heer in das Innere des Perserreiches vor. In Persepolis ließ er den Königspalast in Flammen aufgehen. Das Perserreich war besiegt. Nun hätte der Rachefeldzug für die Zerstörung der Heiligtümer Athens zu Ende sein können. Aber Alexander betrachtete sich jetzt als Nachfolger des persischen Großkönigs und bestieg dessen Thron. Er verlangte von nun an, dass sich seine Untertanen zur Begrüßung vor ihm auf den Boden warfen (fußfällige Begrüßung), wie es in Persien üblich war. Gegen Offiziere, die diese Geste verweigerten, ging Alexander brutal vor.

**Aufbruch zum Ende der bewohnten Welt**

Sein Ehrgeiz trieb ihn immer weiter voran, zu immer neuen Eroberungen, zu den äußersten Grenzen der Welt. Aber nach fast zehn Jahren Krieg, nach unmenschlichen Mühen und Gefahren auf dem fast 20 000 Kilometer langen Marsch durch weite Ebenen, Wüsten und Gebirge verweigerten die Soldaten im Jahre 326 v. Chr. am Fluss Indus den Gehorsam. Auf dem Rückweg verloren Zehntausende von Soldaten ihr Leben.

Für einen kurzen Moment waren Griechen, Perser und viele andere Völker unter einem König in einem riesigen Reich vereint. Doch Alexander starb im Jahre 323 v. Chr. in Babylon an einem Fieber, noch nicht 33 Jahre alt. Sein Reich hatte nicht lange Bestand und zerfiel in mehrere Staaten, die von Feldherren und Freunden Alexanders regiert und später zu selbstständigen Königreichen erhoben wurden. Dennoch blieb von Alexanders Eroberungszug mehr als die Erinnerung an eine fast übermenschliche Leistung. Griechische Kultur breitete sich überall dort aus, wo Alexander mit seinen Soldaten hingelangt war.

**Münze Alexanders des Großen** **Q2**
Dargestellt ist der Halbgott Herakles mit den Gesichtszügen Alexanders. Herakles war ein Sohn des Zeus.

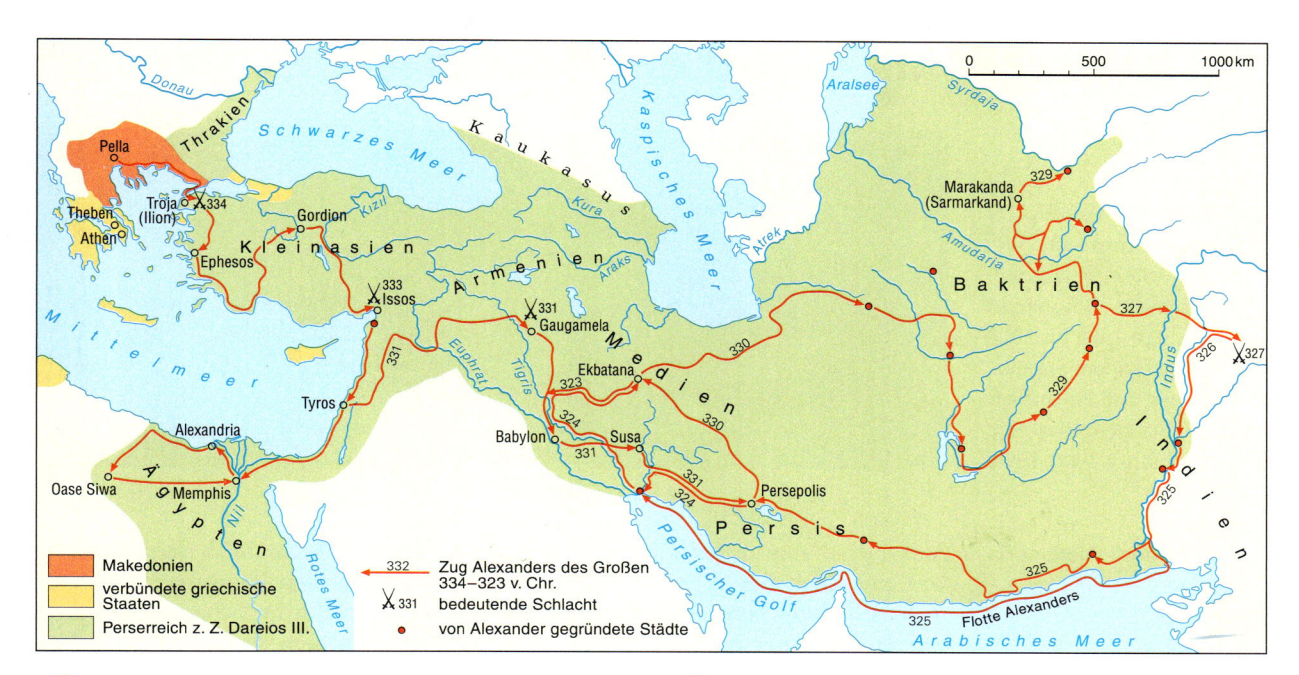

## D2 Geschichtskarte zum Alexanderreich

Der asiatische Teil des Alexanderreiches reichte im Norden und Osten noch etwas über das alte Perserreich hinaus. Beschreibe anhand der Karte den Alexanderfeldzug. Finde heraus, durch welche heutigen Länder Alexander mit seinem Heer gezogen ist.

### LITERATURTIPP

**Alexander der Große**
*Das anschaulich geschriebene Buch informiert über Alexanders Leben und den großen Eroberungszug. Dieses Buch ist vergriffen, suche es in einer Bibliothek.*
**Pierre Briant, Alexander der Große, Ravensburg 1985.**

## Q3 Der Gordische Knoten

Als Alexander die Stadt Gordion erobert hatte, die angeblich einst Sitz des Königs Midas war, sah er den viel beredeten Wagen und hörte die mit diesem verbundene, von den Einwohnern fest geglaubte Sage: Derjenige, der den Knoten löse, werde König der ganzen bewohnten Welt sein. Die meisten Autoren sagen nun dies: Da die Enden des Knotens nicht sichtbar, sondern mehrfach in vielfältigen Windungen ineinander verschlungen waren, habe Alexander, weil er die Verknotung nicht lösen konnte, sie mit seinem Schwert durchhauen, und dadurch seien viele Enden zum Vorschein gekommen. Der Geschichtsschreiber Aristobul dagegen sagt, die Auflösung sei ihm ganz leicht geworden dadurch, dass er den Pflock, mit dem der Jochriemen festgehalten wurde, aus der Deichsel herauszog und so das Joch von dem Wagen löste.

*Plutarch, Alexander 18. Übers. u. bearb. v. U. Walter.*

## Fragen und Anregungen

1. Rechne mithilfe der Karte (D2) aus, welche Entfernungen Alexander mit seinem Heer auf seinem Zug ungefähr zurücklegte.

2. „Alexander der Große erobert ein Weltreich" heißt dieses Kapitel. Vergleiche die beiden Karten (D1 und 2) und beurteile, inwiefern diese Aussage stimmt.

3. Erkundige dich in einem Buch über griechische Sagen oder einem Lexikon, wer Herakles war und was er getan hat. Erkläre dann, warum sich Alexander als Herakles abbilden ließ (Q2).

4. Schreibe heraus, mit welchen Worten oder Wendungen der Autor Plutarch einzelne Aussagen in der Gordion-Geschichte als nicht sicher oder strittig bezeichnet (Q3). Kläre dann, was das Zerhauen des Gordischen Knotens im Unterschied zu der von Aristobul geschilderten Lösung über Alexander aussagt.

# 14. Hellenismus – wird die Welt griechisch?

**Das versunkene Alexandria entdeckt** Q1
3600 Stücke – viele davon tonnenschwer – hat man in den Jahren 1995 bis 2000 bereits gefunden: Statuen, Säulenteile und ein antikes Schiff. Hier sieht man eine Sphinx. Foto, 1995.

**Suche nach Alexandria**

Alexandria, eine der schönsten Städte der Antike, ist buchstäblich versunken. Es war eine Stadt der Superlative, aber von ihren prachtvollen Bauwerken ist nichts mehr zu sehen. Alexandria, am Meer gelegen, wurde durch Erdbeben zerstört und verschwand unter Wasser, Sand und Schlick. Mit modernsten Methoden erforschen Meeresarchäologen seit einigen Jahren die ägyptische Küste auf der Suche nach dem antiken Alexandria. Wie müssen wir uns diese Stadt in ihrer Blütezeit vorstellen?

**Hellenismus**

Die Makedonen und Griechen, die mit Alexander durch Asien und Ägypten gezogen waren, hatten zahlreiche Städte gegründet und sich dort angesiedelt, so auch in Alexandria. Dort lebten sie gemeinsam mit den Einheimischen, mit Syrern, Ägyptern oder Persern. Gleichberechtigt waren die Menschen unterschiedlicher Kulturen allerdings nicht: Die Könige und die Mitglieder der Oberschicht waren fast ausschließlich Griechen oder Makedonen. Trotzdem lebte man recht friedlich und tolerant zusammen; jeder durfte seine Religion frei ausüben und seine Traditionen beibehalten. Die griechische Lebensart aber galt als besonders vornehm und modern. Das Griechische wurde zur Weltsprache, die jeder Gebildete oder Händler beherrschen musste. Neben der Sprache setzten sich auch die griechische Kunst, die Wissenschaft und die Philosophie durch. Wir nennen daher die ersten drei Jahrhunderte nach Alexanders Tod die Zeit des Hellenismus, weil sie stark von der Kultur der Griechen, der „Hellenen", beeinflusst war. Die griechische Kultur setzte sich aber nicht völlig durch, denn die anderen Völker prägten wiederum die Griechen: Sie übernahmen den Glauben an ägyptische Götter und Göttinnen. Von den Babyloniern lernten sie die Astronomie, die erstaunlich genaue Berechnung der Sternenbahnen, und die Astrologie, die Deutung der Sterne.

Q2 **Ein Fund wird vermessen**

**Die Bildung macht den Griechen**

Durch das alltägliche Mit- und Nebeneinander unterschiedlicher Völker begannen einige Gelehrte die Unterscheidung von Hellenen und Barbaren aufzugeben. Wichtig sollte nicht mehr die Herkunft der Menschen sein, sondern ihre Bildung, ihre Tüchtigkeit und Anständigkeit. Auch kam der Gedanke auf, dass die ganze Welt, der „Kosmos", eigentlich eine einzige Polis sei. Der einzelne Mensch sei damit nicht mehr nur Bürger einer einzigen Stadt, sondern Weltbürger (Kosmopolit).

**Alexandria als Zentrum der Wissenschaften**

Als Treffpunkt zwischen Ost und West spielte Alexandria, die Hauptstadt des Königreiches Ägypten, eine Schlüsselrolle. Alexandria war eine reiche Weltstadt mit einer halben Million Einwohner: vor allem Ägyptern, Griechen und Juden. Berühmt war die Stadt für ihren Leuchtturm, den höchsten, der wohl jemals gebaut wurde, und

Karte: Alexandria

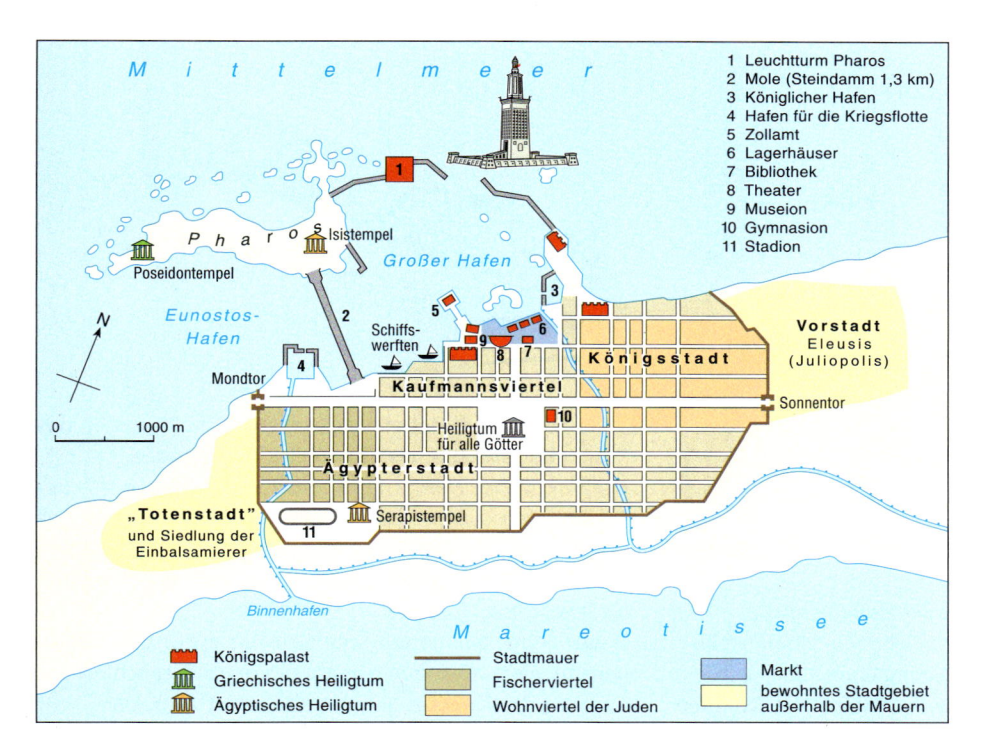

Legende:
1 Leuchtturm Pharos
2 Mole (Steindamm 1,3 km)
3 Königlicher Hafen
4 Hafen für die Kriegsflotte
5 Zollamt
6 Lagerhäuser
7 Bibliothek
8 Theater
9 Museion
10 Gymnasion
11 Stadion

Beschriftungen auf der Karte: Mittelmeer, Pharos, Isistempel, Großer Hafen, Poseidontempel, Eunostos-Hafen, Schiffswerften, Königsstadt, Vorstadt Eleusis (Juliopolis), Mondtor, Kaufmannsviertel, Sonnentor, Heiligtum für alle Götter, Ägypterstadt, „Totenstadt" und Siedlung der Einbalsamierer, Serapistempel, Binnenhafen, Mareotissee

Legende: Königspalast, Griechisches Heiligtum, Ägyptisches Heiligtum, Stadtmauer, Fischerviertel, Wohnviertel der Juden, Markt, bewohntes Stadtgebiet außerhalb der Mauern

**D1 Alexandria,** 331 v. Chr. von Alexander gegründet. Der große Hafen machte die Stadt zum wichtigsten Handelsplatz der damaligen Welt. Zeige, woran man erkennen kann, dass Alexandria planmäßig gegründet wurde und nicht nach und nach entstanden ist. Überlege, was die Lage der verschiedenen Stadtviertel und der im Stadtplan genannten Bauten über das Zusammenleben der Bewohner Alexandrias aussagen.

für ihr Museion, ihre Hochschule. Sie hatte die größte Bibliothek der damaligen Zeit: Über 700 000 Bände hatte man gesammelt. Durch das Museion wurde Alexandria zum Zentrum für Bildung und Wissenschaft; hier forschten die besten Mediziner, Geografen, Astronomen und Mathematiker. Die Geografen rechneten bereits sehr genau den Erdumfang aus und diskutierten über die Frage, ob sich die Erde um die Sonne dreht. Der bekannteste Mathematiker und Ingenieur, der am Museion studierte, war Archimedes (282–212 v. Chr.). Er hat viele Gesetze der Mathematik und Physik entdeckt, so z. B. die Methode, Umfang und Inhalt eines Kreises zu errechnen. Eines aber ist erstaunlich: Obwohl es der Stand der Technik erlaubt hätte, wurden kaum Arbeit sparende Maschinen gebaut. Wahrscheinlich gab es gar keinen Grund dafür, denn die Arbeit wurde ja von Sklaven erledigt.

**Der Leuchtturm von Pharos, D2**
vor Alexandria gelegen, wurde zu den „sieben Weltwundern" gezählt. Er war 120 m hoch und konnte aus 50 km Entfernung gesehen werden. Vermutlich brachte ein Aufzug das Brennmaterial für das Leuchtfeuer nach oben. Ob es sich dabei um eine Brennflüssigkeit oder um harzgetränktes Holz handelte, ist ungewiss. Wir kennen den Leuchtturm nur aus alten Berichten; er wurde vollständig zerstört. Das Bild ist eine Rekonstruktion.

123

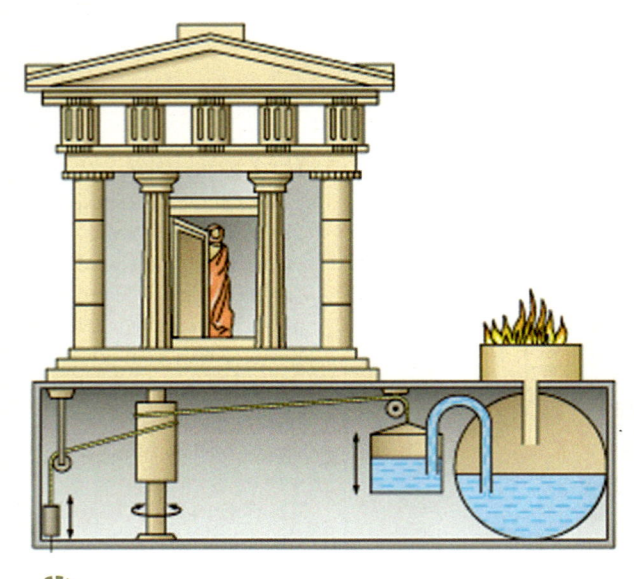

**D3 Erfindungen aus der Zeit des Hellenismus**
Links: „Wunderaltar" des Heron. Wenn das Altarfeuer angezündet wurde, öffnete sich die Tempeltür: Eine Göttin zeigte sich. Das Brennmaterial (z. B. „heiliges" Öl) konnten die Gläubigen von den Priestern kaufen.
Rechts: die „archimedische Schraube".

**Q3 Das Menschenbild des Geografen Eratosthenes**
*Strabon um Christi Geburt über dessen Ansichten:*
Am Ende seines Werkes hat Eratosthenes kein Wort der Billigung für jene, die die ganze Menschheit in zwei Teile, Hellenen und Barbaren, teilen, noch auch für jene anderen, die Alexander rieten, die Griechen
5 als Freunde zu behandeln und die Barbaren als Feinde. Es sei besser, so sagte er, die Trennung nach Tüchtigkeit und Schlechtigkeit zu vollziehen; es gebe nämlich auch unter den Griechen viele Schlechte und unter den Barbaren sehr anständige Leute, wie etwa die Inder
10 und die Arier (Perser) und auch die Römer und Karthager, die so bewunderswerte Staatswesen hätten.
*Strabon, Geographie 1, 4, 9. Übers. v. U. Fries.*

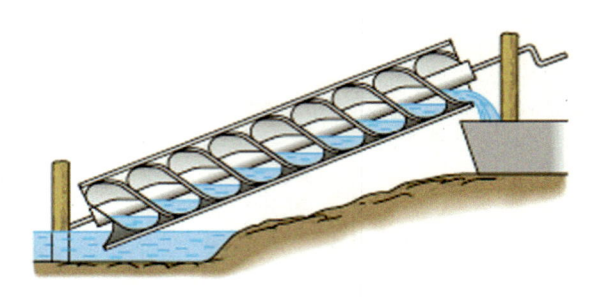

**Q4 Der Schriftsteller Vitruv erzählt ca. 25 v. Chr. das „Badewannenerlebnis" des Archimedes**
*In Syrakus, der Heimatstadt des Archimedes, hatte der König Hieron beschlossen, den Göttern einen Kranz aus purem Gold zu weihen. Er beauftragte einen Goldschmied mit der Arbeit und gab ihm das genau abgewogene Gold dafür:*
Dieser legte zur gegebenen Zeit das schön handgearbeitete Werkstück zur Abnahme vor, und er schien das Gewicht des Kranzes genau abgeliefert zu haben.
Später wurde Anzeige erstattet, es sei Gold weggenommen und dem Kranz ebenso viel Silber beigemischt 5
worden. Da Hieron, erbost über den Betrug, nicht herausbekam, wie er die Unterschlagung nachweisen konnte, bat er Archimedes, den Fall zu übernehmen. Während dieser darüber nachdachte, ging er zufällig in
eine Badestube und als er dort in die Badewanne stieg, 10
bemerkte er, dass ebenso viel wie er von seinem Körper in die Wanne eintauchte, an Wasser aus der Wanne herausfloss. Weil dieser Vorgang einen Weg für die Lösung der Aufgabe gezeigt hatte, hielt er sich daher
nicht weiter auf, sondern sprang voller Freude aus der 15
Badewanne, lief nackt nach Hause und rief mit lauter Stimme, er habe das gefunden, was er suche. Im Laufen rief er nämlich immer wieder griechisch: „Heureka! Heureka!" [Ich hab´s gefunden! Ich hab´s gefunden!]
*Zit nach: Vitruv, De architectura 9, 9–10, Übers. v. C. Fensterbusch, Darmstadt 1964. Bearb. d. Verf.*

## Fragen und Anregungen

1. Stell dir vor, du arbeitest als Taucher oder Taucherin bei der Erforschung Alexandrias. Sieh dir dazu den Stadtplan an (D1). Welcher Fund würde dich besonders reizen?

2. Erkläre, weshalb Archimedes nach seinem Erlebnis nun den Goldschmied überführen kann (Q4). Dazu musst du wissen, dass Silber viel leichter ist als Gold, d. h. man braucht eine größere Menge Silber, um das gleiche Gewicht zu erzielen. Wenn der Kranz also einen Kern aus Silber hätte und bloß vergoldet wäre, müsste sie größer sein als ein reiner Goldkranz. Hältst du die Geschichte für glaubwürdig oder ist sie eher eine Legende?

3. Erläutere, welches Menschenbild Eratosthenes hat (Q3). Was ist daran neu? Auf welchen Erfahrungen beruht seine Meinung?

# Eine Lernkartei anlegen

Damit dir Vergangenes hilft, dein Leben heute und in Zukunft zu gestalten, brauchst du Kenntnisse zur Geschichte. Das ist die Grundlage für historisches Verstehen und Urteilen. Kenntnisse erarbeitest du am besten mit einer gut organisierten Lernkartei.

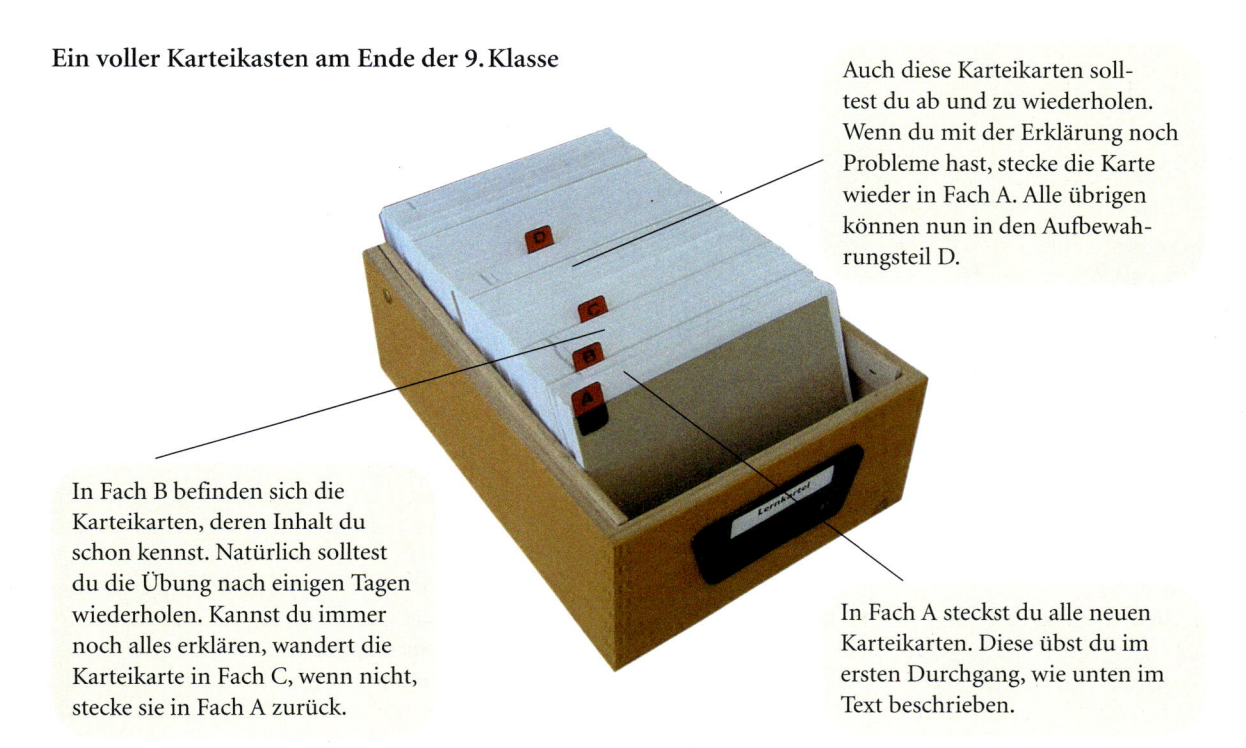

**Ein voller Karteikasten am Ende der 9. Klasse**

Auch diese Karteikarten solltest du ab und zu wiederholen. Wenn du mit der Erklärung noch Probleme hast, stecke die Karte wieder in Fach A. Alle übrigen können nun in den Aufbewahrungsteil D.

In Fach B befinden sich die Karteikarten, deren Inhalt du schon kennst. Natürlich solltest du die Übung nach einigen Tagen wiederholen. Kannst du immer noch alles erklären, wandert die Karteikarte in Fach C, wenn nicht, stecke sie in Fach A zurück.

In Fach A steckst du alle neuen Karteikarten. Diese übst du im ersten Durchgang, wie unten im Text beschrieben.

Zu einer Lernkartei gehört ein Karteikasten mit mindestens vier Fächern und Karteikarten, die du selber auf der Vorder- und der Rückseite beschriftest. Karteikasten und Karteikarten kannst du leicht selber herstellen oder auch kaufen. Auf die Vorderseite der Karten schreibst du ein Stichwort oder eine Frage. Auf der Rückseite erklärst du das Stichwort oder du beantwortest die gestellte Frage. Nun stellst du alle neu beschrifteten Karten ins vorderste Fach (A). Dann nimmst du die erste Karte heraus, liest das Stichwort und versuchst auswendig dazu eine Erklärung zu geben. Danach liest du die Erklärung auf der Rückseite. Wenn du es auswendig richtig erklärt hast, stellst du die Karte ins zweite Fach (B). Im anderen Fall bleibt sie im ersten Fach, aber neu an hinterster Stelle. Auf diese Weise arbeitest du mit den Karten im ersten Fach weiter, bis alle im zweiten Fach sind. So geht es weiter bis zum letzten Fach (D). Auf einmal solltest du nicht mehr als 20 Karten lernen, weil du dein Gedächtnis sonst überforderst.

Gerade die Themeneinheit „Welt der Griechen" eignet sich gut, um eine Lernkartei zu entwickeln, weil du hier wichtige Begriffe lernst. Als Erstes suchst du die historischen Grundbegriffe heraus. Nimm am besten farbige Karteikarten, damit du sie sogleich als Grundbegriffe erkennst. Es lohnt sich, auch die Grundbegriffe der anderen Themeneinheiten auf Karteikarten festzuhalten. Zur Beschriftung der weiteren Karteikarten helfen dir die Randbemerkungen. So kannst du beispielsweise zur Randbemerkung „Antikes Griechenland – Leben in Städten" drei wichtige Sätze aufschreiben und dann lernen. Wenn du die Lernkartei seriös anlegst und gewissenhaft weiterführst, erarbeitest du dir ein geschichtliches Grundwissen, das dein Geschichtslernen auf Dauer erleichtert und verbessert.

# VOM DORF ZUM WELTREICH – LEBEN IM RÖMISCHEN REICH

Römerinnen und Römer sahen Rom im 1. Jahrhundert als den Mittelpunkt der Welt an.
Ihre Stadt war von einem Dorf am Tiber innerhalb weniger Jahrhunderte zur Hauptstadt eines Weltreichs aufgestiegen. Natürlich fragten sich schon die Zeitgenossen, wie es dazu kommen konnte. Wer waren diese Römer und wie lebten sie?

**Soldaten beim Lagerbau**
Kaiser Trajan (98–117 n. Chr.) ließ über 100 Einzelszenen als Relief auf einer Säule befestigen.

Der römische Historiker Sallust (86–34 v. Chr.) überliefert eine Aussage von König Mithridates VI., der von den Römern besiegt worden war:
Die Römer haben ein einziges und uraltes Motiv dafür, mit allen Nationen und Völkern und Königen Krieg anzufangen: unermessliche Begierde nach Herrschaft und Reichtum. (…) Die Römer führten ihre Waffen gegen alle Völker, die schärfsten gegen die, deren Niederlage die meiste Waffenbeute einbringt; durch (…) Täuschen und dadurch, dass sie Krieg an Krieg reihen, sind sie groß geworden. Und so werden sie alles vernichten und selbst zugrunde gehen.
SALLUST, HISTORIEN 4, 69; ZIT. NACH: GESCHICHTE IN QUELLEN, ALTERTUM, MÜNCHEN 1989, S. 505F.

Der griechische Schriftsteller Diodor (1. Jahrhundert v. Chr.):
Die Römer errichteten ihre Weltherrschaft durch die Tapferkeit ihrer Heere und brachten sie zur größten Ausdehnung durch die überaus anständige Behandlung der Unterworfenen. Und sie blieben so sehr frei von aller Grausamkeit und Rachsucht den Unterworfenen gegenüber, dass man hätte glauben können, sie kämen zu ihnen nicht wie zu Feinden, sondern gleichsam zu Männern, die sich um sie verdient gemacht hätten, und zu Freunden.
DIODOR 32, 4, 4; ZIT. NACH: GESCHICHTE IN QUELLEN, ALTERTUM, MÜNCHEN 1989, S. 456.

**Vor der Hochzeit**
Die Mutter und Dienerinnen bereiten eine Braut zur Hochzeit vor. Wandgemälde aus Pompeji.

**Gladiatorenmosaik**
Einen Kampf auf Leben und Tod tragen die Gladiatoren – meist Sklaven – aus.

**Beim Metzger**
Eine Dame wartet auf ihre Ware. Ausschnitt aus einem Grabrelief, Rom, 2. Jahrhundert n. Chr.

**Ein römischer Feldherr und seine Legionäre**
Relief, 2. Jahrhundert n. Chr.

Das Gebiet des Römischen Reiches im Jahr 117 n. Chr.

**Leben auf dem Land**
Römer oder Sklaven bei der Arbeit, Mosaik, um 350 n. Chr.

**Sieger und Besiegte**
Teil eines Schmuckanhängers aus Edelstein, um 12 n. Chr.

# 1. Rom – eine Stadt entsteht

| | |
|---|---|
| 753 v. Chr. | Nach der Sage soll Rom in diesem Jahr gegründet worden sein. |
| 500 v. Chr. | Die Herrschaft der Könige über Rom endet; Rom wird Republik. |

**Die Wölfin – das Wahrzeichen der Stadt Rom** Q1

Das Bronzestandbild (75 cm hoch) stammt aus dem 5. Jh. v. Chr. Es stand ursprünglich in einem Tempel, vielleicht des Kriegsgottes Mars. Die Wölfin war das heilige Tier des Kriegsgottes. Die Zwillinge wurden erst um 1500 n. Chr. hinzugefügt.

### Die Sage von der Gründung Roms

*Romulus, der Gründer Roms, und sein Zwillingsbruder Remus waren Nachkommen des Aeneas, der aus dem brennenden Troja geflohen und in Italien gelandet war. Ihr Vater war der Kriegsgott Mars, ihre Mutter Rhea Silvia, die Tochter des Königs der Latiner.*

*Dieser König war von seinem eigenen Bruder vertrieben worden. Der neue unrechtmäßige König war um seine Macht besorgt und befahl, die Zwillinge im Tiber zu ertränken. Doch ein Diener hatte Mitleid und setzte die beiden in einem Körbchen auf dem Tiber aus. Am Fuße des Hügels Palatin wurde der Korb ans Ufer geschwemmt. Eine Wölfin fand die wimmernden Jungen, nahm sie an und säugte sie. Schließlich entdeckte ein Hirte die Kinder und zog sie groß.*

*Als junge Männer beschlossen Romulus und Remus auf dem Palatin eine Stadt zu gründen. Doch wer von beiden sollte über die neue Stadt herrschen? Sie einigten sich darauf, den Flug der Vögel zu beobachten. Der Wille der Götter sollte sich auf diese Weise zeigen. Jeder blickte auf einen bestimmten Bereich des Himmels. Wer innerhalb eines bestimmten Zeitraums die meisten Adler vorbeifliegen sah, sollte Herrscher werden. Romulus erblickte zwölf, Remus nur sechs. Als Herrscher der neuen Stadt begann Romulus mit dem Bau einer Mauer. Um seinen Bruder zu verspotten, übersprang Remus die Mauer. Voll Zorn erschlug Romulus daraufhin seinen Bruder. Er schrie: „So soll es jedem ergehen, der die Mauern übersteigt." So gründete Romulus die Stadt und benannte sie nach sich selbst: Rom.*

**Aschenurne aus Ton** Q2
9. Jahrhundert v. Chr.

**Die Latiner**

Heute zeichnen Wissenschaftler von den Anfängen Roms ein anderes Bild, als es die Sage vermittelt: Archäologen haben herausgefunden, dass sich um das Jahr 1000 v. Chr. der Stamm der Latiner am Unterlauf des Tiber ansiedelte. Auf dem Palatin wurden Überreste von Siedlungen gefunden, auch die anderen Hügel in der Nähe waren besiedelt. Auf dem fruchtbaren Land am Tiber konnten die Latiner ihr Vieh weiden lassen und anbauen, was sie zum Leben brauchten.

**Die Etrusker**

Um das Jahr 700 v Chr. kam das Volk der Etrusker nach Rom. Die Etrusker hatten schon viele Städte in der Toskana gegründet, sie bauten Häuser aus Stein und Ziegel und sie trieben Handel. Am Tiber entstand zu dieser Zeit aus den verstreuten

*mildes Klima*

*fruchtbare Böden*

*Salzstraße*

*Tiberinsel*

*Kapitol*

*Latium →*

*Etrurien*

*Furt*

*Tiber*

*Palatin*

*ca. 15 km zum Mittelmeer*

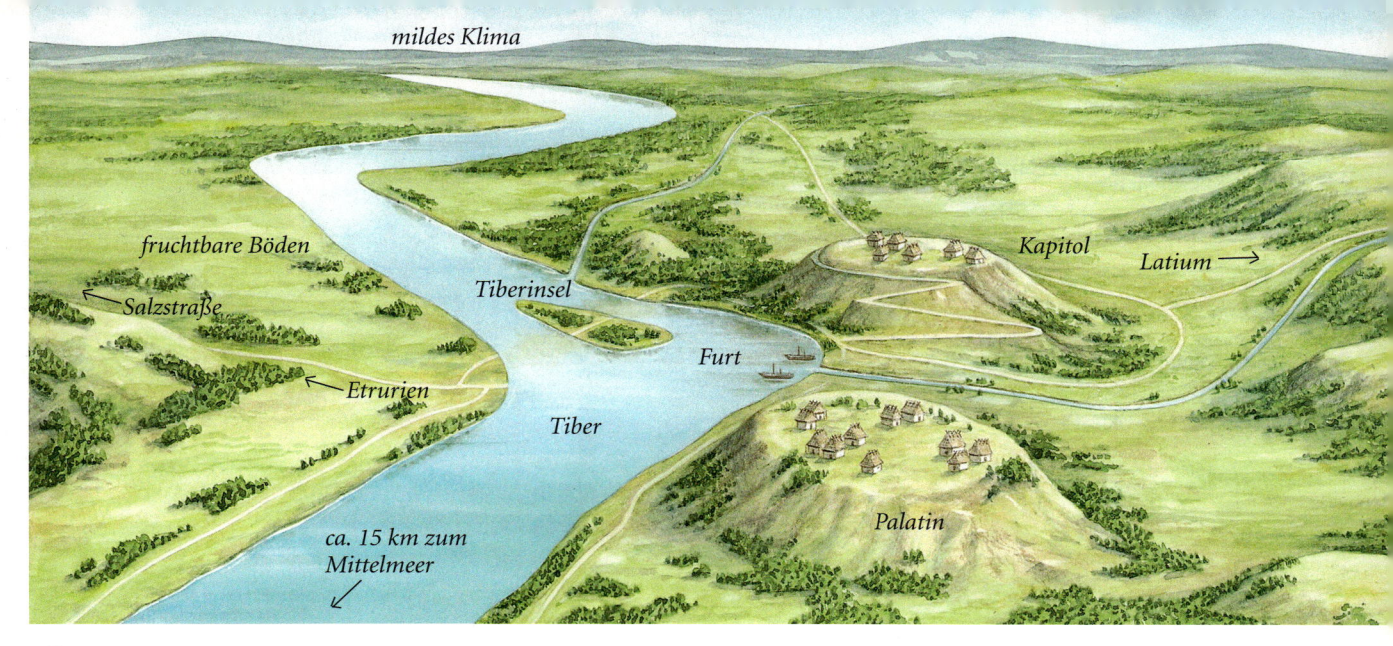

**D1 Rom vor ca. 2700 Jahren**
Die Zeichnung zeigt den Platz, an dem Rom entstand. An dem Ort gab es die erste Furt, wenn man vom Mittelmeer kam.

**Q3 Spuren einer Hütte im Felsboden des Palatin,** 9. Jahrhundert v. Chr.

Siedlungen auf den Hügeln eine Stadt. Diese Stadt wurde aber nicht in einem bestimmten Jahr gegründet, vielmehr wuchsen die Siedlungen allmählich zusammen. Aus der etruskischen Sprache kommt vermutlich auch der Name der neuen Stadt: Ruma.
Mit dem Wissen und Können der Etrusker wurde Rom mit Mauern und Wällen befestigt und es gelang, die Sümpfe zwischen den Hügeln trockenzulegen. Ein Kanalsystem zur Entwässerung wurde gebaut. So entstand Raum für einen großen öffentlichen Platz. Hier, auf dem Forum Romanum, versammelten sich die Bürger, hier wurde Handel getrieben, hier am Forum lagen die Tempel (Kapitel 12). Von den Etruskern lernten die römischen Priester den Flug der Vögel vor wichtigen Entscheidungen zu beobachteten, um den Willen der Götter zu erkunden. Regiert wurde Rom damals von Königen, die wahrscheinlich aus dem Kreis mächtiger etruskischer Adliger bestimmt wurden.

Um das Jahr 500 vertrieb der römische Adel den letzten etruskischen König aus Rom. Damit endete die Herrschaft der Könige über die Stadt. Die Macht übernahmen jetzt die römischen Adligen, die Patrizier.

**Die Gründung der Republik**

## Republik

Die Römer bezeichneten ihren Staat als „res publica": das heißt als gemeinsame, öffentliche Sache, die alle angeht – im Gegensatz zur „res privata", der Sache des Einzelnen. Wir verstehen heute unter Republik einen Staat, in dem das Volk oder zumindest ein Teil des Volkes (zum Beispiel der Adel) die Herrschaft ausübt. Das Gegenteil ist die Monarchie: Hier herrscht der König (Seite 55). Das Beispiel der römischen Republik zeigt, dass nicht jede Republik eine Demokratie ist. Heute führen viele moderne Staaten das Wort Republik in ihrem Namen: so etwa „Bundesrepublik Deutschland", „République Française" oder „Repubblica Italiana".

129

**Q4  Szene aus einem etruskischen Festmahl**
Die Gäste haben paarweise auf bronzenen Liegen Platz genommen. Decken mit kostbaren Stickereien sind über die Polster gebreitet. Wandmalerei aus Tarquinia, gegen 470 v. Chr. (Ausschnitt). Was sagt das Gemälde über die Lebensweise der Etrusker?

**D2  Ein etruskischer König**
Bemalte Tonplatte, 6. Jh. v. Chr. (Nachzeichnung). Woran erkennst du, dass es sich um einen König handelt?

**Rom zur Königszeit  D3**
700–500 v. Chr.

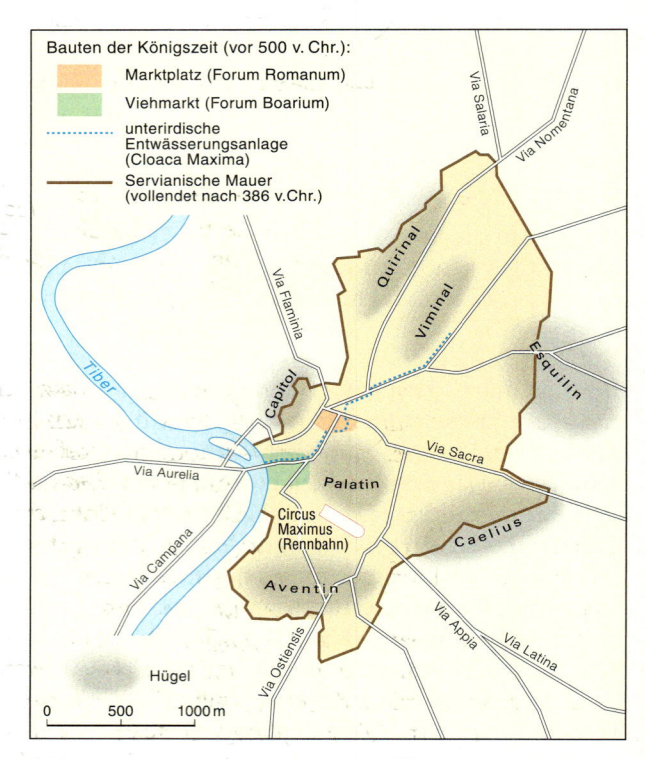

Bauten der Königszeit (vor 500 v. Chr.):
- Marktplatz (Forum Romanum)
- Viehmarkt (Forum Boarium)
- unterirdische Entwässerungsanlage (Cloaca Maxima)
- Servianische Mauer (vollendet nach 386 v. Chr.)

## Fragen und Anregungen

1. Erkläre, warum die Wölfin zum Wahrzeichen Roms wird (VT, Q1).
2. Vergleiche die Sage mit dem, was wir heute über die Entstehung Roms wissen (VT). Nenne die Gemeinsamkeiten und Unterschiede.
3. Betrachte die Zeichnung des frühen Rom (D1). Nenne mindestens fünf Gründe, warum an dieser Stelle eine Stadt entstanden ist.
4. Erkläre, warum der Zeichner der ersten Siedlungen Roms weiß, wo die Häuser gestanden und wie sie ausgesehen haben (D1, Q2, Q3).
5. Vergleiche die Landschaft Roms mit der Karte Roms zur Königszeit (D1, D3). Wie hat sich Rom unter den Etruskern verändert? Übertrage die Landschaft Roms in groben Umrissen in dein Heft und zeichne diese Veränderungen ein.

# 2. Die Plebejer kämpfen um die Gleichberechtigung

**D1  Das römische Heer der frühen Republik**
Alle Bürger mit Besitz zwischen 17 und 49 Jahren konnten im Kriegsfall einberufen werden. Die Ausrüstung entsprach etwa dem Vermögen der einzelnen Soldaten. Die Patrizier kämpften im Krieg als Reiter. Die Ärmsten waren nur mit Steinen und Ackergeräten bewaffnet.

Römische Soldaten – Legionäre – am Ende der Ständekämpfe  **D2**

**500–272 v. Chr.**   Die Römer führen Kriege mit ihren Nachbarn und erobern dann Stück für Stück Mittel- und Süditalien. Gleichzeitig kommt es in Rom zu Konflikten zwischen Patriziern und Plebejern, den Ständekämpfen.

**Patrizier und Plebejer**

„Res publica", eine öffentliche, gemeinsame Sache aller sollte Rom nach dem Sturz der Monarchie sein, behaupteten die Patrizier. Doch die Wirklichkeit sah anders aus: Die gesamte politische und wirtschaftliche Macht lag beim Adel. Anstelle des Königs leiteten adlige Beamte den Staat, adlige Richter sprachen Recht, adlige Priester erkundeten den Willen der Götter, eine Versammlung von Adligen bestimmte die römische Politik, den Adligen gehörte das meiste Land. Deshalb hatten sich viele ärmere Römer den Patriziern angeschlossen, gehorchten ihnen und wurden im Gegenzug beschützt und unterstützt. Daneben gab es aber auch wohlhabendere Bauern und Grundbesitzer, Handwerker und Händler, die wirtschaftlich unabhängiger waren. Im Heer jedoch waren gerade die nichtadligen Römer unentbehrlich, denn sie „füllten" als Fußtruppen die Schlachtreihen. Vom lateinischen Wort „füllen" (plere) leitete sich dann auch ihre Bezeichnung Plebs (Menge) ab. Die reicheren unter ihnen stellten ihre Rüstung selbst und kämpften als Schwerbewaffnete, die ärmeren dienten als leicht bewaffnete Hilfstruppen. Sie konnten sich Brustpanzer, Helm, Schild und die Wurfspeere der Legionäre nicht leisten. Die meisten Römer lebten gar nicht in der Stadt, sondern im Umland von Rom. Sie waren Bauern und ihre Höfe waren häufig so klein, dass sie gerade das zum Leben Notwendige für eine Familie abwarfen. Manchmal aber auch weniger, wenn es zum Beispiel eine Missernte gab. Dann mussten sich viele bei den Adligen und reichen Bürgern verschulden (Schuldknechtschaft).

**Auszug der Plebs**

Zu Beginn des 5. Jahrhunderts v. Chr. war Rom nicht nur eine der größten Städte Italiens, sondern auch ein wichtiges Handelszentrum. Deshalb stand Rom mit den Nachbarstädten nicht nur in wirtschaftlicher Konkurrenz; oft kam es auch zu

Konflikten. Von den Bergen der Apenninen her bedrohten zudem Bergvölker die Städte in der Ebene. Immer wieder zogen die Römer in den Krieg. Das versuchten die Plebejer für sich zu nutzen: Die römischen Geschichtsschreiber erzählen, wie in einem solchen Krieg die Plebs in den Streik trat und die Stadt verließ.

Zwar sah das Leben armer Bauern, gut verdienender Handwerker oder reicher Händler sehr unterschiedlich aus. Trotzdem besaß die römische Plebs ein Gefühl der Zusammengehörigkeit, vor allem wenn es gegen den Adel ging. Denn die Patrizier schlossen alle Plebejer von der politischen Herrschaft aus, besaßen das meiste Land und waren vielfach die Gläubiger der armen Bauern. Schon wenige Jahre nach der Vertreibung der Könige hatten daher die Plebejer eine eigene Versammlung geschaffen und wählten eigene Vertreter, die Volkstribunen. Diese sollten die Mitglieder der Plebs schützen, vor allem gegen Übergriffe der adligen Beamten. Mit einem Schwur verpflichteten sich die Plebejer gegenseitig, ihre Tribunen zu schützen.

**Zeit der Ständekämpfe**

In den folgenden 200 Jahren setzten die Plebejer die Kriegsdienstverweigerung immer wieder als Druckmittel im Konflikt mit dem Adel ein. Da Rom fast andauernd im Krieg mit seinen Nachbarn lag, mussten die Patrizier häufig Kompromisse eingehen. Am Ende dieser Ständekämpfe hatten die Plebejer wichtige wirtschaftliche und politische Zugeständnisse erreicht. Was die Versammlung der Plebejer beschloss, wurde als Gesetz anerkannt. Und die Volkstribune galten jetzt offiziell als Beamte. Sie hatten das Recht, Maßnahmen der Beamten – etwa die Bestrafung eines Plebejers – zu verbieten („veto": ich verbiete). Die reichen Mitglieder der Plebs konnten Beamte werden und politisch mitentscheiden. Ihre Familien und die der Patrizier bildeten zusammen schon bald eine neue Adelsschicht: die Nobilität.

**Roms Vorherrschaft in Italien**

Entspannt hatte sich die Situation aber auch für viele ärmere Bauern. Bis zum Beginn des 3. Jahrhunderts v. Chr. war Rom zur führenden Macht in Italien geworden. Aus zahlreichen gewonnenen Kriegen hatten die Soldaten häufig Beute und Sold mit nach Hause gebracht. Außerdem konnte aufgrund der militärischen Erfolge er-obertes Gebiet dem römischen Staatsland einverleibt werden. Dieses Land wurde unter die Bauern verteilt und verpachtet. Auch siedelten sich viele ärmere Bauern in den neu gegründeten Kolonien an. Kolonien waren befestigte Städte, die zum Teil als Wachposten an den Küsten und zum Teil an den Grenzen des römischen Gebiets gegründet worden waren. Sie dienten als Schutz und als Mittel, um Roms „Bundesgenossen" zu kontrollieren. Diese Bundesgenossen, meist Städte, durften zwar selbstständig bleiben, mussten aber die Römer im Kriegsfall unterstützen.

**Q1 Römischer Patrizier**
Bronzebüste, 4. Jahrhundert v. Chr.

## Q2 Rom ohne Soldaten

*Der römische Geschichtsschreiber Livius (59 v. Chr. bis 17 n. Chr.) berichtete, wie im Jahr 494 v. Chr. der Senat beschloss, das römische Heer in den Krieg zu schicken. Doch die breite Masse der nicht-adligen Römer, die Plebs, weigerte sich. Schließlich verließen die plebejischen Soldaten Rom, um auf den Heiligen Berg hinauszuziehen:*

Hier schlugen sie ohne Anführer ein festes Lager mit Wall und Graben auf. Mehrere Tage hielten sie sich ruhig dort auf, wurden von niemandem angegriffen und griffen auch selbst keinen an und nahmen sich
5 nichts als nur das Nötigste zum Lebensunterhalt.
In der Stadt herrschte gewaltiger Schrecken; alles schwebte in gegenseitiger Furcht. Die Plebejer fürchteten, da sie von ihren Angehörigen (den plebejischen Soldaten) verlassen worden waren, die Anwendung
10 von Gewalt durch die Väter (die Patrizier). Die Väter fürchteten sich vor den in der Stadt zurückgebliebenen Plebejern. Die Väter wussten nicht, was sie lieber wollten: Sollten die in der Stadt gebliebenen Plebejer bleiben oder auch abziehen? Wie lange jedoch würde
15 die Volksmenge, wenn sie fortgezogen war, sich ruhig verhalten? Was würde geschehen, wenn dann ein Krieg ausbrechen sollte?

Livius, Römische Geschichte 2,32. Zit. nach: Titus Livius, Ab urbe condita liber II. Übers. und hg. v. von Marion Giebel, Stuttgart 1987, S. 95.

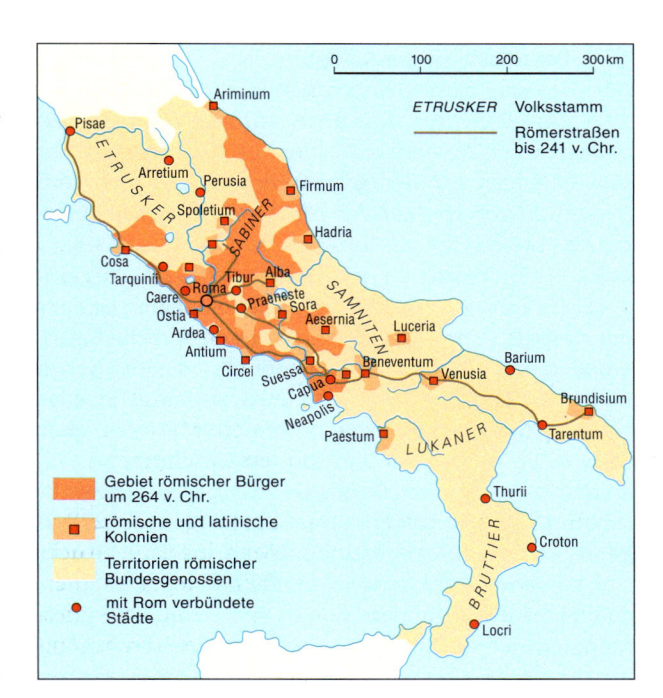

## D3 Vorherrschaft Roms in Italien bis 241 v. Chr.

Um 494 v. Chr. war Rom eine Stadt, die sich noch gegen ihre allernächsten Nachbarvölker wehren musste.
250 Jahre später war Rom zur stärksten Macht Italiens geworden.

## Q3 Der Aufruhr der Plebejer

*Der römische Geschichtsschreiber Livius (59 v. Chr. bis 17. n. Chr.) schrieb darüber, was dem Auszug der Plebejer vorausgegangen sein soll:*

Es drohte Krieg mit den Volskern und gleichzeitig war die Bürgerschaft in sich gespalten: Hass herrschte zwischen den Vätern und dem Volk, besonders, weil Plebejer wegen ihrer Schulden (beim Adel) zu unfreien
5 Knechten geworden waren. Die Plebejer empörten sich darüber, dass sie auf dem Schlachtfeld für die Freiheit und Herrschaft Roms ihr Leben auf das Spiel setzten, zu Hause aber von Mitbürgern verhaftet und unterdrückt würden. Die Freiheit des Volkes sei im
10 Krieg sicherer als im Frieden, sie sei sicherer unter Feinden als unter Mitbürgern. Der schon schwelende Hass wuchs durch das unglaubliche Schicksal eines einzelnen Mannes zur Empörung:
Ein alter Mann kam auf das Forum gestürzt, er trug
15 unübersehbare Zeichen seines Unglücks (schmutzige Kleider, sein Körper war abgemagert, Haare und Bart lang und ungepflegt). (…) Trotz seines entstellten Äußeren erkannten ihn die Leute; es hieß, er sei Hauptmann gewesen. (…) Der alte Mann selbst zeigte Narben auf seiner Brust als Zeichen seiner ehrenhaften 20 Kämpfe. Inzwischen hatte sich eine Menschenmenge wie bei einer Volksversammlung um ihn versammelt. Auf die Frage, warum er so heruntergekommen und entstellt sei, antwortete er, er sei Soldat im Krieg gegen die Sabiner gewesen. Weil seine Felder verwüs- 25 tet worden seien, habe er die Ernte verloren, noch dazu sei sein Hof in Brand gesetzt und alles geplündert worden. Zu diesem ungünstigen Zeitpunkt sei die Steuer erhoben worden. Da habe er Schulden machen müssen. Die Zinsen hätten die Schulden erhöht. Zuerst 30 habe er das vom Vater und Großvater geerbte Land, am Ende all sein Hab und Gut verkaufen müssen. Es sei gewesen wie bei einer (sich ausbreitenden) Seuche, von der man schließlich selbst am eigenen Leib befallen wird: Von seinem Gläubiger sei er (…) ins Ar- 35 beitshaus gesteckt und gefoltert worden. Er zeigte die noch blutenden Spuren der Schläge auf seinem übel zugerichteten Rücken.
(Danach kam es in der ganzen Stadt zum Aufruhr. Beinahe wäre die Menge handgreiflich gegen die 40 Adligen geworden.)

Livius, Römische Geschichte 2,23. Übers. u. bearb. v. M. Krön.

**Q4  Die Rückkehr der Soldaten**

*Der römische Geschichtsschreiber Livius (59 v. Chr. bis 17 n. Chr.) berichtet, dass die bestürzten Patrizier den angesehenen Menenius Agrippa als Unterhändler zu den Plebejern auf den Heiligen Berg hinausschickten. Dieser soll den streikenden plebejischen Soldaten folgendes Gleichnis erzählt haben:*

Einst, als im Menschen noch nicht wie heute alles einheitlich verbunden war, als jedes der einzelnen Glieder des Körpers seinen Willen, seine eigene Sprache hatte, empörten sich die übrigen Glieder, dass sie ihre Sorge
5 und Mühe und ihre Dienste nur aufwendeten, um alles für den Magen herbeizuschaffen. Der Magen aber liege ruhig mittendrin und tue nicht anderes, als sich an den dargebotenen Genüssen zu sättigen. Sie verabredeten sich also folgendermaßen: Die Hände sollten
10 keine Speise mehr zum Munde führen, der Mund nichts Angebotenes mehr annehmen, die Zähne nichts mehr zerkleinern. Während sie nun in ihrer Erbitterung den Magen durch Aushungern bezwingen wollten, kamen die einzelnen Glieder alle zugleich mit dem ganzen
15 Körper an den Rand völliger Entkräftung. Da sahen sie ein, dass sich auch die Aufgabe des Magens durchaus nicht in faulem Nichtstun erschöpfte, dass er ebenso andere ernähre, wie er selbst ernährt werde.
*(Die Plebejer erkannten die Parallele zwischen dem*
20 *Aufruhr im Körper und ihrem eigenen Zorn auf die Patrizier und kehrten wieder in die Stadt zurück.)*

Livius, Römische Geschichte, 2, 32, 9–11. Zit. nach: Jane F. Gardner, Römische Mythen, Stuttgart 1994, S. 87. Übers. v. I. Rein.

| | |
|---|---|
| **494 v. Chr.** | Die Plebejer halten eigene Versammlungen ab und wählen Volkstribunen. |
| **um 450 v. Chr.** | Erstmals werden Gesetze auf zwölf Tafeln veröffentlicht und die Plebs kann sich darauf berufen. Das Zwölftafelgesetz gilt für alle römischen Bürger ohne Ausnahme. |
| **445 v. Chr.** | Ehen zwischen Plebejern und Patriziern sind erlaubt. |
| **367 v. Chr.** | Plebejer werden zum höchsten Staatsamt zugelassen. Jetzt können alle Ämter auch von Plebejern besetzt werden. |
| **326 v. Chr.** | Die Schuldknechtschaft wird verboten, die Schulden werden aber nicht erlassen. |
| **287 v. Chr.** | In den Versammlungen der Plebejer dürfen Gesetze beschlossen werden. |

**D4  Schaubild zur Entwicklung der Ständekämpfe**
Nach und nach erhielten die Plebejer mehr Rechte.

### Fragen und Anregungen

1. Betrachte die Büste eines römischen Adligen und beschreibe seine Haltung (Q1). Finde heraus, worauf sich der Stolz dieses Patriziers gründet (D1, VT).

2. Lies den Bericht des Livius und beschreibe mit eigenen Worten die Lage Roms im Jahre 494 v. Chr. (Q2).

3. Blättere zurück und betrachte die Zusammensetzung des römischen Heeres in der frühen Republik (D1). Welche Teile des römischen Heeres sind wahrscheinlich in der Stadt Rom geblieben und welche Teile des Heeres haben Rom wohl verlassen?

4. Lies entweder Q3 oder Q4 und berichte deinem Partner: Wie ist es zum Streik und Auszug der plebejischen Soldaten gekommen? Finde alle Gründe, die Livius nennt (Q3). Wie ist es Menenius Agrippa gelungen, die plebejischen Soldaten in die Stadt zurückzuholen? Erkläre das Gleichnis (Q4).

5. Du kannst die Ereignisse im Rom des Jahres 494 v. Chr. auch mit deinen Mitschülern nachspielen.

– Teilt euch auf in viele Plebejer und ihre Familien und in wenige Patrizier.
– Bestimmt aus jeder Gruppe die Hauptrolle: den alten Soldaten, den Patrizier Menenius Agrippa.
– Ordnet die Quellen in die zeitlich richtige Reihenfolge und gestaltet sie in drei Szenen um: der Aufruhr der Plebejer, der Auszug der Soldaten, die Rückkehr der Soldaten.
– Überlegt, was die einzelnen Gruppen in den drei Szenen jeweils rufen könnten und schreibt den Redetext für die beiden Hauptrollen.
– Spielt dann die Szenen nach.

6. Vergleiche die Errungenschaften der Plebejer in den Ständekämpfen und Roms Aufstieg zur Vorherrschaft in Italien (D3, D4). Erkläre, warum es in Rom nicht zum blutigen Kampf zwischen den beiden Ständen kommt, sondern sich die Lage zunehmend entspannt. Dies ist eine sehr schwierige Frage, nimm daher auch den Verfassertext zu Hilfe.

# 3. Wie Rom regiert wird

**Römisches Feldzeichen bei Asterix** D1
Auf römischen Feldzeichen, auf Münzen und Inschriften finden sich die Buchstaben „S.P.Q.R.". Was sie bedeuten, kannst du auf dieser Seite herausfinden.

**287 v. Chr.** — Die Beschlüsse der Plebejer-Versammlung gelten als Gesetze.
Die römische Verfassung hat sich herausgebildet.

Nach dem Königssturz und während der langen Zeit der Ständekämpfe entstanden die Regeln, nach denen die Macht im römischen Staat aufgeteilt wurde:

**Die Beamten**

Zwei höchste Beamte, die Konsuln, leiteten den römischen Staat und führten im Krieg das römische Heer. Die Konsuln durften nur für ein Jahr ihr Amt ausüben (Prinzip der Annuität – „annus" heißt Jahr). Ferner mussten sie sich in ihrem Handeln einig sein. Denn der eine Konsul konnte Handlungen des anderen verbieten (Prinzip der Kollegialität – du kennst das Wort Kollege). Diese Regeln galten auch für alle anderen Beamten, die immer mindestens zu zweit ihr Amt ausübten und durch Einspruch jede Entscheidung eines Mitbeamten aufheben konnten. Die Beamten wurden in Rom Magistrate genannt.

**Der Senat**

Auch wenn sie sich einig waren, konnten die beiden Konsuln nicht unabhängig Entscheidungen treffen. Neben den Magistraten gab es den Senat, der in Rom die Politik bestimmte. Die Magistrate mussten genau darauf achten, was der Senat sagte und wozu er riet. Denn die Mitglieder des Senats, die Senatoren, waren alle einflussreiche Patrizier oder reiche Plebejer, die selbst schon einmal höhere Beamte gewesen waren. Zusammen besaßen die Senatoren neben ihrem großen Einfluss hohe Autorität und viel Erfahrung.

**Das Volk**

Gewählt wurden die Magistrate in den Volksversammlungen, an denen alle männlichen erwachsenen römischen Bürger teilnahmen. Doch die Stimmen der reicheren, vor allem der Patrizier, zählten in den Abstimmungen mehr als die der ärmeren Bürger. Neben der Wahl der Magistrate waren die Volksversammlungen dafür zuständig, die Gesetze zu beschließen. Dabei wurde nicht diskutiert, sondern nur abgelehnt oder angenommen, was die Konsuln – in Abstimmung mit dem Senat – als Gesetz vorschlugen. Weil sowohl der Senat als auch das Volk Einfluss auf die Magistrate hatte, wurde die Regierung mit den Worten „SENATUS POPULUSQUE ROMANUS" (der Senat und das Volk von Rom) beschrieben.

Q1 **Kanaldeckel in Rom**
Auch heute noch findet man in Rom die Buchstaben „S.P.Q.R." auf den Kanaldeckeln oder den städtischen Linienbussen.

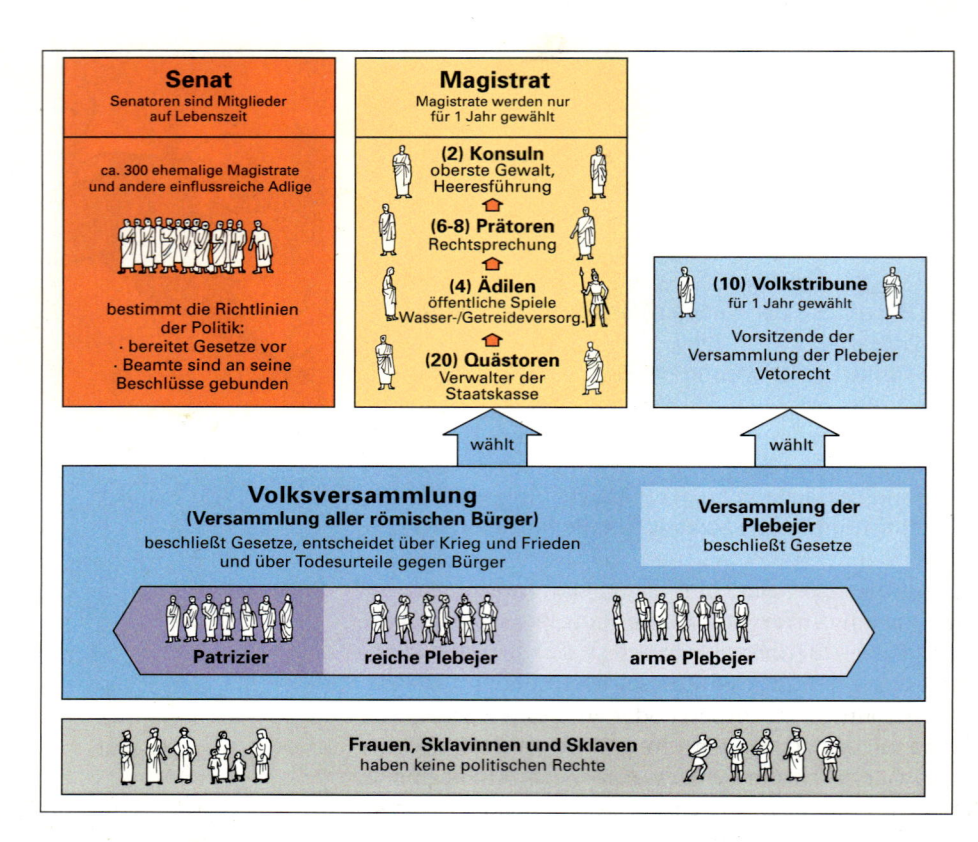

## Schaubild: Die römische Verfassung

**Senat** — Senatoren sind Mitglieder auf Lebenszeit
ca. 300 ehemalige Magistrate und andere einflussreiche Adlige
bestimmt die Richtlinien der Politik:
- bereitet Gesetze vor
- Beamte sind an seine Beschlüsse gebunden

**Magistrat** — Magistrate werden nur für 1 Jahr gewählt
- (2) Konsuln — oberste Gewalt, Heeresführung
- (6–8) Prätoren — Rechtsprechung
- (4) Ädilen — öffentliche Spiele, Wasser-/Getreideversorg.
- (20) Quästoren — Verwalter der Staatskasse

(10) Volkstribune — für 1 Jahr gewählt, Vorsitzende der Versammlung der Plebejer, Vetorecht

**Volksversammlung** (Versammlung aller römischen Bürger) — beschließt Gesetze, entscheidet über Krieg und Frieden und über Todesurteile gegen Bürger — Patrizier, reiche Plebejer, arme Plebejer — *wählt* Magistrat

**Versammlung der Plebejer** — beschließt Gesetze — *wählt* Volkstribune

Frauen, Sklavinnen und Sklaven haben keine politischen Rechte

**D2 Die römische Verfassung**
Politiker begannen ihre Karriere als Quästor und schlossen sie vielleicht als Konsul ab.
Schaubild zur Verfassung nach 287 v. Chr.

### Besondere Ämter: Zensor und Diktator
Aufgabe der beiden Zensoren war es, das Vermögen der Bürger zu schätzen und das Volk in Vermögensklassen einzuteilen. Außerdem wachten sie über die Einhaltung der Sitten und bestimmten die Mitglieder des Senats. Zum Zensor wurden ehemalige Konsuln für 18 Monate gewählt. In Notzeiten, meist im Krieg, konnten die Konsuln einen Diktator ernennen. Für sechs Monate besaß der Diktator dann die unumschränkte Gewalt.

### Volksversammlung
Ihr gehörten alle freien Bürger an, aber nicht alle mit gleichem Stimmrecht: Es wurde nach Vermögensgruppen abgestimmt. Daher besaßen Patrizier und reiche Plebejer mehr als die Hälfte aller Stimmen und konnten die weitaus größere Zahl der übrigen Bürger überstimmen.
Die Plebejer hielten auch eigene Versammlungen ab, in denen sie Gesetze und Gerichtsurteile beschlossen und die Volkstribunen wählten.

## Fragen und Anregungen

**1** Sorgen und Probleme in Rom. Finde anhand des Schaubilds D2 die Lösung.
– Ein stadtbekannter Senator kommt nur noch betrunken zu den Senatssitzungen. Wer entscheidet über seinen Ausschluss aus dem Senat?
– Senat und Volk von Rom beschließen, die Stadtmauer ausbessern zu lassen. Wer bezahlt die Handwerker?
– Der Senat empfiehlt, mit dem Bergvolk der Samniten einen Bündnisvertrag zu schließen. Wer wird darüber entscheiden?
– In der Stadt Rom sind alle Brunnen verschlammt. Wer hat hier seine Pflicht vernachlässigt?
– Ein Bauer verklagt seinen Nachbarn wegen Betrugs beim Viehhandel. Wer spricht das Urteil?
– Senat und Volk von Rom erklären den Volskern den Krieg. Wer erhält den Oberbefehl?
– Ein Bäcker wird wegen nächtlicher Ruhestörung zu Kerkerhaft verurteilt. Wer verhindert die ungerechte Strafe?
Formuliere selbst ein Problem der Römer und teste die Verfassungskenntnisse deines Partners.

**2** In Rom übten immer mindestens zwei Beamte wichtige Ämter aus. Nach nur einem Jahr wurden sie abgelöst (VT). Diskutiert die Vor- und Nachteile dieser Regelung.

# 4. Die römischen Adelsfamilien prägen die Republik

**Ein Senator** Q1
Bronzestatue eines Redners (1,85 m hoch), um 80 v. Chr. angefertigt.

Mit sechzehn Jahren legte ein römischer Junge feierlich seine Kindertoga auf dem Hausaltar ab. Er war nun volljährig. Die ganze Festgesellschaft, die Familie, Freunde und Verwandte begleiteten ihn dann auf das Forum, wo er in die Bürgerliste eingeschrieben wurde. Ab jetzt durfte er in der Volksversammlung abstimmen. Gewöhnlich heirateten die Jungen auch ab dem siebzehnten Lebensjahr. Die Hauptaufgabe eines adligen jungen Mannes bestand darin, das politische Leben kennen zu lernen und so in den Lebensbereich des Vaters hineinzuwachsen. Für ihn begann eine Art Lehrzeit, in der er sich auf seine vielfältigen Verpflichtungen als Adliger und auf eine politische Karriere vorbereiten konnte. Er musste lernen sich wie ein zukünftiger Senator zu verhalten, zu denken und zu handeln; er musste lernen in der Öffentlichkeit würdevoll, gemessen und diszipliniert aufzutreten oder vor großem Publikum wirkungsvoll zu sprechen. Bis zu seinem dreißigsten Lebensjahr galt ein römischer Adliger als „Heranwachsender". Erst danach konnte er die Ämterlaufbahn beginnen. Für jedes höhere Amt galten auch höhere Altersgrenzen, nur wer mindestens 43 Jahre alt war, konnte sich um das Konsulat bewerben. Doch nicht nur auf die politische Laufbahn, auch auf die Kriegsführung musste sich ein junger Adliger vorbereiten. Auf dem Marsfeld trainierte er fast täglich Reiten und Fechten.

Ein einflussreicher Adliger war immer auch der Patron (Schutzherr) zahlreicher ärmerer Leute, seiner Klienten. Ein Patron gewährte seinen Klienten Sicherheit und Schutz; er vertrat sie vor Gericht, er beriet sie in geschäftlichen Dingen, er lieh ihnen Geld oder verpachtete ihnen Land. Gewöhnlich empfing ein römischer Adliger jeden Vormittag seine Klienten, um sich ihre Sorgen anzuhören, um sie zu beraten oder ihnen zu helfen. Die Klienten wiederum begleiteten ihren Patron in der Öffentlichkeit und stimmten für ihn bei den Wahlen in der Volksversammlung. Sie bildeten seine Gefolgschaft. Je größer die Anzahl seiner Klienten, desto mächtiger und einflussreicher war der Patron. Zwischen einer Adelsfamilie und ihren Klienten bestand oft über Generationen hinweg ein solches Schutz- und Treueverhältnis.

**Patron und Klient**

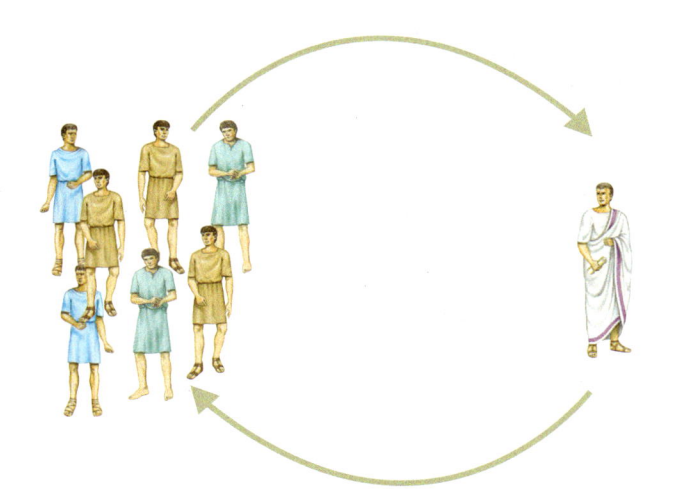

D1 **Klienten und Patron**
Zeichne das Schaubild in dein Heft. Finde alle Begriffe im Verfassertext, die das Verhältnis zwischen einem Patron und seinen Klienten kennzeichnen.
Schreibe die Begriffe dann an den jeweils richtigen Pfeil.

**Vom Mädchen zur Frau**

Zwischen zwölf und vierzehn Jahren legte ein Mädchen ihre Lieblingspuppe auf den Hausaltar. Damit endete ihre Kindheit. Ab nun musste sie damit rechnen, verheiratet zu werden – häufig mit einem wesentlich älteren Mann. Die Hauptaufgabe einer Ehefrau in einer vornehmen Familie bestand darin, Kinder zu bekommen und dem Haushalt vorzustehen. Sie war die Herrin des Hauses; sie erzog die Kinder, sie musste Gesinde und Sklaven anleiten und beaufsichtigen. Im Vergleich zu den Frauen in Athen führten die römischen Frauen ein freieres Leben. Sie durften an Gastmählern teilnehmen, das Theater und die Spiele besuchen oder in die Thermen gehen. Obwohl die römischen Frauen keine politischen Rechte hatten, konnten einige Frauen aus der römischen Oberschicht beträchtliche politische Macht ausüben. Sie konnten zwar kein Amt einnehmen, aber über ihren Ehemann, ihren Sohn oder ihren Bruder konnten sie Einfluss gewinnen.

**„familia" und „pater familias"**

In der römischen Familie besaß der „pater familias", der Hausvater, unumschränkte Gewalt. Zur „familia" gehörten neben der Ehefrau und den unverheirateten Kindern auch die verheirateten Söhne, deren Frauen und Kinder sowie Sklaven und Freigelassene. Ferner konnten Personen dazugehören, die adoptiert worden waren. Dies kam zum Beispiel dann vor, wenn aus einer Ehe keine geeigneten Erben hervorgingen. Für die Adoptierten bedeutete die Adoption häufig einen gesellschaftlichen Aufstieg, weil sie nun Mitglied einer höher gestellten und vermögenderen Familie wurden.

Alle Familienangehörigen mussten dem „pater familias" gehorchen; er durfte alle Mitglieder der Hausgemeinschaft strafen, auch züchtigen, bei schweren Vergehen sogar die Todesstrafe aussprechen. Er allein bestimmte über den Besitz und das Vermögen der Familie, er allein vertrat die Familie vor Gericht und in der Öffentlichkeit. Selbst gegenüber freigelassenen Sklaven und deren Nachfahren behielt der „pater familias" gewisse Rechte. Beispielsweise blieb er Vormund der weiblichen oder noch nicht volljährigen Freigelassenen. Nach dem Tod eines Freigelassenen stand ihm sogar ein Anteil an dessen Erbe zu. Umgekehrt musste auch der Hausvater in seinem Testament alle Familienangehörigen und Mitglieder der Hausgemeinschaft bedenken.

Meist entschied der „pater familias" über die Eheschließung seiner Söhne und Töchter. Diese Entscheidung hing für ihn fast immer von zwei Gesichtspunkten ab. Einerseits hoffte er, durch die Ehe den Familienbesitz erhalten oder sogar vergrößern zu können, z. B. durch die Mitgift der Frau, die in seine „familia" einheiratete. Andererseits war er an der Herstellung nützlicher verwandtschaftlicher Beziehungen interessiert. Die Ehe wurde dann rein privat, ohne staatliche Beurkundung geschlossen. Deshalb konnte sie auch leicht wieder geschieden werden. Mit der Heirat wechselten die Töchter von der väterlichen Gewalt, der „potestas", in die Gewalt ihres Ehemanns oder ihres Schwiegervaters. Im Laufe der Zeit entwickelte sich aber eine Eheform, die für die Frauen vorteilhafter war. Sie konnten weiterhin ihrer „familia" angehören und erhielten deshalb im Fall der Scheidung ihre Mitgift zurück.

Die Lebensweise der Adligen galt zwar als Vorbild für das ganze Volk, wahrscheinlich haben aber die Familienbeziehungen in der römischen Unterschicht oder bei der Landbevölkerung wesentlich anders ausgesehen. Hierüber sind aber kaum Quellen überliefert.

**Q2 Römische Adlige**
Marmorstatue (2,70 hoch), 2. Hälfte des 1. Jahrhunderts v. Chr.

**D2 Kleidung und Haartracht der Römer und Römerinnen**

Alle Römer, ob Mann oder Frau, trugen eine Tunika. Männer trugen darüber noch eine Toga. Sie war ein Zeichen der Männlichkeit und der Bürgerwürde. Nur die Toga eines Senators durfte mit einem purpurnen Streifen geschmückt werden. Frauen trugen über der Tunika oft ein Kleid namens Stola und eine Palla, einen lockeren Mantel aus einem rechteckigen Stück Stoff, der auf die unterschiedlichsten Weisen drapiert wurde. Die Römer waren meist glattrasiert, erst im 2. Jahrhundert n. Chr. wurden Bärte modern. Die Haare waren kurz geschnitten und nach hinten gekämmt. Die Frisuren der Frauen waren anfangs schlicht geknotet. Später wurde das Haar aufwendig geflochten oder zu Locken gedreht und mit Nadeln aus Knochen oder Elfenbein hochgesteckt.

**Q3 Frauen der Oberschicht**
Wandmalerei aus Pompeji, um 40–30 v. Chr.

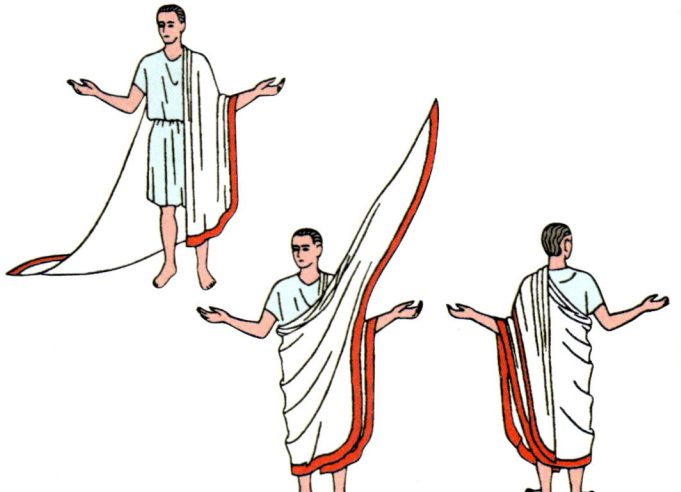

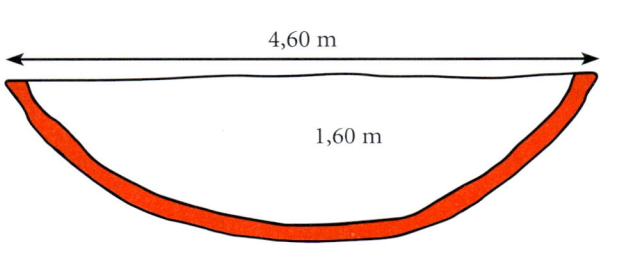

4,60 m
1,60 m

**D3 Das Anlegen einer Toga**
Aus einem einfachen Tuch entwickelte sich die Toga zu einem immer größeren Umhang, der schließlich einen Durchmesser von 6 Metern hatte. Nun konnte sie nur noch mit fremder Hilfe angelegt werden.

## Fragen und Anregungen

### für Jungen

1. Die römische Gesellschaft wird als vaterrechtlich (patriarchalisch) bezeichnet. Welche Aufgaben, Pflichten und Rechte hättest du als junger römischer Adliger und Ehemann (VT)? Welche hättest du gern übernommen, welche wären für dich eine Belastung gewesen? Diskutiere darüber mit den anderen Jungen und den Mädchen.

2. Beweise, dass es sich bei der Statue wirklich um einen Senator handelt (Q1, D2, D3).

3. Gestaltet eine historische Modenschau. Probiert die Kleidung eines Senators aus. Achtet auf das richtige Anlegen der Toga (Q1, D2, D3). Schildert, wie man in dieser Kleidung geht, redet und handelt.

### für Mädchen

1. Die römische Gesellschaft wird als vaterrechtlich (patriarchalisch) bezeichnet. Welche Aufgaben, Pflichten und Rechte hättest du als junge römische Adlige und Ehefrau (VT)? Welche hättest du gern übernommen, welche wären für dich eine Belastung gewesen? Diskutiere darüber mit den anderen Mädchen und den Jungen.

2. Beweise, dass auch römische Frauen gebildet waren und lesen und schreiben konnten (Q3).

3. Gestaltet eine historische Modenschau. Probiert die Kleidung einer römischen Adligen aus. Achtet auf die verschiedenen Weisen, die Palla zu tragen (Q2, Q3, D2). Schildert, wie man in dieser Kleidung geht, redet und handelt.

# DIE RÖMISCHE „FAMILIA"

## Das Leben in der Familie

Auch wenn das deutsche Wort „Familie" vom lateinischen Wort „familia" stammt, setzte sich eine römische „familia" offensichtlich anders zusammen und funktionierte anders als eine heutige Familie. Wer gehörte zu einer römischen Familie und wie müssen wir uns das Leben in der Familie vorstellen? Finde mit Hilfe der Quellen heraus, was wir über das Verhältnis zwischen Vater, Mutter und Kindern und zwischen Ehemann und Ehefrau erfahren können.

**Q1 Lebensweg eines römischen Jungen.** Sarkophag, 2. Jahrhundert n. Chr.

### Q2 Vaterliebe

*Der Senator Cato der Ältere (234–149 v. Chr.) galt als Inbegriff des sittenstrengen Römers. Über ihn schreibt der Schriftsteller Plutarch:*

Als ihm ein Sohn geboren war, gab es kein so dringendes Geschäft – es sei denn ein öffentliches –, das ihn hindern konnte, dabei zu sein, wenn die Frau den Säugling badete und windelte. Denn sie nährte ihn mit der eigenen Milch.

Plutarch, Cato der Ältere, 20, 4–5. Zit. nach: Thomas Späth/Beate Wagner-Hasel (Hg.), Frauenwelten in der Antike, Stuttgart 2000, S. 370.

### Q3 Mutterliebe

*Cornelia (192–113 v. Chr.) vereinte höchste Begabung und Bildung mit Anmut, Häuslichkeit und Mütterlichkeit. Sie galt als Muster einer Römerin. Von ihr wird berichtet:*

Bei Cornelia (…) war eine Frau (…) zu Besuch und zeigte ihr Schmuckstücke; es waren die schönsten, die es damals gab. Cornelia unterhielt sich mit ihr, bis ihre Söhne aus der Schule kamen. „Das sind meine Schmuckstücke", sagte sie zu der Frau.

Valerius Maximus, Bedenkenswerte Taten und Worte, IV, 4. Übers. und bearb. v. C. Stuhrmann.

### Q4 Kinderliebe

*Der römische Dichter Horaz (65–8 v. Chr.), Sohn eines Freigelassenen, spricht über seinen Vater:*

Wenn ich nur wenige Fehler habe und ansonsten ganz in Ordnung bin, wenn mir niemand mit Grund Habsucht oder schmutzigen Geiz oder schlechte Gesellschaft vorwerfen kann, wenn ich, um selbst mich zu loben, anständig und unbescholten lebe, geliebt von den Freunden, dann habe ich das alles meinem Vater zu danken. Obwohl er nur ein kleines Gut und wenig Geld besaß, wollte er mich trotzdem nicht in Flavius' Schule schicken, die von großmäuligen Söhnen von Soldaten besucht wird. Nein, er fand Mut, seinen Jungen nach Rom in die Schule zu geben, damit er alles lerne, was auch jeder Senator und Ritter seinen Kindern beibringen lässt. (…) Ich hatte keinen Sklaven, der Vater begleitete mich daher persönlich zu den Lehrern. Wozu viele Worte? Groß sind das Lob und der Dank, die ich jetzt meinem Vater schulde. Gedankenlos wäre es, wenn ich mich meiner Herkunft schämen würde, und deshalb mag ich mich nicht wie die meisten verteidigen, welche immer wieder sagen, ihre Schuld sei es nicht, dass sie keine freigeborenen und berühmten Eltern hätten.

Horaz, Satiren 1,6,65–92. Übers. und bearb. v. U. Walter.

# WERKSTATT

**Q5 Eheschließung**
Römisches Steinrelief.

**LITERATURTIPP**

*Was und wie lernen römische Kinder in der Schule? Wie verbringt ein Patrizier seinen Tag? Womit beschäftigen sich die Frauen in Rom? Diese Fragen und noch viele mehr zum Leben in Rom beantwortet folgendes Buch:*
**Sylke Tempel, Das alte Rom, Berlin 2001, 192 Seiten**

**Q6 Eheglück**
*Über seine mehr als zwanzig Jahre jüngere Gattin Calpurnia schreibt der Römer Plinius der Jüngere (62–113 n. Chr.):*
Sie hat viel Verstand, ist äußerst anspruchslos; sie liebt mich. (…) Dazu kommt ihr Interesse für Literatur, das sie nur aus Liebe zu mir gefasst hat. Sie nimmt meine Bücher zur Hand, liest sie aufmerksam, lernt sie sogar auswendig. (…) Sie vertont auch meine Lieder, einfach aus Liebe. Aus all diesen Gründen hoffe ich zuversichtlich, dass unser Einvernehmen ewig dauern und mit jedem Tag inniger sein wird.

*Plinius, Briefe, 4, 19, 2–5. Zit. nach: Thomas Späth/Beate Wagner-Hasel (Hg.), Frauenwelten in der Antike, Stuttgart 2000, S. 46, Bearb. d. Verf.*

**Q7 Ehestreit**
*In einem Brief erzählt Cicero (106–43 v. Chr.) von einem unerfreulichen Besuch auf dem Land bei seinem Bruder Quintus und seiner Schwägerin Pomponia:*
Du kennst das Landgut ja. Als wir dort ankamen, sagte Quintus sehr liebenswürdig: „Pomponia, lade du die Frauen ein, ich hole die jungen Männer." Ich hatte den Eindruck, freundlicher was Worte, Tonfall und Gebärde anging, konnte er nicht mit ihr sprechen. Sie aber antwortete so, dass ich es hören musste: „Ich bin ja selbst hier nur Gast," wahrscheinlich, weil Statius vorausgegangen war, um für den Imbiss für uns zu sorgen. Quintus sagte nur: „Da hast du es; so geht es mir alle Tage." (…) Ihre Antwort war so ungezogen, so beleidigend in Wort und Gebärde, dass auch ich ganz betroffen war. Doch ließ ich mir meine Empörung nicht anmerken. Wir gingen alle zu Tisch, ohne sie; doch ließ ihr Quintus Essen bringen, aber sie lehnte ab.

*Cicero, Attica – Briefe, 5, 1, 3–4. Zit. nach: Thomas Späth/Beate Wagner-Hasel (Hg.), Frauenwelten in der Antike, Stuttgart 2000, S. 49.*

## Fragen und Anregungen

1. Beschreibe das Relief des Sarkophags und überlege, welche vier Stufen auf dem Lebensweg eines römischen Jungen abgebildet sind (Q1).
2. Berichte, was wir über das Verhältnis von Vater, Mutter und Kindern erfahren (Q1 bis Q4).
3. Betrachte die Darstellung einer Eheschließung (Q5). Versuche zu erklären, was die Schriftrolle in der linken Hand des Bräutigams bedeuten könnte (S. 138, VT).
4. Nenne die Unterschiede (Alter, Gefühle, Beziehung der Eheleute zueinander) zwischen den Ehepaaren Plinius und Calpurnia sowie Quintus und Pomponia (Q6, Q7).
5. Schlichte den Ehestreit zwischen Quintus und Pomponia. Finde zuerst den Anlass des Streits heraus. Erkläre dann Quintus, womit er Pomponia als Herrin des Hauses gekränkt hat. Erkläre nun Pomponia, warum ihr Betragen für Quintus als „pater familias" verletzend ist (Q7; S. 138, VT).

# 5. So sollten Römer sein

**Tugendschild des Augustus** Q1
Selbst dem ersten römischen Kaiser Augustus war es wichtig, ein guter Römer zu sein. Als seine Tugenden werden auf dem Schild genannt: Tapferkeit (virtus), Milde (clementia), Gerechtigkeit (iustitia), Frömmigkeit gegenüber den Göttern und dem Vaterland (pietas ergo deos patriamque).

**Verehrung der Vorfahren**

Die Sitten und Lebensformen ihrer Vorfahren, die in der Frühzeit der Republik gelebt hatten, waren für die Römer vorbildlich. Die Maskenbilder der verstorbenen Ahnen erhielten deshalb einen Ehrenplatz auf dem Hausaltar. Sie wurden bei jedem Begräbnis mitgeführt oder sogar von Schauspielern getragen. Denn ein Römer musste sich seiner Vorfahren als würdig erweisen.

Ein Römer musste sich einordnen und unterordnen. Der Vater, der Beamte, der Feldherr konnten strengsten Gehorsam einfordern. Wer dieses Gebot der Disziplin verletzte, wurde hart bestraft.

Ein Römer musste sich bescheiden. Am Vorbild der bäuerlichen Vorfahren sollte er seine Lebensführung ausrichten. Gute Römer und Römerinnen waren pflichtbewusst, fromm, sittenstreng und treu. Sie achteten auf ihr Ansehen und ihre Würde, sie waren beständig und opferbereit, auch in schweren Zeiten.

Ein Römer war tüchtig und tapfer. Besonders die römischen Adligen mussten sich durch politische und militärische Leistungen Ansehen und Ruhm erwerben. Einem siegreichen Feldherrn gewährte der Senat die Auszeichnung im Triumph in Rom einzuziehen. Dies war der Höhepunkt im Leben eines Adligen, denn für die kurze Zeit des Festes durfte er über seine Standesgenossen herausragen und im Mittelpunkt stehen.

Oberster Lebensgrundsatz der römischen Adligen aber blieb es, dass der Einzelne sich und seine Wünsche dem Wohl der Familie und dem Wohl des Staates unterordnete. Dieser Grundsatz wurde beispielhaft an den Heldinnen und Helden der Sagen aus den Anfängen der Republik veranschaulicht.

Für den Staat waren diese Werte, Verhaltensweisen und Vorbilder sehr wichtig. Sie erklären mit, warum Rom vom kleinen Stadtstaat zur Groß- und Weltmacht aufsteigen konnte.

Q2 **Adliger Römer mit den Büsten seiner Vorfahren**
Marmorstatue (1,65 m hoch), 1. Jahrhundert n. Chr.

**Q3 Grabinschrift für die römische Adlige Amymone**
Hier liegt Marcus' (Frau) Amymone, die beste und schönste, eifrig mit ihrer Wolle, fromm, sittsam, sparsam, keusch, froh im Haus zu bleiben.

CIL VI 11602 in: Thomas Späth/Beate Wagner-Hasel (Hg.), Frauenwelten in der Antike, Stuttgart 2000, S. 48.

**Q4 Grabinschrift für den Patrizier Gnaeus Cornelius Scipio Hispanus, 2. Jahrhundert v. Chr.**
Die Mannestugenden meines Geschlechts habe ich durch meine Lebensführung gemehrt, Nachkommenschaft mir gezeugt, den Taten der Väter nachgeeifert, der Vorfahren Ruhm erhalten, dass sie sich freuen sollten, dass ich ihnen geboren ward; ihren Spross hat die Ehre geadelt.

CIL VI 1293 in: Geschichte in Quellen, Bd. 1, München 1965, S. 407.

**Q5 Lucretia – eine Heldin aus der Frühzeit Roms**
*Die Sage von der keuschen und treuen Lucretia war bereits im 2. Jahrhundert verbreitet, bevor die römischen Schriftsteller Livius (um 59 v.–17 n. Chr.) und Ovid (43 v.–17/18 n. Chr.) sie erzählten.*

Einst in der Königszeit saßen römische Patrizier mit dem etruskischen Königssohn Sextus Tarquinius im Heerlager beisammen. Es kam zum Streit, wessen Gattin die beste sei. So beschlossen die Männer, nach Rom zu reiten, um zu sehen, was die Frauen in ihrer Abwesenheit so trieben. Zuerst begaben sie sich zum Königspalast. Dort fanden sie die etruskischen Frauen bei Gelagen und Wein. Lucretia aber, die Gattin des Römers Collatinus, saß trotz der späten Stunde inmitten ihrer Mägde und spann Wolle für ein Gewand ihres Mannes; Collatinus hatte also die Wette gewonnen. Der etruskische Prinz aber blieb tief beeindruckt von der Schönheit und Sittsamkeit der Lucretia. Tage später ritt er heimlich zu ihr und wurde gastfreundlich von ihr aufgenommen. Nachts drang er jedoch in Lucretias Schlafzimmer ein und zwang sie unter Gewalt und Drohungen, sich ihm hinzugeben. Sowie der Etrusker fort war, schickte Lucretia nach ihrem Vater und nach ihrem Gatten. Collatinus brachte seinen Freund Lucius Iunius Brutus mit. Unter Tränen erzählte Lucretia den Männern von dem Vorfall, dann erstach sie sich. Brutus aber nahm den Blut triefenden Dolch und schwor, die etruskische Königsfamilie aus Rom zu vertreiben. So geschah es:
„Flieh'n muss Tarquinius mit seinen Söhnen, die Konsuln erhalten
Jährlich das Amt: In Rom gibt's keinen König seitdem."

Erzählt nach Ovid, Fasti 2, 271–852 und Livius 1, 58, 7–9 in: Jane F. Gardner, Römische Mythen, Stuttgart 1994, S. 110–112. Bearb. d. Verf.

**Q6 Grabmal eines adligen Ehepaars**
1. Jahrhundert v. Chr.

## Fragen und Anregungen

1. Beschreibe die Grabplatte eines römischen Ehepaars und nenne die Tugenden, die sich in den Gesichtern widerspiegeln (Q6).

2. Lies die Grabinschriften und zeige, dass die Verstorbenen dem Idealbild eines Römers und einer Römerin entsprochen hatten (Q3, Q4, VT).

3. Welchen Vorbildern eiferten die Römer nach? Lies die Geschichte von Lucretia, Collatinus und Brutus (Q5). Finde heraus, warum die Römer sie als Helden verehrten. Zeige, wie im Gegensatz dazu die Etrusker dargestellt wurden und erkläre warum. Blättere dabei auch zurück zu Kapitel 1. Beachte dort besonders Q4 sowie D1 und D3.

4. Merke dir den Namen des Römers, der einst die etruskischen Tyrannen vertrieb: Brutus. In Kapitel 9 wirst du erfahren warum.

5. Entwirf selbst einen Tugendschild (Q1). Welche Tugenden der Römer möchtest du übernehmen, welche willst du ersetzen und womit? Oder sind Tugenden für dich heute nicht mehr so wichtig und du lässt den Schild lieber leer? Vergleiche deinen Schild mit denen deiner Mitschüler.

# 6. Rom wird Großmacht

**Elefanten im Kriegsdienst – „Panzer der Antike"** Q1
Unter Hannibal setzten die Karthager, auch Punier genannt, gegen die Römer Kriegselefanten ein.
Statue eines Kampfelefanten aus Terrakotta, Pompeji.

| | |
|---|---|
| 264–146 v. Chr. | Rom gewinnt in drei langen Kriegen gegen Karthago die Vorherrschaft im westlichen Mittelmeerraum. |
| 200–133 v. Chr. | Rom wird die führende Macht im östlichen Mittelmeergebiet. |

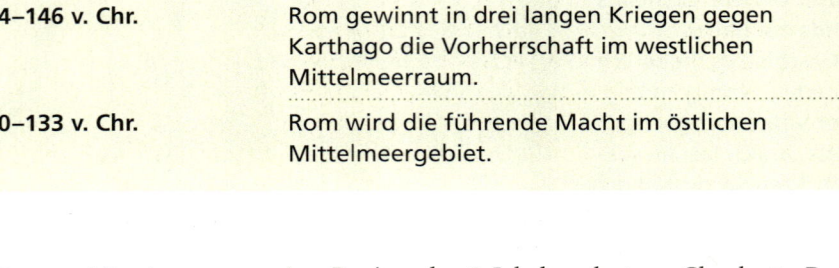

**Rom und Karthago vor den Punischen Kriegen**

Am Beginn des 3. Jahrhunderts v. Chr. hatte Rom die Vorherrschaft über Italien erlangt. Mit einzelnen Städten und Stämmen – auch wenn sie Gegner Roms gewesen waren – hatten die Römer Bündnisse geschlossen. Diese „Bundesgenossen" mussten Rom im Kriegsfall mit Soldaten, Material oder Schiffen unterstützen. Dafür wurden sie an der Kriegsbeute beteiligt. Die Politik nach außen bestimmten die Römer, die inneren Angelegenheiten regelten die Bundesgenossen weiterhin selbst.

Im Bereich des westlichen Mittelmeers gab es zu dieser Zeit nur eine einzige weitere Macht, die mit Rom vergleichbar war: die Stadt Karthago. Als Kolonie war Karthago von den Phöniziern auf dem Gebiet des heutigen Tunesien gegründet worden. Die Karthager waren ein Volk von Seefahrern und Händlern. Sie hatten ihren Machtbereich auf das gesamte westliche Mittelmeer ausgedehnt. Mit Rom hatte Karthago zunächst gute Beziehungen gepflegt; es waren gegenseitige Verträge geschlossen worden, auch bestand zwischen beiden Städten ein reger Handel.

D1 **Der 1. und 2. Punische Krieg. Geschichtskarte**

Im Jahr 264 v. Chr. rief die von Griechen bewohnte Stadt Messena im ~~Westen~~ Osten Siziliens im Streit mit ihrer Nachbarstadt Syrakus zunächst die Karthager, dann die Römer zu Hilfe. Aus einem auf einen Ort begrenzten Konflikt entwickelte sich bald ein Krieg zwischen Römern und Karthagern; er dauerte über zwanzig Jahre und wurde von beiden Seiten erbittert geführt. Wie kam es dazu? Sizilien war ein reiches Anbaugebiet für Getreide und eine „Brücke" nach Afrika. Die Karthager betrachteten Sizilien schon lange als ihren Einflussbereich. Die Römer sahen die Gelegenheit gekommen ihren Machtbereich in Unteritalien zu sichern und nach Sizilien hin auszudehnen. Zudem schienen Beute und Ruhm schnell erreichbar zu sein und eine Niederlage vor den Augen der Bundesgenossen konnten sich die Römer nicht leisten. Sieger in diesem Krieg waren im Jahr 241 v. Chr. die Römer. Ihre Friedensbedingungen waren hart: Die Karthager mussten Rom Sizilien überlassen, dazu noch 80 Tonnen Silber zahlen. Schließlich zwang Rom die Karthager auch noch Korsika und Sardinien abzutreten.

**Der 1. Punische Krieg**

Dreißig Jahre später, 218 v. Chr., kam es zwischen Karthago und Rom erneut zum Krieg. In Spanien hatten die Karthager die Stadt Sagunt erobert. Die Römer sagten, die Stadt sei mit ihnen verbündet gewesen, was die Karthager abstritten. Eigentlich ging es um mehr: Karthago hatte sich in Spanien eine neue Machtbasis geschaffen. Darin sahen die Römer eine Bedrohung. Beide Seiten waren vermutlich von Anfang an auf einen umfassenden Krieg aus. Er wurde an verschiedenen Orten rund um das westliche Mittelmeer geführt. Die Römer und ihre Bundesgenossen waren den Karthagern an Menschen und Mitteln eigentlich überlegen. Doch die Karthager besaßen einen äußerst begabten Feldherrn: Hannibal. Mit Kriegselefanten, der Reiterei und seinem ganzen Heer überquerte er von Spanien kommend die Alpen und drang in Italien ein. Durch eine geschickte Kriegsführung schlug er mehrmals die römischen Armeen. Sein größter Erfolg war die Schlacht bei Cannae im Jahr 216 v. Chr. 80 000 Mann hatten die Römer ins Feld geschickt, auf der Seite der Karthager kämpften nur 50 000 Mann. Am Ende der Schlacht waren die Römer vernichtend geschlagen, 50 000 Römer waren gefallen. Ein Heer, das die Stadt schützen konnte, gab es nicht mehr. Aus Angst vor einem Angriff der Karthager auf

**Der 2. Punische Krieg**

**D2** Das römische Territorium 200–133 v. Chr. Geschichtskarte

- Römisches Reich um 200 v. Chr.
- neu erworbene Provinzen bis 133 v. Chr.
- römisches Einflussgebiet
- griechische Stadtstaaten 133 v. Chr.

145

**Q2 Der punische Feldherr Hannibal.** Marmorbüste, nach 183 v. Chr.

ihre Stadt rissen die Römer schon die Brücken des Tiber ein. Rom schien am Ende, der Krieg verloren zu sein. Doch Hannibal marschierte nicht auf Rom. Stattdessen versuchte er, die Bundesgenossen Roms auf seine Seite zu ziehen. Doch die meisten Verbündeten hielten den Römern die Treue.

Obwohl Hannibal bis jetzt alle Schlachten gewonnen hatte, verlor er dennoch den Krieg. Denn die Römer änderten ihre Kriegstaktik. Sie stellten sich nicht mehr zur Schlacht, sondern zermürbten Hannibal und sein Heer in langen Märschen und kleineren Gefechten. Schließlich besiegten sie die Karthager auf Sizilien und in Spanien und setzten mit einem Heer nach Afrika über. Bei der Stadt Zama verlor Hannibal die letzte Schlacht. Er floh vor der Rache der Römer und nahm sich in Kleinasien das Leben.

Mit den Siegern mussten die Karthager im Jahr 202 v. Chr. einen äußerst harten Friedensvertrag schließen: Karthago hatte an Rom seine spanischen Gebiete abzutreten, 260 Tonnen Silber zu zahlen und durfte von den 500 Kriegsschiffen nur zehn behalten. Ferner war es den Karthagern nur noch erlaubt, in Afrika und mit Zustimmung Roms Krieg zu führen.

**Der 3. Punische Krieg**

Im Jahre 149 v. Chr. mussten sich die Karthager gegen ein benachbartes Volk verteidigen. Da sie die Römer nicht um Zustimmung gefragt hatten, landete ein römisches Heer in Afrika. Die Karthager wollten sich unterwerfen: Sie stellten Geiseln und gaben ihre Waffen ab. Doch die Konsuln forderten die Karthager auf ihre Stadt zu verlassen. Karthago müsse zerstört werden, so eine verbreitete Meinung in Rom. Die Karthager waren nicht bereit ihre Stadt aufzugeben. Sie verschanzten sich in der Stadt. Nach dreijähriger Belagerung wurde Karthago im Jahre 146 v. Chr. dem Erdboden gleich gemacht und die überlebenden Karthager in die Sklaverei verkauft. Die Gründe dafür, warum die Römer das bereits geschwächte Karthago auf so brutale Weise zerstörten, sind heute noch umstritten. Das Land der Karthager wurde zu einer römischen Provinz.

**Siege im Osten des Mittelmeers**

Mit den Punischen Kriegen war Rom eine Großmacht geworden. Auch im östlichen Mittelmeerraum besaßen die Römer jetzt Verbündete. Dort wurden sie in Streitigkeiten hineingezogen oder griffen von sich aus ein. Im Jahre 146 v. Chr. schlugen die Römer einen Aufstand in Korinth nieder, zur Abschreckung machten sie – im selben Jahr wie Karthago – auch diese Stadt dem Erdboden gleich. Nach siebzig Jahren waren ganz Griechenland und der westliche Teil der heutigen Türkei römische Provinzen.

## Provinz

Als Provinzen bezeichneten die Römer die Länder bzw. Gebiete, die sie außerhalb Italiens erobert hatten. Sizilien war die erste römische Provinz. Die Verwaltung der Provinzen übernahmen Statthalter, römische Adlige, die häufig zuvor Konsuln gewesen waren. Ihre Macht war unumschränkt, sie besaßen auch den Oberfehl über die in den Provinzen stationierten Soldaten. Praktisch waren sie aber auf die Zusammenarbeit mit den führenden Schichten vor Ort angewiesen, denn die Statthalter verwalteten die Provinzen mit einem kleinen Stab von Beratern und Schreibern. Die Einwohner der Provinzen mussten an Rom Steuern (Geld oder einen Teil der Ernte) zahlen, besaßen aber nicht das Bürgerrecht. Oft beuteten die Statthalter und die von den Römern beauftragten Steuereinnehmer die Provinzen zur eigenen Bereicherung aus.

**D 3  Ein römisches Kriegsschiff (bis zu 50 m lang und 7 m breit)**
Vorne rechts ist „der Rabe" (corvus), die von den Römern erfundene Enterbrücke. Ein Historiker meinte später, die Römer hätten aus einem Seekrieg einen Landkrieg gemacht.

**Q 3  Unterschiede zwischen den Gegnern**
*Der Grieche Polybios lebte um die Mitte des 2. Jahrhunderts v. Chr. als Geisel in Rom. Er schrieb in einer Weltgeschichte über die Punischen Kriege:*
Um auf das Einzelne zu kommen und gleich bei dem Kriegswesen anzufangen, so sind die Karthager zur See besser geübt und gerüstet, da sie auf diesem Gebiet eine lange Erfahrung haben und mehr als irgend-
5 jemand sonst ein Seefahrervolk sind. Die Römer sind zu Lande weit überlegen. Denn sie wenden dem Heer ihre ganze Sorge zu, die Karthager dagegen vernachlässigen es vollständig und schenken nur der Kavallerie einige Aufmerksamkeit. Das liegt daran, dass sie frem-
10 de Söldnertruppen verwenden, während das römische Heer aus Landeskindern und Bürgern besteht. Auch insofern also verdient das römische Staatswesen größeres Lob als das karthagische. Denn hier hängt die Freiheit der Stadt an dem Mut von Söldnern, dort be-
15 ruht sie auf der eigenen Tapferkeit und dem Beistand der Bundesgenossen.

Polybios, Römische Geschichte 6,52, Gesamtausgabe in zwei Bänden. Eing. u. übers. v. Hans Drexler, Zürich/Stuttgart 1961, S. 577, 134.

**Q 4  Verhalten der Römer nach Niederlagen**
*Der Römer Livius (59 v. Chr. bis 17 n. Chr.) schrieb über ihre Reaktion nach der Schlacht von Cannae:*
Doch führten die Niederlagen (…) nicht dazu, dass irgendwo das Wort Frieden bei den Römern fiel, weder vor der Ankunft des Konsuls in Rom, noch als er nach seiner Rückkehr die Erinnerung an die erlittene Niederlage auffrischte. Ja, gerade in dieser Zeit war die 5 Bürgerschaft von einer so hohen Gesinnung beseelt, dass dem Konsul bei seiner Rückkehr von der im hohen Maße selbst verschuldeten Niederlage zahlreiche Angehörige aller Stände entgegenzogen und ihm dafür Dank gesagt wurde, dass er an dem Gemeinwesen 10 nicht verzweifelt sei.

Livius, Römische Geschichte 22, 61, 10 ff. Übers. v. M. Krön.

**Q 5  Römische Disziplin**
*Über die eiserne Disziplin und die harten Strafen beim römischen Militär berichtet Polybios:*
Bei einem Vergehen gegen die militärische Vorschrift halten die Militärtribunen sogleich das Standrecht ab, und der Schuldige wird von allen übrigen mit Stöcken geschlagen und mit Steinen beworfen. Dabei finden die meisten noch im Lager selbst den Tod. (…) 5
Folgende Vergehen werden als Feigheit und Schande für einen Soldaten angesehen: (…) wenn Soldaten aus Furcht ihren Posten verlassen oder im Kampf die Waffen fortwerfen. Darum lassen sich manche lieber auf verlorenem Posten niederhauen aus Furcht vor der 10 Strafe daheim, auch wenn ein vielfach überlegener Feind über sie herfällt.

Polybios, 6, 37–39. Zit. nach: Otto Kampe, Die Ursachen der Größe Roms, Stuttgart 1979, S. 53–54. Bearb. d. Verf.

### Q6 Urteile über die Zerstörung Karthagos

*Polybios berichtete, welche Meinungen es über die Zerstörung Karthagos in Griechenland gab:*

Einige billigten die Handlungsweise der Römer und behaupteten, diese hätten verständig und wirkungsvoll die Interessen ihrer Herrschaft verfolgt; dass sie die ihnen drohende Gefahr und die Stadt, die oft mit
5 ihnen um die Vorherrschaft gerungen hätte und auch jetzt noch bei passender Gelegenheit dazu imstande sei, beseitigt hätten und dadurch ihrem Lande die Herrschaft gesichert hätten, zeuge nur von ihrer Einsicht und ihrem Weitblick. Andere widersprachen dem:
10 Die Römer blieben nicht bei den Grundsätzen, mit denen sie ihre Vorherrschaft gewonnen hätten. (…) Denn früher hätten sie alle ihre Kriege nur so lange geführt, bis sie gesiegt und ihre Gegner zu der Erkenntnis gezwungen hätten, man müsse ihnen gehor-
15 chen und ihre Befehle ausführen. (…) Ohne dass etwas Schwerwiegendes vonseiten der Karthager geschehen sei, hätten sie die schwersten und härtesten Maßnahmen gegen diese beschlossen, obwohl die Karthager alle ihre Bedingungen annahmen und bereit waren,
20 alle ihre Befehle auszuführen.

Polybios, Römische Geschichte 34,9–10, Gesamtausgabe in zwei Bänden. Eing. u. übers. v. Hans Drexler, Zürich/Stuttgart 1961, S. 1295.

### Q7 Reste punischer Häuser in Karthago

146 v. Chr. zerstörten die Römer Karthago. An dieser Stelle sollte nie wieder eine Stadt entstehen.

### Q8 Rache und Vergeltung

*Der Grieche Plutarch (46–120 n. Chr.) schildert die Rache, die Roms Gegner und deren Verbündete in Griechenland zu fürchten hatten:*

Nach dem Sieg über den König Perseus von Makedonien (…) brach [Aemilius Paullus] nach Epirus auf, dessen Bewohner Perseus unterstützt hatten und deren Städte durch Senatsbeschluss zur Plünderung freigegeben waren. Am vorherbestimmten Tage überfielen die
5 Soldaten schlagartig alle Städte und plünderten und verheerten sie so, dass binnen einer Stunde 150 000 Menschen zu Sklaven gemacht und 70 Städte zerstört wurden. Für seine militärischen Erfolge bewilligte ihm die Volksversammlung in Rom schließlich einmütig
10 einen Triumph.

Plutarch, Aemilius Paullus, 28–30. Zit. nach: Konrat Ziegler, Bd. 3, Zürich, München, 1982, S. 191.

### Q9 Kriegsbeute

*Von dem Triumphzug des Aemilius Paullus in Rom berichtet Plutarch:*

In dem dreitägigen Umzug führte Aemilius Paullus folgende Beutestücke mit:
*Am ersten Tag*
Statuen und Gemälde auf 250 Wagen
*Am zweiten Tag*
5 wertvollste Waffen 750 Gefäße mit je 3 Talenten Silbermünzen [1 Talent = 26,6 kg], silberne Kessel, silberne Schalen, Becher und Trinkhörner
*Am dritten Tag*
77 Gefäße mit je 3 Talenten Goldmünzen [1 Talent = 26,6
10 kg], eine Schale aus 10 Talenten Gold und besetzt mit Edelsteinen, das goldene Tafelgeschirr, die Rüstung und das Diadem des Königs Perseus, 400 goldene Kränze

Plutarch, Aemilius Paullus, 32–33. Zit. nach: Konrat Ziegler, Bd. 3, Zürich, München, 1982, S. 197 ff.

### Q10 Angriffslust

*Tacitus (um 55–115 n. Chr.) überliefert die Rede eines Häuptlings der Britannier, in der dieser den Römern vorwirft:*

Räuber der Welt, (…) habgierig, wenn der Feind reich, ruhmsüchtig, wenn er arm ist; nicht der Osten, nicht der Westen hat sie gesättigt; als einziges von allen Völkern begehren sie Fülle wie Leere mit gleicher Leidenschaft. Stehlen, Morden, Rauben heißen sie mit
5 falscher Bezeichnung „Herrschaft", und wo sie Einöde schaffen, nennen sie das „Frieden".

Tacitus, Agricola 30, 4. Zit. nach: Robert Feger, Tacitus: Agricola, Stuttgart 1996, S. 45.

**Q11** Teil eines Frieses, wahrscheinlich aus der Porticus Octaviae, einer von Augustus erbauten Säulenhalle in Rom. Anker, Schiffsbug mit Steuerruder und Waffen künden von den Siegen der römischen Wölfin und beweisen die Weltherrschaft Roms zu Lande und zur See.

**Q12** Sendungsbewusstsein
*Der Dichter Vergil lässt Aeneas, den Stammvater der Römer, sagen:*
Du bist ein Römer, dies sei dein Beruf:
Die Welt regiere, denn du bist ihr Herr,
Dem Frieden gib Gesittung und Gesetze,
Begnad'ge, die sich dir gehorsam fügen,
5 Und brich in Kriegen der Rebellen Trutz.
*Vergil, Aeneis 6, 847. Zit. nach: Geschichte in Quellen, Bd. 1, München 1965, S. 587.*

**Q13** Recht und Freiheit
*Der römische Schriftsteller Livius (59 v. Chr. bis 17 n. Chr.) über die Römer:*
Wir sind das Volk, das für die Freiheit anderer Kriege führt, damit überall Recht und Gesetz, nirgends aber ungerechte Herrschaft bestehe.
*Zit. nach: Heinz Dieter Schmid (Hg.), Fragen an die Geschichte, Bd. 1, Frankfurt a. M. 1981 7, S. 91.*

## Fragen und Anregungen

1. Nenne die wichtigsten Unterschiede zwischen Karthagern und Römern nach Polybios (Q3).
2. Betrachte das römische Kriegsschiff (D3). Erkläre, wie die römische Erfindung des „Raben" funktionierte und warum sie zum Sieg der Römer im 1. Punischen Krieg beitrug (D3, Q3).
3. Erkläre, warum ein Kriegselefant als „Panzer der Antike" bezeichnet wird (Q1). Verfolge dann auf der Karte den Marsch Hannibals von Spanien nach Italien (D1). Warum überlebten nur 12 von 37 Kriegselefanten diesen Marsch?
4. Warum siegten letztendlich die Römer im 2. Punischen Krieg und nicht Hannibal? Finde die von Livius und von Polybios genannten Gründe (Q3, Q4, Q5). Ergänze die Gründe, die der Verfassertext nennt (VT).
5. Vergleiche die Meinungen der Zeitgenossen über die Zerstörung Karthagos durch die Römer (Q6). Bilde dir eine eigene Meinung.
6. Um die Mitte des 2. Jahrhunderts v. Chr. war Rom die einzige Großmacht im Mittelmeerraum. Beweise diese Aussage anhand der Karte D2.
7. Den Antrieb, den Beweggrund für ein bestimmtes Verhalten nennt man Motiv.
   – Welche unterschiedlichen Beweggründe, welche Motive für den Eroberungsdrang der Römer werden in den zeitgenössischen Quellen genannt (Q8, Q9, Q10, Q12, Q13 und die beiden Quellen auf der Auftaktdoppelseite)?
   – Entwickle eine Mind Map zu den Motiven der römischen Expansion. Um Überschriften für die Hauptäste zu finden, studiere die Titel der Quellen. Schreibe dann die einzelnen Motive aus den Textquellen als Zweige auf.
   – Überlege, welche der genannten Motive sich widersprechen, welche dir wenig glaubwürdig erscheinen.
   – Diskutiert in der Klasse, was die Römer antrieb, immer mehr Länder zu erobern.

# 7. Die Kriege verändern Rom

**Pflügender Bauer** Q1
Bronzeplastik aus republikanischer Zeit.

| 133 v. Chr. | Das Ackergesetz des Tiberius Gracchus scheitert. Tiberius und 300 seiner Anhänger werden ermordet. |

**Reichtum und Armut auf dem Land**

Krieg war für die Römer ein Stück Alltag. Die Männer konnten fast jedes Jahr eingezogen werden. Was die Soldaten an Sold und Beute von ihren Sommerfeldzügen mitbrachten, war für die Bauernfamilien eine Art notwendiger Nebenerwerb. Doch seit dem Ende des 3. Jahrhunderts v. Chr. führte Rom immer häufiger Kriege außerhalb Italiens. In der Heimat litten die Frauen unter der Abwesenheit der Männer. Sie mussten allein den Hof bewirtschaften, während die Bauernsoldaten manchmal jahrelang auf den Höfen fehlten. Von denen, die einen Feldzug überlebten, kehrten nicht wenige als Krüppel zurück. Unübersehbar waren auch die Spuren des 2. Punischen Krieges. Zwei Jahrzehnte lang war das Land in Italien abwechselnd von den Karthagern und den Römern selbst zerstört worden. Ganze Landstriche lagen nun verwüstet, zerstört und entvölkert. Viele Bauernfamilien waren in tiefe Not geraten. Eine weitere Folge der Kriege war, dass aus den neu eroberten Provinzen billiges Getreide und Hunderttausende von Sklaven nach Italien gebracht wurden. Der Anbau von Getreide lohnte sich jetzt nicht mehr, die Bauernfamilien verarmten oder mussten sich verschulden. Reiche Großgrundbesitzer konnten dagegen günstig Sklaven kaufen und diese auf ihren Gütern einsetzen. Sie hatten auch genügend Geldmittel, um sich den neuen Verhältnissen anzupassen und die Produktion umzustellen. Statt Getreide bauten sie jetzt Oliven und Wein an oder betrieben Viehzucht. Sie pachteten weite Gebiete des Staatslandes und errichteten große Gutsbetriebe (Latifundien). Auch setzten sie die ärmeren Bauern unter Druck, bedrohten sie sogar, bis diese aufgaben und ihren Landbesitz an die Großgrundbesitzer verkauften.

**Reichtum und Armut in der Stadt**

Die Hoffnungen der landlos gewordenen Bauern richteten sich auf Rom; hier glaubten sie als Tagelöhner oder als Handwerker ihr Auskommen finden zu können. Denn besonders in Rom war der neue Reichtum unübersehbar. Straßen,

**Landhaus am Meer** Q2
Nicht nur in Rom, auch auf dem Land entstanden Prachtbauten, die als Sommerresidenzen dienten und die sich eine kleine Gruppe von reichen Römern leisten konnte. Fresko aus dem Haus des Meander in Pompeji.

150

Brücken, Wasserleitungen wurden gebaut, auf den Hügeln wurden prachtvolle Marmorpaläste errichtet. Nicht nur der römische Adel war durch die Kriege und Eroberungen reich geworden, sondern auch einige Bürger, die nicht zum Senatorenstand gehörten. Sie bildeten einen eigenen Stand in der römischen Gesellschaft, den Ritterstand. Ritter zogen in den neuen Provinzen Steuern, Abgaben und Pachten ein; sie betrieben Handel, leiteten handwerkliche Großbetriebe und führten große Staatsaufträge, etwa im Bauwesen, aus.

Trotz des allgemeinen Wohlstands blieb die Lage der zahlreichen landflüchtigen Bauern schlecht. Sie lebten von Gelegenheitsarbeiten, mussten sich mit engstem Wohnraum und überteuerten Mieten abfinden. Bald gingen sie dazu über, reichen Senatoren gegen Geld ihre Stimme in der Volksversammlung zu versprechen.

Die Kluft zwischen Arm und Reich wuchs und in Rom vergrößerte sich Tag für Tag die neue besitzlose Unterschicht – das Proletariat.

**Die Ackergesetze der Gracchen**

Viele Adlige erkannten die neu entstandenen Probleme. Wenn die Truppen für einen neuen Krieg ausgehoben wurden, war es nicht mehr zu übersehen: Es gab immer weniger Bauern, die auf eigene Kosten ausgerüstet in den Krieg ziehen konnten. Das war eine ernsthafte Gefahr für den römischen Staat. Der Volkstribun Tiberius Gracchus schlug deshalb im Jahr 133 v. Chr. dem Senat vor, große Gebiete des Staatslandes an ärmere Bauern zu verteilen. Manche Adlige unterstützten ihn. Doch die Senatsmehrheit lehnte den Plan ab. Dennoch wurde auf Antrag des Tiberius von der Versammlung der Plebejer ein Gesetz beschlossen, demzufolge große Gebiete des Staatslandes neu verteilt werden sollten. Rom war gespalten in Anhänger und Gegner des Tiberius Gracchus. Als er versuchte, sich gegen die Regeln der Verfassung im darauf folgenden Jahr erneut zum Volkstribunen wählen zu lassen, wurde Tiberius zusammen mit 300 Anhängern getötet. Einige Senatoren beteiligten sich selbst an dem Blutbad.

Zehn Jahre später unternahm Tiberius' Bruder Gaius noch einmal den Versuch, die Verteilung von Land, das dem römischen Staat gehörte, neu zu regeln. Auch er scheiterte und fand den Tod. Gegen 3000 seiner Anhänger wurden Todesurteile verhängt.

Bauer auf dem Weg zum Markt Q3
Relieftafel, 1. Jahrhundert n. Chr.

## Proletarier

(lat.: „proles", d.h. Nachkommen) Als Proletarier bezeichnet man in Rom Menschen, die außer ihren Nachkommen nichts besaßen und auf öffentliche Versorgung angewiesen waren. Ihre Zahl nahm im 2. Jahrhundert n. Chr. stetig zu. Den Proletariern fehlte es häufig an Arbeit und sie wohnten in elenden Massenquartieren. Seit dem 19. Jahrhundert werden auch Industriearbeiter, die in sehr erbärmlichen Verhältnissen leben müssen, als Proletarier bezeichnet.

**D1** Landschaftsbild Italiens im 2. Jh. v. Chr.
Zeichnung

**D2** Der neue Reichtum

| | |
|---|---|
| 168 v. Chr. | Die griechische Kriegsbeute des siegreichen Konsuls Aemilius Paullus ist so groß, dass für alle Römer die Steuerpflicht aufgehoben wird. |
| 160 v. Chr. | Der Patrizier Aemilius Paullus hinterlässt bei seinem Tod 360 000 Denare. Er gilt unter den römischen Adligen als arm. |
| 140 v. Chr. | Das Aquädukt Aqua Maria kostet den römischen Staat 45 Mio. Denare. |
| zum Vergleich: | Ein römischer Legionär erhält 108 Denare Jahressold. Der Parthenon, die Athene-Statue und der Zugang zur Akropolis kosten Athen 12 Mio. Denare. |

Zusammenstellung d. Verf. nach: Michael Crawford, Die römische Republik. München 1984, S. 88–89.

**Q4** Die Römer – Leben sie wie die Herren der Welt?
*Der griechische Geschichtsschreiber Plutarch (ca. 46 bis 120 n. Chr.) berichtete, wie Tiberius Gracchus die Lebensbedingungen vieler Römer beschrieb:*

Die wilden Tiere, die Italien bevölkern, haben ihre Höhlen und kennen ihre Lagerstätte, ihren Schlupfwinkel. Die Männer aber, die für Italien kämpfen und sterben, haben nichts als Luft und Licht; und unstet, ohne Haus und Heim, ziehen sie mit Weib und Kind im Lande umher. Die Feldherren lügen, wenn sie in der Schlacht ihre Soldaten aufrufen, Gräber und Heiligtümer gegen die Feinde zu verteidigen. Denn keiner von diesen armen Römern hat einen Altar von seinen Vätern geerbt, keiner eine Grabstätte seiner Vorfahren. Für Wohlleben und Reichtum anderer setzen sie im Krieg ihr Leben ein. Herren der Welt werden sie genannt: In Wirklichkeit aber besitzen sie nicht das kleinste Stückchen Land.

Plutarch, Tiberius Gracchus, 9; Zit nach: Wilhelm Ax, Plutarch. Römische Heldenleben, Coriolan, Die Gracchen, Sulla, Pompeius, Caesar, Cicero, Stuttgart 1953, S. 47. Bearb. d. Verf.

## Fragen und Anregungen

1. Beschreibe die Relieftafel und überlege, was sie uns über das Leben eines Kleinbauern verrät (Q3). Das Marmorrelief zeigt ein Idealbild vom einfachen Leben auf dem Lande. Stelle diesem Idealbild die tatsächliche Lage der Kleinbauern im 2. Jahrhundert v. Chr. gegenüber (VT).

2. Erkläre, worin sich die Wirtschaftsweise eines reichen Gutsbesitzers und eines Kleinbauern unterscheiden (VT). Berücksichtige dabei auch das Landschaftsbild (D1).

3. Wer ist durch die Kriege und Eroberungen Roms reich geworden? Finde die Antwort mithilfe der Aufstellung (D2, VT).

4. Der Historiker Plutarch behauptete, dass es niemand so gut und geschickt zu reden verstanden hätte wie Tiberius Gracchus. Zeige, wie Tiberius Gracchus in seiner Rede vor der Volksversammlung das Leben der besitzlos gewordenen Bauernsoldaten und ihrer Familien darstellt (Q4). Welchen Vergleich stellt er an? Welche Gefühle will er wecken?

5. Erkläre den Inhalt des von Tiberius beantragten Ackergesetzes und schildere die Beweggründe, die ihn dabei leiteten (VT).

6. Beurteile die Lage Roms nach dem gewaltsamen Tod der beiden Gracchen.

# 8. Der Kampf um die Macht bricht aus

**88–79 v. Chr.** In Rom wütet der Bürgerkrieg, aus dem Sulla als Diktator hervorgeht.

**Römischer Soldat** D1
Alle Legionäre besaßen die gleiche Ausrüstung. Was sie zum Leben im Krieg benötigten, trugen sie bei sich. Dazu gehörten Kettenhemd, Helm, Schild sowie die Waffen: Schwert, Dolch und Wurfspeere. Jeden Abend errichteten die Legionäre ein Lager. Um es zu befestigen, brauchten sie ein Holzgestänge und Werkzeuge: Hacken, Körbe für Erdarbeiten, Rasenstecher, Äxte und angespitzte Pfosten. Außerdem trug jeder Proviant, Kochgeräte und einen Wasserkessel. Alles zusammen wog bis zu 40 kg.

**Konkurrenz unter Adligen**

Die Kriege und die außenpolitischen Erfolge hatten den römischen Adel verändert. Besonders im reichen griechischen Osten war es vielen Adligen gelungen, als Feldherr oder Statthalter einer Provinz riesige Vermögen zu erwerben. Einmal reich geworden, konnte ein Adliger seine finanziellen Mittel dafür einsetzen, in der Öffentlichkeit für sich zu werben. So konnte er wieder zum Feldherrn werden oder erneut die Verwaltung einer Provinz erreichen, in jedem Falle aber noch reicher werden. Vielen Adligen war dazu fast jedes Mittel recht. Stimmenkauf, Bestechung, unerhörter Luxus ließen die alten römischen Tugenden in Vergessenheit geraten und die Konkurrenz unter den Adligen nahm neue, bis dahin unbekannte Formen an.

**Populare und Optimaten**

Am Ende des 2. Jahrhunderts v. Chr. waren die Konflikte nicht mehr zu übersehen. Es gab jetzt zwei verschiedene politische Richtungen unter den Senatoren: Einige Adlige setzten sich für die Belange und Interessen der ärmeren Bauern und der Proletarier in Rom ein. Man nannte sie Populare (lat.: „populus", d.h. Volk). Ohne Unterstützung, ja häufig gegen den Willen der Mehrheit der anderen Senatoren machten die Popularen mithilfe der Konsuln oder Volkstribunen eigene Gesetzesvorschläge. So konnten sie oft ihre Ziele am Senat vorbei durchsetzen. Ihre Gegner, die Optimaten, lehnten große Zugeständnisse an die ärmeren Bevölkerungsgruppen ab. Der Senat, die Versammlung der Besten (lat.: „optimus", d.h. der Beste), sollte seine unumschränkte Macht behalten.

**Die Heeresreform des Marius**

Die Situation spitzte sich zu, als die Römer im letzten Jahrzehnt des 2. Jahrhunderts v. Chr. gleich an mehreren Fronten unter Druck gerieten. Im Norden schlugen zwei germanische Völker, die Kimbern und Teutonen, mehrmals römische Armeen. Jetzt fehlten Soldaten. In dieser Notlage wurde der Feldherr Gaius Marius wegen seiner militärischen Leistungen immer wieder zum Konsul gewählt. Marius, den die Popularen unterstützten, führte eine Reform des römischen Heeres durch. Auch Proletarier konnten jetzt Soldaten werden; ihre Ausrüstung bezahlte der römische Staat. Militärisch hatte die neue römische Berufsarmee Erfolg. Jedoch war ein neues Problem entstanden: Diese Soldaten gehorchten vor allem ihrem

153

Feldherrn. Gerade Soldaten ohne Besitz erwarteten von ihm Unterstützung und Versorgung nach ihrer Entlassung. Dafür kämpften sie auch gegen die politischen Gegner ihres Feldherrn.

**Die Diktatur Sullas**

Dies zeigte sich im Jahr 88 v. Chr., als einer der beiden Konsuln, der Optimat Sulla, seine Soldaten gegen Marius und die Popularen nach Rom marschieren ließ. Ein mehrjähriger Bürgerkrieg folgte und Sulla blieb Sieger. Marius war während des Bürgerkriegs gestorben und viele der Popularen waren getötet worden. Sulla ließ seine politischen Gegner verfolgen und ächten: Er ließ öffentliche Namenslisten aushängen und jedermann durfte die darauf Genannten straflos ermorden. Gleichzeitig versuchte er die alte Ordnung wiederherzustellen und beschränkte die Macht der Volkstribunen. Er selbst ließ sich im Jahr 82 v. Chr. vom Senat zum Diktator ernennen. Nach drei Jahren unumschränkter Macht legte er die Diktatur nieder, zog sich auf sein Landgut zurück und starb bald. Für kurze Zeit schien die alte Einheit des Staates wiederhergestellt.

**D2 Warum zerfällt die Republik?**

**Der Senat**
Die Senatoren hatten die unumschränkte Macht im Staat. Sie teilten im Wechsel die Ämter unter sich auf und bestimmten im Senat die römische Politik.

**Die Armen**
Die Zahl der Proletarier in Rom wuchs täglich. Sie hassten die reichen Adligen im Senat und forderten öffentliche Unterstützung und die Versorgung mit Land.

**Die Armee**
Die Berufssoldaten waren ihrem Feldherrn treu ergeben. Sie erwarteten von ihm die Versorgung mit Land nach ihrer Entlassung. Die Feldherrn wurden sehr mächtig.

**Der Feldherr**
Ein mächtiger und ehrgeiziger Feldherr musste nur den Soldaten und den Armen Land versprechen. Dann war der Weg für ihn frei die Macht im Staat zu übernehmen.

## Diktatur

Ursprünglich war die Diktatur in Rom ein Amt, das in Notzeiten für höchstens sechs Monate verliehen wurde (Seite 136). Ein Diktator hatte den Auftrag, den Staat vor Gefahren – meistens militärischen Bedrohungen – zu schützen. Seit Sulla (82 v. Chr.) herrschte ein Diktator allein, uneingeschränkt und zeitlich unbegrenzt. Heute wird mit dem Begriff Diktatur in der Regel eine Herrschaft bezeichnet, bei der die Macht bei einer einzigen politischen Person oder Gruppe (z.B. bei einer Partei) liegt. Die Bürger besitzen nur wenige Rechte und keine politische Mitsprache.

## Q1 Gaius Marius (156–86 v. Chr.)

Marius war Popular. Er war siebenmal Konsul; in den Jahren 104–100 v. Chr. wurde er gegen die Verfassung viermal direkt hintereinander zum Konsul gewählt. Im Jahre 88 v. Chr. hatte der Senat den Optimaten Sulla mit der Führung eines Kriegs in Kleinasien beauftragt. Marius ließ in der Volksversammlung seinem Gegner Sulla den Oberbefehl über die Armee wegnehmen und auf sich selbst übertragen. Daraufhin marschierte Sulla mit seinen Soldaten gegen Rom. Marius musste fliehen. Doch als Sulla mit seinem Heer nach Kleinasien aufgebrochen war, kehrte Marius mit seinen Anhängern nach Rom zurück und übte blutige Rache.

## Q2 Die Rache des Marius

*Über das Vorgehen von Marius schrieb der griechische Historiker Appian, der im 2. Jh. n. Chr. in Rom lebte:*
Sie (Marius und seine Soldaten) hielten ihren Einzug in Rom, dem alle mit Schrecken entgegensahen. Nun eilten sogleich Leute, um die Gegner unter den Rittern und Senatoren aufzuspüren. (…) Niemand durfte einen
5 Ermordeten beerdigen. Hunde und Vögel zerrissen die Leichen adliger Männer. Auch ermordeten die Marianer eigene Leute ohne zur Rechenschaft gezogen zu werden. Andere wurden verbannt, ihr Vermögen eingezogen, andere wurden aus dem Amt entlassen.
10 Alle von Sulla erlassenen Gesetze wurden aufgehoben. Seine Freunde wurden ermordet, sein Haus zerstört und sein Vermögen eingezogen, er selbst zu einem Feind des Vaterlandes erklärt. Auch nach seiner Frau und seinen Kindern suchte man, aber diese entkamen glücklich.

*Appian, Bürgerkriege 1,71 und 73. Bearb. d. Verf.*

## Q3 Lucius Cornelius Sulla (138–78 v. Chr.)

Sulla war Optimat. Im Jahre 88 v. Chr. war er Konsul und der Senat beauftragte ihn mit der Führung eines Krieges in Kleinasien. Sullas Gegner, der Popular Marius, ließ ihm in der Volksversammlung den Oberbefehl über die Armee wegnehmen und auf sich selbst übertragen. Jetzt marschierte Sulla mit seinen Soldaten gegen Rom. Zum ersten Mal in der Geschichte überschritt ein römisches Heer die heilige Stadtgrenze und besetzte gewaltsam die eigene Stadt. Sulla ließ alle seine Gegner töten, Marius konnte entfliehen. Als Sulla mit seinem Heer nach Kleinasien aufgebrochen war, kehrte Marius zurück und übte blutige Rache. Doch dann kam Sulla von seinem Feldzug zurück und besiegte die Marianer.

## Q4 Die Rache des Sulla

*Der griechische Historiker Appian (2. Jh. n. Chr.) berichtet, wie Sulla den Römern nach seiner Rückkehr drohte:*
Er werde den Zustand des Volkes verbessern, wenn sie ihm folgen wollten. Seine Feinde aber werde er, keinen ausgenommen, bis auf den letzten Blutstropfen (…) verfolgen. Kaum hatte er dies gesagt, so bezeich- 5
nete er durch öffentlichen Anschlag (Proskription) 40 Senatoren und 1600 von den Rittern zum Tode verurteilt. Man hält Sulla für den ersten, welcher die Namen der zur Todesstrafe Bestimmten öffentlich anschlagen ließ, ihren Mördern eine Belohnung, ihren Anzeigern 10 einen Lohn für den Verrat, ihren Verheimlichern die Todesstrafe aussetzte.
*Sulla setzt seine Drohungen um und ließ tausende seiner Gegner ermorden.*

*Appian, Bürgerkriege 1, 95. Zit. nach: Geschichte in Quellen, Bd. 1, München 1965, S. 494. Bearb. d. Verf.*

## Fragen und Anregungen

**1** Teilt euch in zwei Parteien auf: Populare und Optimaten. Findet heraus,
– wer euer Anführer ist: Sulla oder Marius (Q1, Q3),
– auf welche Weise euer Anführer den Kampf um die Macht führte (Ämter, Machtmittel, Methoden: Q1 bis 4),
– inwiefern er gegen die Verfassung, die Ordnung der Republik und die Sittengesetze verstieß (Q1 bis 4). Beurteilt dann die Lage Roms unter Sulla und Marius und erklärt den Begriff Bürgerkrieg.

**2** Erklärt in eigenen Worten anhand des Schaubilds, warum einzelne Feldherrn in Rom so mächtig werden konnten (D2). Habt ihr Lust, in der Klasse diese Szenen nachzuspielen?
– Teilt euch auf in wenige reiche Senatoren, viele arme Proletarier und viele Soldaten.
– Überlegt, was die einzelnen Gruppen in den vier dargestellten Szenen jeweils rufen könnten und spielt dann diese Szenen nach.
– Bestimmt vorher einen mächtigen Feldherrn. Ihr könnt ihn Marius oder Sulla nennen oder Caesar.

# 9. Caesar wird Alleinherrscher

| | |
|---|---|
| 58–51 v. Chr. | Unter dem Oberbefehl Caesars erobern römische Soldaten Gallien. |
| 49–46 v. Chr. | Im Bürgerkrieg besiegt Caesar Pompeius und dessen Anhänger. |
| 44 v. Chr. | Caesar erhält die Diktatur auf Lebenszeit. Caesar wird von Senatoren ermordet. |

**Gaius Julius Caesar** Q1
Dieser Kopf wurde vielleicht noch zu Lebzeiten Caesars geschaffen.

**Caesars politische Karriere**

Caesar wurde im Jahr 100 v. Chr. geboren und stammte aus einer alten römischen Adelsfamilie. Er war ein Neffe des Marius. Auch Caesar selbst war ein Popular. Im Alter von 40 Jahren hatte Caesar bereits viel erreicht: Er war Prätor gewesen und hatte eine spanische Provinz verwaltet. Als Ädil hatte er zuvor große Schulden gemacht, um der Bevölkerung besonders aufwändige Spiele bieten zu können. Crassus, der reichste Mann Roms, hatte ihm zunächst finanziell ausgeholfen. Um seine politischen Ziele zu erreichen, scheute Caesar auch nicht vor Bestechung und der Anwendung von Gewalt zurück. Mit Crassus und dem damals erfolgreichsten Feldherrn Pompeius bildete Caesar im Jahr 60 v. Chr. ein Triumvirat (Drei-Männer-Bündnis). Alle drei zusammen schafften es, die Politik in Rom gegen die Senatsmehrheit zu bestimmen. Caesar wurde zum Konsul für das Jahr 59 v. Chr. gewählt. Gegen die Optimaten setzte Caesar in der Volksversammlung zwei Ackergesetze durch: Aus der Armee entlassene Soldaten und kinderreiche Familien sollten Ackerland zugewiesen bekommen. Schließlich erhielt Caesar eine Statthalterschaft, die es ihm ermöglichte, ganz Gallien zu erobern. Auf dem Gebiet, das ungefähr die heutigen Länder Frankreich und Belgien umfasste, siedelten in der Antike keltische Stämme. Nach jahrelangen Feldzügen und vielen militärischen Erfolgen hatte sich Caesar Ruhm, Reichtum und eine ihm treu ergebene Armee erworben. Caesar schien jetzt selbst Pompeius an Macht und Ansehen zu übertreffen.

**Q2 Caesar mit Lorbeerkranz**
Auf der Münze steht CAESAR DICT[ATOR] QUART(UM) („Caesar zum vierten Mal Diktator") und wurde 44 v. Chr. noch vor Caesars Ermordung geprägt. Normalerweise durften nur die römischen Feldherren während ihres Triumphzugs nach einem siegreichen Feldzug einen goldenen Kranz tragen. Porträts von lebenden Personen auf Münzen waren in Rom unüblich. Sie galten als Zeichen eines Königs.

**Dolche der Mörder** Q3
Nach dem Mord an Caesar prägten seine Mörder eigene Münzen: EID(IBUS) MAR(TIIS) „an den Iden des März" (Bezeichnung im römischen Kalender für den 15. März). In der Mitte ist eine Filzkappe abgebildet, wie sie Sklaven trugen, wenn sie freigelassen wurden.

156

In Rom dagegen hatten sich die politischen Verhältnisse gewandelt: Crassus war auf einem Feldzug gestorben, Pompeius hatte sich den Optimaten angeschlossen. Die Zeit von Caesars Statthalterschaft war 49 v. Chr. abgelaufen. Mit seiner Armee stand Caesar am Rubikon, dem Grenzfluss zwischen seiner Provinz und Italien. Der Senat forderte ihn auf, sein Heer zu entlassen – wie es üblich war. Doch in Rom drohten Caesar Gerichtsprozesse wegen früherer Rechtsverletzungen. „Der Würfel ist gefallen", soll Caesar gesagt haben, als er in der Nacht des 10. Januars 49 v. Chr. mit seinen Soldaten den Rubikon überschritt und gegen Rom zog. Der Senat beauftragte Pompeius, die Republik gegen Caesar zu verteidigen. Der Bürgerkrieg begann. Nach vier Jahren Krieg in Gallien, Spanien, Ägypten, Kleinasien und Nordafrika hatte Caesar die Pompeianer besiegt. Seine ehemaligen Gegner behandelte er mit Milde. Noch vor Ende des Bürgerkriegs war Caesar zum Diktator für zehn Jahre ernannt worden; er bestimmte über die Mitgliedschaft im Senat und über die Besetzung der Ämter; er erhielt unzählige Ehrungen. Zu Beginn des Jahres 44 v. Chr. bekam er die Diktatur auf Lebenszeit verliehen. Caesar war jetzt der alleinige Herrscher über Rom. Es hieß, er wolle König werden.

**„Der Würfel ist gefallen"**

Ein Seher hatte Caesar für den 15. März, die Iden des März, Unglück prophezeit. Als Caesar an diesem Tag den Senat betrat, entdeckte er den Seher an der Tür. Caesar spottete, die Iden des März seien da, ihm aber sei nichts passiert. Darauf der Seher: „Da sind sie, aber sie sind noch nicht vorüber."
Tatsächlich hatten sich sechzig Senatoren unter Führung des Marcus Iunius Brutus gegen Caesar verschworen, um die alte Ordnung der Republik zu retten. Zu Beginn der Senatssitzung umstellten sie Caesar und erdolchten ihn. Dreiundzwanzig Stiche trafen den Diktator. Anfangs hatte Caesar sich gewehrt, doch dann umhüllte er sein Haupt mit der Toga um in Würde zu sterben.

**Die Iden des März**

**Auch Comics, Romane, Computerspiele und Filme prägen unsere Vorstellungen von Geschichte.** **D1**
Asterix ist ein Beispiel dafür, dass sich Texter und Zeichner bemühen, geschichtliche Themen in Comics einzuarbeiten. Untersuche die Abbildungen: Auf welche historischen Ereignisse spielen die Zeichner an? Stimmen die Anspielungen mit dem Wissen überein, das wir von dem Wirken Caesars haben? Wie wird Caesar dargestellt bzw. charakterisiert? Welches Bild vermittelt der Comic von der historischen Person? Suche weitere Beispiele bei Asterix.

157

## Q4 Ehrungen für Caesar

*Sueton schilderte Caesar in seinen Kaiserbiografien, die er im 1. Jahrhundert n. Chr. verfasste:*

Caesar nahm nicht nur übertriebene Ehren an, wie die ständige Wiederwahl zum Konsul, die Diktatur (…) auf Lebenszeit, (…) den Titel „Vater des Vaterlandes" und ein Standbild neben denen der Könige. (…) Er duldete
5 auch Ehrungen, die über das menschliche Maß hinausgingen: einen goldenen Sessel im Rathaus und im Gericht, sein Bild neben denen der Götter, die Benennung eines Monats nach seinem Namen. Auch vergab er nach eigenem Belieben Ämter. In der Öffentlichkeit sagte er
10 immer wieder Dinge, die von seiner Unbeherrschtheit zeugten. (…) Sulla habe das politische Einmaleins nicht gekannt, als er die Diktatur niederlegte. Die Leute müssten jetzt vorsichtiger mit ihm (Caesar) sprechen und seine Worte als Gesetze betrachten. Als die Sena-
15 toren ihm weitere Ehren übertragen wollten, empfing er sie im Sitzen und zog so ihren Hass auf sich.

*Sueton, Caesar 76–77, 1. Übers. v. M. Krön.*

## D2 Caesar (bei Asterix)

Sicherlich kennst du Caesar bereits aus Asterix. Auf dieser Seite kannst du herausfinden, ob diese Zeichnung historisch richtig ist.
Stimmt es, dass Caesar auf einem goldenen Sessel saß, einen goldenen Lorbeerkranz trug, sein Gewand die Purpurfarbe der römischen Könige hatte?

## Q5 Ein Königsdiadem für Caesar

*Über eine Situation auf dem Forum berichtete der Geschichtsschreiber Cassius Dio (ca. 150–235 n. Chr.):*

Als er nämlich bei einem Fest das Forum betreten und geschmückt mit dem Königskleid sowie im Glanze seines goldbestickten Kranzes die Rednertribüne bestiegen hatte, begrüßte ihn Antonius (der Mitkonsul
5 Caesars) als König und umwand sein Haupt mit einem Diadem (Kopfbinde der hellenistischen Könige). Dazu sprach er: „Dies bietet dir das Volk durch meine Hände an!", worauf Caesar jedoch erwiderte „Jupiter allein möge König der Römer sein!" (…) Er befahl allgemein
10 bekannt zu machen, er habe sich geweigert, die ihm vom Volk durch den Konsul angebotene Königswürde anzunehmen.

*Cassius Dio, Römische Geschichte, 44, 11, 2. Zit. nach: Cassius Dio, Römische Geschichte, übers. von Otto Veh, Bd. 3, Zürich 1986, S. 15. Bearb. d. Verf.*

## Q6 Vorbild der Ahnen

*Der Grieche Plutarch (um 46–125 n. Chr.) berichtet in seiner Lebensbeschreibung des Caesarmörders Brutus von folgender Begebenheit:*

Zu Brutus, dem späteren Mörder Caesars, kamen die Verschwörer, um ihn zur Beseitigung des Diktators zu gewinnen:
„Kennst du dich denn selbst nicht, Brutus? (…) [Siehst
5 du nicht], dass die vornehmsten und angesehensten Männer (…) zwar von anderen Prätoren Schenkungen, Schauspiele und Gladiatorenkämpfe, von dir aber die Unterdrückung der Tyrannei als eine von den Vorfahren ererbte Verpflichtung erwarten?"

*Plutarch, Brutus 10–11. Zit. nach: Otto Kampe, Die Ursachen der Größe Roms, Stuttgart 1979, S. 61. Bearb. d. Verf.*

## Fragen und Anregungen

1. Wie gelang es Caesar, sich beim Volk und bei den Soldaten beliebt zu machen (VT, D1)?

2. Warum wurde Caesar ermordet? Finde Gründe dafür bei Sueton und Cassius Dio (Q4, Q5) sowie anhand der unter Caesar geprägten Münze (Q2).

3. Wie rechtfertigen die Verschwörer den Mord an Caesar? Finde Gründe dafür bei Plutarch (Q6) und anhand der von den Caesarmördern geprägten Münze (Q3).

4. Erkläre, warum für viele Römer eine Königsherrschaft unerträglich war und warum sich Brutus den Caesarmördern anschloss (vgl. auch Kap. 1 und 5).

5. Urteilt selbst: War der Mord an Caesar gerechtfertigt? Teilt euch auf in Ankläger und Verteidiger der Caesarmörder. Verfasst eine Anklageschrift und eine Verteidigungsrede. Gestaltet eine Gerichtsszene und fällt als Geschworene das Urteil über die Angeklagten.

# 10. Augustus wird der erste römische Kaiser

**27 v. Chr.** Octavian, später Augustus genannt, errichtet eine Monarchie.
Die römische Kaiserzeit beginnt.

**Anhänger mit Bildnis des Augustus** Q1
1. Jahrhundert n. Chr. Fassung 17. Jahrhundert.

In seinem Testament hatte Caesar seinen Großneffen und Adoptivsohn Octavian zum Erben eingesetzt. Nach Caesars Ermordung schloss der Neunzehnjährige mit dessen Vertrauten Marcus Antonius und Lepidus ein Bündnis (Triumvirat). Ihre Armeen besiegten gemeinsam die Gegner Caesars. Doch auf den Krieg der Rächer gegen die Mörder folgte der Krieg der Rächer untereinander, der Machtkampf zwischen Octavian und Marcus Antonius war entbrannt. Marcus Antonius hatte in der ägyptischen Königin Kleopatra eine Gemahlin und Verbündete gefunden. In der Seeschlacht bei Actium in Griechenland wurden beide von Octavian besiegt. Sie flohen und begingen schließlich Selbstmord. Octavian kehrte ohne weitere Gegner nach Italien zurück. Lepidus war schon zuvor von ihm politisch kaltgestellt worden. Nach dreizehn Jahren Bürgerkrieg im Reich war Octavian allein als mächtigster Feldherr und Politiker übrig geblieben. Alle römischen Soldaten verpflichteten sich ihm mit einem Eid.

**Bürgerkrieg und Machtkampf nach Caesars Tod**

Octavian musste nun nach einem Ausgleich zwischen Monarchie und den überlieferten römischen Werten suchen. Anders als sein Adoptivvater Caesar beging Octavian nicht den Fehler, die Diktatur auf Lebenszeit anzunehmen, obwohl sie ihm angeboten wurde. Am 13. Januar 27 v. Chr. legte der mächtigste Mann Roms völlig überraschend im Senat alle Ämter und Vollmachten nieder. Die Senatoren verhielten sich so, wie Octavian es geahnt hatte; sie nahmen die ihnen angebotene Freiheit nicht an. Die Alleinherrschaft des Octavian hatten sie längst anerkannt, nun wurde sie von ihnen offiziell bestätigt. Der Senat dankte Octavian und verlieh ihm den Ehrennamen „Augustus" (der Erhabene). Gleichzeitig wählte er ihn erneut zum Konsul und übertrug ihm den Oberbefehl über das Heer. Außerdem sollte Octavian Augustus von nun an der „Princeps", der Erste unter den Bürgern Roms sein.
Nach außen hin schien es, als sei die alte Republik wiederhergestellt. Die Senatoren konnten an der Herrschaft teilnehmen, Ämter bekleiden oder Statthalter in den Provinzen werden; es wurden Senatssitzungen einberufen und Volksversammlun-

**Die neue Ordnung des Prinzipats**

## Prinzipat/Kaiser

Augustus bezeichnete sich selbst als „Princeps", also als der Erste im Staat. Die von ihm errichtete Herrschaftsform wurde deshalb als Prinzipat (wörtlich: die erste Stelle) bezeichnet. Mit dem Prinzipat sollte nach außen hin die Staatsform der Republik gewahrt werden. Tatsächlich jedoch handelte es sich um eine Monarchie. Augustus und seine Nachfolger nennen wir heute Kaiser, was von dem Wort Caesar kommt. Unter den Nachfolgern des Augustus war aus dem Namen Caesar (gesprochen „Kaisar") ein Titel geworden.

**D1** Das römische Weltreich bis 117 n. Chr.
Geschichtskarte

gen abgehalten. Im Kern aber war eine Monarchie entstanden, in der der Princeps die alleinige Macht besaß. Augustus hatte den Oberbefehl über das Heer und kontrollierte so alle römischen Soldaten. Er ließ sich auf Lebenszeit die Gewalt eines Volkstribuns übertragen, damit war er unverletzlich, konnte mit seinem Veto jede Maßnahme der gewählten Beamten widerrufen und so das römische Volk und die Beamten kontrollieren. Bald wurde der Name „Caesar" zum Titel und es begann die römische Kaiserzeit.

**Die neue Ordnung des Reichs**

Auch in der Außenpolitik leitete Augustus einen Wandel ein. Er setzte zwar die Eroberungspolitik Caesars fort, ordnete jedoch die Provinzen neu, indem er sie in befriedete und unbefriedete Provinzen einteilte. Die Verwaltung der befriedeten Provinzen lag in den Händen von Statthaltern, die der Senat bestimmte. Alle Provinzen, in denen römische Truppen stationiert waren, unterstanden Augustus. Der Princeps selbst setzte hier die Statthalter ein, die in seinem Namen Kriege führten oder Unruhen unterdrückten. Die Bewohner des Reichs sollten es besser haben als zuvor; geschützt vor Angriffen von außen, sicher vor Übergriffen durch Statthalter und Steuerpächter und vor allem ohne Angst vor neuen Bürgerkriegen.

**Das neue Zeitalter des Friedens**

Nicht nur die Provinzbewohner, auch das römische Volk sehnte sich nach den schrecklichen Jahrzehnten der Bürgerkriege nach Frieden. Hunderttausende Menschen waren umgekommen, die alten Adelsfamilien der Republik waren so gut wie ausgelöscht, ganze Landstriche waren verwüstet worden. Schon im Bürgerkrieg hatte Augustus Frieden und Wohlstand versprochen.

**Q2  Der Altar des Friedens (Ausschnitt)**
Relief, 9 v. Chr. In der Mitte sitzt die Friedensgöttin Pax Augusta mit ihren Kindern.
Die Frauen rechts und links von ihr verkörpern Land- und Seewind.

Nun sollte mit der Wiederherstellung der staatlichen Ordnung auch die römische Gesellschaft gesunden. Die Römer sollten Vertrauen in den Staat, aber auch Vertrauen in seinen ersten Bürger Augustus fassen. Nach Jahrzehnten der Wirren, der Kriege und des Verfalls sollten die Menschen wieder lernen, die altrömischen Sitten und Werte zu beachten, die Götter zu verehren, denen Rom die Weltherrschaft verdankte, und sich der Helden der römischen Geschichte zu erinnern. In allem wollte Augustus selbst Vorbild sein. Auf dem nach dem römischen Kriegsgott benannten Marsfeld ließ er einen „Altar für den Frieden" errichten. Er förderte Geschichtsschreiber und Dichter, die wie Horaz in seinem „carmen saeculare" den Beginn eines goldenen Zeitalters, des Friedenszeitalters, feierten:
„O, so gebt, ihr Götter, gelehrger Jugend/Reinen Sinn und Ruhe dem stillen Alter,
Gebt Gedeihn und Kinder und alles Schöne/Romulus' Volke!"

## Fragen und Anregungen

1. Finde heraus, welche Provinzen unter Augustus erobert wurden (D1).

2. Als Zensor führte Augustus eine Volkszählung im ganzen Römischen Reich durch. Erinnerst du dich, welches große Ereignis dabei in der Stadt Bethlehem stattfand (D1)?

3. Beschreibe das Altarrelief und erkläre, welche Zeichen für Frieden, Sicherheit und Wohlstand du entdecken kannst (Q2).

4. Wie würdest du heute Frieden, Sicherheit und Wohlstand versinnbildlichen? Male ein Bild oder fertige eine Collage an.

# EIN HISTORISCHER VERGLEICH

## Die Alleinherrschaft Caesars und des Augustus

Warum endete die Alleinherrschaft Caesars nach kurzer Zeit gewaltsam mit seiner Ermordung? Warum überdauerte die Alleinherrschaft des Augustus sogar dessen Tod und blieb als Staatsform des Prinzipats über Jahrhunderte erhalten?

Um dies zu beantworten, kannst du einen historischen Vergleich anstellen. Ein Vergleich will das Gemeinsame, vor allem aber das Besondere historischer Erscheinungen herausarbeiten. So können wir das Wesen einer Sache besser verstehen.

### Q3 Tatenbericht des Augustus

*Im Jahr 13 n. Chr. verfasste der 76-jährige Augustus einen „Tatenbericht". Hierin stellte er sein politisches Lebenswerk selbst dar. Der Bericht wurde in Stein gemeißelt und an öffentlichen Orten aufgestellt. So versuchte Augustus seine Sicht der neuen politischen Ordnung im Römischen Reich zu verbreiten:*

Die Diktatur, die mir in meiner Abwesenheit und in meinem Beisein sowohl vom Volk wie auch vom Senat unter den Konsuln Marcus Marcellus und Lucinius Arruntius im Jahr 19 v. Chr. angetragen wurde, habe ich zurückgewiesen.
Nachdem ich die Flammen des Bürgerkriegs gelöscht und mit der Zustimmung der gesamten Bevölkerung die Macht über alles besessen hatte, habe ich in meinem sechsten und siebten Konsulat den Staat wieder der freien Entscheidung des Senats und des römischen Volkes übergeben. Für dieses Verdienst erhielt ich auf Beschluss des Senats die Bezeichnung Augustus.
(…) Nach dieser Zeit habe ich an persönlichem Einfluss alle übertroffen, an Amtsgewalt aber habe ich nicht mehr gehabt als die übrigen, die in dem jeweiligen Amt mir Kollegen gewesen sind.

Augustus, Tatenbericht, 1–3, 5 und 34. Zit nach: Augustus, Tatenbericht. Res gestae. (Monumentum Ancyranum). Übersetzt, komm. und hg. von Marion Giebel. Stuttgart 1975, S. 4–6, 8 und 37–38. Bearb. d. Verf.

### Q4 Schrecken der Bürgerkriege

*Der griechische Historiker Appian (2. Jahrhundert n. Chr.) erzählt von der Zeit der Bürgerkriege nach Caesars Ermordung:*

Bei ihrer Zusammenkunft fertigten die drei Männer (die Triumvirn Antonius, Octavian, Lepidus) ein Verzeichnis von den zum Tod bestimmten Mitbürgern an. (…) 300 Senatoren und 2000 Leute aus dem Ritterstand wurden zum Tod verurteilt, ihre Vermögen eingezogen. (…) Es kam zu regelrechten Menschenjagden auf dem Land und in der Stadt. Die Köpfe der Ermordeten wurden abgeschnitten, um sie vorzeigen zu können und die Belohnung zu erhalten. Die Verfolgten versteckten sich in Brunnen, in Räucherkammern unter dem Dach oder saßen stillschweigend dicht unter den Dachziegeln, denn sie fürchteten sich vor ihren Frauen und Söhnen, vor ihren Freigelassenen und Sklaven, vor ihren Schuldnern oder Nachbarn ihrer Landgüter. Hausgenossen wurden zu Feinden ihrer Herren, und die Aussicht auf Belohnung brachte das Mitleid zum Schweigen. Die Häuser der Ermordeten aber wurden geplündert. Manche Verfolgte wehrten sich gegen die Mörder, ehe sie fielen, andere hungerten sich zu Tode, erhängten sich, stürzten sich von den Dächern herab oder sprangen ins Feuer.

Appian, Bürgerkriege, IV, 3–15. Zit. nach: H.-D. Schmid (Hg.), Fragen an die Geschichte, Bd. 1, Frankfurt a. M., 1981, S. 103–104. Bearb. d. Verf.

### Methodische Arbeitsschritte:

1. Lege fest, welche historischen Ereignisse, Personen oder Prozesse du vergleichen willst.
2. Finde Aspekte des Vergleichs. Überlege, mit welchen Fragen sich Gemeinsamkeiten und Unterschiede der zu vergleichenden historischen Erscheinungen aufzeigen lassen.
3. Lege eine Tabelle an. Trage in die mittlere Spalte deine Fragen des Vergleichs ein.
4. Sammle Informationen. Finde die Antworten zu den einzelnen Fragen und trage sie in die entsprechenden Spalten ein.
5. Ordne die Informationen. Jetzt kannst du festhalten, welche Gemeinsamkeiten, vor allem aber welche Unterschiede du zwischen den jeweiligen Informationen zu einem Aspekt erkennst.
6. Schäle den Kern der Sache heraus. Um das Wesentliche einer historischen Erscheinung zu erfassen, ist es wichtig, aus dem Vergleich den wichtigsten Unterschied zu benennen. In dieser Gewichtung muss man nicht einig sein. Du besitzt aber damit die Grundlage, um darüber mit anderen zu diskutieren. Geschichtswissenschaftler machen das auch so.

# GEWUSST WIE

1. Bei unserem Beispiel sind die Aspekte des Vergleichs bereits als Fragen in der mittleren Spalte der Tabelle eingetragen.
2. Übertrage die Tabelle in dein Heft. Gestalte sie großzügig, damit du genügend Platz für deine Einträge hast.
3. Sammele jetzt die entsprechenden Informationen aus Kapitel 9 und 10 und trage sie in die Tabelle ein.
4. Ordne die gefundenen Antworten, indem du die Gemeinsamkeiten grün, die Unterschiede rot unterstreichst und dann vergleichst.

| Die Alleinherrschaft Caesars | Aspekte des Vergleichs | Die Alleinherrschaft des Augustus |
|---|---|---|
|  | Wie erfolgte der Aufstieg zur Alleinherrschaft? |  |
|  | Wie wurde die Alleinherrschaft ausgestaltet? |  |
|  | Welche gesellschaftlichen Gruppen stimmten zu, welche nicht? |  |
|  |  |  |
|  |  |  |

5. Finde jetzt eine Erklärung dafür, dass Caesar als Alleinherrscher angefeindet und ermordet, die Alleinherrschaft des Augustus aber dauerhaft anerkannt wurde.

Benenne den wichtigsten Unterschied. Damit hast du das Wesen des Prinzipats und den Grund für seine dauerhafte Durchsetzung erkannt.

Ist die Erklärung, die Augustus selbst gibt, die ganze Wahrheit (Q3)?

Inwieweit haben sich inzwischen auch die Bedingungen für die Herrschaft eines Einzelnen geändert (Q4)?

**Augustus, wie er selbst gesehen werden wollte** Q5
Marmorstatue aus Prima Porta bei Rom, nach 20 v. Chr. Die Statue ist 2,04 m hoch.

# 11. Unterwegs im alten Rom

**Q1 Relief mit Reisewagen**
Mit einem solchem Wagen kam man auf den gut gepflasterten Straßen des Römischen Reiches am Tag etwa 120 Kilometer voran. Rechnet aus, wie lange ihr von eurer Heimatstadt bis nach Rom brauchen würdet.

**Vom Dorf zur Weltstadt**
Zur Zeit des Augustus herrschten die Römer über ein riesiges Weltreich mit 60 Millionen Einwohnern. Die Stadt Rom, die dem Reich seinen Namen gegeben hatte, wurde als „Hauptstadt der Welt" bezeichnet. Sie war längst kein Dorf auf sieben Hügeln mehr, sondern zu einer Metropole von über 1 Million Einwohnern angewachsen. Wie hatte die Vorherrschaft der Römer ihre Stadt verändert?

**Ausdehnung der Stadt**
Im Jahr 386 v. Chr. wurde Rom von den Kelten überfallen und zerstört. Danach baute man die Stadt wieder auf und sicherte sie mit der 11 km langen Servianischen Stadtmauer. Nun wurden auch Wasserleitungen (Aquädukte) und die erste große Straße (Via appia) angelegt. Je mehr sich das Römische Reich ausdehnte, desto mehr Menschen strömten in die Stadt: Sklaven wurden aus den besetzten Gebieten verschleppt; landlose Bauern versuchten sich als Händler, Handwerker oder Tagelöhner durchzuschlagen. Die wachsende Einwohnerzahl stellte große Anforderungen an die Versorgung der Stadt mit Wasser, Lebensmitteln und Wohnraum.

**Blütezeit und Niedergang**
Caesar und vor allem Augustus errichteten viele monumentale Bauten, um ihrer Macht Ausdruck zu verleihen und sich zu verewigen. Die späteren Kaiser wetteiferten dann mit kostspieligen Bauvorhaben um eine immer prachtvollere Ausstattung der Innenstadt. Ein Zeitgenosse von Augustus sagte, Rom wurde von einer „Backsteinstadt" zu einer „Marmorstadt". Augustus bemühte sich auch um eine bessere Verwaltung der Stadt: Er ließ Rom in 14 Stadtbezirke einteilen, damit man sich besser orientieren konnte, und schuf eine Feuerwehr, um die häufigen Brände in den eng bebauten Stadtvierteln zu bekämpfen.

Auf dem Höhepunkt seiner Macht galt Rom als uneinnehmbar, besonders als Kaiser Aurelian 275 n. Chr. eine noch größere, wehrhafte Stadtmauer bauen ließ. Doch die Weltstadt verlor an politischer Bedeutung, als Kaiser Konstantin 330 n. Chr. seine Residenz nach Konstantinopel verlegte. Schließlich wurde Rom im 5. Jahrhundert n. Chr. von den Westgoten erobert und geplündert.

**D1 Karte Roms im 4. Jahrhundert n. Chr.**
1 Jupitertempel; 2 Forum Romanum; 3 Kaiserforen; 4 Kaiserpaläste; 5 Circus Maximus; 6 Kolosseum; 7 Pantheon; 8 Pompeius-Theater; 9 Mausoleum des Augustus; 10 Friedensaltar; 11 Hadrianmausoleum; 12 Diocletiansthermen; 13 Trajansthermen; 14 Caracallathermen; 15 Hafen und Speicher; 16 Aquädukt.

**D 2 Modell von Rom, um 300 n. Chr.**
Das Modell ist aus einer anderen Richtung fotografiert als der Stadtplan (D1).

## PROJEKT

**Stadtbesichtigung**

*Stellt euch vor, ihr könntet mit eurer Klasse eine Reise ins alte Rom unternehmen. Legt gemeinsam oder in Kleingruppen eine Besichtigungsroute fest und überlegt euch, was ihr in etwa drei Tagen von der Stadt sehen wollt. Erkundet die verschiedenen Bauwerke und Plätze wie das Forum Romanum, die Kampfarena (Kolosseum), die Badeanlagen (Thermen) und Wohnhäuser und besucht den Hafen Roms in Ostia. In den nächsten Kapiteln könnt ihr euch ein Bild davon machen, wie die Menschen im alten Rom wohnten und lebten. Gestaltet Ansichtskarten von den verschiedenen Sehenswürdigkeiten und schreibt darauf eure Eindrücke aus der antiken Großstadt. Wenn ihr mehr wissen wollt, helfen euch diese Literatur- und Internet-Tipps:*

**Rom, Ein Spaziergang durch die ewige Stadt** von Stephen Biesty, München 2003, 29 Seiten

www.roma-antiqua.de

## Fragen und Anregungen

1. Vergleiche die Karte Roms (D1) mit dem Modell (D2) und ordne die Buchstaben den passenden Zahlen zu. Wenn du die Reihenfolge der Zahlen beachtet, ergibt sich ein Lösungswort. Achtung: Nicht zu allen Zahlen gibt es einen Buchstaben.

2. Stellt einen ersten Stadtrundgang (D2) zusammen und lasst ihn einen Mitschüler auf dem Modell nachvollziehen.

3. Übertragt die Karte D1 in euer Heft. Zeichnet den Ausschnitt des Modellphotos ein. Vergleicht mit der Zeichnung D1 in Kapitel 1 (Seite 129) und besprecht die Veränderungen.

4. Überlegt gemeinsam, welche Probleme das rasche Bevölkerungswachstum in Rom aufwarf und wie diese gelöst werden könnten (VT).

**Der heutige Zustand des Forum Romanum** Q1
Nach der Eroberung Roms durch die Westgoten im 5. Jahrhundert n. Chr. verfiel das Forum. Die Einwohnerzahl Roms ging im Mittelalter stark zurück und das Forum wurde nur noch als Kuhweide und Steinbruch genutzt. Erst im 18./19. Jahrhundert begann man, es archäologisch zu sichern.

## 12. Forum Romanum – Mittelpunkt der antiken Welt

**Lage des Forums**

Wer ins antike Rom fuhr, besuchte meist das Forum Romanum. Dieser Markt- und Versammlungsplatz maß ungefähr 60 x 90 Meter und galt als Herzstück der römischen Welt. In der Anfangszeit Roms wurde der Platz nicht bebaut, weil er in einer sumpfigen Senke zwischen zwei Hügeln, dem Kapitol und dem Palatin, lag. Doch nach dem Bau eines großen Entwässerungskanals, der Cloaca Maxima, siedelten sich hier Geschäfte und Versammlungsgebäude an. Vom Forum aus gingen acht Fernstraßen in die entferntesten Gebiete des Reichs. Auf einem von Augustus gestifteten Säulenstein konnte man die Entfernungen dorthin ablesen.

**Politisches Zentrum und Flaniermeile**

Man ging aufs Forum um zu flanieren, elegante Läden aufzusuchen, Geschäftsbesprechungen zu erledigen oder Bekannte zu treffen. In der Basilica Julia fanden Gerichtsverhandlungen statt, denen man beiwohnen konnte. Gegenüber in der Curia tagte der Senat und gab den Kaisern Ratschläge. Auf der Rednertribüne sprachen Politiker zur versammelten Menge. Durch die Triumphbögen entlang der „heiligen Straße" zogen die siegreichen Feldherren mit ihren Soldaten und den Kriegsgefangenen in die Stadt ein.

In den Tempeln auf dem Forum wurden verschiedene Götter verehrt. Einige waren verstorbenen Herrschern geweiht, die zu Göttern erhoben worden waren. Aus der Juturna-Quelle hinter der Basilica Julia holte man heiliges Wasser, um es zu opfern oder Kranke damit zu heilen. Auch die Vestalinnen hatten auf dem Forum ihren Tempel und ihr Wohnhaus. Sie waren die höchsten Priesterinnen Roms, die nicht heiraten durften, aber dafür besondere Ehren, z. B. einen bevorzugten Platz im Kolosseum, erhielten.

**D1 Das kaiserzeitliche Forum Romanum**

Die römischen Kaiser bauten das Forum prächtig aus: Basilica Julia (1); Tempel des Saturn (2); Tempel des Vespasian (3); Tempel der Concordia (4); Triumphbogen des Kaisers Septimius Severus (5); Rednertribüne, geschmückt mit erbeuteten Schiffsschnäbeln (rostra) (6); Jupitertempel auf dem Kapitol (7). Gemälde aus dem 19. Jh.

**Q2 Loblied auf Rom**

*Der Dichter Ovid (43 v. Chr.–17 n. Chr.) schrieb zur Zeit des Augustus:*

Früher herrschte rohe Einfachheit – jetzt ragt die goldene Stadt Rom empor und birgt die riesigen Schätze der unterworfenen Erde (…) Der Palatinhügel, der nun im Sonnenlicht unter unseren Herrschern herrlich er-
5 strahlt, was war er einst anderes als Weideland für die pflügenden Ochsen? (…) Ich bin froh, dass ich heute geboren bin, (…) weil feine Lebensart herrscht und sich das bäurische Wesen nicht bis auf unsere Tage gehalten hat.

Ovid, Ars amatoria 3; S. 113 ff. Übers. u. bearb. von Veit Sturm.

**Q3 Zweck des Bauens**

*Plinius der Jüngere (61 n. Chr.–113 n. Chr.) war erfolgreicher Anwalt, Schriftsteller, Konsul und Adoptivsohn des Kaisers Trajan, an den er hier schrieb:*

Wenn ich die Größe Deiner Stellung und Deines Geistes betrachte, scheint es mir am angemessensten, Dir Bauten vorzuschlagen, die nicht weniger Deiner Unsterblichkeit als Deines Ruhmes würdig, ebenso schön
5 wie nützlich sein werden. (…)

Zit. nach: Jochen Martin, Das alte Rom. München 1994, S. 228.

**Q4 Vergleich mit Griechenland**

*Strabon (66 v. Chr.–24. n. Chr.) war griechischer Philosoph und Geograph, der über Rom schrieb:*

Während die Hellenen es bei der Gründung von Städten besonders auf Schönheit, Festigkeit, Häfen und fruchtbares Land abgesehen hatten (…), achteten die Römer vor allen auf das, worum sich jene wenig
5 kümmerten: Pflasterung der Straßen, Zuführung von Wasser, unterirdische Kanäle, geeignet, den Unrat der Stadt in den Tiber zu spülen. Sie pflasterten auch die Landtrassen, wobei sie außerdem Erhöhungen abtrugen und Niederungen ausfüllten, um so die Frachten
10 der Schiffe auf Lastwagen weiterbefördern zu können: Ihre unterirdischen Kanäle, aus ineinander passenden Steinen gewölbt, gäben an manchen Stellen ganzen Heuwagen die Möglichkeit durchzufahren. Die Wassermengen, die durch die Aquädukte in die Stadt geführt
15 werden, sind enorm. (…) Kommt man dann auf das alte Forum und sieht, wie sich an dieses Markt an Markt reiht, und sieht die königlichen Basiliken und Tempel, dazu auch noch das Kapitol mit seinen Bauwerken und die auf dem Palatin, so könnte man leicht alles, was
20 draußen liegt, vergessen. Solcher Art ist Rom.

Strabon 5,3,8 ff. Zit. nach: Geschichte in Quellen, Bd. 1, München 1961, S. 594 f.

### Fragen und Anregungen

1. Vergleiche das Foto (Q1) mit der Rekonstruktion (D1). Gib an, welche architektonischen Überreste zu den Gebäuden auf den Gemälden gehören.
2. Schreibe einen Brief von deiner Klassenfahrt nach Hause, in dem du von deinen Eindrücken auf dem Forum berichtest.
3. Überlege, warum die Bautätigkeit für die Kaiser eine so große Rolle gespielt hat (VT, Q2, Q3).
4. Schlage im Buch die Informationen über das antike Athen nach (ADS, S. 77; S. 100) und vergleiche die beiden Städte in einer Tabelle. Ziehe auch Strabons Beschreibung (Q4) hinzu.

**Mädchen in „Bikinis"** Q1
Auch Frauen konnten die Thermen besuchen, aber zu anderen Besuchszeiten oder in anderen Gebäudeteilen als die Männer. Dort trieben sie auch Sport und trafen sich mit Freundinnen. Konservativere Römer sahen dieses freie öffentliche Leben der Frauen allerdings mit Empörung. Mosaik aus Piazza Armerina (Sizilien), 3. Jh. n. Chr.

## 13. Die Thermen – Treffpunkt und „Fitnesscenter"

**Sport und Entspannung**

Ein wichtiger Ort zur Entspannung, Unterhaltung und Körperpflege waren die weiträumigen Badeanlagen (Thermen), die die Kaiser und andere wohlhabende Persönlichkeiten erbauen ließen. Neben Hunderten von kleineren Bädern gab es in Rom insgesamt elf dieser Großthermen, die bis zu 1600 Badende aufnehmen konnten. Man traf sich dort am Nachmittag, um zu baden, sich zu sonnen, sich massieren zu lassen, sich zu unterhalten, einzukaufen, Sport zu treiben, zu lesen oder zu essen. Der Eintritt war günstig oder sogar umsonst, so dass man täglich die Thermen aufsuchen konnte.

**Technische Meisterleistung**

Um alle Einwohner der Millionenstadt mit Wasser zu versorgen wurden nach und nach elf gewaltige Wasserbrückenleitungen (Aquädukte) gebaut, die täglich pro Bewohner ca. 1000 Liter Wasser aus weit entfernten Gebieten nach Rom leiteten. Die Wasserversorgung ist eine der bedeutendsten Ingenieursleistungen der Römer. Viele der zahlreichen Brunnen im heutigen Rom sind noch antiken Ursprungs.

**Rekonstruktionszeichnung einer Toilettenanlage (Latrine)** D1
In Rom gab es Hunderte von Latrinen, die sich an großen Plätzen oder in Thermen befanden. Nur wenige Römer hatten Toiletten in ihren Häusern. Zur Reinigung benutzte man Stockschwämmchen, die man in der vorderen Wasserrinne säuberte.

### Grundriss der Caracalla-Thermen D2

Der Gebäudekomplex wurde 216 v. Chr. fertig gestellt und ist spiegelbildlich aufgebaut. 1. Eingang, 2. Umkleideraum, 3. Sportplatz, 4. Aufenthaltsraum, 5. Schwitzbad, 6./7. Aufenthalts- oder Massageräume, 8. Warmbad (caldarium), 9. Lauwarmbad (tepidarium), 10. Kaltbad (frigidarium), 11. Schwimmbecken (natatio), 12. Park, 13. Aufenthaltshallen mit Bibliotheken.

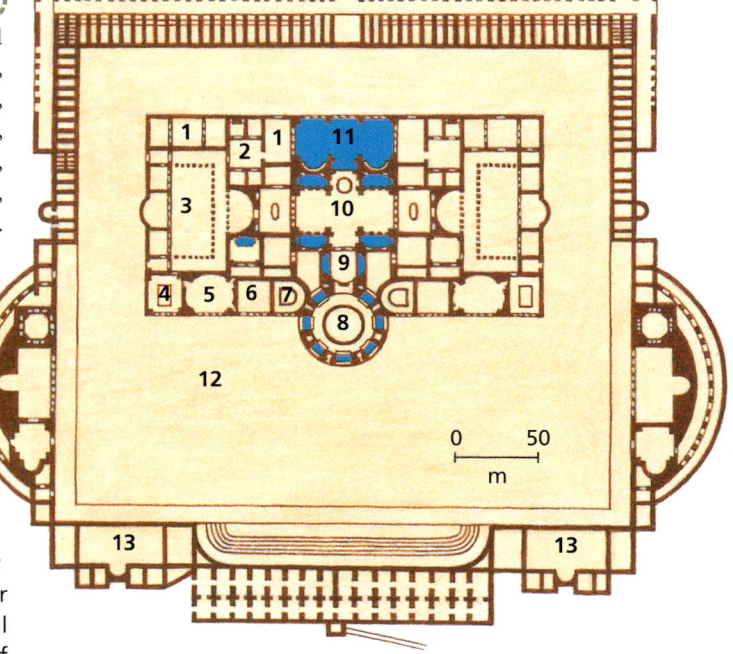

### Q2 Schwimmbadatmosphäre

*Seneca (4 v. Chr.–65 n. Chr.), römischer Philosoph und Erzieher Kaiser Neros über den Lärm in einer Therme:*
Sieh, von allen Seiten umdröhnt mich vielfältiger Lärm. Direkt über einer Badeanlage wohne ich. Stell dir nun alle Arten von Geräuschen vor, die Hass auf die eigenen Ohren verursachen können: Wenn kräfti-
5 gere Männer trainieren und ihre mit Blei beschwerten Fäuste schwingen, wenn sie sich anstrengen oder so tun, dann höre ich Stöhnen, sooft sie den angehaltenen Atem ausströmen lassen, Zischen und heftiges Ausatmen; wenn ich an irgendeinen Menschen, der träge und mit dieser ordinären Einsalberei zufrieden,
10 geraten bin, höre ich Klatschen, sooft die Hand auf die Schultern schlägt. Die wie sie flach aufschlägt oder gewölbt, so auch die Tonart wechselt. Wenn aber ein Ballspieler dazukommt und die Bälle zu zählen beginnt, ist es aus. Füge nun hinzu einen Streithammel und einen
15 ertappten Dieb und jenen, dem die eigene Stimme im Bade gefällt; füge nun hinzu, die in das Schwimmbecken mit tosendem Wasserschwall springen. (…) Denke dir einen Haarzupfer, wie er seine dünne und schrille Stimme, damit er sich besser bemerkbar mache, immer
20 wieder erhebt und niemals schweigt, außer während er die Achselhöhlen leer zupft und einen anderen statt seiner zu schreien zwingt: ferner eines Limonadenverkäufers verschiedene Anpreisungen und einen Wurst- verkäufer und Zuckerbäcker und aller der Garküchen 25 Gehilfen ihre Ware mit einer Art von persönlich kennzeichnender Tonart verkaufend.

Seneca, Epistulae morales, 6. Buch, 56. Zit. nach: Seneca, Epistulae morales, übers. u. hg. v. Manfred Rosenbach, Darmstadt 1980, S. 447 ff.

### Q3 Wunderwerk römischer Ingenieurskunst

*Plinius der Ältere (23 n. Chr.–79 n. Chr.), römischer Schriftsteller, über die Wasserversorgung:*
Bedenkt man eingehend die Menge an Wasser für den öffentlichen Bedarf, für Bäder, künstliche Teiche und Wassergräben, für Wohnhäuser, Gärten und Villen, bedenkt man die Entfernung von den Quellen, die errichteten Bogenstellungen, die durchtunnelten Berge und 5 Überbrückungen von Tälern, so wird man zugestehen, dass es auf dem ganzen Erdkreis nichts Bewunderungswürdigeres gegeben hat.

Plinius, Naturalis historiae, Buch 3. Zit. nach: R. Chevallier, Wissenschaft und Technik, in: J. Martin, Das alte Rom. München 1994, S. 337.

### Fragen und Anregungen

1. Beschreibe anhand des Grundrisses der Caracalla-Thermen und des Senecatextes den Verlauf eines Badenachmittags (D2, Q2).
2. Sammle aus aktuellen Zeitschriften Bilder von Sportlerinnen. Vergleiche die heutigen Darstellungen mit den römischen Mädchen in „Bikinis" (Q1).
3. Welche Schwierigkeiten mussten die Erbauer der Fernwasserleitungen überwinden (Q3; S. 188, Q2)? Wie würde man diese Probleme heute lösen?
4. Besorgt euch beim örtlichen Wasserwerk Daten über die Pro-Kopf-Wassermenge in eurer Stadt und vergleicht diese mit den römischen Zahlen.

**D1 Modell des Kolosseums.** Mit 188 x 156 Metern Grundfläche, 50 Metern Höhe und 50 000 Plätzen war es das größte Amphitheater der Welt. Am oberen Arenenrand befanden sich Zeltstangen, an denen orangefarbene Sonnensegel aufgezogen werden konnten.

# 14. Kolosseum und Circus maximus – „Brot und Spiele" für die Römer

**Spiele kommen in Mode**

Die so genannten „Spiele" waren Wettkämpfe und Massaker, die zur Unterhaltung der römischen Bürger abgehalten wurden. Sie fanden an verschiedenen Orten statt. So kämpften im Kolosseum Gladiatoren und Tiere gegeneinander, im Circus Maximus rasten Wagen verschiedener Mannschaften um die Runde und in den Theatern gab es Schauspielaufführungen. Solche Veranstaltungen, deren Besuch meist umsonst war, waren zunächst entstanden, um Tote oder Götter zu ehren. Während der Kaiserzeit nahm die Zahl der Spiele erheblich zu. So wurden zur Eröffnung des Kolosseums im Jahre 80 n. Chr. an 100 Tagen hintereinander Tier- und Menschenjagden veranstaltet. An einem einzigen Tag sollen dort über 5000 Tiere getötet worden sein.

**Rangordnung im Kolosseum**

Bei vielen Spielen waren die Zuschauerplätze bestimmten Gruppen zugeteilt und boten somit ein Spiegelbild der römischen Gesellschaft. Die vermögenden und politisch einflussreichen Senatoren durften die besten Plätze neben der Kaiserloge gleich an der Arena belegen, die für sie persönlich reserviert waren. Der zweite Rang gehörte den ebenfalls sehr wohlhabenden Rittern. Die Mehrheit der freien Bevölkerung teilte sich in die anderen Ränge auf, die immer bestimmten Gruppen gehörten wie z. B. den Lehrern, den Staatsbeamten, den Einwohnern bestimmter Stadtviertel. Sklaven konnten im 4. Rang Platz nehmen und der oberste Rang, der nur mit Holzsitzen ausgestattet war, durfte von Frauen belegt werden.

**Tierkämpfe und Gladiatorenkämpfe**

Ein Kampftag begann meist mit Tierkämpfen, für die Tiere aus den entferntesten Provinzen nach Rom gebracht wurden. Löwen, Elefanten, Nashörner, Bären und andere wilde Tiere wurden ausgehungert in der Arena aufeinander oder auf nur

leicht bewaffnete Männer losgelassen. Wer schlimmere Vergehen wie Mord, Brandstiftung, Hochverrat oder Entweihung eines Heiligtums begangen hatte, konnte zur Strafe auch ohne Waffe den wilden Tieren preisgegeben werden. Viele Christen verloren bei diesem grausamen „Spiel" in der Arena ihr Leben.
Die Gladiatorenkämpfe zählten zu den beliebtesten Spektakeln. Bei den Gladiatoren, die auf Leben und Tod gegeneinander kämpften, handelte es sich um Kriegsgefangene und Sklaven, die in besonderen Gladiatorenschulen ausgebildet wurden. Manchmal meldeten sich auch Freiwillige, da erfolgreiche Gladiatoren wie Stars von der Bevölkerung bewundert wurden. Sie konnten viel Geld verdienen, doch nur wenige erkämpften sich nach langen Jahren die Freiheit. Die meisten wurden im Kampf getötet. Der Veranstalter der Spiele, meist der Kaiser, entschied dabei über Leben und Tod. Dabei ließ er sich häufig von den Wünschen des aufgeheizten Publikums beinflussen.

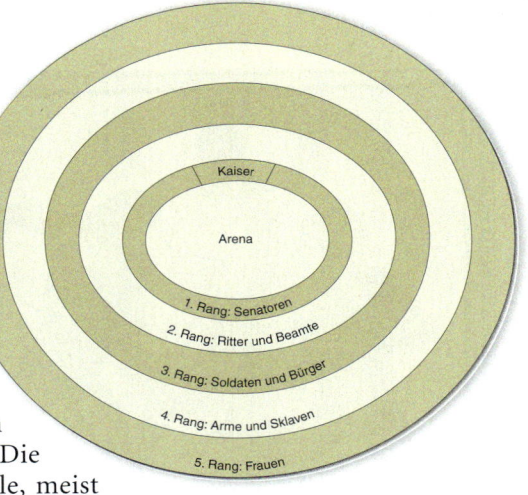

**D2 Rangordnung der Gesellschaft**
(Kaiser – Arena – 1. Rang: Senatoren – 2. Rang: Ritter und Beamte – 3. Rang: Soldaten und Bürger – 4. Rang: Arme und Sklaven – 5. Rang: Frauen)

**Wagenrennen**

Im Circus Maximus, der bis zu 300 000 Zuschauern Platz bot, gab es keine feste Sitzordnung. Das Rennen begann, wenn der Kaiser ein Tuch in die Bahn warf. Die Menschen feuerten lautstark die vier Mannschaften an, die als Kennzeichen die Farben grün, rot, blau oder weiß trugen. Die von zwei, drei oder noch mehr Pferden gezogenen zweirädrigen Wagen mussten sieben Runden zurücklegen. Vor allem an den Wendepunkten der Rennbahn kam es regelmäßig zu Unfällen und Zusammenstößen mit Verletzten und Toten. Die Wagenlenker mussten sehr geschickt und erfahren sein und konnten viel Geld verdienen.

**Warum „Brot und Spiele"?**

Nur der Kaiser und sehr vermögende Mitglieder der Oberschicht konnten die teuren Spiele ausrichten. Doch nicht nur Unterhaltung erwarteten die Bürger vom Staat. Sie hielten es außerdem für die Pflicht des Herrschers, durch Getreidespenden die Grundversorgung sicherzustellen. Zur Zeit des Augustus sollen 150 000–200 000 ärmere römische Bürger berechtigt gewesen sein, pro Monat 5 Scheffel Weizen kostenlos zu erhalten. Warum aber gaben die Herrschenden dem Volk „Brot und Spiele" und warum erwarteten die Menschen dies von ihnen?
Für die Bürger bedeutete diese Freigebigkeit der Reichen und Mächtigen mehr als ein Zuschuss zu ihrem Lebensunterhalt und eine Unterbrechung des mühevollen Alltags. Die ärmeren römischen Bürger, die Plebs, fühlten sich durch die Getreidespenden ausgezeichnet, denn Nicht-Römer und Sklaven waren davon ausgeschlossen. Die Spiele galten ihnen als Ausdruck der Achtung vor den gemeinsamen Göttern, zu deren Ehren sie stattfanden. Vor allem aber konnten die Bürger während der Veranstaltungen das Verhalten der Kaiser beobachten und ihre Zufriedenheit oder Unzufriedenheit mit den politischen und wirtschaftlichen Verhältnissen zum Ausdruck bringen. Und schließlich sahen sie in den blutigen Kämpfen eine gerechte Strafe für Gegner und Störer ihrer Ordnung, denen damit sogar noch die Chance gegeben wurde, ihren Mut und ihre Tapferkeit zu beweisen.

**Q1 Luftbild des Kolosseums in Rom**
Im Innern befanden sich unterirdische Maschinerien, um Tiere, Bühnenlandschaften u. a. auf die Arena emporheben zu können. In der Anfangszeit des Kolosseums wurden sogar Seeschlachten veranstaltet, für die die Arena geflutet wurde.

**Q2** **Kampfszene zweier Gladiatoren mit Schiedsrichter**
Im gesamten Römischen Reich gab es solche Kämpfe, in denen verschiedene Typen von Gladiatoren aufeinander losgingen. Fußbodenmosaik aus Nennig (Saarland), 230 n. Chr.

**Q3** **Gladiatoren als Vorbilder**
*Cicero (106 v. Chr.–43 v. Chr.) war römischer Politiker, Schriftsteller und berühmter Redner:*
Die Gladiatoren, verworfene Menschen oder Barbaren, was für Schläge halten sie aus! Wie jene, die gut unterrichtet sind, sich lieber den Schlägen aussetzen als sie mit Schande vermeiden! Wie oft zeigt es sich, dass sie nichts lieber wollen, als entweder ihrem Herrn gefallen oder dem Volke! Sogar mit Wunden bedeckt, schicken sie Boten zu ihrem Herrn, um sich zu erkundigen, was dieser wünscht: Wenn er zufrieden ist, seien sie bereit, den Todesstreich zu empfangen. Welcher auch nur einigermaßen tüchtige Gladiator hat je gestöhnt und hat seine Miene verzogen? Wer hat sich jemals im Stehen oder sogar im Fallen schimpflich gezeigt? Wer hat den Kopf eingezogen, als er gefallen war und den Befehl erhielt, den Hals hinzuhalten? So viel vermag die Übung, das Lernen, die Gewohnheit. (…) Manchen kommt das Gladiatorenspiel grausam und unmenschlich vor, und ich bin nicht sicher, ob es nicht stimmt, so wie diese Spiele jetzt gegeben werden. Als aber Verbrecher mit dem Schwerte kämpften, so konnte es, wenn nicht für die Ohren, so doch sicher für die Augen keine härtere Schulung gegen den Schmerz geben als diese.

Cicero, Tusculanen 2,41. Zit. nach: Egon Flaig, in: Jochen Martin, Das alte Rom. München 1994, S. 122. Übers. v. O. Gigon.

**Q4** **Spiele als Sucht**
*Augustinus (354 n. Chr.–430 n. Chr.), Philosoph und katholischer Bischof in Nordafrika, berichtet über den Einfluss der Kämpfe auf seinen Freund Alypius:*
Obwohl er gegen Gladiatorenkämpfe schon Abneigung, ja Abscheu hatte, nahmen ihn doch einige Freunde und Mitschüler (…) mit ins Amphitheater, eben an einem der Tage, da grausame Spiele auf Leben und Tod gegeben wurden. Er meinte dazu: „Meinen Leib könnt ihr ja wohl dahin schleppen und dort platzieren, aber nicht meinen Geist und meine Augen an diese Spiele fesseln; ich würde also da sein und doch nicht da sein und so Sieger bleiben über euch und über das Spiel." (…)
Als sie das Theater erreicht und sich einen Platz erobert hatten, fieberte schon alles in wilder Lust. Alypius schloss die Augen und verbot seinem Geist, sich dem sündhaften Treiben hinzugeben. Hätte er sich doch auch die Ohren verstopft! Denn als bei einem Zwischenfall im Kampfe das unbändige Geschrei der Menge auf ihn einbrauste, öffnete er die Augen, von der Neugier überwältigt. (…) Da ward er an der Seele mit schwererer Wunde geschlagen als am Leib der andere. (…) Denn kaum sah er das Blut, trank er auch schon wilde Grausamkeit in sich hinein, und er sah nicht weg, sondern fest dahin und trank die wilde Wut und wusste es nicht und ergötzte sich an der Untat des Kampfes und berauschte sich an der blutrünstigen Wollust. Er war nun nicht mehr derselbe, der gekommen war, sondern einer aus der Menge, zu der er gestoßen war. (…) Brauch ich noch mehr zu sagen? (…) Er nahm von dort den Wahnsinn mit, immer wieder zu kommen.

Augustinus, Bekenntnisse, 6. Buch, VIII.13. Übers. von Joseph Bernhart, Frankfurt/M. 1987, S. 271 ff. Bearb. d. Verf.

## Fragen und Anregungen

1. Stelle zusammen, aus welchen Gründen die Spiele veranstaltet wurden (VT, Q3, Q4).
2. Schreibt auf, was Alypius beim Zuschauen durch den Kopf gegangen sein könnte. Diskutiert, warum er süchtig nach Kampfspielen wurde (Q4).
3. Überlegt, ob auch in unserer Zeit vergleichbare „Vergnügungen" angeboten werden.
4. Spielt ein Streitgespräch zur Frage, ob in eurer Heimatstadt eine Kampfarena nach römischem Vorbild gebaut werden sollte.

**D1** Modell einer „domus", der Casa del Poeta tragico in Pompeji

# 15. „Domus" oder „insula" – Wohnen in Rom

**Soziale Unterschiede**

Die römische Gesellschaft war von starken sozialen Unterschieden geprägt. Die Mehrheit der Einwohner Roms lebte in ärmlichen Verhältnissen. Dies zeigte sich auch in ihren Wohnquartieren, den „insulae". Nur wenige Einwohner konnten es sich leisten, mit ihren Angehörigen und Sklaven in einem eigenen Haus, einer „domus", zu wohnen.

**„domus" – Häuser für die Reichen**

Um die Mitte des 4. Jahrhunderts n. Chr. gab es in Rom ungefähr 1600 solcher „domus". Die reichen Familien, die diese Häuser bewohnten, besaßen oft noch weitere Häuser in ländlichen Gebieten, so genannte „villae".
Meistens war die „domus" ein ebenerdiges, einstöckiges Gebäude ohne Außenfenster, bei dem die Räume um eine Eingangshalle (Atrium) verteilt waren. Das Dach der Halle war in der Mitte offen. So konnten Licht und Luft in das Haus gelangen, auch das Regenwasser wurde in einem Becken gesammelt. Nach hinten schloss sich meist ein kleiner Garten an. Besonders reiche Römer umbauten auch den Garten, so dass ein Hof entstand, der von einem überdachten Säulengang (Peristyl) umgeben war. An den Seiten des Hofs konnte eine Vielzahl weiterer Räume untergebracht werden, z. B. Wohnsalons, Speisesäle, Bibliotheken, Schlafräume. Solche Peristylhäu-

**Grundriss der Casa del Poeta tragico** **D2**
Den vorderen Teil des Hauses bilden zwei Geschäfte (tabernae; 1). Zwischen ihnen verläuft ein Gang (fauces; 2), der in die Eingangshalle (atrium; 3) führt. Hier empfing der Hausherr jeden Morgen seine Klienten. In einem Becken in der Mitte des Atriums wurde das Regenwasser von den Dächern gesammelt und einer Zisterne zugeleitet. Um das Atrium herum befanden sich Speise-, Schlaf- und Speicherräume. Das „tablinum" (4), ein leicht erhöhter und nach vorn und hinten offener Raum, bildete den Übergang zum privaten Bereich des Hauses. Zu ihm gehörten ein säulengeschmückter Innengarten (peristylium; 5) und ein aufwendig ausgestattetes Speisezimmer (triclinium; 6).

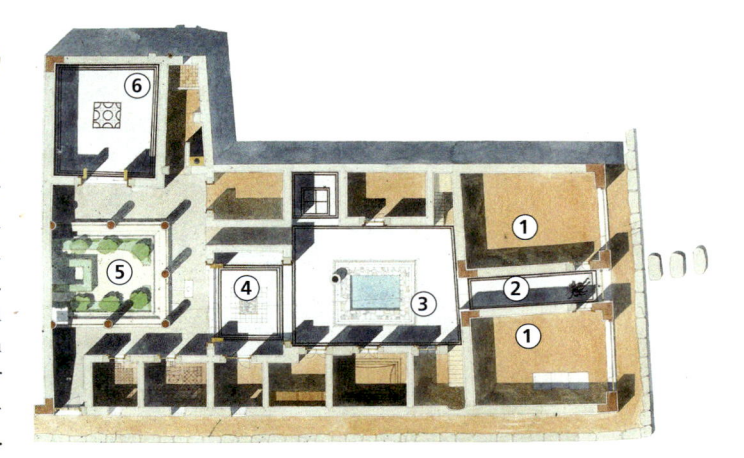

ser waren oft sehr großflächig angelegt und luxuriös eingerichtet. Die Fußböden bestanden aus Marmor und wurden mit kostbaren Mosaiken verziert. Die Wände waren mit Malereien geschmückt. Große „domus" waren an die Wasserversorgung angeschlossen. Auf den luftigen Hügelkuppen, z. B. auf dem Palatin, entstanden regelrechte Paläste mit ausgedehnten Parkanlagen.

**Modell eines Häuserblocks aus Ostia** D3
Die Römer benutzten als Baumaterial eine Art „Gussmörtel-Beton". Um Geld beim Bau zu sparen, errichteten viele Hausbesitzer die Häuser in Billigbauweise. Dies führte häufig zu Einstürzen und begünstigte Brände.

**Beengte Lebensverhältnisse**

Die Mehrheit der Römer fand allerdings nur in unbequemen, engen und dunklen Räumen Unterkunft. Wenige hatten ein eigenes Zimmer, in dem sie sich länger aufhalten mochten. Die Räume dienten nur zum Schlafen und zum Aufbewahren einiger Habseligkeiten. Das Mobiliar war meist auf hölzerne Schemel und Tische beschränkt. Das tägliche Leben spielte sich zum größten Teil in aller Öffentlichkeit ab. Das Essen wurde in umliegenden Garküchen und Gasthäusern eingenommen. Wasser musste von den öffentlichen Brunnen geholt werden.

**„insulae" – Häuser für die Armen**

Die ohnehin großen Unterkunftsprobleme nahmen während der Kaiserzeit noch zu, weil immer mehr Grundstücke in der Stadt für prächtige, öffentliche und private Bauten genutzt wurden. Deshalb setzte sich der Haustyp der „insula" durch. Die „insula" war ein mehrstöckiges, um einen Lichtschacht gebautes Mietshaus, in dem oftmals mehrere hundert Menschen Wand an Wand nebeneinander wohnten. Um die Mitte des 4. Jahrhunderts n. Chr. wurden in Rom insgesamt 46 000 „insulae" gezählt. Das Erdgeschoss bestand meist aus Ladenwohnungen für Handwerker und Händler. Diese lebten mit ihren Familien oftmals in einem einzigen Raum (taberna), in dem Erwerbs- und Hausarbeit nebeneinander verrichtet wurde. Nicht selten wurde das Erdgeschoss aber auch von sehr komfortablen, großen Wohnungen eingenommen, die sich in Größe und Ausstattung mit einem „domus" messen konnten. Die Wohnungen darüber wurden allerdings umso schlechter und kleiner, je höher die jeweilige Etage war. Konnten die unteren Etagen noch über steinerne Außentreppen erreicht werden, so gelangte man in die oberen Stockwerke nur über steile Holzleitern. Direkt unter dem Dach gab es dann kleine Kammern, die nur durch winzige Fenster etwas Licht und Luft erhielten. Kamine oder Öfen waren in den Wohnungen unüblich. Geheizt wurde mit Holzkohlebecken, was leicht zu Bränden und auch zu Rauchvergiftungen der Bewohner führen konnte. Eine organisierte Müllbeseitigung gab es nicht. Abfälle wurde oft einfach aus den Fenstern auf die Straße geworfen.

### Q1 Wohnungseinrichtung

Die meisten Möbelstücke waren aus Holz, Stein oder Bronze. Tische und Stühle wurden je nach Bedarf von einem Raum in den anderen getragen. Im rechten Teil erkennt man eine Sitzliege, auf der man auch Essen zu sich nahm. Relief in einem Sarkophag.

### Q2 Lärmbelästigungen

*Dazu der Dichter Martial (ca. 40 n. Chr.–ca. 103 n. Chr.):*
Es gibt in Rom für einen Menschen keinen Ort zu denken und auszuruhen. Die Schulmeister machen ihm das Leben am Morgen unmöglich, nachts die Bäcker, die Hämmer der Kupferschmiede den ganzen Tag über.
5 Hier klimpert der müßige Geldwechsler auf seinem schmutzigen Tisch mit seinem Kleingeld, dort trommelt einer, der spanisches Gold zu Blattgold verarbeitet mit seinem glänzenden Schlägel auf der viel gebrauchten Arbeitsplatte. Die Anhänger der Göttin Bellona (Bello-
10 na war eine römische Kriegsgöttin, deren Anhänger bei ihrer Verehrung viel Lärm machten) geben nicht einen Moment Ruhe, oder der schwatzhafte Schiffsbrüchige mit den geschienten Rippen, noch der Judenknabe, den seine Mutter das Betteln gelehrt hat, auch nicht
15 der triefäugige Schwefelhändler. (…) Nachts werde ich vom Lachen der (am Haus) Vorbeigehenden wach und Rom steht in meinem Schlafraum. Wann immer ich genug habe und erschöpft bin und schlafen will, gehe ich zu meinem Landhaus.

*Martial, Epigramme XII,57. Zit. nach: Christiane Kunst (Hg.): Römische Wohn- und Lebenswelten, Darmstadt 2000, S. 264. Bearb. d. Verf.*

### Q3 Lösung der Wohnungsnot

*Vitruv (ca. 80 v. Chr.–ca. 20 v. Chr.) war römischer Baumeister, Ingenieur und Konstrukteur von Kriegsmaschinen. Er verfasste ein 10-bändiges Lehrbuch über die Architektur, das einzige bekannte Werk über Technik und Baukunst der Antike:*
Bei der großen Bedeutung der Stadt aber und der unendlich großen Anzahl von Bürgern muss man unzählige Wohnungen schaffen. Da also Häuser, die nur ein Erdgeschoss haben, eine so große Menge zum Wohnen in der
5 Stadt nicht aufnehmen können, zwangen die Umstände selbst dazu, dass man sich damit half, die Häuser in die Höhe zu bauen. So wurden mit Hilfe von Steinpfeilern, Mauern aus gebrannten Ziegeln und Bruchsteinmauern hohe Häuser errichtet; sie wurden auf häufigen Balken-
10 lagen mit Bretterböden versehen mit dem Ergebnis, dass die oberen Stockwerke zum größten Nutzen Aussicht (auf die Stadt) haben. Da also das Fassungsvermögen der Stadtmauern durch die verschiedenen Stockwerke nach der Höhe zu vervielfältigt ist, hat das römische Volk ohne
15 Schwierigkeit ausgezeichnete Wohnungen.

*Vitruv, De architectura 2,8,17. Zit. nach: H.-J. Gehrke, Die römische Gesellschaft, in: J. Martin, Das alte Rom. München 1994, S. 180.*

### Fragen und Anregungen

1. Schreibe einen typischen Tagesablauf im Leben eines „Domus"-Bewohners und eines „Insula"-Bewohners (VT, D1–3, Q1).
2. Kläre, wie es zu der unterschiedlichen Beurteilung der „insulae" kommen kann (Q2, Q3).
3. Zähle auf, welche Unannehmlichkeiten das Leben als römischer Stadtbürger mit sich bringt (Q2). Formuliere daraus einen Beschwerdebrief an den Senat.
4. Zeichne einen Grundriss deiner Wohnung und vergleicht sie mit der „domus" (D1, D2).
5. Zeige auf dem Grundriss (D2) der Casa del Poeta tragico, auf welcher Linie das Modell (D1) das Haus durchschneidet.

# POMPEJI – ERSTARRTES LEBEN

## Konserviert in Stein

Am 24. August des Jahres 79 n. Chr. brach der Vulkan Vesuv am Golf von Neapel aus. Er verschüttete mehrere Kleinstädte, darunter auch Pompeji. In kurzer Zeit waren viele der 15 000 Einwohner an giftigen Gasen erstickt und unter einer 6 Meter hohen Schicht aus Asche, Lava und Steinen begraben. Diese tragische Katastrophe ist allerdings ein einzigartiger Glücksfall für die Archäologie. Häuser, Geschäfte, Möbel, Gebrauchsgegenstände, Spielzeug, ja, sogar das Essen in den Töpfen, sind versteinert erhalten geblieben – eine Momentaufnahme des römischen Alltagslebens. Wie lässt sich das Leben und Sterben in Pompeji erforschen und ausstellen?

### Q1 Eine Beobachtung des Vesuvausbruches

*Plinius der Jüngere (62 n. Chr.–113 n. Chr.) berichtet über seinen Onkel Plinius den Älteren, der bei dem Ausbruch ums Leben kam:*

Mein Onkel befand sich in Misenum und befehligte persönlich die Flotte. Am 24. August, etwa um ein Uhr nachmittags, meldete ihm meine Mutter, es zeige sich eine Wolke von ungewöhnlicher Größe und Gestalt, (…) die
5 einer Pinie ähnele. Die Wolke wuchs wie auf einem sehr hohen Stamm empor und breitete gewissermaßen Äste aus. (…) Bisweilen war sie weiß, bisweilen schmutzig und fleckig, je nachdem, ob sie Erde oder Asche mit sich führte. Als einem Mann mit wissenschaftlichem Interesse
10 erschien ihm dies bedeutsam (…), und er ließ ein Boot bereitmachen. Er eilte dorthin, von wo andere flohen, und hielt geradewegs auf die Gefahr zu. Ohne Furcht diktierte er alle Phasen des Unheils seinem Sekretär. Bald schon fiel Asche auf die Schiffe – je näher sie
15 herankamen, desto heißer und dichter –, schon fielen auch Bimssteine und schwarze, halb verbrannte und von der Hitze geborstene Steine, schon entstand eine plötzliche Untiefe, und der Strand wurde durch Trümmerbrocken vom Vesuv unzugänglich. Er zögerte, ob er nicht umkehren solle, (…) doch hielt er dann auf 20 den Golf von Stabiae zu und ging dort an Land. (…) Inzwischen leuchteten aus dem Vesuv an mehreren Stellen gewaltige Flammenstreifen und hohe Feuersäulen auf, deren strahlende Helligkeit durch die Dunkelheit der Nacht noch gesteigert wurde. Bald war 25 es anderswo Tag, dort aber herrschte Nacht, schwärzer und tiefer als alle Nächte sonst. Man beschloss an den Strand zu gehen (…), und mein Onkel legte sich auf eine Decke und beobachtete das Schauspiel. Dann trieben Flammen und Schwefelgeruch alle in die Flucht. 30 Auf zwei Sklaven gestützt erhob er sich und brach gleich tot zusammen.

C. Plinius Caecilius Secundus, Briefe, 6. Buch, 16. 4–19, übers. von H. Kasten, München 1968, S. 327–333. Freie Bearb. d. Verf.

### D1 Zeichnerische Rekonstruktion des Vesuvausbruchs

Nach: M. und C. Rice, Pompeji, Der Untergang einer Stadt, Hildesheim 1999, S. 45.

**1** Gegen Mittag folgte auf eine Explosion, lauter als ein Überschallknall, ein Gas- und Magmaausbruch aus dem Vulkanschlot. Eine Säule aus Asche und Bimsstein stieg 27 km in die Höhe.

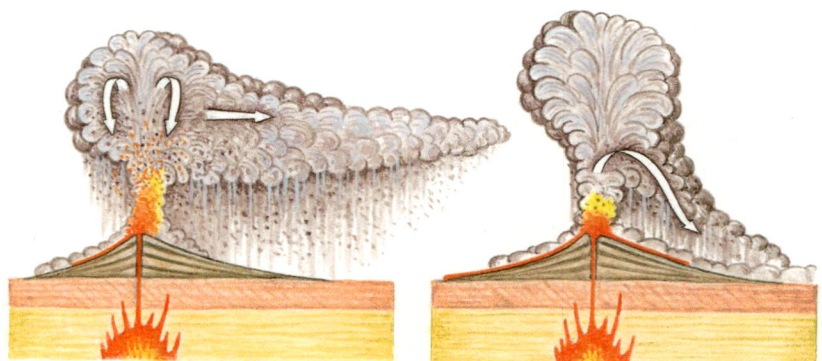

**2** Der Wind trieb die Vulkanwolke bis zu 100 km nach Südosten. 19 Stunden lang regnete es auf Pompeji und seine Umgebung Asche und Bimsstein.

**3** Um 23:30 brach die Säule zusammen. Gegen 7:30 Uhr am 25. August erreichte ein Lavastrom mit Temperaturen von bis zu 550 °C Pompeji.

# WERKSTATT

**Gipsmumie einer Mutter mit Kind** D2

Der Archäologe Giuseppe Fiorelli füllte die Hohlräume der verwesten Leichen mit Gips aus. Diese Gipsfiguren zeigen den Todesmoment der Vesuvopfer. Während des Ascheregens konnten viele Pompejaner fliehen. Andere suchten in Häusern Schutz. Die Dächer der einfachen Häuser brachen bald über ihren Besitzern zusammen, in den vornehmen Häusern rutschte ein Großteil der Asche von den Dächern in die Wasserbecken im Atrium. Noch 62 Prozent der in Pompeji Gebliebenen lebten, als der Lavastrom die Stadt erreichte. Von den 1150 ausgegrabenen Opfern starb die Hälfte am Einatmen heißer Asche und giftiger Gase, die anderen wurde von der glühend heißen Magma auf der Flucht erfasst.

### LITERATUR- UND INTERNETTIPP

Peter Conolly, Pompeji, Nürnberg 1979.

Melanie und Christopher Rice, Pompeji. Der Untergang einer Stadt, Hildesheim 1999.

www.lateinforum.de

www.pompeji.de

**Farbreste** Q2 von der Wandbemalung der Casa del poeta tragico

**Foto der Casa del poeta tragico um 1860** Q3

Ab 1748 begann man in Pompeji zu graben. Diese „domus" wurde 1824/25 freigelegt. Vergleiche das Foto mit der Rekonstruktion auf Seite 173 (D1). Wie könnte man dabei vorgegangen sein?

## Fragen und Anregungen

1. Zeichne mithilfe eines historischen Atlas eine Karte mit der Lage des Vesuvs und den Städten Neapel, Misenum, Herculaneum, Pompeji und Stabiae. Trage die Fahrtroute des Plinius des Älteren und die vom Ascheregen betroffenen Regionen ein (Q1, D1).

2. Verfasse eine Zeitungsmeldung über den Vesuvausbruch (Q1, D1).

3. Schreibt die letzten Gedanken auf, die den beiden Menschen beim Sterben durch den Kopf gegangen sein könnten (D2). Diskutiert in der Klasse, ob man das Leiden von Menschen so ausstellen darf.

4. Welche Fundstücke oder Rekonstruktionen aus Pompeji würdet ihr gerne in einer Ausstellung zeigen? Sucht Informationen und Materialien und präsentiert eure Ergebnisse als Wandzeitung.

5. Klärt die Bedeutung der geographischen Fachbegriffe, die ihr nicht versteht. Sammelt Informationen zu weiteren Vulkanausbrüchen. Was sind die Ursachen? Warum siedeln Menschen in der Nähe von Vulkanen?

# 16. Ostia – Waren aus aller Welt

**Hafenstadt Ostia**

An der Mündung des Tiber ins Mittelmeer lag die Hafenstadt Ostia, 20 Kilometer von Rom entfernt. Hier kamen Produkte aus den Provinzen des Reiches und fernen Ländern an, die dann auf Wägen oder kleineren Schiffen nach Rom gebracht wurden. Sogar Waren aus Indien und China wurden hier umgeschlagen. In der Kaiserzeit wohnten in Ostia bis zu 100 000 Menschen, die vom Handel lebten. Heute findet man noch viele Überreste von Handelshäusern, Reedereien, Speditionen und Speicherhäusern, außerdem von mehrstöckigen Wohnhäusern („insulae"), Läden und einem Theater.

**Der tägliche Bedarf der Römer**

Um den täglichen Bedarf der Menschen in der Millionenstadt Rom zu decken, mussten ständig Lebensmittel und andere Gebrauchsgüter herbeigeschafft und verkauft werden. Wein, Olivenöl und Getreide zählten zu den wichtigsten Nahrungsmitteln. Es wurde so viel Getreide benötigt, dass es auf dem Seeweg aus weit entfernten Anbaugebieten in Nordafrika, Sizilien, Sardinien und Ägypten eingeführt und in großen Speicherhallen aufbewahrt werden musste. Die vornehmen Römer verlangten zudem besondere Kostbarkeiten und Delikatessen aus aller Welt und profitierten von dem breiten Angebot an Sklaven.

**Transport**

Der Seehandel war ein risikoreiches, aber sehr einträgliches Geschäft. Viele Schiffe gingen in Stürmen unter oder Piraten plünderten sie. Wenn die Ladungen aber ihr Ziel erreichten, machte der Kaufmann hohe Gewinne. Für den Weitertransport der Waren konnte man das gut ausgebaute Netz gepflasterter Straßen nutzen, das hauptsächlich aus militärischen Gründen angelegt worden war. Da Transporte zu Lande jedoch wesentlich teurer waren als zu Wasser, bevorzugte man Flüsse und Kanäle.

**Wirtschaft im Römischen Reich** D1
Geschichtskarte

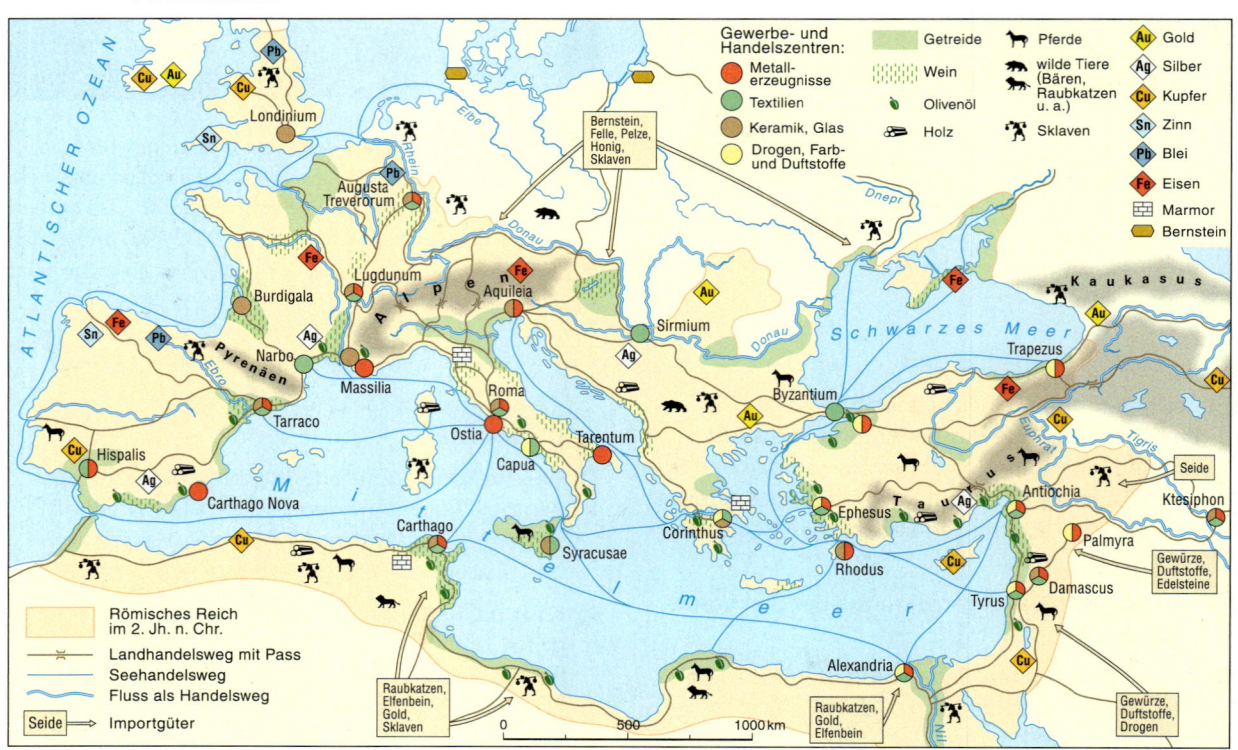

**Spezialisierung und Verkauf**

Das enge Zusammenleben in der Stadt führte zur Entstehung einer großen Zahl eigenständiger Berufe. Es gab dort genügend zahlungskräftige Kunden, die bestimmte Produkte und Leistungen nachfragten, so dass es möglich wurde, sich auf die Herstellung und den Verkauf dieser Waren zu spezialisieren. Auf diese Art konnte sich in Rom, aber auch in Städten wie Ostia, eine vielfältig gegliederte Schicht von Fernhändlern, Krämern und Kaufleuten entwickeln. Auf Märkten und in Läden boten sie ihre Waren zum Kauf an. So richtete Kaiser Trajan eine mehrgeschossige Kauf- und Markthalle im römischen Stadtkern ein, den Trajansmarkt, in dem sich Läden, Tavernen, aber auch Bibliotheken befanden. Die Münzen, mit denen die Waren bezahlt werden konnten, wurden bereitwillig angenommen, weil der Staat mit seinem Prägestempel den Wert des Metallstücks garantierte.

**Vorteile des Römischen Weltreiches**

Das Weltreich bot den Händlern außer den zahlreichen Kanälen, Häfen, Straßen und Brücken und dem großen Absatzmarkt noch weitere Vorteile. Sie fanden ähnliche Maße und Gewichte auch an entlegenen Orten vor. Grenzen und Zölle behinderten den Warenaustausch nicht. Außerdem gewährte das römische Militär den Kaufleuten im Mittelmeer und den Provinzen Schutz. So wurde der Handel zu einem wichtigen Bindeglied zwischen dem Zentrum und den Provinzen und brachte die römische Lebensweise in die entferntesten Reichsteile.

### Q1  Handelsschiff im Hafen

Ausschnitt aus einem Relief aus Ostia, das zu dem Grabmal eines Reeders gehört, ca. 200 n. Chr.
Erkläre, wo auf dem Bild die folgenden Einzelheiten zu erkennen sind: (1) Ein Dankopfer für die glückliche Fahrt; (2) das Wahrzeichen der Stadt Rom; (3) ein Seitenruder; (4) ein mehrstöckiger Leuchtturm; (5) die Entladung eines Schiffes; (6) eine Elefantenquadriga; (7) ein Mast zum Entladen und zum Setzen eines Sturm- oder Treibsegels; (8) Neptun, der Gott des Meeres; (9) Bacchus, der Gott des Weines; (10) ein Genius mit Glücksfüllhorn; (11) eine Kaiserstatue.

**Q2** Die älteste und teilweise noch erhaltene römische Straße: Via appia. Sie wird heute noch befahren.

**Q4 Ausländerfeindlichkeit in Rom**
*Juvenal (55 n. Chr.–127 n. Chr.), römischer Satiriker:*
Griechen von überall streben zu uns nach Rom, an die Fleischtöpfe der vornehmen Häuser und dort sind sie dann bald die Herren. Sag doch, wofür hältst du einen solchen Menschen? Er hat jeden Beruf, den du dir vorstellen kannst, zu uns gebracht: Sprachlehrer, Redner, Feldmesser, Maler, Einsalber, Wahrsager, Seiltänzer, Arzt, Zauberer – ein hungriges Griechlein kann alles; es wird in seiner Not sogar zum Himmel hinaufsteigen. Jetzt tragen sie sogar schon den Purpur der Senatoren – und da soll ich nicht flüchten? (…) Kein Römer hat noch irgendetwas zu sagen (…).
Allerdings – wie viele von diesem Abschaum sind denn richtige Griechen? Schon längst fließt ja der syrische Orontes in den Tiber und schwemmt syrische Sprache und Sitten, schräge Saitentöne und den Lärm fremdländischer Handpauken an, dazu Mädchen, die gezwungen sind, sich an der Rennbahn feilzubieten.
*Juvenal, 3. Satire, 60 ff. Übers. u. bearb. v. M. Tocha.*

**Q3 Händler – ein ehrbarer Beruf?**
*Der Politiker Cicero (106 v. Chr.–43 v. Chr.) über den Wert der Berufe:*
(Neben Zöllnern, Geldverleihern und Tagelöhnern) sind die als verächtlich zu betrachten, die etwas bei Händlern kaufen, um es gleich weiter zu verkaufen; (…) Auch alle Handwerker betätigen sich in einem verächtlichen Beruf, denn eine Werkstatt kann nichts Edles haben (…). Doch die Berufe, zu denen mehr Klugheit gehört und die keinen geringen Nutzen stiften, wie der des Arztes, des Baumeisters oder des Gelehrten, sind für die, zu deren Stand sie passen, ehrenhaft. Der Handel aber hat, sofern er sich in engen Grenzen hält, als ein niedriges Geschäft zu gelten; ist er aber groß und umfangreich, so dass er vielerlei aus allen Richtungen herbeischafft und viele ohne Lug und Trug damit versorgt, muss man ihn nicht gerade tadeln. (…) Von allen Dingen aber, aus denen irgendein Gewinn zu ziehen ist, ist nichts wertvoller, ergiebiger und angenehmer als der Ackerbau, nichts der Würde eines Menschen und eines freien Mannes angemessener.
*Cicero, De officiis, 1,150. Zit. nach: Cicero, Von den Pflichten, übers. v. Harald Merklin, Frankfurt/Main, Leipzig 1991, S. 143 ff.*

**Q5 Weintransport auf einem Fluss, Relief aus Avignon**
Der Seetransport war dem Landtransport deutlich überlegen. Er war schneller, kostengünstiger und konnte mehr Waren aufnehmen. Von Ostia segelte man nach Cadiz in Spanien in sieben Tagen. Rechne die Dauer der Strecke von Ostia nach Cadiz auf dem Landwege aus (s. S. 164, Q1).

## Fragen und Anregungen

1. Fertige eine vierspaltige Tabelle an. Trage ein: in die erste Spalte die Waren, die nach Rom kommen; in die zweite Spalte die Gegend, aus der die Waren kamen; in die dritte Spalte den Transportweg der Waren; in die vierte Spalte den (vermutlichen) Verwendungszweck der Waren (D1).

2. Erstelle eine Rangordnung der bei Cicero erwähnten Berufe (Q3). Welcher Wirtschaftszweig steht am höchsten und warum?

3. Überlege, was ein Grieche entgegnen könnte (Q4). Heute gibt es vergleichbare Haltungen zu Fremden. Nenne Ähnlichkeiten und Unterschiede.

# 17. Werkstatt: Sklaverei im Römischen Reich

**Halsband für Sklaven** Q1
Nur wenige Gegenstände wie dieses Halsband geben Hinweise auf das Leben der Sklaven. Die meisten Informationen erhalten wir aus den schriftlichen und bildlichen Quellen.

**Die Sklaverei in Rom untersuchen**

Sklaven sind Menschen, die anderen Menschen gehören und für sie ohne Lohn arbeiten müssen. Heutzutage gibt es nur noch sehr wenige Länder, in denen Sklaverei geduldet wird. Früher war das anders. In vielen Gebieten der Erde war es lange Zeit üblich, andere Menschen lediglich als Eigentum und damit als eine Art Werkzeug oder Haustier zu betrachten. Für die Sklaven bedeutete das meistens ein hartes Leben. Jedoch hatten ihre Herren auch ein Interesse daran, ihre Arbeitsfähigkeit zu erhalten. Manche Sklaven erreichten im Dienst an ihren Herren sogar einflussreiche Stellungen, die ihnen ein gutes Leben ermöglichten. In dem Kapitel über das antike Griechenland hast du schon einiges darüber erfahren. Auch für die römische Gesellschaft war die Unterscheidung zwischen Sklaven und Freien grundlegend. In diesem Kapitel sollst du dir selbst anhand ausgewählter Quellen eine Vorstellung davon erarbeiten, wozu in Rom Sklavinnen und Sklaven verwendet wurden und wie sie sich verhielten.

### LITERATURTIPPS

**Im Schatten des Vesuv**
*Der Sklave Timon arbeitet in Pompeji. Obwohl er mit seinem Herrn Glück gehabt hat, plant Timon die Flucht. Doch dann droht eine Katastrophe durch den Vesuv.*
**Eilis Dillon, Im Schatten des Vesuv, München 2000, 158 Seiten.**

**Quintus geht nach Rom**
*Erzählt wird die Geschichte des Jungen Quintus, der im Jahr 50 v. Chr. mit seiner Familie nach Rom zieht.*
**Hans Dieter Stöver, Quintus geht nach Rom, München 1996, 285 Seiten.**

### Fragen und Anregungen zur Gruppenarbeit

1. Überlegt und schreibt auf, was ihr bisher zu dem Thema „Sklaven" gehört, gelesen oder im Fernsehen und Kino gesehen habt.
2. Bildet kleine Gruppen von jeweils zwei oder drei Schülerinnen und Schülern. Die eine Hälfte der Gruppen soll die Quellen zur „Verwendung von Sklaven und über ihr Leben" (S. 182–183), die andere Hälfte die Quellen zum „Verhältnis von Sklaven und ihren Herren" (S. 184–185) bearbeiten.
3. Klärt in eurer Gruppe, was ihr nicht versteht. Benutzt dazu ein Lexikon und die methodischen Hinweise auf den Seiten 80–81.
4. Besprecht, was ihr den Quellen über die Verwendung der Sklaven bzw. über das Verhalten der Römer gegenüber den Sklaven entnehmen könnt.
5. Überlegt, welche Einstellung die Verfasser der Quellen zu der Sklaverei gehabt haben könnten.
6. Das Leben von Sklaven war nicht nur von Unterdrückung gekennzeichnet. Sucht in den Quellen nach Hinweisen.
7. Fasst eure Ergebnisse schriftlich zusammen und stellt sie der Klasse vor.

# SKLAVEREI IM RÖMISCHEN REICH I

**Materialien für Gruppe A:**
Klärt mithilfe der Quellen die Frage, wozu Sklavinnen und Sklaven verwendet wurden und unter welchen Bedingungen sie lebten.

**Kriegsgefangene** Q1
Mosaik in Tipasa (Mauretanien),
3./4. Jahrhundert n. Chr.

### Q2 Mensch oder Sache?
*Kaufvertrag über einen Sklaven – im Jahr 129 n. Chr. im römischen Ägypten abgeschlossen und auf Papyrus aufgeschrieben:*

Agatos Daemon, Sohn von Dionysius und Hermione, wohnhaft in der Stadt Oxyrhynchus, teilt mit diesem Dokument dem Gaius Julius Germanus, Sohn des Gaius Julius Domitianus, mit, dass er den Kaufvertrag an-
5 erkennt, den sie über die Sklavin Dioscuros, 25 Jahre alt und ohne besondere Kennzeichen, abgeschlossen haben. Julius Germanus hat sie von Agathos Daemon wie besehen übernommen. Sie kann nicht zurückgegeben werden, es sei denn sie erkrankt an Epilepsie
10 oder es werden Ansprüche Dritter erhoben. Der Preis beträgt 120 Silberdrachmen, die Agathos Daemon vollständig erhalten hat, als der Vertrag abgeschlossen wurde. Julius Germanus übernimmt auch die Verkaufssteuer für die genannte Sklavin. Für die in dem Vertrag
15 genannten Eigenschaften der Sklavin hat Agatos Daemon eine Garantie abgegeben.

*Selected Papyri, 32. Zit. nach: Shelton, J.-A. (Hg.), As the Romans did. A Sourcebook in Roman Social History, 2nd Ed., New York Oxford 1998, S. 198. Übers. d. Verf.*

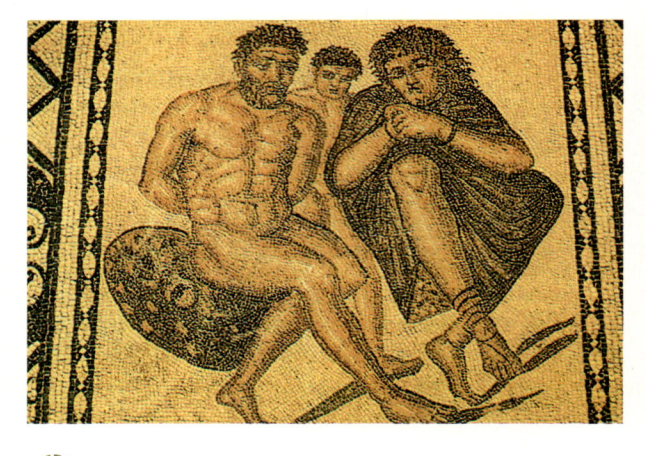

### Q3 Eine Grabinschrift erzählt
*Inschrift auf dem Grab eines Sklaven – gefunden in Makedonien, unweit Philippi:*

Vitalis, Sklave des Gaius Lavius Faustus und auch sein Sohn, als Sklave im Haus geboren, ist hier beigesetzt; er lebte 16 Jahre, war Geschäftsführer im aprianischen Laden (benannt vielleicht nach dem Besitzer oder Erbauer), von den Leuten hier gerne gesehen, von den
5 Göttern aus dem Leben gerissen. Ich bitte euch, die ihr euren Weg an meinem Grab vorbei nehmt, seht mir nach, wenn ich euch etwas weniger als das Maß zuteilte, um (das Erübrigte) meinem Vater geben zu können. Bei den Göttern des Himmels und des Hades
10 bitte ich, kauft in Zukunft bei meinem Vater und meiner Mutter. Und leb wohl.

*Corpus Inscriptionum Latinarum CIL III 14206, 21. Zit. nach der Übersetzung bei Eck, W./Heinrichs, J. (Hg.), Sklaven und Freigelassene in der Gesellschaft der römischen Kaiserzeit, Darmstadt 1993, S. 71. Bearb. d. Verf.*

**Szene beim Bankett** Q4
Mosaik,
3./4. Jahrhundert n. Chr.

# WERKSTATT

zur Seite gestellt, der meist sogar der nutzloseste von allen ist und zu keiner anspruchsvolleren Aufgabe taugt. Durch ihre Fabeleien und Irrtümer werden die noch jungen und beeinflussbaren Menschen geformt. Niemand im ganzen Haus gibt Acht, was er vor dem Herrn, der noch ein Kind ist, sagt oder tut.

*Tacitus, Dialogus de oratoribus, 29, 1. Zit. nach: Eck, W./Heinrichs, J. (Hg.): Sklaven und Freigelassene in der Gesellschaft der römischen Kaiserzeit, Darmstadt 1993, S. 59.*

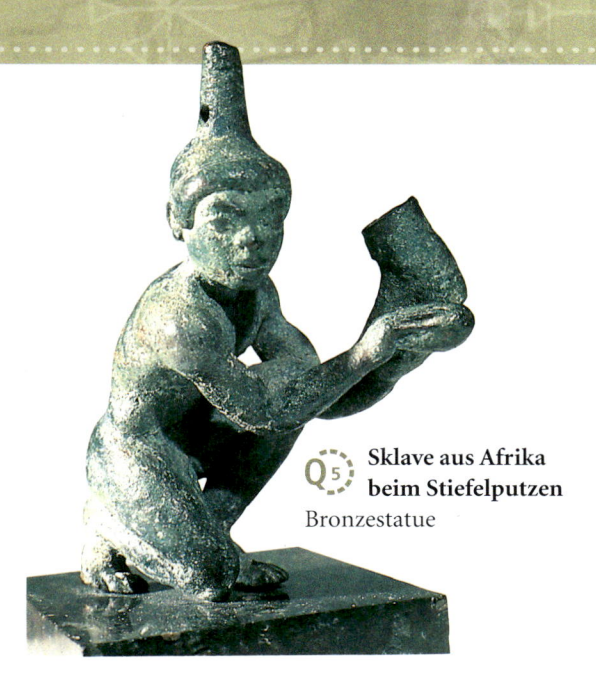

**Q5 Sklave aus Afrika beim Stiefelputzen**
Bronzestatue

**Q6 Sklaven im Bergbau**
*Der griechische Historiker Diodorus Siculus (ca. 90 bis 21 v. Chr.) über die Verwendung von Sklaven:*
Als später die Herrschaft über Spanien bei den Römern lag, betrieben viele Leute aus Italien Bergwerke; in ihrem Gewinnstreben erwirtschafteten sie damit großen Reichtum. Sie kauften nämlich scharenweise Sklaven und übergaben sie Aufsehern zu Bergwerksarbeiten. (…)
Die Sklaven im Bergbau bringen ihren Besitzern unglaubliche Einkünfte; sie selber aber müssen unter der Erde graben bei Tage wie bei Nacht, gehen körperlich zugrunde und viele sterben wegen der übermäßigen Anstrengung, denn Erholung oder Pausen in der Arbeit gibt es nicht. Aufseher zwingen sie mit Schlägen, die furchtbaren Leiden zu ertragen, bis sie elend ihr Leben aushauchen. Wenige nur, die Körperkraft und seelische Widerstandskraft genug haben, halten durch und verlängern damit nur ihre Qual. Denn erstrebenswerter als das Leben wäre für sie der Tod wegen ihres großen Elends.

*Diodor, Weltgeschichte 5, 36. 3–4; 38. 1; Übers. u. Bearb. d. Verf.*

**Q7 Sklaven und Kinder**
*Bei dem Historiker und Senator Tacitus (ca. 56 bis 120 n. Chr.) findet sich eine Beschwerde über die Verwendung von Sklaven und Sklavinnen:*
Heute (gemeint ist das Jahr 75 n. Chr.) aber wird ein Kind gleich nach seiner Geburt irgendeiner griechischen Sklavin anvertraut, dieser ein beliebiger Sklave

**Q8 Dienerinnen frisieren ihre Herrin**
Relief aus Sandstein, Neumagen, 1. Jahrhundert n. Chr.

**Q9 Arbeiten und Essen**
*Marcus Porcius Cato (234–149 v. Chr.) verfasste ein Buch mit Ratschlägen für die Landwirtschaft. Darin teilte er die Menge an Lebensmitteln mit, die Sklaven auf einem Landgut erhalten sollten:*
Das Essen für die Sklaven: Diejenigen, die arbeiten: im Winter 4 Scheffel (ca. 35 l) Weizen, im Sommer 4,5; dem Verwalter, seiner Frau, dem Aufseher, dem Schafhirten: 3 Scheffel. Den Fußgefesselten im Winter: 4 Pfund (ca. 1,3 kg) Brot, sobald sie anfangen, die Weingärten umzugraben: 5 Pfund Brot. Sobald die (Fall-) Oliven aufgegessen sind, gib eingelegte Fische und Essig. Öl gib jedem monatlich 0,5 l, Salz im Jahr 1 Scheffel. Kleidung für die Sklaven: ein Hemdrock, Umhänge (gegen Regen usw.). Gute Holzschuhe soll man alle zwei Jahre geben.

*Marcus Porcius Cato, Über die Landwirtschaft, 56–59, gekürzt, Bearb. d. Verf.*

183

# SKLAVEREI IM RÖMISCHEN REICH II

**Materialien für Gruppe B:**
Klärt mithilfe der Quellen die Frage, wie sich die Römer gegenüber den Sklavinnen und Sklaven verhielten.

### Q1 Sklaven – immer Feinde?
*Der Philosoph Seneca (ca. 4 v. Chr.–65 n. Chr.) äußerte sich zum Verhalten beim Essen:*
Mit dem Rohrstock wird auch das leiseste Gemurmel unterdrückt. Und selbst ganz unwillkürliche Anfälle wie Husten, Niesen, Schluchzen machen dabei keine Ausnahme. Schwer büßen muss jeder, der das Stillschweigen auch nur durch ein Wort unterbricht. Ganze Nächte stehen sie nüchtern und stumm. Kein Wunder also, wenn sie über ihren Herrn reden, da sie vor ihm nicht reden dürfen.
Dagegen waren jene früheren Sklaven, die nicht nur in Gegenwart ihrer Herren, sondern auch mit ihnen selbst reden durften und denen kein Schloss vor den Mund gelegt war, gegebenenfalls bereit, für ihren Herrn den Nacken darzubieten und die ihm drohende Gefahr auf sich abzulenken. Bei den Mahlzeiten redeten sie, auf der Folter aber schweigen sie. Ferner beruft man sich zugunsten des nämlichen Hochmutes vielfach auf das Sprichwort: „So viele Sklaven, so viele Feinde." Sie sind nicht unsere Feinde, wir machen sie dazu. (…)
Führe dir doch zu Gemüt, dass er, den du deinen Sklaven nennst, aus dem gleichen Samen entsprossen ist, dass er unter demselben Himmel lebt, die gleiche Luft atmet und lebt und stirbt wie du. Du kannst ihn ebenso gut als Freien sehen, wie er dich als Sklaven. (…)
*Seneca, Briefe an Lucilius, 47. Übers. d. Verf.*

### Q2 Bronzeplaketten wie diese mussten die Sklaven ständig um den Hals tragen.
3./4. Jahrhundert n. Chr. Der Text lautet:
„Ich, Asellus, Sklave des Praeiectus, eines Beamten im Amt für Getreideversorgung, habe mich aus dem Bezirk innerhalb der Mauern entfernt. Halte mich fest, da ich entflohen bin. Führe mich zurück zum Tempel der Friseure."

### Q3 Mord an einem Stadtpräfekten – Was ist eine gerechte Strafe?
*Der Geschichtsschreiber Tacitus (um 55–ca. 115 n. Chr) berichtete, was nach der Ermordung eines Stadtpräfekten durch einen seiner Sklaven geschah:*
Als nun nach altem Recht die gesamte Sklavenschar, die unter demselben Dach gewohnt hatte, öffentlich hingerichtet werden sollte, entstand ein Volksauflauf. Denn man wollte die vielen Unschuldigen schützen und es kam zum Straßenkampf. Auch im Senat erhoben sich Stimmen gegen diese allzu große Strenge. Aber die Mehrheit sprach sich gegen jede Änderung des Gesetzes aus. Bei der Abstimmung macht C. Cassius, der die letztere Ansicht vertrat, folgende Ausführungen:
„(…) Glaubt ihr, der Sklave hat den Mordplan gegen seinen Herrn gefasst, ohne ein drohendes Wort auszustoßen und ohne von seiner Absicht unwillkürlich etwas verlauten zu lassen? Aber mag er seinen Plan geheim gehalten haben, mag er sich ohne Wissen der anderen eine Waffe verschafft haben. Konnte er durch die Wachen gelangen, konnte er die Tür des Schlafzimmers öffnen, ein Licht hineintragen und den Mord ausführen, ohne dass irgendeiner eine Ahnung davon hatte?
Ein drohendes Verbrechen verrät sich auf so manche Weise. Nur wenn die Sklaven sterben müssen, die es ihrem Herrn nicht anzeigen, können wir wenigen unter den Sklaven leben. Dann können wir ruhig sein inmitten derer, die vor uns zittern, ja können wir Rache üben an denen, die uns nach dem Leben trachten. Unsere Vorfahren misstrauten der Gesinnung der Sklaven, auch wenn diese auf ihrem Boden und in ihrem Hause geboren waren und die Liebe zu ihrem Herrn von Kind an für sie selbstverständlich war. Wir aber haben in unserer Sklavenschaft jetzt massenhaft Leute, die andere Gebräuche als wir, die eine fremde Religion oder gar keine haben. Ein so zusammengewürfeltes Gesindel kann nur die Furcht im Zaume halten. (…)"
Dem Antrag des Cassius wagte kein Einziger entgegenzutreten. Aber abweichende Meinungen waren zu hören. Man äußerte Mitleid mit der Anzahl, der Jugend, dem Geschlecht, der unzweifelhaften Unschuld der meisten Opfer. Doch setzte sich die Partei durch, die für die Todesstrafe stimmte.
*Tacitus, Annalen, XIV, 42–45; Übers. d. Verf.*

# WERKSTATT

**Q4 Grabstein des Iucundus, Mainz, Innenstadt**

Der Text lautet: Iucundus, Freigelassener des Marcus Terentius, Viehhändler. Wanderer, der du verbeikommst und dies liest, bleib stehen und sieh, wie unwürdig ich dahingerafft wurde und nun vergeblich klage! Dreißig Jahre, nicht mehr konnte ich im Leben erreichen, denn ein Sklave hat mich ums Leben gebracht, und er selbst stürzte sich kopfüber in den Fluss, so kam er ums Leben. Was seinem Herrn er entriss, das hat der Main ihm geraubt.

**Q5 Kleidung der Sklaven**

*Ein Buch des Senators und Schriftstellers Seneca (ca. 4 v. Chr.–65 n. Chr.) enthält darauf einen Hinweis:*
Der Senat sprach einmal die Empfehlung aus, Sklaven sollten sich in ihrer Kleidung von Freien unterscheiden. Gleich darauf wurde aber klar, welche Gefahr drohte, wenn unsere Sklaven erst einmal begonnen hätten,
5 uns zu zählen.

Seneca, De clementia, 1, 24, 1. Zit. nach der Übersetzung bei Eck, W./Heinrichs, J. (Hg.), Sklaven und Freigelassene in der Gesellschaft der römischen Kaiserzeit, Darmstadt 1993, S. 138.

**Q6 Gastmahl auf einem Wandgemälde**
Pompeji, ca. 60 v. Chr.

**Q7 Neue Gesetze**

*Einer Darstellung aus dem 4. Jahrhundert n. Chr. ist zu entnehmen, dass unter Kaiser Hadrian, der von 117 bis 138 n. Chr. regierte, einige Gesetze das Los der Sklaven verändern sollten:*
Er verbot den Herren, ihre Sklaven zu töten. (…) Er verbot allen, einen Sklaven oder ein Dienstmädchen ohne Grund an Gladiatorenunternehmer oder -trainer zu verkaufen. (…) Er schaffte die Arbeitshäuser für Sklaven und Freie ab. (…) Für den Fall, dass ein Skla- 5
venbesitzer in seinem Haus ermordet wurde, erließ er ein Gesetz, dass keine anderen Sklaven verhört werden sollten als die, die nahe genug dabei waren, um etwas von dem Mord zu wissen.

Aelius Spartianus (vermutlich im 4. Jh. n. Chr.), The Life of Hadrian (Scriptores Historiae Augustae), X, Satz 7–11; Übers. d. Verf.

# 18. Die römische Zivilisation im Weltreich

**Das Imperium Romanum – ein Weltreich**

Als der römische Kaiser Trajan 117 n. Chr. starb, hatte das Römische Reich seine größte Ausdehnung erreicht (Seite 160). Es wird geschätzt, dass zu Beginn unserer Zeitrechnung 61 Millionen Menschen in diesem Reich lebten. Für die Zeit vor 2000 Jahren war das eine sehr große Zahl. Heute leben jedoch allein in der viel kleineren Bundesrepublik Deutschland 20 Millionen Menschen mehr.

**Wie regierten die Römer ihr riesiges Reich?**

Das Römische Reich war in Provinzen aufgeteilt. Zur Zeit Trajans gab es insgesamt 41 Provinzen. Hinzu kamen Italien, das keine Provinz war, und Ägypten, das dem Kaiser persönlich gehörte. In den Provinzen regierten Statthalter. Diese konnten über alle Bewohner, einschließlich aller stationierten Soldaten, befehlen und auch Entscheidungen über Leben und Tod treffen. Allerdings war ihre Macht zeitlich begrenzt: Schon nach einem Jahr konnten sie abgelöst werden und mussten dann nach Rom zurückkehren.

**Oberaufsicht und Selbstbestimmung in der Provinz**

Im Römischen Reich gab es mehr als 2000 Städte. Davon waren viele erst durch die Römer gegründet worden. Jede Stadt hatte einen Stadtrat, in dem freie Bürger der jeweiligen Stadt Mitglied waren und der viele Regierungsaufgaben übernahm. So musste nicht der Kaiser in Rom oder sein Statthalter die Steuern in jeder Stadt einziehen, sondern der Stadtrat übernahm diese und andere Aufgaben. Die Römer besaßen also nur die Oberaufsicht und ließen die Provinzbewohner ihre Angelegenheiten weitgehend selbst bestimmen.

In die Stadträte kamen nur wohlhabende Bürger. Denn die Tätigkeit war ein Ehrenamt. Die Stadträte planten die öffentlichen Bauten und bezahlten sie und andere Ausgaben aus ihrem Privatvermögen. Das taten sie in der Regel freiwillig und gerne,

**Caesars Pläne D1**
Aus dem Asterix-Comic „Die Trabantenstadt".

**Q1 Odysseus im Römischen Reich**
Die Römer bewunderten die griechische Kultur (S. 111–113) sehr. So verbreitete sie sich im ganzen Reich. Finde heraus, welche Szene aus der Odyssee hier dargestellt ist (S.85). Mosaik aus einem Haus in Dougga, Tunesien. 3. Jahrhundert n. Chr.

da ihr Ansehen und ihr Ruhm so erhöht wurde. Alle freien Bewohner einer Provinz mussten Steuern an die Römer zahlen. Für Sklaven taten es deren Besitzer.

**Die Städte – Zentren der römischen Zivilisation**

Wie das Vorbild Rom hatten viele Städte ein Amphitheater, Thermen, Tempel und große Markthallen. Es gab eine funktionierende Verwaltung, eine gute medizinische Betreuung und jederzeit frisches Wasser, das man oft mithilfe von Wasserleitungen (Aquädukten) von weit her transportierte. Wir bezeichnen diese Errungenschaften heute mit dem Wort „Zivilisation".

**Provinzbewohner und die römische Lebensart**

Diese „zivilisierte" Lebensweise wurde für viele Provinzbewohner zum Vorbild. Vor allem in den westlichen Provinzen lernten sie nun auch die lateinische Sprache und ließen ihre Kinder nach römischem Beispiel erziehen. Dieser Vorgang, bei dem die Provinzbewohner schrittweise Lebens- und Denkweisen der Römer annahmen, wird Romanisierung genannt. Vom kühlen Nordengland bis zu den Wüsten Syriens lebten Menschen, die sich auch als Römer fühlten. Im Römischen Reich ermöglichte dies das Zusammenleben verschiedener Völker.

**Wie wurde man römischer Bürger?**

Neben der römischen Lebensweise war der Erwerb des römischen Bürgerrechts ein Ziel für die Menschen in den Provinzen. Denn wurde ein freier Bewohner einer Provinz römischer Bürger, erwarb er besondere Rechte. Im Laufe der Zeit verliehen die Römer immer mehr Provinzbewohnern das römische Bürgerrecht. Schließlich wurden im Jahr 212 n. Chr. durch ein Gesetz alle freien Bewohner des Römischen Reiches zu römischen Bürgern.

## Zivilisation

(von lateinisch: civis „Bürger") Mit diesem Wort wird die verfeinerte Lebensart einer Gesellschaft beschrieben. Die städtische Lebensweise galt ursprünglich als dem bäuerlichen Leben überlegen, da es in Städten eine Polizei, Ärzte, Schulen, Tempel, Theater, Thermen und jederzeit frisches Wasser gab. Bis heute wird ein Leben in geordneten und sicheren Verhältnissen als „zivilisiert" bezeichnet.
Die Angehörigen einer Zivilisation besitzen gelegentlich ein Gefühl der Überlegenheit gegenüber anderen.

## Romanisierung

Dieses Wort bedeutet „römisch machen" oder „römisch werden". Überall, wo die Römer hinkamen, beeinflusste ihre Lebensweise, ihre Sprache und ihre Technik die einheimische Bevölkerung. Diese lernte Latein und ließ ihre Kinder nach römischem Vorbild erziehen. Die Menschen lernten so die Vorteile der römischen Herrschaft kennen.
Die Romanisierung wirkte besonders im Westen des Römischen Reiches, am stärksten in den heutigen Ländern Frankreich, Portugal und Spanien.

**Q2 Pont du Gard in Südfrankreich,** 14 n. Chr. erbaut. Dieser Aquädukt ist 48 m hoch und 273 m lang. Die untere Reihe besteht aus 6 Bogen (22 m hoch), die mittlere aus 11 Bogen (19 m hoch) und die obere aus 35 Bogen (7 m hoch). Zum Bau wurde kein Mörtel verwendet.

**Q3 Erlaubnis zu einem Bauprojekt (111 n. Chr.)**
*Brief des Plinius (62–113 n. Chr.), Statthalter in Bithynia, an Kaiser Trajan (98–117 n. Chr.) und die Antwort:*
Die Bewohner von Prusa, o Herr, haben ein unhygienisches und altmodisches Bad. Deshalb halten sie es für wichtig, eine neue Anlage zu bauen, und ich meine, du könntest ihnen ihren Wunsch bewilligen. Geld für den
5 Bau wird nämlich zur Verfügung stehen, zunächst die Summen, die ich von Privatleuten gerade (…) eintreibe. Ferner sind sie bereit, den Betrag, den sie gewöhnlich für Olivenölspenden an arme Bürger ausgeben, für den Bau des Bades zur Verfügung zu stellen. Zudem fordert
10 sowohl das Ansehen der Stadt wie auch der Glanz deines Zeitalters geradezu ein solches Bauwerk.
*Aus Trajans Antwort:*
Wenn die Errichtung eines neuen Bades die Wirtschaftskraft der Bewohner von Prusa nicht zu sehr
15 belastet, können wir einem solchen Wunsch nachkommen. Voraussetzung dafür ist allerdings, dass in Prusa keine zusätzlichen Steuern erhoben werden und dass es den Leuten dieser Stadt in der Zukunft nicht an notwendigem Geld für den Unterhalt des Bades fehlt.

C. Plinius Secundus, Briefe. 10. Buch; Der Briefwechsel mit Kaiser Trajan, übers. v. Marion Giebel, Stuttgart 1999, Nr. 23–24. Bearb. d. Verf.

**Q4 Romanisierung im gerade eroberten Britannien**
*Der Römer Tacitus berichtet, wie der römische Feldherr Agricola die Menschen 77–83 n. Chr. behandelte:*
Der folgende Winter wurde mit sehr heilsamen Maßnahmen zugebracht. Damit sich nämlich die zerstreut lebenden und rohen und deshalb zum Kriege neigenden Menschen durch Wohlleben an Ruhe und Muße
5 gewöhnten, drängte Agricola sie persönlich und half ihnen (…), Tempel, Märkte und Häuser zu bauen. Dabei lobte er die Bereitwilligen und kritisierte die Trägen: So wirkte anstelle von Zwang der Wettstreit um Ehre und Anerkennung. Fürstensöhne ließ er sogar in den
10 üblichen römischen Schulfächern unterrichten und gab dem Talent der Britannier vor dem Eifer der Gallier den Vorzug, sodass sie, die noch eben die römische Sprache abgelehnt hatten, nun sogar nach der (Unterrichtung in der) kunstmäßigen Rede verlangten. Von jetzt an kam
15 auch unsere Tracht in Ansehen, und häufig trug man die Toga. Allmählich verfiel man auch auf die Reize der Laster: auf Säulenhallen und Bäder und üppige Gelage. Und dergleichen galt den Unerfahrenen für feine Bildung, während es doch ein Stück Knechtschaft war.

Tacitus, Agricola, Kap. 21. Zit. nach: Tacitus, Agricola, übers. von R. Feger. Stuttgart 1973, S. 35. Bearb. d. Verf.

## Fragen und Anregungen

1. Erkläre den Zweck der Bedingungen, die Trajan stellt (Q3), wenn das neue Bad gebaut werden soll. Beschreibe dazu, was sonst passieren könnte.

2. Nenne alle Neuerungen, die sich für die Britannier ergaben. Beurteile, ob sie ihnen Vorteile brachten und kläre, wozu sie nach Tacitus dienten (Q4).

3. Stell dir vor: Ein besiegter Brite lehnt die Maßnahmen Agricolas ab (Q4). Er behauptet, dass in Zukunft kein Widerstand gegen die römischen Eroberer mehr möglich sein werde. Was hältst du davon? Begründe dein Urteil.

4. „Diese Gallier meinen, sie könnten sich der römischen Zivilisation widersetzen (…). Aber ich werde sie zwingen, diese Zivilisation anzunehmen." Diese Aussage macht Caesar im Asterixband „Die Trabantenstadt" (S. 5), als er seine Planungen für ein „zivilisiertes" Gallien vorstellt. Erkläre, was Caesar bzw. die Comiczeichner damit meinen (D1).

# 19. Römer und Germanen – friedliche Nachbarn?

| | |
|---|---|
| 9 n. Chr. | In einem Überraschungsangriff vernichten Germanen drei römische Legionen. Die Römer ziehen sich hinter Rhein und Donau zurück. |
| 70–160 n. Chr. | Die Römer errichten eine mehr als 500 km lange Grenzsicherung zwischen Rhein und Donau, den Limes. |

**Wieso wurde nicht ganz Germanien erobert?**

Bereits Julius Caesar ließ zwei Rheinbrücken bauen und war nach Germanien vorgestoßen. 9 v. Chr. eroberten die Römer dann das Gebiet bis zur Elbe und es wurde eine neue Provinz eingerichtet. 9. n. Chr. änderte sich die Lage: Der Cherusker Arminius führte einen Aufstand germanischer Stämme an und lockte die an der Elbe stationierten drei römischen Legionen in einen Hinterhalt. Die römische Armee wurde zwischen Weser und Ems, vielleicht bei Kalkriese in der Nähe von Osnabrück, vernichtet. Auch der Statthalter Varus starb. Kaiser Augustus verzichtete daraufhin auf die Eroberung Germaniens und zog alle römischen Truppen hinter Rhein und Donau zurück, die zu Grenzflüssen des Römischen Reiches wurden.

**Die Legionen an den Grenzen des Reiches**

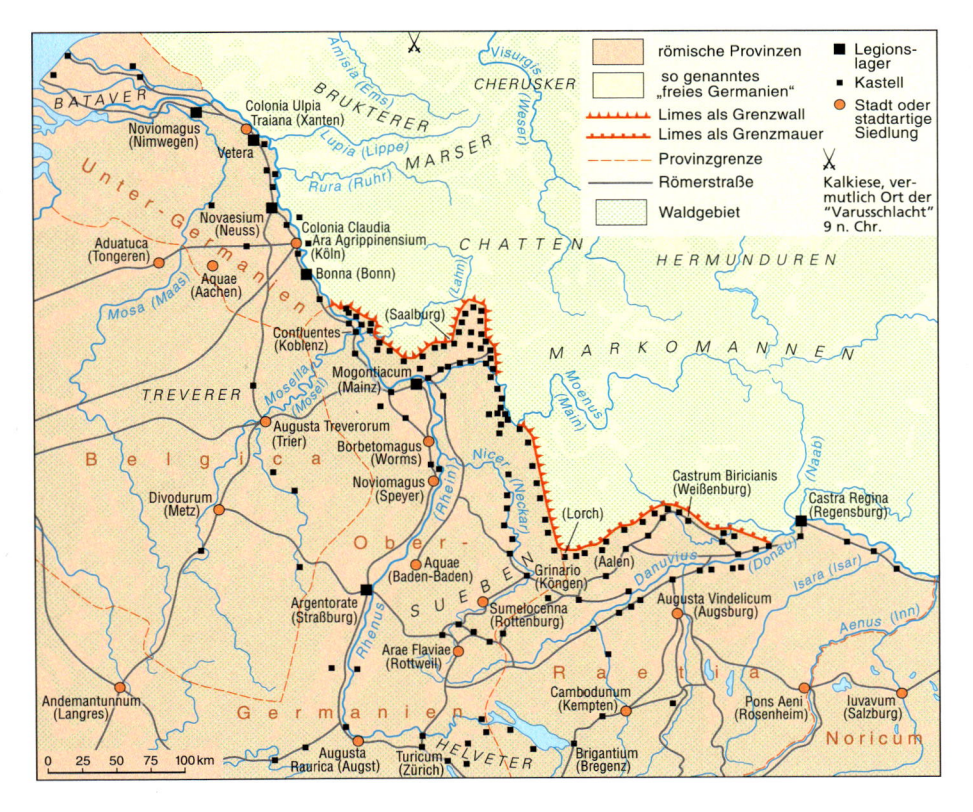

Zum Schutz des Reiches verlegten die Römer Legionen an die Grenzen. Im Unterschied zur Zeit der römischen Republik waren in der Kaiserzeit die Legionen in festen Lagern dauerhaft stationiert. Die in den Legionen dienenden Berufssoldaten, die sich für mindestens 20 Jahre verpflichten mussten, blieben so häufig ihr ganzes Leben an einem Ort. Nach ihrer Entlassung ließen sie sich dann oft dort nieder

**D1 Die Römer in Deutschland**
Nachdem die Eroberung Germaniens bis zur Elbe gescheitert war, sicherten die Römer ihren Landgewinn. Große Legionslager und kleinere Kastelle wurden an der Grenze errichtet. Je nach Art der Grenze waren dazu unterschiedliche Sicherungen nötig.

und heirateten einheimische Frauen. So bestand ein großer Teil der Bevölkerung der Garnisonsstädte, wie Köln, Trier oder Xanten, aus so genannten Veteranen.

**Die Armee fördert die Romanisierung**

Zur Zeit des Kaisers Trajan gab es insgesamt 30 Legionen mit einer Gesamtstärke von ungefähr 180 000 Mann, die rund um die Grenzen des Reiches stationiert waren. Hinzu kamen die „auxilia", Hilfstruppen, auch in einer Gesamtstärke von ungefähr 180 000 Soldaten. Während in den Legionen nur römische Bürger dienen durften, konnten in den „auxilia" alle freien Reichsbewohner für eine Mindestzeit von 25 Jahren dienen. Wenn diese entlassen wurden, bekamen sie und ihre Familien das römische Bürgerrecht. Die Armee prägte die Germanen, die in ihr Dienst taten, und förderte so die Angleichung der Lebensweisen an das römische Vorbild.

**Der Limes – Grenzsicherung nach Germanien**

Diese Grenzsicherung durch die Legionen reichte jedoch nicht aus. Die Flussgrenzen konnten zwar gut durch eine eigene Flotte überwacht werden. Aber über die Landgrenzen zwischen Rhein und Donau konnten einzelne Gruppen aus dem freien Germanien unbemerkt in das Römische Reich eindringen und dort Städte und andere Siedlungen überfallen. Daher begann Kaiser Vespasian 70 n. Chr. damit, eine neue Form der Grenzsicherung zu entwickeln. Diese wurde immer weiter ausgebaut, bis Kaiser Antoninus Pius um 160 n. Chr. eine vollständige Verbindung zwischen den Flussgrenzen an Rhein und Donau hergestellt hatte. Die neue feste Grenze nannten die Römer Limes. Das Wort Limes kommt aus der lateinischen Sprache und bedeutet gleichzeitig „Weg" und „Grenze". So wird im Namen deutlich, dass der Limes nicht nur eine trennende Grenze zwischen dem Römischen Reich und Germanien war, sondern auch ein verbindender Weg, der von dem einen in das andere Gebiet führte.

**D2 Der Limes im Frieden**
Neben Abschnitten mit einer Holzpalisade gab es auch welche mit einer durchgängigen festen Mauer. Meistens war es am Limes ruhig und die Legionäre kontrollierten nur die Händler und ihre Waren. Rekonstruktionszeichnung.

**Wie funktionierte der Limes im Krieg? D3**
Die Römer sicherten die Grenze durch ein ausgeklügeltes System, in dem die Soldaten der Hilfstruppen in den Wachtürmen mit den Kastellen und den großen Legionslagern in Verbindung standen. Stell dir vor, du bist Wachsoldat und entdeckst Germanen. Was tust du und was folgt?

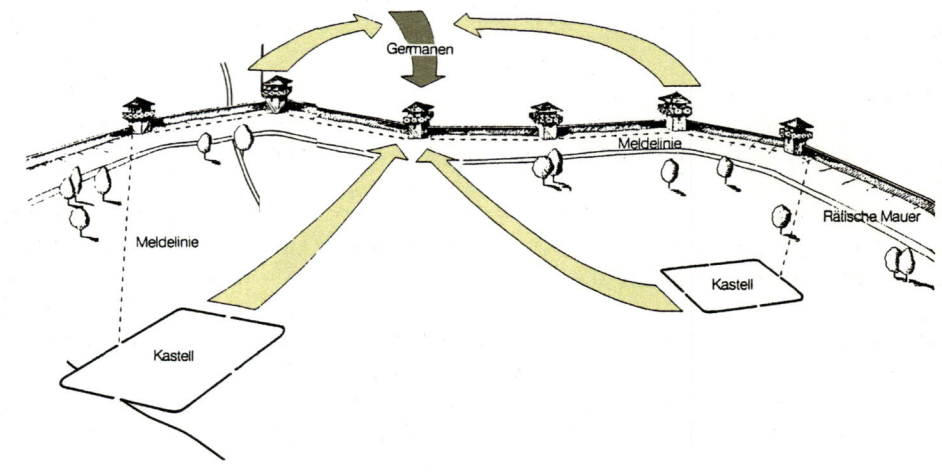

190

**D4** *Eine Zeitreise nach Germanien:*
Nun reist du in die Grenzprovinz Germania Inferior (Untergermanien). Dort erwartet dich, in der Stadt mit der geheimnisvollen Abkürzung CCAA, ein Bewohner dieser Provinz mit dem Namen Titus Ericus Flavius. Dieser ist natürlich nur eine Fantasiegestalt – ähnlich den Männern und Frauen rechts, die Kleidung tragen, die man nach Originalfunden und von Darstellungen aus Grabsteinen rekonstruiert hat. Aber Titus Ericus könnte so um 100 n. Chr. gelebt haben: Alle Informationen, die er dir gibt, haben Historiker und Archäologen herausgefunden:

„Sei gegrüßt, Besucher/in! Mein Name ist Titus Ericus Flavius und ich bin dein Begleiter in der Stadt Colonia Claudia Ara Agrippinensium, deren Name ich einfach mit Colonia abkürze. Ericus heißt in deiner Sprache Erich, so kannst du mich gerne nennen. Die Stadt, in der ich mit meiner Frau und meinen Kindern lebe, liegt direkt am Rhein.

Ursprünglich waren hier nur zwei Legionen zum Grenzschutz stationiert. Dann jedoch wurde das Lager zur Hauptstadt der Grenzprovinz Germania Inferior und es siedelten sich ehemalige Soldaten, Handwerker und Kaufleute an. Kaiser Claudius hat dann 50 n. Chr. die Stadt zur Kolonie erhoben und sie nach seiner Ehefrau Agrippina benannt, die hier geboren wurde. Eine Kolonie ist eine Siedlung, in der römische Bürger leben. Damit hat meine Stadt den höchsten Rang erreicht, der im Römischen Reich möglich ist: Ihre freien Stadtbürger haben das römische Bürgerrecht und gelten damit als Römer!

Ich selbst bin nicht hier geboren, sondern auf der anderen Seite des Rheins, im „freien Germanien", wie wir es hier nennen. Als kleiner Junge bin ich mit meiner Mutter bei einem Angriff römischer Truppen gefangen genommen worden und wir sind als Sklaven in Colonia verkauft worden. Unser Käufer, ein römischer Händler, hat mich und meine Mutter vor zehn Jahren, als er starb, in seinem Testament freigelassen und mir sein Vermögen vererbt. Seitdem führe ich zusätzlich den Namen meines ehemaligen Herrn Titus Flavius und habe als römischer Bürger sein Geschäft geerbt.

Warum Titus Flavius hier lebte? Er war nach Colonia gekommen, da er von hier aus gut nach Germanien reisen und dort Waren kaufen konnte, die in Rom begehrt waren: Bernstein als wertvoller Schmuck, blondes Frauenhaar für Perücken und natürlich warme und dichte Felle, wie sie aus dem kalten und wilden Osten kommen können. Umgekehrt sind die Germanen an den hoch entwickelten Produkten aus dem Römischen Reich interessiert. Besonders das Glas, die Keramik und die Metallwaren, die wir hier in Colonia herstellen, sind sehr begehrt – nicht nur bei den Germanen, sondern auch in anderen Teilen des Römischen Reiches. Daher lohnt sich das Leben als Händler hier am Rande der zivilisierten Welt durchaus, auch wenn das Wetter längst nicht so schön und warm ist wie im sonnigen Italien, von dem mein ehemaliger Herr immer schwärmte!

Ach ja, auch die über 10 000 Berufssoldaten der beiden hier stationierten Legionen sind gute Kunden für mich: Ich verkaufe viel Wein und auch manchmal teure Austern, die aus Frankreich oder Italien in Fässern mit Meerwasser herbeitransportiert werden. Manchmal nehme ich mir dann auch eine.

Aber nun habe ich genug über meine Geschäfte erzählt. Was willst du noch wissen? Nun ja, die Reisen in die germanischen Wälder hinein sind nicht ganz ungefährlich. Dort gibt es keine Städte und auch keine festen Straßen – stattdessen undurchdringliche Wälder mit Wölfen und Bären und viele Sümpfe. Es besteht auch immer die Gefahr überfallen zu werden. Aber auch im Römischen Reich gibt es viele Banditen und Räuber. Die meisten Germanen sind sehr gastfreundlich und hilfsbereit. Ich habe Kunden dort, die mittlerweile zu meinen Freunden geworden sind! Und das Wichtigste ist: Meine Ehefrau habe ich auch dort kennen gelernt! Ohne Julia wäre ich als Händler auch nicht so erfolgreich: Sie hat immer den Überblick über meine Warenbestände und mein Vermögen. Rechnen kann sie viel besser als ich."

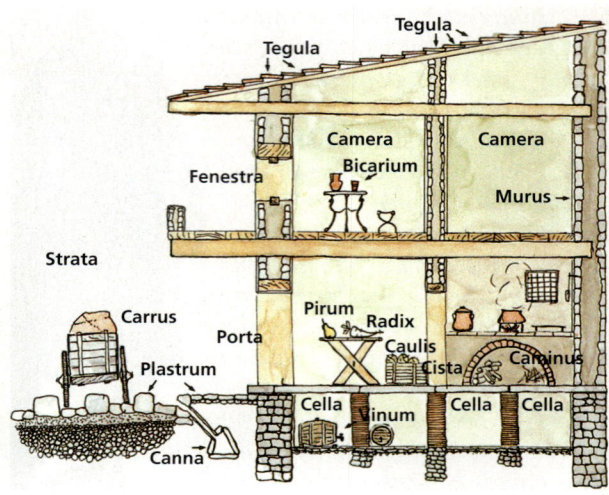

**D5** Gehöft des germanischen Stammes der Cherusker aus dem 1. Jahrhundert n. Chr.
Nachbau im Freilichtmuseum Oerlinghausen.

**D6** Schnitt durch ein römisches Haus mit lateinischen Begriffen, die die Germanen kennen lernten
Rekonstruktionszeichnung

## Q1 Die Germanen aus römischer Sicht

*Der römische Geschichtsschreiber Tacitus (um 55 bis ca. 115 n. Chr.) verfasste 98 n. Chr. die „Germania", ein Buch, in dem er die Römer über die Germanen informierte:*

Die äußere Erscheinung ist bei allen Germanen dieselbe: wild blickende blaue Augen, rötliches Haar und große Körper, die allerdings nur zum Angriff taugen. Für Strapazen und Mühen bringen sie nicht dieselbe
5 Ausdauer auf, und am wenigsten ertragen sie Durst und Hitze; wohl aber sind sie gegen (…) Kälte und Hunger abgehärtet. Das Land (…) macht mit seinen Wäldern einen schaurigen, mit seinen Sümpfen einen widerwärtigen Eindruck. (…) Getreide wächst, Obst
10 jedoch nicht. Vieh gibt es reichlich. (…)
Könige wählen sie nach den Vorschlägen der Adligen. Heerführer wählen sie nach der Tapferkeit. Selbst die Könige haben keine unbeschränkte oder freie Herrschergewalt, und die Heerführer erreichen mehr durch
15 ihr Beispiel als durch Befehle: Sie werden bewundert, (…) wenn sie in vorderster Linie kämpfen. (…)
Von den Göttern verehren sie am meisten den Wotan; sie halten es für notwendig, ihm an bestimmten Tagen auch Menschenopfer darzubringen. (…)
20 Über wichtige Dinge entscheidet die Gesamtheit. (…) Man versammelt sich an bestimmten Tagen, bei Neumond oder Vollmond. (…) Vor der Versammlung darf man auch Anklage erheben und die Entscheidung über Leben und Tod beantragen. Die Strafen richten
25 sich nach der Art des Vergehens: Verräter und Überläufer hängt man an Bäumen auf; Feiglinge und Unzüchtige versenkt man in Sumpf und Morast (…).
Wenn sie keine Kriege führen, verbringen sie viel Zeit mit Jagen, mehr noch mit Nichtstun, dem Schlafen
30 und Essen ergeben. Gerade die Tapfersten und Kriegslustigsten rühren sich nicht. Die Sorge für Haus, Hof und Feld bleibt den Frauen, den alten Leuten und den Schwachen überlassen. (…)
Dass die Germanen keine Städte bewohnen, ist ausrei-
35 chend bekannt, ja sie dulden nicht einmal zusammenhängende Siedlungen. Sie wohnen einzeln und für sich, gerade dort, wo ihnen ein Ort zusagt. Ihre Dörfer legen sie nicht in unserer Weise an, sondern jeder umgibt sein Haus mit freiem Raum. (…) Nicht einmal
40 Bruchsteine oder Ziegel sind bei ihnen im Gebrauch; zu allem verwenden sie unbehauenes Holz, ohne auf ein schönes und freundliches Aussehen zu achten. (…)
Die Germanen haben eine strenge Auffassung von der Ehe und in keinem Punkt verdienen ihre Sitten grö-
45 ßeres Lob. Denn sie sind fast die Einzigen unter den Barbaren, die sich mit einer Gattin begnügen. (…) Die Zahl der Kinder zu beschränken oder ein Nachgeborenes zu töten, gilt als schändlich. (…)
In jedem Hause wachsen die Kinder nackt und schmut-
50 zig zu der von uns bestaunten Größe heran. Die Mutter nährt jedes Kind an der eigenen Brust und man überlässt sie nicht den Ammen.

Tacitus, Germania; Zit. nach: Geschichte in Quellen, Altertum, hrsg. von Wolfgang Lautemann und Fritz Wagner, 4. Auflage, München 1989, S. 877–883. Bearb. d. Verf.

**D7** Wie läuft man auf 80 Nägeln?
Diese und weitere Fragen versuchen Militärhistoriker durch Anwenden und Ausprobieren zu beantworten. Konkretes Erleben ist sehr aufschlussreich, wenn man erfahren will, wie die Legionäre mit ca. 40 Kilo Gepäck marschierten, abends Gräben aushoben und Zelte errichteten. Die Teilnehmer wanderten 1985 mit voller Ausrüstung einer Legion über die Alpen nach Regensburg – denselben Weg, den 2000 Jahre vorher der Feldherr Drusus bei seinem Vorstoß zur Donau nahm.

**D8** Modell des römischen Hilfstruppenkastells
Die Römer errichteten ihre Militärlager stets ähnlich: In der Mitte befand sich das Gebäude des Lagerkommandanten, umgeben von den Mannschaftsunterkünften. Lager mit Steinbauten ersetzten nach und nach einfachere mit Wällen, Holzzäunen und Zelten. In allen Militärlagern herrschten Ordnung und Disziplin.

**Das römische Köln im 4. Jh. n. Chr. in einer Rekonstruktionszeichnung D9**
Die größten römischen Städte in Deutschland waren Trier und Köln. Dort wohnten vor allem ehemalige Soldaten und ihre Familien, in den kleineren Städten hingegen eher die einheimische Bevölkerung.

## Fragen und Anregungen

1. Tacitus wollte seinen Zeitgenossen berichten, wie die Germanen lebten, war selbst aber nie in Germanien. Was hebt er hervor? Finde Beispiele, die zeigen, dass der Autor des Berichts Römer ist. Kläre, was er von den Germanen hält (Q1).

2. Erkläre an Beispielen aus diesem Kapitel, was Romanisierung in Germanien bedeutet.

3. Wörter, die aus einer Sprache in eine andere übernommen werden, nennt man Lehnwörter. Finde heraus, welche deutschen Wörter sich aus den lateinischen entwickelten (D6).

4. Vergleiche D5, D6 sowie D10, S. 42. Auf welche Unterschiede zwischen römischer und germanischer Lebensweise lassen die Bauweisen schließen (vgl. auch Q1, Zeile 34–42)?

5. Du bist Germane und hast Köln und das Kastell Saalburg besucht. Berichte zu Hause, wie die Römer Städte und Lager anlegen (D8 und 9).

6. Beschreibe die Kleidung (D4): Welche Personen tragen germanische, welche römische Kleidung? Was erfährst du aus dem „Bericht" von Ericus über das Zusammenleben von Römern und Germanen?

# EINE „VILLA RUSTICA" ALS MUSEUM

## Die Römer bei uns

Im Jahre 1973 entdeckte Gerd Schollian, der Bürgermeister der Gemeinde Stein bei Hechingen, an einem Abhang im Wald die Mauerreste eines römischen Gutshofs, einer „villa rustica". Fünf Jahre später begannen Ausgrabungen, die reichhaltige Funde ans Tageslicht brachten und noch immer weiter fortgesetzt werden. Inzwischen erhebt sich über der Fundstelle ein Freilichtmuseum. Was kann man dort über das Leben an Donau und Neckar zur Römerzeit erfahren? Und wie kann man dabei römische Geschichte erleben? Darüber gibt die Internet-Plattform des Museums Auskunft (www.villa-rustica.de). Ihr sind viele der Bilder und Informationen auf dieser Seite entnommen.

**Q1 Luftbild des Freilichtmuseums Hechingen-Stein**
Die Überreste des Hauptgebäudes der „villa rustica" sind freigelegt, ein Teil wurde rekonstruiert.
Zentrum jedes römischen Gutshofes war ein 1–5 ha umfassendes Hofgebiet mit einem Hauptgebäude und mehreren Wirtschaftsgebäuden. Das bewirtschaftete Land eines durchschnittlichen Gutshofes umfasste 50–100 ha.

**Q2 Reste des Badehauses**
Hier sieht man die Reste der Fußbodenheizung des großen Aufenthaltsraumes (tepidarium). Dahinter lagen das Heißbad (caldarium), der Umkleideraum und das Kaltbad (frigidarium).

**D1 Grundriss des Hauptgebäudes und des Bades**

**D2 Rekonstruiertes Speisezimmer (triclinium)**
im ersten Stock des Hauptgebäudes. Bei den Ausgrabungen hat man Reste einer farbigen Wandbemalung gefunden.

# WERKSTATT

| | |
|---|---|
| 15 v. Chr. | Das Alpenvorland gerät unter römischen Einfluss. |
| Mitte des 1. Jh. n. Chr. | Die Römer dringen bis zur Donau vor und legen Kastelle an. |
| um 85 n. Chr. | Die Römer erreichen den Neckar, die Grenze wird von der Donau auf die Schwäbische Alb verschoben. Die Provinz Obergermanien wird angelegt. |
| Mitte des 2. Jh. n. Chr. | Der obergermanisch-rätische Limes wird noch ein Stück vorverlegt. |
| ab 260 n. Chr. | Alamannische Siedler dringen in das Gebiet rechts des Rheins und nördlich der Donau ein. Die Reichsgrenze wird bis zur Donau und Iller zurückgenommen. |

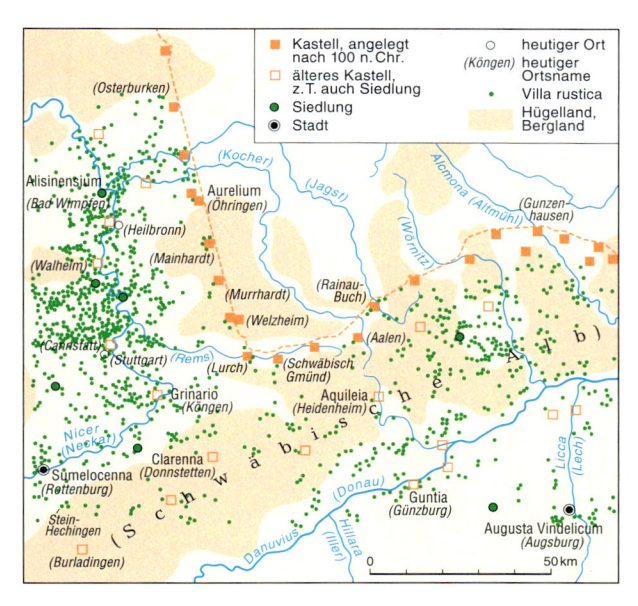

### D3 „Villae rusticae" an Neckar und Donau
Im heutigen Baden–Württemberg gab es etwa 5000 römische Gutshöfe. Ungefähr 2000 davon sind bekannt, nur wenige wurden ausgegraben.

Tanz der Nereiden, Römerfest 2002, Hechingen-Stein Q3

## Fragen und Anregungen

1. Ordne die Entwicklung der römischen Besetzung Obergermaniens der Geschichte der römischen Herrschaft in Germanien zu (Zeitleiste; S. 189, D1; S. 205, D1).

2. Stelle fest, wo der Gutshof von Hechingen–Stein liegt. Beschreibe und erkläre dann die Verteilung der römischen Gutshöfe in Südwestdeutschland (D3).

3. Beschreibe Lage und Aussehen der Gutshofanlage (Q1–2, D1–2). Wie viele Personen haben hier wohl gelebt? Welche Aufgaben dürften sie gehabt haben? Wer waren wohl die Besitzer oder Pächter? Vergleiche das Leben auf dem Gutshof mit dem in Rom und Pompeji (Seite 164–177).

4. Fasse zusammen: Welche Rolle spielte die Anlage von Gutshöfen innerhalb der römischen Herrschaft in Südwestdeutschland? Ergänze deine Antworten auf die Fragen 1–4 mithilfe von Informationen aus der Internet-Plattform.

5. Bildet Gruppen und gestaltet mit dem Material der Internet-Seite eine Dokumentation über die Römer in Südwestdeutschland und das Museum.

6. Wie erklärt Ihr Euch, dass zu dem „Römerfest" 2002 um die 10 000 Besucher kamen (Q3)? Versucht herauszufinden, wo in Südwestdeutschland es weitere „Römerfeste" oder „Römertage" gibt. Wie wird die „Römerstraße" von Burladingen nach Köngen für touristische Zwecke genutzt?

7. Stellt die Ziele zusammen, die das Freilichtmuseum verfolgt. Was haltet Ihr von der Mischung der verschiedenen Ziele?

# 20. Eine neue Religion – das Christentum

| | |
|---|---|
| Um 33 n. Chr. | Jesus von Nazareth, von seinen Anhängern später „Christus" („Gesalbter" Gottes) genannt, wird in Jerusalem am Kreuz hingerichtet. |
| von da an | Im Römischen Reich entstehen christliche Gemeinden. Bis 311 gibt es mehrere Christenverfolgungen. |
| Ca. 70–110 n. Chr. | Die vier Evangelien, Berichte über Leben und Lehre von Jesus, werden veröffentlicht (griech.-lat.: „Evangelium", d.h. frohe Botschaft). |

**Q1** Der Fisch, griechisch „Ichthys", bedeutete für die Christen „Jesus Christos Theou Yios Soter" (Jesus Christus Gottes Sohn (und) Retter). Ausschnitt aus einem frühchristlichen Fußbodenmosaik.

**„Urbi et orbi"**

„Urbi et orbi", „der Stadt und dem Erdkreis" gilt der Segen, den zu Weihnachten und Ostern der Papst als Oberhaupt der katholischen Christenheit spendet. Er tritt dazu auf den Balkon der Peterskirche in Rom vor Christen aus aller Welt. „Urbs": das ist heute wie früher die Stadt Rom. „Orbis" meinte im Altertum die damals bekannte Welt: Das war das Römische Reich. In ihm ist das Christentum entstanden und zu einer Weltreligion geworden.

**Wer war Jesus Christus?**

Im Zentrum des christlichen Glaubens steht Jesus Christus. Was wir über ihn wissen, stammt hauptsächlich aus Schriften seiner Anhänger. Sie sind im Neuen Testament der Bibel, der Heiligen Schrift der Christen, gesammelt. Jesus war der Sohn des Zimmermanns Josef und seiner Frau Maria aus Nazareth im Land Galiläa, das zum Römischen Reich gehörte. Jesus war Jude und glaubte wie alle Juden an einen Gott. Aber es missfiel ihm, wie gerade die Mächtigen unter den Juden diesen Gott verehrten. Sie hielten es nämlich für besonders wichtig, die Gesetze der jüdischen Religion wie die Speisevorschriften, die Sabbatruhe oder die Beschneidung zu befolgen. Für Jesus waren das eher Äußerlichkeiten. Das verkündigte er auch öffentlich, als er mit etwa 30 Jahren begann, in Galiläa als Prediger umherzuziehen. Liebe zu Gott, so sagte er, zeige sich vor allem in der Liebe zum Nächsten, zu den Schwachen und Hilfsbedürftigen. Das lebte er selbst vor, indem er sich um die Armen und Verachteten kümmerte. Auch zu seinen engsten Vertrauten wählte er einfache Menschen. Dazu zählten besonders die Jünger, die mit Jesus lebten und ihm als Apostel (griech.: Sendbote) bei der Verkündigung seiner Lehre halfen. Als die Zahl seiner Anhänger – darunter viele Frauen – ständig wuchs, beschlossen die jüdischen Priester, ihn zu beseitigen. Sie warfen Jesus vor, falsche Vorstellungen von Gott zu verbreiten und forderten vom römischen Statthalter Pontius Pilatus, Jesus zum Tode zu verurteilen. Sonst, so drohten sie, gäbe es einen Aufstand gegen die Römer. So ließ Pilatus Jesus kreuzigen.

**Die „Frohe Botschaft"**

Bald nach der Hinrichtung Jesu verkündeten seine Anhänger die „Frohe Botschaft": Jesus sei von den Toten auferweckt worden. Frauen hatten das Grab leer vorgefunden und berichtet, dass Jesus lebt. Die Auferstehung sei der Beweis dafür, dass Jesus der „Christus", der „Gesalbte" Gottes sei, den Gott geschickt habe, um die Menschen zu erlösen. Denn jeder – ob Jude oder Nichtjude –, der an ihn und seine Lehre glaube, werde auferstehen wie er und mit ihm im Himmel ewig leben.

## Ausbreitung des Christentums

Die ersten Anhänger fanden Jesus und nach ihm die Apostel unter den Juden von Galiläa und Judäa. Von hier aus verbreiteten christliche Missionarinnen und Missionare (Glaubenslehrer) die „Frohe Botschaft" im ganzen Römischen Reich. Dort glaubten die Menschen an viele Götter. Für die Christen waren sie „Heiden", d. h. Menschen, die weder dem christlichen noch dem jüdischen Glauben an nur einen Gott anhingen. Zum erfolgreichsten Heidenmissionar wurde der Apostel Paulus (ca. Christi Geburt bis 64 n. Chr.). Ein Grund dafür war, dass er den Heiden die Bekehrung zum Christentum erleichterte. Missionare vor ihm hatten noch verlangt, dass Heiden, die Christen wurden, jüdische religiöse Sitten wie die Speisevorschriften usw. befolgten. Paulus schaffte das ab. Nur das Bekenntnis zu Jesus und der „Frohen Botschaft" – beides für Juden unannehmbar – sollten Kennzeichen der Christen sein. Damit unterschieden sich für jedermann erkennbar Juden und Christen deutlich voneinander.

## Verfolgung durch den römischen Staat

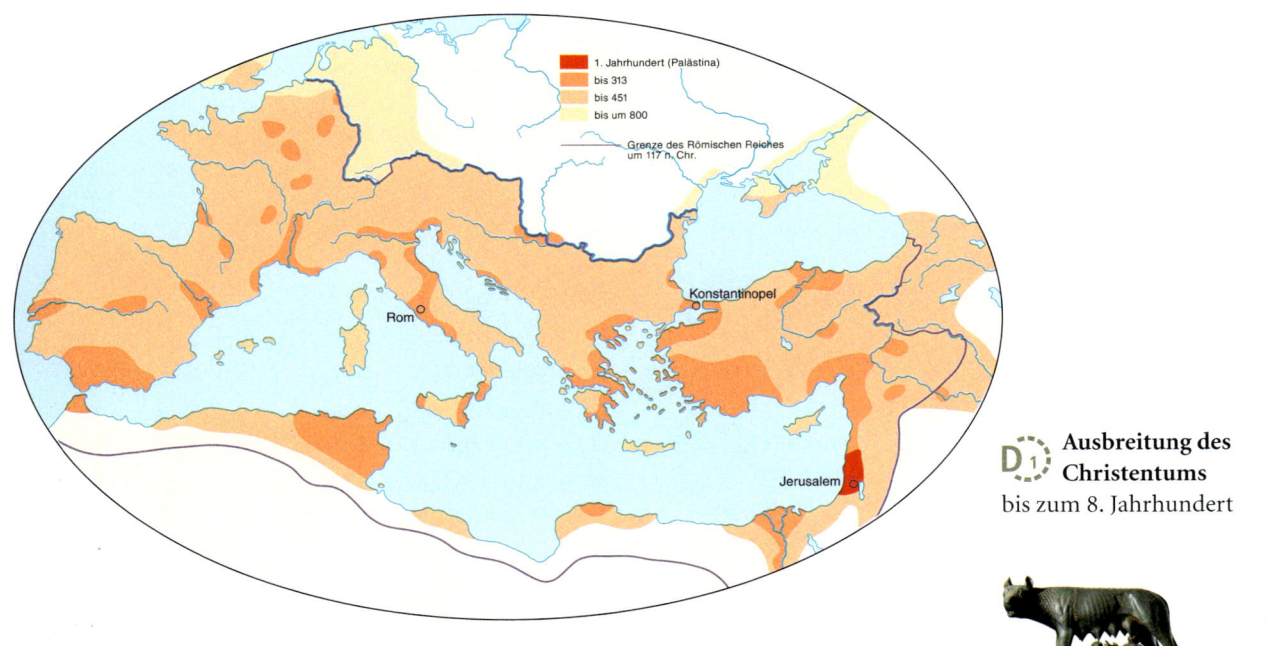

Um 100 n. Chr. gab es viele Christengemeinden im Römischen Reich. Ihre Mitglieder waren meist einfache Leute, Handwerker, Händler, Sklaven. Denn gerade sie hatten Grund, auf Erlösung von ihrem mühevollen Dasein auf Erden zu hoffen. Außerdem fühlten sie sich von der christlichen Nächstenliebe angesprochen. Die Gesellschaftsordnung stellten die Christen dabei nicht in Frage, auch nicht die Sklaverei. Allerdings hielten sie sich von öffentlichen Veranstaltungen wie Zirkusspielen oder Götterfeiern fern. Stattdessen trafen sie sich zu gemeinsamen Mahlzeiten und Gesprächen. Das machte sie verdächtig, etwas Unerlaubtes zu tun. Zum Zusammenstoß mit dem römischen Staat kam es aber erst, als die Kaiser seit ca. 100 n. Chr. von den Bewohnern ihres Reiches verlangten, wie Götter verehrt zu werden. Damit sollte jeder zeigen, dass er den Kaiser als obersten Herrn anerkannte. Wer sich weigerte, musste mit der Todesstrafe rechnen. Für die Christen war es eine Todsünde, einen Menschen anzubeten. Doch aus Furcht, verbrannt oder wilden Tieren vorgeworfen zu werden, fielen manche von ihrem Glauben ab.
Viele Frauen und Männer aber gingen standhaft in den Tod: Sie waren sich sicher, dass Christus ihr Leiden (Martyrium), ihre Schmerzen und ihren Tod, im Himmel belohnen würde. Die Christengemeinden feierten diese Märtyrerinnen und Märtyrer als nachahmenswerte Vorbilder. Manche Heiden, die sich das Schauspiel ihrer Hinrichtung anschauten, waren von ihrem Mut so beeindruckt, dass sie selber Christen wurden. So breitete sich das Christentum trotz Verfolgung weiter aus.

**D 1** Ausbreitung des Christentums bis zum 8. Jahrhundert

**Kaiserkult** Q2
Göttliche Ehren für den römischen Kaiser. Ein Sekretär (2. v. links) stellt dem Opfernden (3. v. links) eine Bescheinigung über das Opfer aus.

### Q3 Der römische Statthalter Plinius über sein Vorgehen gegen die Christen

*Aus seinem Bericht an den Kaiser Trajan, ca. 112 n. Chr.:*
Gegen diejenigen, die angezeigt wurden, Christen zu sein, bin ich so vorgegangen: Ich fragte sie, ob sie Christen seien. Gaben sie es zu, habe ich sie ein zweites und drittes Mal gefragt und ihnen die Todesstrafe angedroht. Blieben sie dann immer noch dabei, habe ich sie hinrichten lassen. Denn egal, was sie zu gestehen hatten, ich zweifelte nicht, dass so eine Starrköpfigkeit und so ein Trotz bestraft werden mussten. (…) Einige stritten ab, Christen zu sein oder gewesen zu sein. Ihnen sprach ich Gebete zu den Göttern und zu deinem Standbild vor, das ich zusammen mit Götterbildern hatte aufstellen lassen. Wenn sie sie nachsprachen, dabei Weihrauch und Wein opferten und Christus verfluchten, dann ließ ich sie anschließend frei. Denn man weiß ja, dass echte Christen das nicht tun würden. Genauso habe ich es mit denen gemacht, die zugaben, früher einmal Christen gewesen zu sein, jetzt aber nicht mehr.

Zit. nach: Günther Scheda (Hg.), Plinius der Jüngere, Ausgewählte Briefe, Münster 1977, S. 142–144. Übers. v. P. Offergeld.

### Q4 Ein Christ kritisiert die Statthalter des Römischen Reiches

*Der römische Rechtsanwalt Tertullian, ein Christ, in einer Schrift an die Statthalter über deren Vorgehen gegen die Christen, 197 n. Chr.:*
Das ist der erste Vorwurf, den ich euch mache: euer ungerechtfertigter Hass gegen den Namen „Christ". (…) Vor Jahren verurteilte der Statthalter Plinius einige Christen. Und weil ihre große Zahl ihn bestürzte, fragte er den damaligen Kaiser Trajan, was er weiter tun sollte. Außer ihrer Weigerung zu opfern habe er nur herausgefunden, dass sie sich vor Tagesanbruch träfen, um ihrem Gott Christus Lob zu singen und zu versprechen, keine Verbrechen zu begehen. Trajan schrieb zurück, man dürfe nach Christen nicht fahnden; würden sie aber vor Gericht gestellt, wären sie zu bestrafen. Was für eine widersprüchliche Entscheidung! Sie verbietet die Fahndung wie bei Unschuldigen und verlangt zugleich die Bestrafung wie bei Schuldigen. (…) Wenn „Christ" nicht der Name für ein Verbrechen ist, dann ist es unsinnig, ihn so zu bestrafen.

Zit. nach: Carl Becker (Hg.), Quintus Septimius Florens Tertullianus, Apologeticum, 4. Aufl. München 1992, S. 55–69. Übers. v. P. Offergeld.

### Fragen und Anregungen

1. Lege dar, warum gerade der Kaiserkult die Christen in Konflikt mit dem römischen Staat brachte (VT, Q2 und Q3).
2. Christus und nach ihm die Christen stellten für die Herrschenden und Mächtigen unter den Juden und im Römischen Reich ein Ärgernis dar. Begründe, woran das lag (VT, Q3, Q4).
3. Überlege, welche Rolle die Personen auf dem Relief spielen (Q2). Lies dazu den VT und Q3.
4. Diskutiere, ob du die Kritik Tertullians gegenüber Trajan und Plinius für berechtigt hältst (Q4).
5. Frühchristliche Märtyrer werden auch heute noch verehrt. Finde Argumente dafür und dagegen.

# 21. Das Römische Reich in der Krise

| 284–305 n. Chr. | Kaiser Diokletian reformiert das von äußeren Feinden bedrohte Reich. |
| 303–311 n. Chr. | Unter Diokletian beginnt die letzte und schwerste Christenverfolgung |

**Bedrohungen und Krisen**

Im Jahr 260 n. Chr. ereignete sich etwas Ungeheuerliches: Nach einem Sieg über die römische Armee nahm ein Perserkönig den römischen Kaiser Valerian gefangen. So etwas hatte es noch nie zuvor gegeben – ein Kaiser in Kriegsgefangenschaft. Und nie zuvor in der Kaiserzeit war Rom militärisch so bedroht worden: Im Osten griffen die Perser an. Ein neues Herrscherhaus, die Sassaniden, wollte ein persisches Großreich errichten. Etwa zeitgleich drangen immer wieder germanische Stämme in die römischen Provinzen im Norden vor. Es dauerte Jahre, bis die Germanen dort wieder vertrieben waren. Warum war es den Römern nicht gelungen, die ca. 15 000 km langen Reichsgrenzen zu verteidigen?

**Soldatenkaiser herrschen**

Das römische Kaiserreich steckte in der Krise. Deutlich wurde dies an dem häufigen Wechsel der Herrscher. Von 235 bis 285 n. Chr. regierten 22 Kaiser, einige von ihnen nur wenige Monate lang. Einzelne Legionen versuchten immer wieder ihre militärischen Führer zu Kaisern zu machen. Das Militär bestimmte die Politik. Es gab häufig mehrere Kaiser, die sich gegenseitig bekämpften. Für die Bevölkerung war die Lage in vielen Gebieten des Reiches katastrophal: höhere Steuern, mehr Abgaben für die Soldaten, feindliche Überfälle, immer mehr Räuberbanden. In der Landwirtschaft wie in den Städten wurde weniger produziert, das Geld verlor an Wert. Das Vertrauen in die römische Herrschaft wurde in den Provinzen tief erschüttert. Viele Menschen waren verunsichert und suchten Trost im christlichen Glauben. Welche Vorteile hatte es noch, Römer zu sein?

**Q1 Die Gruppe der vier Herrscher** Anfang 4. Jh. n. Chr.

Einige Kaiser suchten nach einem Ausweg aus der Krise – auch Diokletian, der 284 n. Chr. die Herrschaft übernahm. Er wollte das Reich besser regieren. Dazu teilte er die Herrschaft auf vier Kaiser auf (Tetrarchie: Vierherrschaft). Vier Kaiser – zwei Ober- und zwei Unterkaiser – konnten nun die Legionen an den verschiedenen Grenzen gegen Feinde leichter kommandieren. Jeder wählte einen Regierungsort aus, der näher an den bedrohten Grenzen lag. So wurde auch Trier zur Residenz eines Kaisers. Rom verlor an Bedeutung. Diokletian wollte das Reich auch im Innern einen. Deswegen ordnete er an, dass alle Reichsbewohner wieder die römische Staatsreligion, d. h. den Kaiserkult und die Verehrung der alten Götter, ausüben sollten. Da die Christen nicht freiwillig ihren Glauben aufgaben, begann im Jahr 303 auf seinen Befehl die schlimmste aller Christenverfolgungen.

Als Diokletian im Jahr 305 n. Chr. freiwillig abdankte, war die äußere Situation des Reiches wieder sicher. Die römischen Heere wurden vergrößert und die Grenzbefestigungen ausgebaut. Das kostete allerdings viel Geld. Deswegen legten Diokletian und seine Mitkaiser genau fest, was der Einzelne an Leistungen für den Staat zu erbringen hatte. Zuvor hatten die Städte selbst bestimmt, wie die Steuern verteilt wurden (Seite 186). Die Menschen empfanden diese und ähnliche Maßnahmen des Kaisers als Zwang, und die Verfolgung der Christen säte Unfrieden.

**Im Fels für die Ewigkeit** Q2
Der Perserkönig Schahpur I. und der römische Kaiser Valerian. Felsrelief von Naksch-i-Rustam, Iran, 3. Jh. n. Chr.

### Q3 Allgemeines Verderben durch Kaiser Diokletian?
*Laktanz lebte am Hof und erlebte die Christenverfolgung Diokletians (reg. 284–305 n. Chr.). Er wurde später selbst Christ und urteilte im Jahr 314 n. Chr.:*
Diokletian verbreitete allgemeines Verderben. Zwei Eigenschaften wirkten bei ihm zusammen (…): seine Habsucht und seine Furchtsamkeit. Er teilte das gesamte Reich in vier Teile und nahm drei Mitkaiser an.
5 Die Heere wurden vervielfältigt, jeder versuchte eine größere Zahl von Soldaten zu besitzen, als die früheren Herrscher gehabt hatten. (…) Auch die Provinzen wurden in Stücke geteilt: Viele Statthalter mit zahlreichen Unterbeamten herrschten über jedes Gebiet und
10 fast jede Stadt. (…)
Das Unglück traf durch neue Steuern alle: Die Menge der Steuerbeamten ergoss sich überall hin. (…) Es waren Bilder des Schreckens wie beim Einfall von Feinden. (…) Die Äcker wurden abgemessen, Wein-
15 stöcke und Bäume gezählt, jede Art von Haustieren verzeichnet, die Zahl der Bewohner vermerkt. (…) Es verminderte sich die Zahl der Tiere, Menschen starben weg, trotzdem mussten auch für die Verstorbenen die Steuern bezahlt werden. Kurz, umsonst konnte man nicht mehr leben und nicht einmal mehr sterben. Nur 20 die Bettler waren noch übrig, von denen man nichts eintreiben konnte.

*Laktanz, Von den Todesarten der Verfolger, 7, 23; Zit. nach: Geschichte in Quellen, München 1989, S. 734–735. Bearb. d. Verf.*

### Q4 Diokletian – ein Wohltäter?
*Aurelius Victor schrieb im 4. Jahrhundert n. Chr.:*
Diokletian ließ sich öffentlich wie ein Gott verehren und anrufen. (…) Doch dieser Fehler wurde aufgewogen durch seine sonstigen Vorzüge: Er zeigte sich als Vater seiner Untertanen. (…) Er nahm mehrere Männer zu Teilhabern seiner Regierung an. (…) Trotz ihrer 5 geringen Bildung waren sie doch, dank ihrer Vertrautheit mit dem einfachen Leben auf dem Land und dem Kriegsdienst, vortreffliche Herrscher. (…) Zu Diokletian schauten alle wie zu einem Vater oder wie zu einem mächtigen Gotte auf. (…) Da die Last der Kriege immer 10 heftiger und drückender wurde, teilten sie sich das Reich. (…) Nicht weniger Eifer wurde auf die innere Verwaltung verwandt – die Gesetzgebung war gerecht.

*Aurelius Viktor, Über die Kaiser, 39, ff.; Zit. nach: Geschichte in Quellen, München 1989, S. 730–731. Bearb. d. Verf.*

## Fragen und Anregungen

1. Vergleiche die unterschiedlichen Meinungen zur Herrschaft Diokletians (Q3, Q4).
2. Beschreibe, wie die vier dargestellten Personen auf dich wirken (Q1). Überlege, mit welcher Absicht sich die vier Kaiser so verewigen ließen. Begründe deine Antwort.
3. Beschreibe das Felsrelief (Q2). Wer ist vermutlich der Auftraggeber gewesen?

# 22. Das Christentum wird Staatsreligion

| | |
|---|---|
| 311/313 n. Chr. | Die Kaiser erlauben das Christentum. |
| 391 n. Chr. | Kaiser Theodosius macht das Christentum zur Staatsreligion. |

Bronzekopf Kaiser Konstantins I., Q1
um 330 n. Chr.

Die Verfolgungen unter Diokletian konnte viele Christen nicht dazu bringen, sich von ihrem Glauben loszusagen und dem Kaiser zu opfern. Sie beteuerten immer wieder, nur den einen wahren Gott zu verehren, aber zu ihm für den Kaiser beten zu wollen. Daher gab Kaiser Galerius den Kampf gegen die Christen auf. Im Jahr 311 n. Chr. erlaubte er den Christen, ihre Religion – zum ersten Mal offen und ohne Furcht – auszuüben.

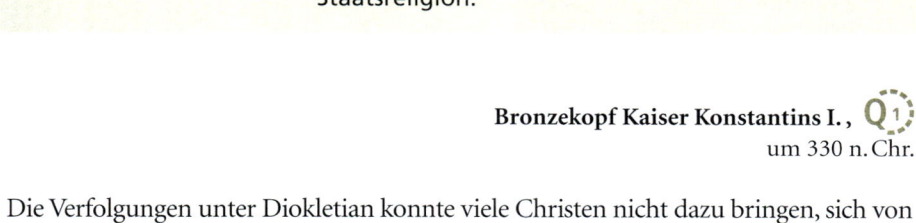

**Kaiser Galerius erlaubt das Christentum**

Kaiser Konstantin (306–337) ging noch einen Schritt weiter als Galerius, indem er das Christentum vor allen anderen Religionen bevorzugte. Er war überzeugt, er verdanke Christus und dem Christuszeichen, das er auf die Schilde und Fahnen seiner Soldaten malen ließ, die Siege über seine Konkurrenten im Kampf um die Herrschaft im Römischen Reich. Den ersten Sieg errang Konstantin 312 bei Rom über seinen Konkurrenten Maxentius. Er dankte dem Christengott durch einen Befehl, den er 313 in Mailand verkündete. Darin bestätigte Konstantin nicht nur die Duldung des Christentums durch Galerius, sondern er sicherte den Christen auch die Rückgabe des Eigentums zu, das sie durch die Verfolgung unter Diokletian verloren hatten. Weitere Begünstigungen folgten: So ließ Konstantin z. B. Kirchen bauen, er übertrug den Bischöfen richterliche Aufgaben und bestimmte den Sonntag als Feiertag. Das hatte Folgen: Weil der Kaiser die Christen so offen förderte, hielten es viele Angehörige der römischen Oberschicht, die sich bisher vom Christentum fern gehalten hatten, für ratsam, Christen zu werden. Das Christentum war nicht länger die Religion der einfachen Leute.

**Kaiser Konstantin bevorzugt das Christentum**

Seit 324 n. Chr. war Konstantin Alleinherrscher im Römischen Reich. Er machte sich nun daran, das Reich innerlich zu einigen. Im Christentum und dessen Verwaltung, d. h. der Kirche mit den Bischöfen an der Spitze, sah er ein wichtiges Hilfsmittel. Im Jahr 325 berief Konstantin Bischöfe aus allen Teilen des Reiches in die Stadt Nicäa in Kleinasien. Es war die erste allgemeine Bischofsversammlung („Konzil", von lat. „concilium", d.h. Versammlung) überhaupt. Gleich zu Beginn machte Konstantin den Bischöfen klar, was er von ihnen wollte: eine Kirche, in der überall dieselbe Lehre und dieselben Bräuche beachtet würden und deren Verwaltung der Reichsverwaltung entspreche. Die Bischöfe gehorchten. Die Lehre des Priesters Arius aus Alexandria, wonach Jesus nicht nur ein göttliches, sondern auch ein menschliches Wesen gehabt habe, verurteilten sie als Irrlehre. Der Termin für das Osterfest wurde – orientiert an einem heidnischen Brauch – für das ganze Reich verbindlich festgelegt. Die Kirchenverwaltung wurde genau der Reichsverwaltung angepasst: Reichsprovinzen waren jetzt auch Kirchenprovinzen, und in den Provinzhauptstädten regierte neben dem kaiserlichen Provinzstatthalter ein Bischof als Haupt der Kirchenprovinz.

**Konstantin passt die Kirche dem Staat an**

**Q2 Der oströmische Kaiser Justinian**
(527–565). In seinem Gefolge sind weltliche (links) und geistliche (rechts) Helfer dargestellt. Unter ihnen ist namentlich hervorgehoben Maximianus, der zugleich Erzbischof und kaiserlicher Provinzstatthalter war. Mosaik in der Kirche San Vitale, Ravenna, 547 n. Chr.

**Das Christentum wird Staatsreligion**

Konstantin verband den römischen Staat eng mit der christlichen Kirche, aber er verbot nicht den alten Götterglauben. Das tat erst Kaiser Theodosius im Jahr 391. Jetzt war nur noch das Christentum erlaubt. Damit im ganzen Reich dieselbe Christenlehre verkündet wurde, erklärte der Kaiser die Lehre, wie sie von den Bischöfen von Rom und Alexandria vertreten wurde, zur „katholischen", d. h. „allgemein verbindlichen" Lehre. Ihr mussten sich alle Bischöfe und Reichsbewohner anschließen. Das Christentum der katholischen Kirche war zur römischen Staatsreligion geworden. Wer sich ihm nicht anschloss oder an nicht anerkannten christlichen Glaubenslehren festhielt, wurde benachteiligt und auch bekämpft. Der Staat der einst verfolgten Christen organisierte nun seinerseits Heidenverfolgungen. Das Christentum übernahm die gleiche Funktion wie die alte römische Staatreligion unter Diokletian: Es sollte das Reich einen und die kaiserliche Herrschaft stützen.

## Staatsreligion

Religion, die alle Angehörigen eines Staates nach dem Willen des Staatsoberhauptes, z. B. des Kaisers oder Königs, ausüben müssen. Durch die Staatsreligion soll Einheit zwischen den Staatsangehörigen untereinander sowie zwischen ihnen und dem Staatsoberhaupt hergestellt werden, um den Staat im Inneren zu festigen. Andere Religionen als die Staatsreligion dürfen nur ausgeübt werden, wenn das Staatsoberhaupt es erlaubt. Eine solche Ausnahmeerlaubnis hatten im Römischen Reich z. B. die Juden.

**Q3 Kaiser Konstantin erlebt sein Wunder**
*Laktanz, der Lehrer von Konstantins Sohn, berichtete über den ersten Sieg unter dem Christuszeichen:*
Maxentius hielt sich (312) in Rom auf. (…) Konstantin zog daher mit all seinen Truppen nach Rom und schlug vor der Milvischen Brücke am Tiber sein Lager auf. Da sagte ihm, während er schlummerte, eine Stimme, er
5 solle das himmlische Zeichen Gottes auf die Schilde seiner Soldaten malen lassen und so in den Kampf ziehen. Konstantin tat, wie ihm befohlen war. Er ließ (die Abkürzung des Namens) „Christus" in Form eines schräg gestellten X mit oben kreisförmig umgeboge-
10 ner Spitze auf die Schilde malen. Mit diesem Zeichen bewaffnet, begann sein Heer die Schlacht gegen die Feinde, die aus der Stadt über die Brücke kamen. Maxentius (…) stürzte sich in den Kampf in der Hoffnung, er würde Sieger sein. Doch die Hand Gottes vernichte-
15 te sein Heer. Maxentius (…) stürzte mit seinen flüchtenden Soldaten in den Tiber und ertrank.

Zit. nach: Gerhard Crone (Bearb.), Lactantius, Eine Auswahl aus der Epitome, De ira Dei und De mortibus persecutorum, 2. Aufl. Paderborn o. J., S. 84f. Übers. v. P. Offergeld.

**Q5 (Ost-)römischer Kaiser**
Verschiedene Bildelemente symbolisieren Sieg und Macht, z. B. der besiegte Feind an der Lanze oder die Erde (als Frau) zu Füßen des Kaisers. Elfenbeintafel (34,1 cm hoch, 26,6 cm breit), um 500 n. Chr.

**Christusmonogramm Q6**
Ausschnitt eines Grabsteins, 4. Jh. n. Chr.

**Q4 Silbermedaillon Kaiser Konstantins aus dem Jahr 313 oder 315 n. Chr.**
Am Helm oben links befindet sich ein Zeichen der Christen. Es besteht aus den griechischen Anfangsbuchstaben des Namens Christi, dem X (Chi) und dem P (Rho).

## Fragen und Anregungen

1. Erläutere am Beispiel des Christentums den Unterschied zwischen einer geduldeten Religion und einer Staatsreligion (VT Kap. 20–22, Begriffskasten).
2. Vergleiche das Verhältnis zwischen Christentum und Heidentum vor 311 und nach 391 (VT Kap. 20–22).
3. Zeichne das Christuszeichen, das Konstantin im Schlaf erschienen sein soll (Q3; vgl. auch Q4 und 6). Welche Bedeutung verband Konstantin damit?
4. Hältst du den Bericht in Q3 für glaubhaft? Welche Wirkung sollte er beim Leser erzielen?
5. Lege dar, welche Folgen das berichtete Ereignis für die Ausbreitung des Christentums gehabt haben könnte (Q3, VT).
6. Zeige auf, worin sich das Christliche in den Selbstdarstellungen der christlichen römischen Kaiser ausdrückt (Q2 und 5).

# 23. Der Zusammenbruch des Römischen Reiches

| | |
|---|---|
| 375 n. Chr. | Die Hunnen dringen nach Europa vor und lösen die Völkerwanderung aus. |
| 395 n. Chr. | Das Römische Reich wird in ein Ost- und ein Westreich geteilt. |
| 476 n. Chr. | Mit der Absetzung des letzten weströmischen Kaisers endet das römische Westreich. |

### Schatzfund Q1
Archäologen finden gelegentlich Tongefäße, die mit Münzen gefüllt sind. Die Besitzer vergruben sie, um ihren Besitz bei Germaneneinfällen zu verstecken.

**Beginn der Völkerwanderung**

Schon zu früheren Zeiten waren germanische Stämme ins Römische Reich eingefallen. Im 3. Jahrhundert musste Kaiser Diokletian drei weitere mächtige Feldherren zu Kaisern erheben, um die Feinde zurückschlagen zu können (Kapitel 21). Die Herrschaft der vier Kaiser funktionierte aber nicht mehr, als sich 375 n. Chr. östlich des Reiches eine neue Gefahr zusammenbraute: Die Hunnen, ein Reitervolk aus Zentralasien, waren in den Balkan eingedrungen. Sie lösten unter den Völkern eine Wanderbewegung aus, deren Ursachen in Hungersnöten, Landnot, Überbevölkerung und dem Druck der wandernden Völker zu suchen sind. Denn einige Stämme zogen in das Siedlungsgebiet anderer Stämme, die wiederum ihre Heimat verlassen mussten. So zogen z. B. die Westgoten auf das Gebiet des Römischen Reiches, um sich in Sicherheit zu bringen. Im Jahr 378 n. Chr. schlugen sie die römischen Heere. Nun erlaubten ihnen die Römer auf römischem Gebiet einen eigenen Staat zu gründen: Sie konnten nach eigenen Gesetzen leben, mussten aber Rom als Soldaten helfen.

**Die römische Herrschaft bricht zusammen**

Im Westen des Reiches war durch die Völkerwanderung vielerorts die römische Herrschaft zusammengebrochen. Viele Gebiete des Reiches waren auf sich gestellt. Schon bevor die Germanen kamen, hatten sich viele Bauern und Handwerker in den Schutz mächtiger Großgrundbesitzer geflüchtet. Sie wurden zwar Abhängige der Großgrundbesitzer, waren aber geschützt vor den Steuereinnehmern und möglichen Feinden. Die Großgrundbesitzer befestigten ihre Landgüter und schufen sich eigene Privatarmeen. In den Städten waren es vor allem die Bischöfe, die ihre Macht zum Schutz der Bevölkerung einsetzten. Der Kaiser, das Römische Reich und die Hauptstadt Rom waren ferner denn je, das eigene Überleben vor Ort das Wichtigste. Viele Einwohner der Provinzen suchten mit den germanischen Eroberern ein gutes Auskommen.

### Q2 Die Mauern Roms
Im 3. Jahrhundert bauten die Römer eine neue Stadtbefestigung, die Aurelianische Mauer, die insgesamt 19 km lang war (Seite 164). Dennoch wurde die Stadt 410 n. Chr. von den Westgoten erobert – erstmals seit etwa 800 Jahren.

Auch aus dem Osten des Reiches war mit keiner Hilfe zu rechnen. Der Lateinisch sprechende Westen und der griechisch geprägte Osten hatten sich im 4. Jahrhundert auseinander gelebt. Noch unter Konstantin war Byzanz, das heutige Istanbul, zur zweiten Hauptstadt ausgebaut worden. Ein „zweites Rom" hatte Konstantin errichten wollen. Nach ihm wurde die Stadt Konstantinopel genannt. Und tatsächlich: Die alte Hauptstadt Rom verlor bald an Bedeutung. Im Jahr 395 n. Chr. teilten die Römer das Reich in eine Ost- und in eine Westhälfte. Rivalitäten bestimmten jetzt das Verhältnis zwischen dem Osten und dem Westen.

**Osten und Westen gehen getrennte Wege**

Bis zur Mitte des 5. Jahrhunderts entstanden in der Westhälfte des einstigen Römischen Reiches weitere germanische Staaten. Im Jahr 451 n. Chr. gelang den Römern ein letzter großer militärischer Erfolg: Römer und Germanen zusammen konnten die unter deren König Attila nach Gallien vordringenden Hunnen in einer Schlacht stoppen und zum Rückzug bewegen. Zu diesem Zeitpunkt führten die römischen Kaiser im Westen nur noch ein Schattendasein neben dem Militär. Die meisten kamen als kleine Kinder auf den Thron. Sie konnten kein Heer führen und sich keinen Respekt verschaffen. Ihre Herrschaft wurde zum Spielball germanischer Könige und oströmischer Kaiser. Um die Germanen zu besiegen und Rom zu retten, hätte aber ein starker Kaiser wie Diokletian das Reich reformieren müssen. Der Untergang Roms war dann keine Überraschung mehr: 476 n. Chr. wurde der letzte weströmische Kaiser abgesetzt. So endete die 1000-jährige Geschichte Roms.

**Der Untergang des Westreiches**

**D1** Die Völkerwanderung im 4. und 5. Jahrhundert n. Chr.

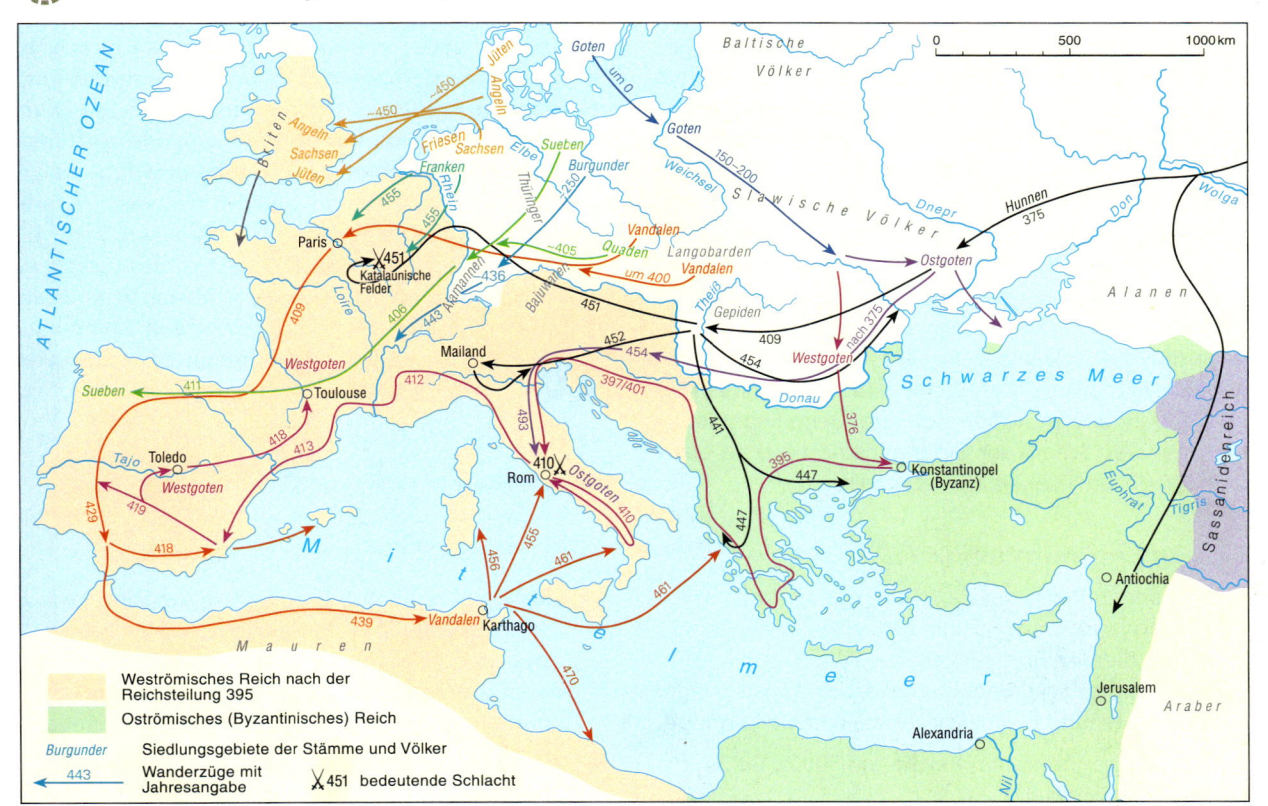

205

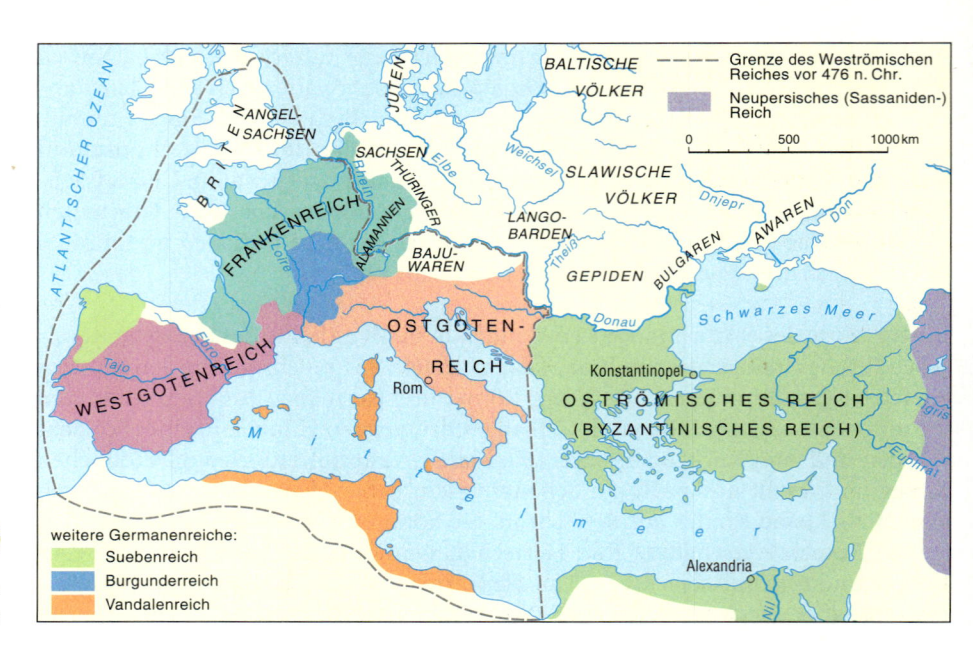

**Oströmisches Reich und Germanerreiche** D2 um 500 n. Chr. Geschichtskarte

weitere Germanenreiche:
- Suebenreich
- Burgunderreich
- Vandalenreich

- - - Grenze des Weströmischen Reiches vor 476 n. Chr.
- Neupersisches (Sassaniden-) Reich

## Q3 Wie lebten die Menschen in den Provinzen?

*Der Mönch Salvian (Mitte des 5. Jahrhunderts) versuchte die Krise der römischen Herrschaft zu erklären:*
Arme werden ausgeplündert, Witwen seufzen, Waisen werden mit Füßen getreten. Es ist so weit gekommen, dass viele von ihnen, sogar Adlige und mit guter Bildung, zu den Feinden fliehen, um nicht unter dem
5 Druck der staatlichen Verfolgung zu sterben. Sie suchen bei den Barbaren die Menschlichkeit der Römer, weil sie bei den Römern die barbarische Unmenschlichkeit nicht ertragen können. Und obwohl sie von denen, zu denen sie flüchten, in Gebräuchen und Sprache abweichen,
10 (…) wollen sie doch lieber bei den Barbaren unter der gewohnten Lebenshaltung leiden als bei den Römern unter wütender Ungerechtigkeit. Deshalb wandern sie scharenweise entweder zu den Goten oder zu den Bagauden (aufständische Bauern in Gallien) oder zu
15 anderen Barbaren, die ja überall herrschen; und es reut sie nicht, hinübergewandert zu sein. Denn lieber leben sie unter dem Schein der Gefangenschaft frei als unter dem Schein der Freiheit als Gefangene.

Deshalb wird der Name des römischen Bürgers, der einst nicht nur hoch geschätzt, sondern auch um viel 20 Geld gekauft wurde, jetzt aus freien Stücken verschmäht und gemieden. (…) Deshalb ist es der einzige Wunsch aller dort lebenden Römer, niemals mehr unter die Herrschaft der Römer kommen zu müssen. (…) Deshalb wollen unsere Brüder nicht nur nicht von 25 ihnen zu uns zurückkommen, sondern sie verlassen uns, um zu ihnen zu fliehen. Und ich für meinen Teil kann mich nur wundern, dass nicht überhaupt alle dürftigen und armen Steuerzahler es so machen. Es gibt dafür nur einen Hinderungsgrund, nämlich den, dass sie ihre 30 geringe Habe und ihre Hütten und Familien nicht hinüberbringen können. (…) Weil sie also das nicht tun können (…), tun sie, wozu allein sie imstande sind; sie liefern sich nämlich Größeren zu Schutz und Schirm aus, ergeben sich den Reichen als Hörige und begeben sich 35 sozusagen unter deren Gewalt und Gehorsam.

Salvianus, Von der Weltregierung Gottes 4, 12ff. Zit. nach: Geschichte in Quellen, Altertum, hrsg. von Wolfgang Lautemann und Fritz Wagner, 4. Auflage, München 1989, S. 803f. Bearb. d. Verf.

### Fragen und Anregungen

1. Schildere mithilfe der Karte (D1) den Verlauf der Völkerwanderung. Fertige dazu eine Tabelle an, in die du die Herkunftsgebiete der Stämme und Völker und ihr neues Siedlungsgebiet einträgst. Bringe die Aufstellung in eine chronologische Reihenfolge.

2. Gib an, welche neuen Reiche um 500 n. Chr. entstanden waren (D2).

3. Salvian beschrieb den Niedergang des Weströmischen Reiches (Q3). Untersuche, wie er dessen Zustand kennzeichnet. Erläutere dann, worin Salvian die Gründe sieht, dass so viele Menschen dem Weströmischen Reich den Rücken kehrten.

4. Viele Menschen mieden es, weiterhin römische Bürger zu sein. Gib die Gründe an (VT).

# 24. Die Erben der Antike

**Die verlorene Einheit**

Für die Menschen zur Zeit der römischen Herrschaft war der gesamte Mittelmeerraum eine große übergreifende Einheit. Im 5. Jahrhundert machten sie die Erfahrung, dass etwas vollkommen Selbstverständliches langsam und unwiederbringlich verschwinden konnte. Was trat an die Stelle des Römischen Reiches?

**Das Frankenreich**

Bis zum Jahr 511 gelang es dem fränkischen König Chlodwig, ganz Gallien unter seine Herrschaft zu bringen. Damit entstand auf dem Boden des ehemaligen Römischen Reiches der größte germanische Staat, der zur führenden Macht im Westen Europas werden sollte. Für diesen Erfolg war entscheidend gewesen, dass sich der Franke Chlodwig zusammen mit seiner Gefolgschaft taufen ließ. Er hatte den Glauben der Bevölkerungsmehrheit angenommen. In ihrem Reich waren die Franken eine kleine Minderheit (je nach Gebiet 2 bis 10 Prozent der Bevölkerung). Sie besaßen keine Schrift und ihnen fehlte auch das Wissen, wie man ein Reich verwaltete oder Steuern und Zölle einzog. Sie übernahmen deshalb die alte römische Verwaltung, soweit sie noch vorhanden war. Chlodwig versuchte zudem mit den gallischen Bischöfen zusammenzuarbeiten und gründete eine eigene fränkische Kirche.

**Das Byzantinische Reich**

Für die Menschen im griechisch sprechenden Osten war das römische Kaiserreich nicht untergegangen. Obwohl sie griechisch sprachen, bezeichneten sie sich weiterhin als Römer. Ihr Reich erlebte im 6. Jahrhundert eine Blüte. Der griechische Osten des Reiches war durch die Völkerwanderung weniger betroffen gewesen. Den Menschen in den vielen Städten ging es wirtschaftlich gut. Ein gut organisiertes Steuersystem sorgte dafür, dass die Kassen der Kaiser voll blieben.

**Islamische Reiche**

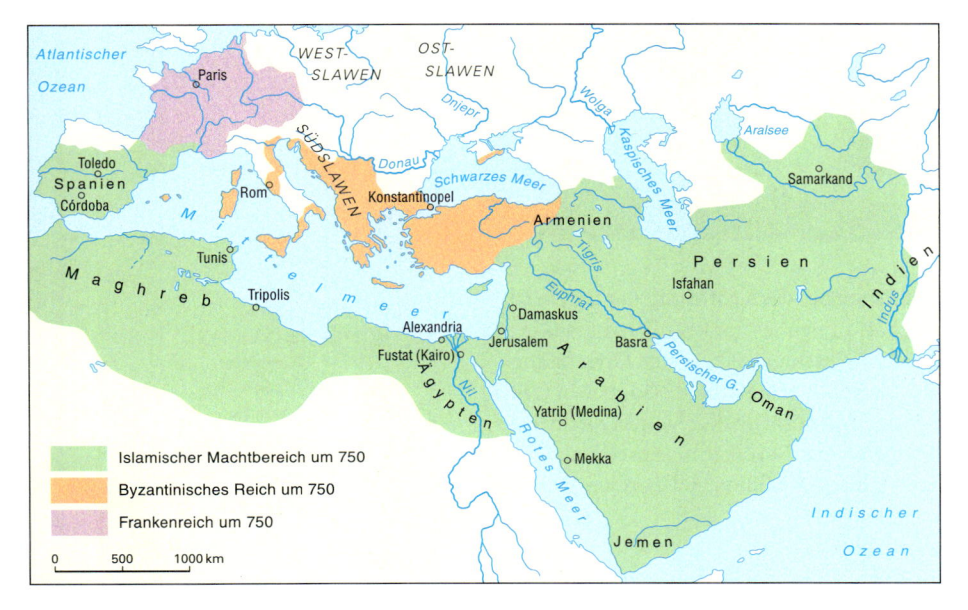

Im 7. Jahrhundert entstand dann eine neue Religionsgemeinschaft durch Mohammed – der Islam. Mit seiner Ausbreitung änderte sich die Situation in der Mittelmeerwelt. Die Nachfolger des Religionsgründers Mohammed eroberten von der arabischen Halbinsel aus ein neues Weltreich. Die ehemalige Einheit der römischen Mittelmeerwelt war jetzt in drei ganz unterschiedliche Teile zerfallen.

**D1 Die Mittelmeerwelt im 8. Jahrhundert**
„Von der Einheit zur Dreiteilung" – erläutere diese Aussage.

# OLYMPISCHE SPIELE HEUTE

### „Immer der Beste sein ...."

An dieses Bestreben der alten Griechen (Seite 85) knüpfen die modernen Olympischen Spiele an. Sie sind der Teil des antiken Erbes, der den meisten Menschen auf der ganzen Welt bekannt ist. Wie entwickelten sich die modernen Olympischen Spiele? Was verbindet sie mit dem antiken Vorbild, was unterscheidet sie von ihm? Hier findest du zu diesen Fragen erste Hinweise.

**Q1** Olympische Ringe

**Q2** Stadion in Delphi mit etwa 7000 Plätzen
3./4. Jahrhundert v. Chr.

**Q3** **Panatheneisches Stadion in Athen bei der Eröffnung der Spiele 1896**
Das Stadion wurde an der Stelle gebaut, an der das antike Athener Stadion gestanden hatte. Es fasst mehr als 70 000 Zuschauer. Die ersten Olympischen Spiele der Neuzeit kamen auf Initiative von Pierre Baron de Coubertin (1863–1937), einem französischen Pädagogen und Historiker, zustande. Finanziell ermöglicht wurde sie durch Sammlungen in der Bevölkerung Griechenlands, vor allem aber durch eine Spende des griechischen Millionärs Georgios Averhoff.

**Moderne Olympische (Sommer-)Spiele D1**

| Jahr | Ort |
|---|---|
| 1896 | Athen |
| 1900 | Paris |
| 1904 | St. Louis |
| 1908 | London |
| 1912 | Stockholm |
| 1920 | Antwerpen |
| 1924 | Paris |
| 1928 | Amsterdam |
| 1932 | Los Angeles |
| 1936 | Berlin |
| 1948 | London |
| 1952 | Helsinki |
| 1956 | Melbourne |
| 1960 | Rom |
| 1964 | Tokio |
| 1968 | Mexico City |
| 1972 | München |
| 1976 | Montreal |
| 1980 | Moskau |
| 1984 | Los Angeles |
| 1988 | Seoul |
| 1992 | Barcelona |
| 1996 | Atlanta |
| 2000 | Sidney |
| 2004 | Athen |

# WERKSTATT

**D2 Teilnahmebegrenzungen**
Seit den Spielen in Atlanta 1996 gibt es Teilnehmerobergrenzen: Nicht mehr als 10000 Athletinnen und Athleten, die sich durch Leistung qualifiziert haben müssen, und höchstens 5000 Funktionäre und Betreuer dürfen teilnehmen. Doch darf jeder Staat, der ein NOK (Nationales Olympisches Komitee) hat, sich zumindest mit sechs Sportlern und zwei Funktionären an den Spielen beteiligen.

**Q4 Olympischer Waffenstillstand heute?**
*Aus einer Internet-Mitteilung der griechischen Botschaft in Berlin:*
Fast 3000 Jahre nach den ersten Olympischen Spielen, wo für sieben Tage vor und sieben Tage nach den Spielen in der gesamten griechischen Welt die Waffen schwiegen, ist Griechenland darum bemüht, den olympischen Waffenstillstand wiederaufleben zu lassen. (…) Zusammen mit der Stiftung für den olympischen Waffenstillstand, mit Sitz in Lausanne, bemüht sich das neu geschaffene Zentrum (des olympischen Waffenstillstands) um die weltweite Einhaltung des Friedens für sieben Tage vor und sieben Tage nach den Olympischen Spielen. (…)
Der griechische Staat investiert 775 Millionen Dollar in die olympische Sicherheitsarchitektur und stellt 40000 Einsatzkräfte zum Schutz der Sportstätten und der Stadt bereit. Darüber hinaus wurde ein 200 Mann starkes Spezialteam aus Teilen der Armee und der Polizei geschaffen (…).

Zit. nach: www.griechische-botschaft.de/olympia_2004/olympia2004_301103b.htm (8.12.03)

**Olympiastadion in München Q5**
Es wurde 1972 fertig gestellt und bietet etwa 80000 Zuschauern Platz.

## Fragen und Anregungen

1. Vergleiche die drei Stadien (Q2–Q3, Q5). Wie erklärst du dir die Ähnlichkeiten und Unterschiede?

2. Stelle die Sportarten zusammen, die im alten Olympia betrieben wurden (Seite 87–89). Welche gehören heute noch zum olympischen Programm? Wie erklärst du dir, dass es heute so viele Sportarten gibt und viele Sportverbände ihren Sport „olympisch" werden lassen wollen?

3. Finde heraus, welche Bedeutung die olympischen Ringe haben, seit wann es sie gibt und wer sie eingeführt hat (Q1).

4. Markiere auf einer Weltkarte die Orte, an denen moderne Olympische Spiele stattgefunden haben (D1). Wie erklärst du dir die Verteilung? Warum haben wohl 1916, 1940 und 1944 keine Olympischen Spiele stattgefunden?

5. Was hältst du von den Teilnahmeregelungen von 1996 (D2)? Vergleiche sie mit den im alten Olympia geltenden Regeln (Seite 87–89).

6. Nimm Stellung zu der Mitteilung der griechischen Botschaft. Schreibe deine Meinung in einem Brief an die Botschaft nieder (Q4).

**Viadukt Bietigheim-Bissingen,** Q1 erbaut 1853. Informiere dich über die technischen Daten des Bietigheimer Viadukts. Vergleiche das Bauwerk mit dem Pont du Gard in Frankreich (Seite 188).

## D2 Antike Spuren in unserer Sprache

Neonröhre, Automobil, Globus, Minus   Chor, Kamera, Zement, Stereo, Tyrann

Physik, Akt, Zirkus, Rhabarber, Typisch! Logisch!   Rhododendron, Nivea, Rhythmus, Servus

Phosphor, Video, Omnibus, Ultraschall, Plus

Stadion, Theater, Computer, Caritas,   Rhombus, Multimedia, Rheuma, Thermosflasche,

Das heißt Eulen nach Athen tragen!   Alle Wege führen nach Rom!

Das sind Zustände wie im alten Rom!   Rom ist nicht an einem Tag erbaut worden!

### Fragen und Anregungen

1. Kläre, was die angeführten Begriffe bedeuten. Ordne sie bestimmten Sachbereichen zu, z. B. Pflanzen (D2).

2. Finde mithilfe eines Wörterbuchs heraus, welche der Begriffe aus dem Lateinischen und welche aus dem Griechischen stammen (D2). Gibt es Merkmale in der Rechtschreibung, die auf griechische Herkunft der betreffenden Ausdrücke hindeuten?

3. Ergänze die Liste um weitere Ausdrücke, die aus der Antike stammen.

4. „Nivea" und vielleicht auch „Servus" (Toilettenpapier) kennt ihr als Namen von Produkten, für die geworben wird. Sammelt aus Zeitschriften und Werbematerial weitere Produktbezeichnungen, die aus dem Lateinischen oder Griechischen kommen oder diesen Anschein erwecken wollen. Gestaltet mit dem Werbematerial ein Plakat.

5. Was soll mit diesen Redensarten ausgesagt werden (D2)?

6. Auf welche Sachverhalte der antiken Geschichte beziehen sich die Redensarten (D2)?

# Ein Kurzporträt anfertigen

Es ist eine alte Weisheit: Wer etwas gut begriffen hat, kann es anderen erklären. Man kann diese Erkenntnis auch umdrehen: Wer etwas gut lernen will, soll versuchen, es anderen zu erklären. So ist denn das Entwickeln eines Porträts eine gute Möglichkeit um zu lernen.

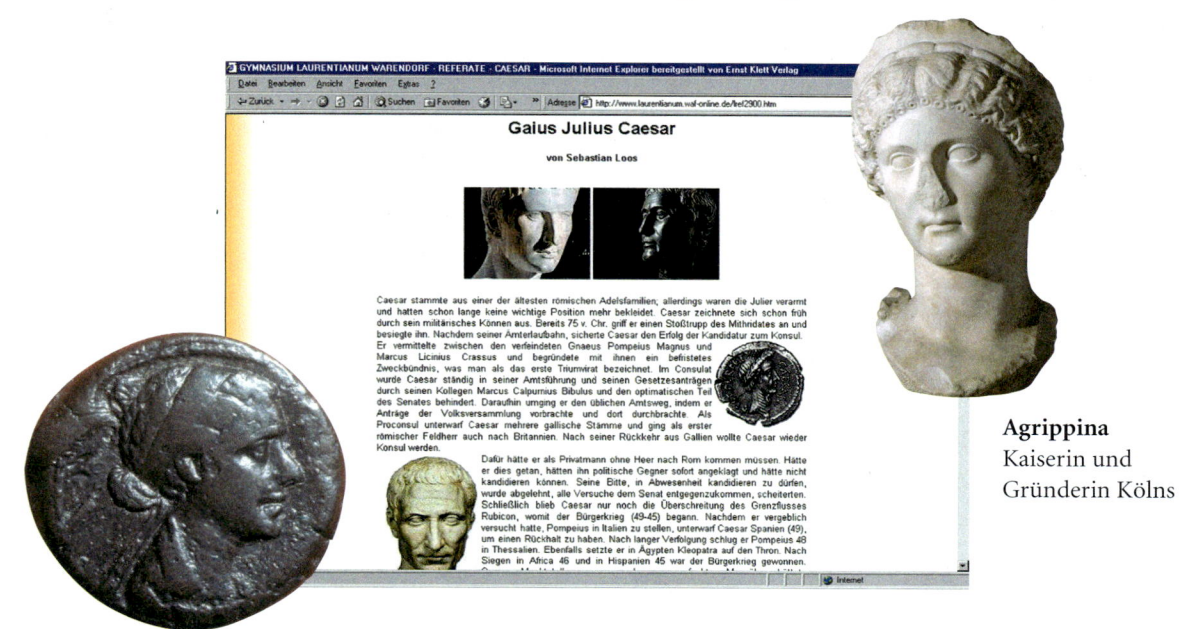

**Agrippina**
Kaiserin und Gründerin Kölns

**Kleopatra**
Herrscherin über Ägypten

**Gaius Julius Caesar**
Internetseite: http://www.laurentianum.waf-online.de/lref2900.html (28. 4. 2004)

Immer wieder gab es im Verlauf der Geschichte Menschen, die mit ihrem Wirken Besonderes erreichten oder die während ihres Lebens Besonderes durchmachen. Du hast beispielsweise Agrippina, Caesar oder Hannibal kennen gelernt. Diese Menschen bestimmten natürlich nicht allein den Verlauf der Geschichte. Auch sie waren angewiesen auf andere Menschen. Auch ihr Handeln war geprägt durch das Umfeld. Dennoch spiegelt sich in ihrem Lebenslauf Vergangenes besonders deutlich. Häufig ist es interessant, sich mit solchen Menschen zu beschäftigen. Einige dieser Menschen haben ihr Leben und Wirken selber dargestellt. Über andere gibt es Biografien, die gelegentlich mit vielen erfundenen Episoden angereichert wurden. Zur Themeneinheit über die Geschichte Roms kannst du ein Kurzporträt anfertigen.

Wie du dein Kurzporträt ausgestaltest, ist dir überlassen. Du findest in diesem Buch, in Lexika oder im Internet eine Reihe von Darstellungsmöglichkeiten und viele Informationen zu einzelnen Menschen. Achte aber auf Folgendes:
- Neben dem Namen und den Lebensdaten sollte dein Kurzporträt eine Abbildung des Menschen enthalten.
- Natürlich schilderst du in wenigen Sätzen, was der Mensch Besonderes bewirkt oder erlebt hat.
- Ein wichtiger Teil des Porträts ist eine kurze persönliche Begründung von dir, wieso du diesen Menschen ausgewählt hast.
- Gib genau an, woher du deine Informationen bezogen hast. Stammen sie aus dem Internet, schreibst du die Adresse ab und fügst in Klammern das Datum dazu, an dem du die Seite besucht hast. Bei Büchern musst du Vornamen und Familiennamen des Verfassers, Titel, Erscheinungsort und Erscheinungsjahr nennen.
- Auch formale Aspekte sind wichtig: Achte auf die Rechtschreibung, die Verständlichkeit und auf die Gestaltung.

Wenn dir die Arbeit Spaß macht, kommt dein Porträt gut heraus!

## Die Frühzeit des Menschen

- **vor 8 Mio. Jahren** Die Vorfahren der Menschen beginnen sich zu entwickeln.
- **2 Mio. – ca. 10 000 v. Chr.** Altsteinzeit: Die Menschen jagen, sammeln und nutzen das Feuer.
- **vor 40 000 Jahren** Der Homo sapiens breitet sich in Europa aus.
- **um 10 000 v. Chr.** Beginn der Jungsteinzeit: Die Menschen erlernen den Ackerbau und werden sesshaft.
- **um 4000 v. Chr.** Beginn der Metallzeit

## Frühe Hochkulturen

- **um 5000 v. Chr.** Nomaden wandern in die Tiefebene des Nils ein.
- **um 3000 v. Chr.** Die Ägypter entwickeln die Hieroglyphenschrift und einen Kalender.
- **2700–2100 v. Chr.** Im „Alten Reich" regieren u.a. die Pharaonen Cheops und Chefren. Die großen ägyptischen Pyramiden werden gebaut.
- **ca. 1600–1000 v. Chr.** Im „Neuen Reich" regieren die Pharaonen Hatschepsut, Echnaton, Tutanchamun und Ramses II. 
- **30 v. Chr.** Nach einem Sieg über Kleopatra VII. machen die Römer Ägypten zu einer Provinz des Römischen Reiches.

# ZEITTAFEL
# GESCHICHTE GESCHEHEN

Archäologie – Out-of-Africa-Theorie – Altsteinzeit – neolithische Revolution – Bronze- und Eisenzeit

Hochkultur – Herrschaft – Monarchie – Hierarchie – Monotheismus – Polytheismus

## Die Welt der Griechen

- **um 800 v. Chr.** Erste Stadtstaaten (Poleis) entstehen.
- **776 v. Chr.** Angeblicher Beginn der Olympischen Spiele
- **750–550 v. Chr.** Die Griechen besiedeln die Küsten des Schwarzen Meeres und des Mittelmeeres („griechische Kolonisation")
- **um 700 v. Chr.** Homer verfasst die Werke „Ilias" und „Odyssee".
- **um 620 v. Chr.** Die Spartaner unterwerfen die Messenier und richten einen Militärstaat ein.
- **490/479 v. Chr.** In den Perserkriegen besiegen die Griechen die Perser.
- **um 450 v. Chr.** Demokratie in Athen: Die Volksversammlung trifft alle Entscheidungen und kontrolliert die Amtsträger. Athen ist Führungsmacht in Griechenland und erlebt eine kulturelle Blütezeit.
- **431–404 v. Chr.** Athen und Sparta kämpfen im Peloponnesischen Krieg um die Vorherrschaft in Griechenland. Sparta besiegt Athen.
- **336–323 v. Chr.** Alexander der Große begründet ein Weltreich.
- **nach 323 v. Chr.** Im Zeitalter des Hellenismus verbreitet sich die griechische Kultur.
- **bis 133 v. Chr.** Die Römer machen Griechenland zur römischen Provinz.

**Polis – Kolonisation – Aristokratie – Sagen/Mythen – Demokratie – Sklaven – Theater – Hegemonie**

## Das römische Weltreich

- **753 v. Chr.** Nach der Sage gründen Romulus und Remus Rom.
- **um 500 v. Chr.** Römische Adlige vertreiben den etruskischen König und gründen die Republik.
- **272 v. Chr.** Rom hat Mittel- und Süditalien unterworfen. Die Ständekämpfe enden.
- **264–146 v. Chr.** Rom gewinnt nach drei Kriegen mit den Karthagern die Vorherrschaft im westlichen Mittelmeergebiet (Punische Kriege).
- **200–133 v. Chr.** Rom wird Vormacht im östlichen Mittelmeergebiet.
- **88–31 v. Chr.** Machtkämpfe im Staat führen zu blutigen Bürgerkriegen.
- **44 v. Chr.** Caesar lässt sich zum Diktator auf Lebenszeit ernennen und wird im März ermordet.
- **31 v. Chr.–14 n. Chr.** Augustus regiert das Römische Reich als „Princeps". Die Kaiserzeit beginnt.
- **9 n. Chr.** Drei Legionen werden von Germanen vernichtend geschlagen. Rom verzichtet darauf, ganz Germanien zu erobern.
- **um 85 n. Chr.** Die Provinz Obergermanien wird angelegt. Die Römer beginnen den Limes zwischen Rhein und Donau zu bauen.
- **117 n. Chr.** Unter Kaiser Trajan erreicht das Römische Reich die größte Ausdehnung.
- **um 260 n. Chr.** Alamannen dringen über den Limes ins Römische Reich ein: Die römische Herrschaft in Südwestdeutschland endet.
- **375 n. Chr.** Die Hunnen dringen nach Europa vor und lösen die Völkerwanderung aus.
- **391 n. Chr.** Kaiser Theodosius macht das Christentum zur Staatsreligion.
- **395 n. Chr.** Kaiser Theodosius teilt das Römische Reich in eine östliche und eine westliche Hälfte.
- **476 n. Chr.** Der letzte weströmische Kaiser wird von einem germanischen Heerführer abgesetzt.

**Republik – Provinz – Proletarier – Diktatur – Prinzipat/Kaiser – Zivilisation – Romanisierung – Staatsreligion**

# Die Frühzeit des Menschen

### Die Ursprünge der Erde und des Menschen

Wenn man sich die Lebenszeit der Erde als eine 24-Stunden-Uhr vorstellt, dann wäre der Beginn eines Tages, also 0 Uhr, vor 4,5 Milliarden Jahren anzusetzen. Zu dieser Zeit entstand die Erde aus einem Feuerball, der sich langsam abkühlte. Erst am frühen Abend, zwischen 18 und 19 Uhr, begann sich erstes Leben in den Ozeanen zu regen, um 21:20 Uhr entwickelten sich die ersten Pflanzen und um 21:30 Uhr die ersten Landtiere. Erst eine Minute vor Mitternacht, also um 23:59 Uhr, erschienen die ersten menschenartigen Wesen auf der Erde.

Die **ältesten menschlichen Funde** sind etwa 4 Millionen Jahre alt und wurden **in Afrika** gemacht. Deshalb geht man davon aus, dass dort das menschliche Leben begann. Der heutige Mensch (**homo sapiens**) entwickelte sich aber erst vor 150 000 Jahren. **Vor etwa 40 000 Jahren** wanderte er von Afrika **nach Europa** ein und verdrängte dort den Neandertaler.

### Die Jäger und Sammlerinnen der Altsteinzeit

Vor ca. 2 Millionen Jahren begannen die Menschen einfache Steinwerkzeuge wie Faustkeile und Schaber herzustellen und zu nutzen. Diese Werkzeuge wurden im Laufe einer langen Zeit immer wieder verfeinert und mit großem Geschick hergestellt. Stein stellte neben Holz also das wichtigste Arbeitsmaterial dar. Deshalb nennt man diesen Zeitraum (2 Mio. bis 4000 v. Chr.) die **Steinzeit**.

Der Alltag der frühen Menschen war vor allem von der Nahrungssuche bestimmt. Man jagte verschiedene Wildarten und sammelte Früchte, Beeren und Sonstiges. Diese Lebensweise zwang die Menschen zum ständigen Weiterziehen, den Tierherden folgend und auf der Suche nach noch nicht abgeernteten Gebieten. Zudem war man sehr vom jeweiligen Klima und Wetter abhängig. Dieses Nomadentum kann man heute noch bei einigen Buschmannstämmen zum Beispiel in Südafrika beobachten. Deswegen ziehen Urgeschichtsforscher gerne Vergleiche zwischen solchen heute lebenden Stämmen und den frühen Jägern und Sammlerinnen, um die **Altsteinzeit** besser verstehen und erklären zu können.

Neben den Alltagssorgen spielten Kunst und Religion wohl schon wichtige Rollen im Leben der Steinzeitmenschen. Das schließt man aus Funden kleiner, fantasievoll gestalteter Amulette, Tier- und Menschenfiguren. Auch die **Höhlenmalereien** lassen große Kunstfertigkeit erkennen. Allerdings bleiben viele Fragen offen, da Gefühls- und Glaubensvorstellungen durch Sachfunde nicht zu entschlüsseln sind; hier kann man nur Vermutungen anstellen.

### Die Jungsteinzeit im Zeichen von Bauern und Viehzüchtern

Mit dem Ende der letzten Eiszeit **um 10 000 v. Chr.** begann sich das Leben der Menschen grundlegend zu ändern. Die Böden im Lebensbereich vieler Menschen tauten auf und konnten jetzt bearbeitet werden. Die Menschen waren dadurch nicht mehr nur von der Jagd und dem Sammeln von Feldfrüchten abhängig, sondern konnten auch Ackerbau betreiben. Hinzu kam das Züchten von Vieh und Haustieren. All dies führte dazu, dass sie nicht mehr herumziehen mussten und **sesshaft werden** konnten. Diese Zeit nennen wir die **Jungsteinzeit**.

Erste dörfliche Lebensformen entstanden. Die Menschen begannen sich beruflich zu spezialisieren. Funde weisen auf neue Fähigkeiten hin: das Mahlen von Getreide, das Backen von Brot, das Töpfern von Aufbewahrungsgefäßen, das Weben von Kleidern und anderes mehr. Durch die Verteilung ähnlicher Fundstücke über ganz Europa kann man auch auf Handel über große Entfernungen schließen. Diese zahlreichen und tief greifenden Neuerungen veränderten das menschliche Leben so stark, dass man dieser Umbruchszeit den Namen **Neolithische Revolution**, frei übersetzt: „jungsteinzeitliche Umwälzung", gegeben hat.

### Die Metallzeit

Mit der Erfindung der Metallbearbeitung um 4000 v. Chr. endete die Steinzeit. Die sich anschließenden Zeitabschnitte werden nach dem Material benannt, das bevorzugt bearbeitet wurde, zum Beispiel Bronze- oder Eisenzeit. In der Metallzeit entstanden in Ägypten und Mesopotamien die ersten Hochkulturen.

# Leben in frühen Hochkulturen

### Das Land am Nil

Im Mittelpunkt des Lebens aller Ägypter stand der Nil. Nur auf den beiden Seiten des Flusses konnten die Ägypter das, was sie zum Leben brauchten, anbauen und ernten. Das übrige Land Ägyptens war unfruchtbare Wüste. Einmal im Jahr führte der Nil Hochwasser und überschwemmte die Felder der Bauern mit fruchtbarem Schlamm. Danach konnten die Bauern mit der Aussaat beginnen. Sie mussten gemeinsam die Felder bewässern und die Ernte einbringen. Manchmal blieb das Nilhochwasser aus. Für diese Notzeiten mussten die Ägypter Vorräte anlegen. Um alle Aufgaben, die der Nil den Ägyptern stellte, bewältigen zu können, mussten sie nicht nur die Arbeiten unter sich aufteilen, sie mussten auch neue Fertigkeiten ausbilden.

### Eine frühe Hochkultur

Durch die Beobachtung der Sterne entwickelten die Ägypter einen Kalender, der es ihnen erlaubte die Nilschwelle zu berechnen und sich darauf vorzubereiten. Nach jedem Hochwasser musste das Land neu vermessen und Listen über Vorräte und Abgaben der Bauern angelegt werden. Die Ägypter eigneten sich daher naturwissenschaftliche Kenntnisse an und sie entwickelten um 3000 v. Chr. eine **Schrift**. Die Schrift ermöglichte es ihnen, ihre Kenntnisse an die folgenden Generationen weiterzugeben. Es konnten jetzt aber auch Dichtungen oder religiöse Schriften entstehen. Ein Volk, das eine Schrift, Kunst, Literatur und Architektur, aber auch immer spezialisiertere Berufe und eine gemeinsame Ordnung, einen Staat, entwickelt, bezeichnen wir als **Hochkultur**.

### Gesellschaft und Staat

Die gemeinsame Ordnung der Ägypter hing eng mit ihrem Glauben zusammen. An der Spitze des Staates stand der **Pharao**. Er war der Stellvertreter Gottes auf Erden und konnte als einziger die göttliche Weltordnung, die Maat, garantieren. Er regierte den Staat und bestimmte über Krieg und Frieden. Seine Befehle gab er an den Wesir und die Hofbeamten weiter. Diese überwachten die Schreiber, Handwerker, Kaufleute und Bauern, erstatteten dem Pharao Bericht und berieten ihn. Der Pharao war auch der oberste Priester. Obwohl viele Priester im Land Aufgaben für ihn übernahmen, führte er bestimmte religiöse Handlungen selbst aus.

### Die Religion

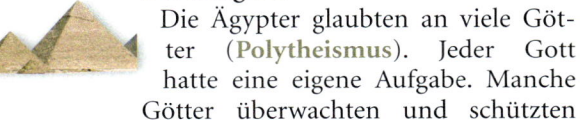

Die Ägypter glaubten an viele Götter (**Polytheismus**). Jeder Gott hatte eine eigene Aufgabe. Manche Götter überwachten und schützten einen bestimmten Lebensbereich, andere waren die Schutzgötter einzelner Berufsgruppen. Die Ägypter waren fest davon überzeugt, dass es ein Weiterleben nach dem Tod gibt und die Toten im Jenseits genauso leben würden wie auf der Erde. Die Lebenden hatten die Aufgabe, den Toten alles zum Leben Notwendige mitzugeben. Zu diesem Zweck entwickelten die Ägypter Techniken und Bräuche, über die wir heute noch staunen. Sie lernten Leichen so zu mumifizieren, dass der Körper Tausende von Jahren vor Verwesung geschützt war. Ihre Pharaonen bestatteten sie in aufwändig gebauten **Pyramiden** oder Felsengräbern, die die Mumien und die Grabbeigaben bis in die Ewigkeit sicher verwahren sollten.

# Die griechischen Wurzeln Europas

### Leben in Städten

Mit seinen Bergen, Tälern und Inseln ist Griechenland ein vielfältiges, aber unwegsames Land. In der **Antike** lebten die Griechen verstreut in vielen kleinen selbstständigen Stadtstaaten (Poleis Einzahl: **Polis**), die **um 800 v. Chr.** entstanden. Weil das Land knapp wurde, wanderten seit 750 v. Chr viele Griechen aus und gründeten neue Städte an den Küsten des Mittelmeers und des Schwarzen Meers. Durch diese **Kolonisation** verbreitete sich die griechische Lebensweise über das Mutterland hinaus.

Auch wenn sich die Griechen nie zu einem gemeinsamen Staat zusammenschlossen, hatten sie viel gemeinsam. Sie sprachen dieselbe Sprache, benutzten dieselbe Schrift und erzählten sich dieselben Sagen. Sie glaubten an dieselben Götter und feierten ihnen zu Ehren gemeinsame Feste wie die **Olympischen Spiele**.

### Athen – eine Demokratie

Wie in allen griechischen Poleis wurde die Politik in Athen zunächst von Adligen bestimmt. Doch die Macht der Volksversammlung, in der alle Bürger zusammenkamen, nahm zu. Durch den Krieg der Griechen gegen die Perser zu Beginn des 5. Jahrhunderts verstärkte sich der politische Einfluss der ärmeren Leute. Denn in der entscheidenden Seeschlacht von Salamis schlug die Flotte der Athener die Perser. Die Ruderer der Schiffe, die aus ärmeren Schichten stammten, gewannen an Selbstbewusstsein und drängten in die Volksversammlung. Seit **Mitte des 5. Jahrhunderts v. Chr.** traf die Volksversammlung alle politischen Entscheidungen und kontrollierte die Amtsträger. Die Griechen nannten dies **Demokratie**. Das Recht, mit zu entscheiden und sich in Ämter losen zu lassen, hatten allerdings nur die **Vollbürger**, die in Athen als Freie geborenen Männer. Alle anderen galten als **Nichtbürger**, darunter die **Metöken** (Fremde) und **Sklaven**.

Nach dem Sieg über die Perser wurde Athen zur Führungsmacht in Griechenland. Diese Stellung wusste die Stadt auch wirtschaftlich zu nutzen. Die freiheitliche Lebensweise und der Wohlstand bescherten Athen eine kulturelle Blüte: Dichter, Philosophen, Künstler und Architekten schufen großartige Werke, an denen wir uns noch heute orientieren.

### Sparta – ein Kriegerstaat

Ganz anders entwickelte sich Sparta, die andere mächtige Polis in Griechenland. Die Spartaner hatten im 8. Jahrhundert v. Chr. ihre Nachbarn auf der Peloponnes unterworfen und versklavt. Die Unterdrückten, genannt **Heloten**, wehrten sich; deswegen mussten die Spartaner sie ständig militärisch in Schach halten. So bildete sich ein reiner Kriegerstaat. Militärischer Tüchtigkeit und der **Gleichheit** zwischen den Bürgern war hier alles untergeordnet, besonders die Erziehung. Die täglichen militärischen Übungen waren hart, und jeder Luxus war verpönt. Kunstwerke aus Sparta sind kaum überliefert.

Wie in Athen bestimmte die Versammlung der **Vollbürger**, der **Spartiaten**, weitgehend die Politik. Aber diese bildeten nur eine kleine Minderheit gegenüber den **Nichtbürgern**. Dazu gehörten neben den sklavenähnlichen Heloten auch die **Periöken**, die in den umliegenden Dörfern wohnten. Sie waren persönlich frei, besaßen aber keine politischen Rechte.

Im Peloponnesischen Krieg (431–404 v. Chr.) bekämpften sich Athen und Sparta als Führungsmächte zweier Bündnissysteme. Athen verlor den Krieg, aber Sparta gelang es nicht, in Griechenland auf Dauer eine Vormachtstellung zu erlangen.

### Der Hellenismus

Im 4. Jahrhundert v. Chr. stieg Makedonien zur Vormacht in Griechenland auf. Der König dieses Landes, **Alexander der Große** (363–323 v. Chr.), vernichtete das Persische Reich und schuf ein Weltreich, das sich bis nach Indien erstreckte. Es zerfiel bald, aber hier verbreitete sich auf Dauer die hoch entwickelte Kultur der Griechen, der „Hellenen". Man spricht daher vom Zeitalter des **„Hellenismus"**, das bis zur Eroberung dieser Länder durch die Römer reicht.

# Vom Dorf zum Weltreich – Leben im Römischen Reich

### Der Aufstieg Roms

Um 500 v. Chr. vertrieben die römischen Adligen, die Patrizier, den letzten etruskischen König und übernahmen selbst die Herrschaft. Rom war zur Republik geworden. Doch die Lage Roms war bedroht: Von außen griffen benachbarte Völker an, im Innern forderten die einfachen Leute, die Plebejer, die Teilhabe an der Macht. Für die Kriege brauchten die Patrizier die Plebejer als Soldaten; so gelang es den Plebejern, Rechte zu erwerben. Am Ende dieser Ständekämpfe herrschte Rom über Italien und hatte die plebejischen Bauern mit dem eroberten Land zufrieden gestellt.

Die Adelsfamilien prägten die Republik. Zu einer römischen Familie gehörten nicht nur Vater, Mutter und Kinder, sondern auch Sklaven und Freigelassene. Alle Familienmitglieder unterstanden der Gewalt des Familienoberhauptes, des „pater familias". Doch er durfte nicht selbstherrlich handeln, sondern sollte wie alle Römer opferbereit, bescheiden und pflichtbewusst sein. Diese Werte begünstigten den Aufstieg Roms.

In drei langen Kriegen besiegten die Römer einen mächtigen Konkurrenten: die Punier. Auch im Osten des Mittelmeers eroberten sie große Gebiete. Aus der Stadt am Tiber war im 2. Jh. v. Chr. eine Weltmacht geworden. Ungeheurer Reichtum flutete jetzt nach Rom: Kriegsbeute, Sklaven und Steuern aus den eroberten Gebieten. Mit billigen Sklaven bewirtschafteten die Adligen riesige Landgüter. Die Bauern dagegen verloren ihr Land und gingen als Besitzlose nach Rom.

### Die römische Republik zerbricht

Bis zu diesem Zeitpunkt hatten sich die Soldaten selbst ausgerüstet. Das konnten die verarmten Plebejer nun nicht mehr. Deswegen wurde das römische Heer reformiert: Es bestand seither aus Berufssoldaten, die ausgerüstet und nach ihrer Dienstzeit versorgt wurden. Die Soldaten fühlten sich daher ihrem Feldherrn verpflichtet, und nicht mehr dem Staat. Einzelne Heerführer wurden sehr mächtig und strebten gewaltsam nach der Alleinherrschaft, der Diktatur. Caesar schaffte es 44 v. Chr. zum Diktator auf Lebenszeit ernannt zu werden, wurde jedoch im gleichen Jahr von anderen Adligen ermordet. Aus den folgenden Bürgerkriegen ging Caesars Adoptivsohn Octavian, der spätere Augustus, im Jahre 31 v. Chr. als Sieger hervor. Er beging nicht Caesars Fehler und schlug das Amt des Diktators aus. Als Erster im Staat, als Princeps, herrschte Augustus über Rom. Nach außen bestand die Republik weiter, aber nur dem Namen nach. Im Innern war mit dem Prinzipat eine Herrschaftsform gefunden, die einem Kaiser (Caesar) künftig die Alleinherrschaft sicherte.

### Leben in der Weltstadt Rom und in den Provinzen

In der Kaiserzeit wuchs Rom zu einer Millionenstadt heran. Um alle Einwohner versorgen zu können, errichtete man ein aufwändiges Wasserleitungssystem, und über die Hafenstadt Ostia wurden Waren von weither eingeführt. Die engen „insulae" und die luxuriösen „domus" spiegelten die großen sozialen Unterschiede in der Metropole wider. Auf dem Forum Romanum entstanden prachtvolle Bauten, mit denen sich die Kaiser verewigen wollten. Um sich bei der Bevölkerung beliebt zu machen, stifteten die Kaiser und Adlige Gladiatorenkämpfe, Theateraufführungen und Thermen.

Die römische Zivilisation verbreitete sich auch in den Provinzen, u.a. in Teilen des heutigen Deutschland. Am Limes, der Grenzlinie, war das römische Heer stationiert. Ehemalige römische Soldaten ließen sich nahe ihres Dienstortes in den Städten und auf Guthöfen (villae rusticae) nieder. Die Provinzbewohner selbst übernahmen die Sprache, das Denken und den Lebensstil der Römer und strebten das römische Bürgerrecht an (Romanisierung).

### Das Römisch Reich zerfällt

Jeder, der an Jesus glaube, werde nach seinem Tode auferstehen wie er – das verkündeten die ersten Christen. Trotz Verfolgungen bekannten sich immer mehr Menschen zum Christentum – schließlich auch der Kaiser. So wurde es 391 n. Chr. zur Staatsreligion erklärt. Doch das Römische Reich war bedroht: Seit Mitte des 3. Jahrhunderts drangen germanische Stämme von Nordosten ins Reichsgebiet ein (Völkerwanderung). Schließlich konnten die Kaiser sie nicht mehr abwehren. Es kam zur Teilung und 476 n. Chr. zum Untergang des Westreiches.

# Verzeichnis der Namen, Sachen und Begriffe

Verwendete Abkürzungen:
Abb. = Abbildungen, ägypt. = ägyptisch, aristokrat. = aristokratisch, athen. = athenisch, austral. = australisch, aztek. = aztekisch, babylon. = babylonisch, brit. = britisch, byzantin. = byzantinisch, christl. = christlich, französ. = französisch, genues. = genuesisch, german. = germanisch, Gesellschaft. = Gesellschaft, griech. = griechisch, Hist. = Historiker, histor. = historisch, iran. = iranisch, islam. = islamisch, israelit. = israelitisch, Jh. = Jahrhundert, jüd. = jüdisch, karthag. = karthagisch, Landsch. = Landschaft, lat. = lateinisch, literar. = literarisch, makedon. = makedonisch, myken. = mykenisch, Päd. = Pädagoge, pers. = persisch, Phil. = Philosoph, plebej. = plebejisch, Pol. = Politiker, röm. = römisch, sagenh. = sagenhaft, Schriftst. = Schriftsteller, span. = spanisch, spartan. = spartanisch, trojan. = trojanisch, Wiss. = Wissenschaftler

▷ Verweis auf ein Stichwort
**Halbfett** gesetzt sind historische Grundbegriffe, die im Buch in einem Kastentext erläutert werden.

**A**borigines (austral. Ureinwohner) 20, 31
Abraham (israelit. Stammvater) 72
Abu Simbel (ägypt. Tempel) 47 (Karte)
Achtal 34, 35
Äcker 57, 200; Acker/bau 36, 37 (Karte), 38, 212 -geräte 131; -gesetze der Gracchen/ -reformen s. Landverteilung; s. a. Gracchus, Gaius u. Tiberius; -land 39, 78, 79, 156
Actium (Griechenland), Seeschlacht bei 159
Adam 72, 85
Adel/Adlige 79, 85, 90–92, 99, 101, 129, 131, 132, 137, 142, 146, 151–153, 154, 160, 192, 206, 213
Ädil (röm. Wahlbeamter, verantwortl. f. Polizei u. öffentl. Ordnung) 136 (Abb.), 156
Aemilius Paullus (Konsul) 148, 152
Aeneas, (L) sagenhafter Stammvater der Römer 128, 149
Afrika 3, 20, 26, 28, 29, 68 (Karte), 81, 145, 146, 183
Agricola (40–93 n. Chr.; röm. Feldherr) 188
Agrippina, Julia (15 v. Chr.–59 n. Chr.; röm. Kaiserin) 191, 211 (Abb.)
Ägypten/Ägypter 3, 11, 16, 46, 47 (Karte), 48–67, 71, 72, 75, 78, 93, 100, 109, 110, 119, 120, 122, 157, 178, 186, 211, 212; -expedition 110
Ajax (griech. Sagenheld) 86 (Abb.)
Akropolis (Tempelberg in einer griech. Stadt; hier in Athen) 77 (Abb.), 107, 108 (Abb.), 113 (Abb.), 152
Alamannen/Alemannen (german. Stamm) 195, 213
Alexander der Große (geb. 356; 336–323 v. Chr. makedon. König) 119 (Abb.), 120 (Abb.), 121, 213; Alexander/reich 121 (Karte); -zug 120 (Karte)
Alexandria (griech. Stadtgründung in Ägypten) 76, 122 (Abb.), 123 (Karte), 201
Allein/herrschaft, -herrscher 101, 156–158, 162, 163, 201
Alphabet, griech. 76
Altar 73 (Abb.), 152; Haus-. 137, 138, 142; ~ des Friedens (Ara pacis) in Rom 161 (Abb.)
Altertum s. Antike
Altes Testament 71, 72
**Altsteinzeit** 30, 31, **33**, 34, 212
Amenophis II. (1436–1413 v. Chr.; ägypt. König) 53
Amerika 28; Entdeckung von ~ 16, 18; Amphitheater 170 (Abb.), 172, 187; s. a. Kolosseum

Amphore 85 (Abb.), 88 (Abb.), 89 (Abb.)
Amt/sträger 99, 137, 157, 159, 162, 199
Andromache (Gattin des griech. Sagenhelden ▷Hektor) 86
Annuität (in Rom Begrenzung der Amtszeit auf ein Jahr) 135
Antigone (griech. Sagengestalt, literar. Gestalt bei ▷Sophokles) 113
Antike 16, 18, 19, 78, 87, 105, 120, 175, 208
Antonius Pius (86–161 n. Chr.; röm. Kaiser seit 138) 190
Antonius, Marcus (82–30 v. Chr.; röm. Feldherr, Vertrauter ▷Caesars, später dessen Gegner; nach Caesars Ermordung Mitglied im ▷Triumvirat mit ▷Lepidus und ▷Octavian) 159, 162
Anubis (ägypt. Totengott) 66
Aphrodite (griech. Göttin der Liebe u. der Schönheit) 84 (Abb.)
Apollo (röm. Gott des Lichtes) 84 (Abb.)
Apollon (griech. Gott des Lichtes) 80, 84 (Abb.), 86 (Abb.), 107 (Abb.)
Apostel (Gesandter, Bote) 196, 197
Appian (um 100–um 170 n. Chr.; griech. Geschichtsschreiber; als röm. Bürger höherer Beamter) 155, 162
Aquädukte (Wasserleitungen im ▷Röm. Reich) 152, 164 (Karte), 167, 168, 187, 188
Arbeit/Arbeiter 60, 106, 127; Arbeits/haus 185; -teilung 36, 38, 58, 59
Archäologen 24, 25, 34, 35, 60, 63, 128, 177, 191, 204
**Archäologie** 22, 128, 176
Archimedes (282–212 v. Chr.; griech. Mathematiker u. Physiker) 123, 124
archimedische Schraube 124 (Abb.)
Ares (griech. Kriegsgott) 84 (Abb.)
**Aristokratie** 76, 77, **85**, 101
Aristophanes (um 445–386 v. Chr.; griech. Komödiendichter) 118
Armee, röm. 146, 155; s. a. Heer
Arminius, genannt Hermann (gest. 19 n. Chr; Cheruskerfürst) 189
Artemis (griech. Göttin der Jagd u. der Natur) 84 (Abb.)
Asien 28, 31, 37, 68 (Karte), 81, 93
Assuan/-Staudamm (am Nil) 47 (Karte), 50
Asterix-Comic 135 (Abb.), 157 (Abb.), 158 (Abb.), 186 (Abb.), 188
Astronomie 112, 122
Atheismus (Gottesleugnung) 72
Athen/Athener 3, 76, 77, 79, 87–89, 90–95, 98–100, 102, 107, 110, 112–114, 117 (Karte), 118–120, 152, 208, 213

Athene (griech. Göttin der Wissenschaft u. Künste; Schutzherrin der Helden u. Städte) 84 (Abb.), 86 (Abb.), 98, 152
Athleten 88 (Abb.), 89, 209
Atrium (Eingangshalle eines röm. Hauses) 173, 177
Attika (Halbinsel, Polis Athen) 91 (Karte), 98, 109
Attila (um 434–453 n. Chr.; König der Hunnen) 205
Attischer Seebund (Bündnis der griech. Städte u. Inseln gegen die Perser) 98, 117 (Karte)
Augustinus (354 n. Chr.–430 n. Chr.; Philosoph und kathol. Bischof in Nordafrika) 172
Augustus (63 v. Chr.–14 n. Chr.; ursprüngl. Name Gaius Iulius Octavian; später im ▷Triumvirat mit ▷Antonius u. ▷Lepidus; Begründer des röm. Kaisertums; Kaiser ab 31 v. Chr.) 142, 149, 159 (Abb.), 160–163 (Abb.), 164, 166, 213; Mausoleum des ~ 164 (Karte)
Aurelian (röm. Kaiser) 164
Autonomie 118
auxilia (Hilfstruppen im röm. Heer) 190

**B**abylon (Stadt in ▷Mesopotamien; Ruinenstadt im Irak) 68 (Karte), 70, 120, 212
Babylonien/Babylonier 71
Bacchus (röm. Gott der Fruchtbarkeit u. des Weins) 84 (Abb.), 179 (Abb.)
Bäder 168, 169, 187, 188; Badehaus, röm. 194 (Abb.)
Bagauden (aufständische Bauern in Gallien) 206
Balkan 43, 204
Bandkeramik 36, 37, 39
Barbar(en) 94, 122, 124, 172, 192, 206
Basilika Julia (Rom) 166, 167 (Abb.)
Bau/material 68, 98; -werke 11, 12; -wesen 151
Bauern 36–42, 48, 56, 57, 64, 69, 90, 98, 109, 131, 132, 150, 151 (Abb.), 153, 164, 178, 204
Beamte 49, 51, 56, 57, 132, 135, 136 (Abb.), 142
Behälter-Revolution 36
Bellona (röm. Kriegsgöttin) 175
Beni Hassan (Siedlung im Niltal) 48 (Abb.), 71 (Abb.)
Berg/leute 131; -völker 131; -werke 103, 105 (Abb.), 183
Beruf(e) 58, 179
Bewässerungsanlagen 68
Bibel 71, 74, 196
Bibliothek 123, 173, 179

Bietigheim-Bissingen 210 (Abb.)
Bischof/Bischöfe 201, 202, 204, 206, 207
Bithynia (Stadt in Kleinasien) 188
Blaubeuren 34, 35
Britannien 188
Bronze 43, 44, Bronze/gießer(ei) 44, 106 (Abb.); -plaketten (der Sklaven) 184 (Abb.); -standbild (Plastik, Statue), 128 (Abb.), 132 (Abb.), 137 (Abb.), -technik 42
**Bronze- und Eisenzeit** 43, 44
Brot 57, 60, 62, 104, 183
Brutus, Marcus Iunius (Senator in Rom) 157
Buchdruck 18
Bundesrepublik Deutschland 129, 186
Bürger (in Rom) 131, 147, 162, 186, 199
Bürger/krieg 153–155, 157, 159, 162, 213 s.a. Krieg; -liste 137; 146, 187, 190, 191
Byzanz (später Konstantinopel, heute Istanbul) 76, 164, 205

**C**aesar, Gaius Julius (100–44 v. Chr., ermordet; röm. Feldherr u. Staatsmann) 16, 156 (Abb.), 157–160, 162, 164, 186, 188, 189, 211, 213
Cannae, Schlacht bei 145, 147
Caracalla-Thermen 164 (Karte), 169 (Abb.)
Casa del Poeta tragico (Haus in Pompeji) 173 (Abb.), 177 (Abb.)
Cassius Dio (um 150–235 n. Chr.; griech. Geschichtsschreiber u. röm. Senator) 158
Cato, Marcus Porcius (234–149 v. Chr.; röm. Staatsmann) 140, 183
Ceres (röm. Getreidegöttin) 84 (Abb.)
Champollion, Jean François (1790–1832; französ. Ägyptologe, entzifferte die ▷Hieroglyphen) 51, 52
Cheops (2540–2520 v. Chr. ägypt. ▷Pharao) 48, 63, 65; -Pyramide 63, 64
Chephren (etwa 2520–2494 v. Chr.; ägypt. ▷Pharao) 48, 63
Cherusker (german. Volksstamm) 192
Chlodwig (um 466–511 n. Chr.; Frankenkönig) 207
Christen 18, 171, 196–198, -gemeinden 196, 197, -tum 67, 72, 196, 197, 199, 201, 202; -verfolgung 196, 197, 199; Christi Auferstehung 196; Christi Geburt 16, 17, 196; Christusmonogramm (Namenzeichen Christi) 203 (Abb.); -zeichen 201, 203
**Chronologie** (Lehre von der Zeitrechnung) **16**
Cicero (106–43 v. Chr.; röm. Pol.) 141, 172, 180
Circus Maximus (Rom) 164 (Karte), 170, 171
Claudius (10 v. Chr.–54 n. Chr.; röm. Kaiser seit 41) 191
Cloaca Maxima (Entwässerungskanal) 166
Colonia Claudia Ara Agrippinensium (Köln) 190, 191; s. a. Köln
Concordia (röm. Göttin der Eintracht) 167
Cornelia (192–113 v. Chr., röm. Mutter) 140
Crassus, Marcus Licinius (115–53 v. Chr.; röm. Pol., Verbündeter ▷Caesars) 156, 157

Dareios (521–486 v. Chr. pers. König) 93 (Abb.), 94, 101
**Darstellungen** 13
Darwin, Charles (1809–1882); brit. Naturforscher) 27
David (etwa 1004/03–965/64 v. Chr.; israelit. König) 71, 73
Deir el-Medina (Dorf in Ägypten) 60 (Abb.), 61 (Abb.), 62
Delphi (Heiligtum des Apollon mit dem berühmtesten ▷Orakel von Griechenland) 83, 87, 92, 208 (Abb.)
Demeter (griech. Getreidegöttin) 84 (Abb.)
**Demokratie – damals und heute** 76, 77, **98**, 99, 129, 213
Dendrochronologie (Altersbestimmung von Hölzern) 25
Diana (röm. Göttin der Jagd u. der Natur) 84 (Abb.)
Dienerinnen vor der Hochzeit 126 (Abb.); ~ beim Frisieren 183 (Abb.)
Diktator 136, 153–155, 157
**Diktatur** (ursprünglich Amt in Rom) **154**, 156, 157, 159, 162
Diodor (1. Jh. v. Chr.; röm. Schriftst.) 126, 183
Diokletian (um 245–316; röm. Kaiser 284–305) 199–202, 204, 205; -sthermen 164 (Karte)
Dionysos (griech. Gott der Fruchtbarkeit und des Weins) 84 (Abb.), 112; -theater (Athen) 113 (Abb.)
Diskus/werfen, -wurf 87, 115; „Diskuswerfer" (Statue) 76 (Abb.)
domus (röm. Haus) 173, 174, 177
Donau 189, 190, 193; -tal 32
Dorf/Dörfer 37, 39, 192
Drakon (athen. Gesetzgeber aristokrat. Herkunft, der um 621 v. Chr. das Gewohnheitsrecht aufzeichnen ließ) 90
Drusus (38–9 v. Chr.; röm. Feldherr) 193

**E**chnaton (um 1350 v. Chr.; ägypt. ▷Pharao) 48, 212
Edelstein(e) 54, 127 (Abb.)
Ehe 58, 104, 134, 138, 139, 141, 183, 192
Ehingen 35
Eisen 44; -bahn 16; -werkzeuge 25, 44 (Abb.), -zeit s. Bronzezeit
Eiszeit/-alter (in Europa) 27, 33 (Karte), 37
Elefanten 30, 144 (Abb.), 145, 170
Emmer (Getreideart) 49, 50
Ephoren (höchste Beamte u. Aufseher des Staates in Sparta) 115
Eratosthenes (um 282–um 202 v. Chr.; griech. Gelehrter) 120, 124
Erde, Entstehung der 16, 21, 26, 123
Erechtheis (▷Phyle) 100
Ernte 36, 58, 133, 146
Etrurien/Etrusker 128–130, 143
Euphrat (Strom in Vorderasien/a Mesopotamien) 36, 46, 51, 69, 73
Euripides (etwa 480–406 v. Chr.; griech. Dichter) 104
Europa 26, 28, 31, 33 (Karte), 37, 68 (Karte), 89, 204; Mittel~ 34
Eva 29, 72, 85
Evangelium („Frohe Botschaft"; heilige Schrift der ▷Christen) 196
Evolution 27

**F**amilie 39, 102, 110, 140, 142, Generationen einer ~ 15; -ngeschichte 18; -nleben 14, 15
fauces (Gang, enger Vorraum im röm. Haus) 167 (Abb.)
Faustkeile 12 (Abb.), 30, 34 (Abb.), 35
Feldherr 116, 120, 127 (Abb.), 142, 151, 153, 166, -zeichen 135 (Abb.)
Felle 31, 38, 191
Fels/relief 93 (Abb.), 200 (Abb.); -überhänge 34 (Abb.), 35; -zeichnung 20 (Abb.)
Fernhandel/-händler 179
Feuer 28, 30, 31, -händler 23; -stein 31, 39; -wehr 164
Film 12, 13
Fleisch 28, 57, 60, 104
Flotte 94, 98, 117, 176, 179
Forum Romanum (röm. Marktplatz; Zentrum Roms) 129, 158, 164 (Karte), 166 (Abb.), 167 (Abb.), 174 (Abb.)
Fotos 11, 12
Frankreich 207 (Karte), 206 (Karte)
Frankreich 43, 156, 187, 191
Frau(en) 30, 36, 38, 78, 87–89 (Abb.), 102, 103, 115, 104, 138, 139 (Abb.), 156, 160, 168, 170, 188, 192, 196, 197; ~ beim Brotbacken 104 (Abb.); Rolle der ~ in Ägypten 58, 59; ~ in Rom 138, 140
Freie 98, 181, 184, 185
Freigelassene 173, 185
Frieden 89, 99, 147, 161, 209; Friedens/saltar (Ara pacis in Rom) 161 (Abb.), 164 (Karte), -göttin Pax 161 (Abb.); -vertrag 118
Friedhof 60, 61 (Abb.)
Frühe Neuzeit 18, 19
Frühmensch (Homo erectus) 21, 26, 28 (Abb.)

**G**alerius (röm. Kaiser um 250–311) 201
Galiläa 196, 197
Gallien/Gallier 156, 157, 188, 205, 206, 207, 213
Gehöft 131, 133, 150, 192 (Abb.)
Geld 98, 117, 140, 199; -wechsler 175
Geräte 22, 34, 43, 44
Germanen 189, 190, 199, 204, 205, 213
Germania inferior (Untergermanien) 191; Germanien 189, 191, 193
Gerste 49, 50, 60, 62
Geschichte 8–19
Geschichts/forscher (Historiker) 10, 11, 13, 32, 34, 35, 39, 191; -karte(n) 96, 97; ~ von Athen 117
Gesellschaft (in der Kaiserzeit Roms) 171 (Abb.); Schaubild der ägypt. ~ 56 (Abb.)
Gesetze/Gesetzgebung 11, 55, 74, 99, 111, 132, 134, 135, 153, 185, 212; jüd. ~ 197
Getreide 37, 49, 64, 150, 178, 192; -versorgung 99, -züchtung 36
Gise/Gizeh (ägypt. Stadt am Nil) 47 (Karte), 63
Gladiatoren/kämpfe 170, 171, 172 (Abb.)
Gold 54, 57, 74, 124, 175
Gordischer Knoten 121
Goten (german. Volksstamm) 166, 204, 206
Gott 29, 71, 72, 74, 119, 196, 203
Götter 54, 63, 66, 69, 71, 84–88, 104, 107, 108, 110–112, 128, 161, 166, 171, 182,

**219**

192; 198, 201; -familie 84 (Abb.); -verehrung 84, 87; Göttin 124
Grab/Gräber 11, 43, 64 (Abb.), 66, 152, 182, -beigaben 48, 61; -fresko, ägypt. 71 (Abb.); -kammern 43 (Abb.), 64; -legung 65; -male 127, 143, 160, 179 (Abb.); Grabstein 49 (Abb.), 185 (Abb.), 203
Gracchus, Gaius (153–121 v. Chr.; röm. ▷Volkstribun) 151, 213; ~, Tiberius (162 bis 133 v. Chr.; röm. ▷Volkstribun) 151, 152, 213
Granikos (antiker Flussname; heute Kocabas çayi, Türkei), Schlacht am ~ 119
Grenz/en 179; -befestigungen 199
Griechen 72, 79, 84, 87, 93–95, 98, 112, 118, 122, 145, 213; -land 10, 51, 76–83, 79 (Karte), 93, 94, 119, 146, 148, 181, 208, 209, 213
Griechisch/griech. Sprache 52, 76, 86, 112, 122, 205, 207;
Grundbesitzer 131; Groß- 150, 204

**H**ades (griech. Gott der Unterwelt) 84 (Abb.), 182
Hadrian (119–185; röm. Kaiser) 185; -smausoleum 164 (Karte)
Hafen 102, 123, 179 (Abb.)
Hammurabi (1792–1750 v. Chr.; König von Babylon) 68, 70 (Abb.), 212
Handel 71, 81, 90, 128, 129, 145, 151, 178, 179; -niederlassungen 79; -splatz 123, -sschiff 179 (Abb.); -szentrum 131; -sware 37, 190; Händler 44, 56, 89, 98, 103, 131, 132, 145, 164, 174, 180, 190, 197
Handwerker 56, 60, 89, 98, 103, 106, 108, 131, 132, 150, 151, 164, 174, 179, 191, 197, 199, 204
Hannibal (247/46–183 v. Chr.; karthag. Feldherr) 144, 145, 146 (Abb.), 211
Hatschepsut (um 1490–ca. 1470 v. Chr.; weibl. ägypt. ▷Pharao) 48, 58, 59 (Abb.), 212
Haus der Jungsteinzeit 42 (Abb.); ~, german. 192; röm. 173, 174, 192; ~ in Ägypten 60 (Abb.); -in Athen (Rekonstruktionszeichnung) 102, 103 (Abb.), 110; in Britannien 188; Haustiere 200
Hechingen-Stein 194 (Abb.), 195
Heer, röm. 131, 133, 145, 150, 153, 157, 159, 203, 205; -führer 99, 100, 192
**Hegemonie** (griech. Führerschaft; Vorherrschaft) 117, **118**
Heiliger Berg 133, 134; Heiligtum 152
Hektor (griech. Sagenheld) 86 (Abb.)
Helden 84–86, 112, 119, 142
Hellenen 78, 122, 124, 167; Hellenismus 122, 124, 213
Heloten (von den ▷Spartanern wie Sklaven behandelte Kriegsgefangene) 115
Hephaistos (griech. Gott des Feuers u. der Schmiedekunst 84 (Abb.)
Hera (griech. Göttin der Frauen; Gemahlin des ▷Zeus) 84 (Abb.), 89
Herakles (griech. Sagenheld; Sohn des ▷Zeus) 119, 120 (Abb.)
Herculaneum (vom ▷Vesuv 79 v. Chr. verschüttete Stadt) 181
Hermes (griech. Gott des Handels u. d. Wege) 84 (Abb.)
Herodot von Halikarnassos (ca. 480–420 v. Chr.; griech. Geschichtsschreiber) 10, 50, 54, 65, 80, 81 (Abb.), 83, 92, 94, 101

Heroen 84
**Herrschaft 55**
Hetären („Gefährtinnen") 105 (Abb.)
**Hierarchie** (griech. „heilige Ordnung"; Rangordnung in der Gesellsch.) **56**, 57
Hieroglyphen („heilige Einritzungen"; ägypt. Bilderschrift) 46 (Abb.), 47 (Abb.), 51, 52, 53 (Abb.), 212
Hilfstruppen (Auxilia) 131, 190
Hipparchos (Sohn des ▷Peisistratos) 92
Historiker/innen s. Geschichtsforscher
**Hochkultur** 46, **51**, 68, 74, 93, 212
Hochwasser (des Nils) 48, 49, 50 (Abb.), 68
Höhlen 31, 34, 35; -bild 31 (Abb.); -malerei 11, 31
Hohlenstein 35
Holz 11, 30, 43, 51, 192, -kohle 31, 106; -zäune 193
Homer (8. Jh. v. Chr.; griech. Dichter) 85, 90, 112, 119, 213
Homo erectus s. Frühmensch; ~ rudolfensis s. Urmensch; ~ sapiens neandertalensis s. Neandertaler; ~ sapiens sapiens s. Jetztmensch
homoioi (griech.: die sich gleichenden Männer) 116
Hoplit (schwer bewaffneter Kämpfer, Fußsoldat) 94 (Abb.), 99, 110, 114, 115 (Abb.)
Horus (ägypt. Gott des Himmels u. Lichts) 54, 66
Hunnen 204, 205
Hwangho (Strom in China) 51

Ibis (heiliger Vogel der ägypt. Göttin ▷Isis) 66
Iden (im röm. Kalender der 13. Tag d. Monats; im März, Mai, Juli, Okt. d. 15. Tag); ~ des März (44 v. Chr. = 15. März, Ermordung ▷Caesars) 156
Ilias (Dichtung ▷Homers) 85, 213
Imperium Romanum s. Röm. Reich
Inder/Indien 20, 93, 120, 124, 178
Indus (Strom in Indien u. Pakistan) 51, 119, 120
insula (Mietshaustyp in Rom) 174, 178
Internet 3, 7, 19, 65, 80, 193, 211
Inuit (Ureinwohner in Nordamerika) 31
Irak 36, 69
Iran 93, 200
Isis (ägypt. Göttin, Schwester des ▷Osiris) 66
Islam (d.h. „Hingabe an den einen Gott Allah") 72, 207; islam. Reiche 207
Isokates (436–338 v. Chr.; griech. Redner) 89
Israel (Staat) 74; Israeliten 71, 73, 74; Wanderungen der ~ 72 (Karte)
Issos (Stadt am Golf von Iskenderun, Türkei; Schlacht bei ~) 119
Istanbul (früher ▷Byzanz, Konstantinopel) 205
Italien 81, 82, 132, 133 (Karte), 144–146, 152 (Abb.), 157, 159, 176, 183, 186, 191, 213

**J**agd 30, 32, 35, 37; -beute 28; Jagen 192; Jäger 20, 23, 32 (Abb.), 33
Jahwe (jüd. Name für ▷Gott) 71
Jason (griech. Sagenheld, Gatte von ▷Medea; liter. Figur des ▷Euripides) 104

Jenseits 31, 58, 60, 64, 66
Jerusalem 71, 73, 74, 93, 196
Jesus Christus (Jesus von Nazareth) 16, 72, 196, 201
Jetztmensch (Homo sapiens sapiens = „verständiger Mensch") 26, 27, 28 (Abb.)
Josef von Nazareth (Vater ▷Jesu) 196
Juda (Land, in dem die ▷Israeliten nach der babylon. Gefangenschaft siedelten) 73
Judäa 197
Juden/jüd. Volk 71, 73, 74, 93, 122, 175, 197, 201; Judentum 67, 72; jüd. Staat 71
Jungen in Ägypten 61; ~ in Athen 112; in Sparta 114, 116~ in Rom 140 (Abb.), 137, 140
Jungsteinzeit 36–42, 39 (Abb.), 212
Juno (röm. Göttin der Frauen; Gemahlin von ▷Jupiter) 84 (Abb.)
Jupiter (höchster röm. Gott) 84 (Abb.), 158, -tempel (Kapitol, Rom), 164 (Karte), 167 (Abb.)
Justinian (oström. Kaiser 527–565), 202 (Abb.)

**K**aiser 156–161, 171, 199; -foren 164 (Karte), -kult 198 (Abb.), 199; -statue 179 (Abb.), 198, 201–203
Kalender 16; röm. ~ 156
Kalkriese (Westfalen), Schlacht bei ~ 189
Kanaan (Gebiet im Raum Syrien ~ Palästina) 71–73
Kanäle 49, 69, 129, 167
Kapitol (Hügel in Rom) 158, 166, 167
Karl der Große (742–814, König der Franken 768–814) 16
Karthager (Punier) 124, 144–146, 148, 213; Karthago 144, 147, 148 (Abb.)
Kastell, röm. 24 (Abb.), 189, 190, 195; Kastell Saalburg (bei Bad Homburg, Hessen) 193
Keilschrift 69, 70 (Abb.)
Kelten 43, 44, 156, 164
Keramik 25, 36, 88 (Abb.), 191
Kimbern (germ. Volksstamm) 153
Kinder 30, 115, 102, 104, 192; Kindheit 180
Kirche(n) 201, 202;
Kleidung 27, 28, 30, 36, 193; -sstücke 10–12, 60, 183
Kleinasien (Teil der Türkei) 51, 79 (Karte), 93, 94, 119, 155, 157
Kleisthenes (um 500 v. Chr.; athen. Staatsmann) 91, 92
Kleopatra VII. (51–30 v. Chr. weibl. ägypt. ▷Pharao) 48, 52, 159, 211, 212
Klient 137 (Abb.)
Klima 26; -veränderung 37
Knesset (israelit. Parlament) 74 (Abb.)
Knochen 22, 25
Koch/en 31; -geräte 153 (Abb.); -stellen 160
Kollegialität (Handlungsprinzip röm. ▷Konsuln) 135
Köln 188, 190, 191, 193 (Abb.)
Kolonialismus 82
Kolonie(n) 82, 83, 132, 145, 191
**Kolonisation**, griech. 78, 79, 81, **82**
Kolosseum (Amphitheater in Rom) 164 (Karte), 166, 170 (Abb.), 171 (Abb.)
Kolumbus, Christoph (1451–1506; genues. Seefahrer in span. Diensten) 16, 18
Komödie 112

König/e, -in 10, 69, 119, 122, 128, 129, 192
Konstantin (röm. Kaiser 306–337 n. Chr.) 164, 201 (Abb.), 202, 203 (Abb.)
Konstantinopel s. Byzanz
Konsul (oberster röm. Staatsbeamter) 135, 136 (Abb.), 146, 147, 153, 155–157, 159, 162, 167; -at 137, 162
Konzil (Bischofsversammlung) 201
Korinth (Stadt in Griechenland) 79, 87, 95
Kosmopolit 122
Kreta (griech. Insel) 51
Kriege 3, 10, 87, 96, 110, 115, 118, 126, 131, 133, 147, 148, 150, 151, 160, 161, 200; Kriegs/beute 132, 148, 150; -dienstverweigerung 132; -gefangene 73, 170, 182 (Abb.); -schiff 99, 110, 146, 147 (Abb.)
Kupfer 43, 44; -bergwerke 57; -gewinnung 43; -schmiede 175; -schmuck 44; -zeit 43
Kyrene (antike Hauptstadt der Cyrenaika, Libyen) 76, 81, 83

**L**ade (Bundeslade, Lade Gottes; israelit. Heiligtum) 74
Laktanz (Lehrer von ▷Konstantins Sohn) 200, 203
Land 26, 127, 150, -arbeiter 152; -gut/-haus 150 (Abb.), s. a. villa rustica; -karten 120; -städte 151, 157, 213; -verteilung 173; -wirtschaft 51, 183, 199, 204
Latein/lat. Sprache 187, 188, 205
Latiner (Bewohner ▷Latiums) 128; Latium (Landschaft bei Rom) 128
Latrine(n) 168 (Abb.)
Lebensmittel 64, 179, 183
Legionäre, röm. 127 (Abb.), 131, 152, 193 (Abb.); Legion/en 189, 190, 199, 213; -slager 193 (Abb.)
Lehm 37, 42, 60
Lepidus, Marcus Aemilius (ca. 90–12 v. Chr.; zunächst Vertrauter ▷Caesars, nach dessen Ermordung Mitglied des ▷Triumvirats mit ▷Antonius u. ▷Octavian) 167
Leuchtturm 179 (Abb.); ~ von ▷Pharos (vor ▷Alexandria) 122, 123 (Abb.)
Libyen 80, 83
Limes (befestigte Grenzlinie des ▷Röm. Reiches) 24, 189, 190 (Abb.), 195, 213
Livius (59 v. Chr.–17 n. Chr.; röm. Geschichtsschreiber) 133, 134, 143, 147, 149
Lonetal 34, 35
Lucy (Skelett des Vormenschen) 20, 26
Luftbildarchäologie 25
Lykurg (sagenh. Gesetzgeber Spartas im 8. Jh. v. Chr.) 116

**M**aat (nach Glauben der alten Ägypter von den Göttern festgelegte Weltordnung) 54, 58, 66
Mädchen in Ägypten 61; ~ in Athen 112; ~ in Sparta 115, 116; ~ in Rom 138
Magistrate (Beamte in Rom) 131, 135, 136 (Abb.)
Mahlzeiten 12, 84, 114, 184
Makedonen 122; Makedonien 148, 182
Marathon (Ort an der griech. Küste) 94, 102
Maria (Frau ▷Josefs und Mutter ▷Jesu) 196
Marius, Gaius (156–86 v. Chr.; röm. Heerführer u. Pol.) 153, 154 (Abb.), 155, 156

Markt/Märkte 57, 102, 151, 179, 188; -hallen 187
Marmor 174; -büste 146 (Abb.); -statue 142 (Abb.), 163 (Abb.)
Mars (röm. Kriegsgott) 84 (Abb.), 128, -feld (Rom) 137, 161
Martial (ca. 40–ca. 103 n. Chr.; röm. Dichter) 175, 183
Märtyrer/-innen 197
Mathematik 76, 77, 123
Mauer 22, 59, 129, 190, 204 (Abb.); -steine 167; Maurer 64
Maxentius (um 280–312 n. Chr.; röm. Kaiser 306–312) 201, 203
Medea (in der griech. Sage Tochter des Königs Aietes; literar. Gestalt bei ▷Euripides) 104
Medina (Stadt in Saudi-Arabien, islam. Wallfahrtsort) 17
Megabyzos (pers. Adliger) 101
Megara (Stadt in Griechenland) 100, 118
Menenius Agrippa (Unterhändler der Patrizier) 134
Menora (siebenarmiger Leuchter; Symbol des ▷Judentums) 74
Mensch(en) 10, 17, 21, 26–29, 85, 113, 212; -affen 27
Meri-Ka-Rê (um 1480 v. Chr.; ägypt. ▷Pharao) 55
Merkur (röm. Gott des Handels u. der Wege) 84 (Abb.)
Mesopotamien (Zweistromland zw. ▷Euphrat u. ▷Tigris; Landschaft in Vorderasien) 46, 68–71, 93, 212
Messena (ital. Messina; griech. Stadtgründung auf Sizilien) 145
Messenien (griech. Landsch. auf dem Peloponnes) 114
Metall 30, 44; -verarbeitung 44; -waren 191; -zeit 212
Metöken (Ausländer in Athen) 98, 103
Midas (in der griech. Sage König von Phrygien) 121
Milet (griech. Handelsstadt) 93, 96 (Karte)
Militär 147, 199; -dienst 99, 110
Minerva (röm. Göttin der Wiss. u. Künste; Schutzherrin der Helden u. der Städte) 84 (Abb.)
Missionare/-innen (Glaubenslehrer) 197
Mittelalter 16, 18, 19
Mittelmeer/raum 76, 79, 93, 119, 144, 146, 153, 179, 197, 207 (Karte), 213
Möbel/Mobiliar 11, 12, 174, 175
Mohammed (um 570–632, Stifter/Begründer des ▷Islam) 16, 72, 207
Monarchie (griech. Alleinherrschaft) 55, 101, 129, 159, 160, 213
**Monotheismus** (Glaube an einen einzigen Gott) **72**
Mosaik(e) 11, 127 (Abb.), 168 (Abb.), 172, 174, 182 (Abb.), 187 (Abb.), 202 (Abb.)
Mose/Moses (nach dem ▷Alten Testament Führer, Prophet u. Gesetzgeber der ▷Israeliten) 71–74
Mumifizierung 64, 65, 177
Münze(n) 12, 98 (Abb.), 152, 156 (Abb.), 179, 204 (Abb.)
Mykene; myken. Palastkultur 213
Mykerinos (2489–2471 v. Chr. ägypt. König) 55, 63
**Mythos/Mythen 85**

**N**ahrungsmittel 30, 60, 98, 178; s. a. Lebensmittel
Neandertaler (Homo sapiens neandertalensis) 21, 26, 27, 28 (Abb.)
Neapel 76, 83; Golf von ~ 176
Neckar 194, 195
Nemea (Tempel des ▷Zeus) 87
**neolithische Revolution 37, 38**
Nephthys (Schwester des ▷Osiris) 66
Neptun (röm. Gott des Meeres u. d. Gewässer) 84 (Abb.), 179 (Abb.)
Nero (röm. Kaiser 54–68) 169, 212
Neues Reich (Ägypten) 48, 212
Neues Testament 196
Nicäa (Stadt) 201
Nil (Strom in Afrika) 46, 47 (Karte), 50, 51, 61, 78; -jahr 48
Nippur (Stadt in ▷Mesopotamien) 68 (Karte), 69 (Abb.)
Nobilität s. Senat, Senator
Nomaden 48, 71; -tum 33

**O**bergermanien (Provinz) 195
Octavian s. Augustus
Odyssee (Dichtung ▷Homers) 85, 187, 213; Odysseus (griech. Sagenheld) 84
Oligarchie 101
Oliven/öl 98, 104, 118, 150, 178; -kranz 88
Olymp (Bergmassiv in ▷Griechenland, sagenh. Sitz der ▷Götter) 84
Olympia (griech. Stadt auf der Peloponnes; in der Antike Austragungsort der ▷Olympischen Spiele) 76, 87 (Abb.), 88
Olympische Spiele 86–89, 208, 209, 213
Opfer (für Götter) 69, 84, 104, 179, 192
Optimat (im röm. ▷Senat Gegner der ▷Popularen) 155, 157
Orakel 83, 84, 92, 119, 120
Osiris (ägypt. Gott der Unterwelt) 66
Ostern 196, 201
Ostia (Hafen von Rom) 174 (Abb.), 178, 179
Ostraka s. Tonscherben
Ostrakismos (Scherbengericht) 99, 101
Oströmisches (Byzantinisches) Reich 204, 206 (Karte), 207, 213
Otanes (pers. Adliger) 101
Ötzi (etwa 5400 Jahre alte Gletschermumie) 22, 23, 25, 31
**Out-of-Africa-Theorie 27**
Ovid (43 v. Chr.–17/18 n. Chr., röm. Dichter) 143, 167

**P**aestum s. Poseidonia
Paidagogos (Erzieher in Athen) 112
Palästina 73, 93
Palatin (Hügel bei Rom) 128, 129 (Abb.), 166, 167, 174
Palla (lockerer Mantel) 139
Pankration (Zweikampf; Mischung von Boxen und Ringen) 87
Pantheon (in Athen) 152, 164 (Karte)
Papyrus/ernte 52 (Abb.); -pflanze, -wälder 11, 48, 52; -texte 58, 60, 182
pater familias (röm. Familienoberhaupt) 138, 183
Patrizier (röm. Adlige) 129, 131, 134, 136 (Abb.), 143
Patron (zunächst Herr der ihm untergebenen Klienten, später deren Vertreter vor Gericht in Rom) 137 (Abb.)

Paulus (▷Apostel; ca. ▷Christi Geburt–64 n. Chr.) 198, 210, 212
Pax Augusta (röm. Friedensgöttin) 161 (Abb.)
Peisistratos (um 600–527 v. Chr., ▷Tyrann von Athen seit 560) 91
Peloponnesischer Krieg (431–404 v. Chr.) 117–119, 213
Perikles (um 500–429 v. Chr.; athen. Staatsmann) 99 (Abb.), 117, 118
Periöken („Umwohner", Bewohner der um Sparta liegenden Dörfer) 115
Peristyl (von Säulen umgebener Innenhof eines röm. Hauses) 173 (Abb.)
Perseus 121, 148
Perser 10, 93–95, 98, 99, 101, 117, 119, 122, 124, 199; 213; -reich 93, 109, 117, 120; -kriege 96 (Karte), 114, 119, 213
Petrus (gest. ca. 64/67, ▷Apostel) 210 (Statue), 211
Pferd(e) 36, 119, 121, -karren 160; -(wagen)rennen 87, 171; -zucht 90
Pflug 12 (Abb.)
Phalantes (sagenhafter Gründer der Stadt Tarent) 82 (Abb.)
Phalanx (Kampfesweise der Spartaner) 94 (Abb.), 114
Pharao (ägypt. „großes Haus"; Bezeichnung für den ägypt. König) 54–58, 120, 212
Philipp von Makedonien (382–336 v. Chr.; seit 359 v. Chr. König) 119, 120
Philister (Volksstamm an der Südwestküste Palästinas) 73
Philosophie 76, 77, 111, 112, 122
Phönizien 100, 145
Phylen (Unterabteilungen der athen. Bürgerschaft) 100, 101
Piraten/Piraterie 90, 178
Piräus (Hafen von Athen) 98, 103
Plataiai (griech. Stadt) 94, 96 (Abb.), 98, 117
Plebejer/Plebs (ärmere röm. Bürger) 131–133, 135, 136 (Abb.), 137, 151, 171, 213
Plinius d. J. (62–113 n. Chr.; röm. Statthalter u. Schriftst. in Bithynia) 141, 167, 169, 176, 188, 198
Plutarch (ca. 46–120 n. Chr.; griech. Geschichtsschreiber) 116, 140, 148, 152, 158
Pluto (griech. Gott der Unterwelt) 84 (Abb.)
Pnyx (Hügel in Athen, Versammlungsplatz) 109 (Abb.)
**Polis**, Mz. Poleis (griech. Burg, Stadt) 78, 79, 82, 88, 93, 94, 114, 117–119
Politik/Politiker 98, 99, 110, 132, 135, 166, 199
Polybios (um 200–nach 120 v. Chr.; griech. Geschichtsschreiber) 147, 148
**Polytheismus** (Glaube an mehrere Götter) 72
Pompeius (106–48 v. Chr.; röm. Feldherr u. Pol. der ▷Optimaten; zunächst Verbündeter, dann Rivale ▷Caesars) 156, 157; s. a. Triumvirat; -theater 164 (Karte)
Pompeji (antike Stadt in Italien, durch Ausbruch des Vulkans ▷Vesuv 79 n. Chr. verschüttet) 3, 13 (Abb.), 126 (Abb.), 139, 144, 150 (Abb.), 176, 177 (Abb.), 185
Pontius Pilatus (Statthalter von Rom 26–36) 196

Populare (Gruppierung im röm. ▷Senat) 153, 154, 156; s. a. Proletarier
Poseidon (griech. Gott des Meeres u. der Gewässer) 82, 84 (Abb.)
Poseidonia (heute Ruinenstadt Paestum bei Neapel) 83 (Karte)
potestas (lat. Machtbereich) 138
Prätoren (röm. Wahlbeamte für Rechtsprechung) 136 (Abb.), 156, 158
Priamos (sagenh. König von ▷Troja) 86
Priester(in) 56, 69, 115, 124, 129, 166, 196
**Prinzipat/Kaiser 159**
**Proletarier** (Besitzlose in Rom) **151**, 153
**Provinz 146**, 151, 153, 156, 159, 160, 167, 186, 187, 200, 201, 204, 212, 213
Ptolemäus I. (um 367/68–283 v. Chr.; seit 305 v. Chr. König in Ägypten) 52
Punische Kriege 144–147, 144 (Karte), 150
Pyramiden (ägypt. Grabbauten) 47 (Abb.), 63–65; -baustellen 3, 57, 65, 212
Pythia (weissagende Priesterin im ▷Orakel von Delphi) 80 (Abb.)

**Q**uästor (röm. Beamter) 136 (Abb.)
**Quellen** (Bild-, Text-) 6, 11, 12, **13**, 58, 66, 80, 140, 162, 181

**R**ad 36, 42, 63; -spuren 10
Ramses II. (1290–1224 v. Chr.; ägypt. ▷Pharao) 48, 71, 72, 212
Ramses III. (etwa 1186–1155 v. Chr.; ägypt. ▷Pharao) 61 (Abb.)
Rê (ägypt. Sonnengott) 50, 54
Relief 126, 127, 141, 151, 161, 164, 179, 183, 200 (sämtl. m. Abb.); s. a. Grabmale
Religion 72, 85, 93, 122, 201; s. a. Staatsreligion
Remus s. Romulus
Rentier 30 (Abb.), 35
**Republik** (lat. res publica) **129**, 131, 159, 213
res privata (Sache des Einzelnen) 129
Rhea Silvia (sagenh. Stammmutter der ▷Römer) 128
Rhein 189–191, 195, 213
Rhetorik (Redekunst) 112
Ringen 87, 115, 116
Ritter/stand 151, 155, 170, 171
Rom 16, 73, 82, 126–172, 130 (Karte), 133 (Karte), 160 (Karte), 164 (Karte), 165 (Abb.), 178, 179, 204 (Abb.), 201, 205, 211, 213; s.a. Römer(in)
**Romanisierung** 82, **187**, 188, 193
Römer(in) 48, 71, 72, 124, 126, 137–140, 142–150, 160 (Abb.), 164, 167, 189, 194–196, 212, 213
Römisches Reich 48, 126, 127 (Karte), 144 (Karte), 159 (Karte), 128–186, 189, 196–207, 206 (Karte), 212, 213
Romulus u. Remus (sagenh. Gründer Roms) 128, 213
Rubikon (Grenzfluss zw. der Provinz Gallia Cisalpina u. dem röm. Staatsgebiet, beim heutigen Rimini, Italien) 157

**S**abbat (jüd. Ruhe- und Feiertag) 73; -ruhe 196
Sachquellen (Überreste) 11–13, 34 (Abb.), 35 (Abb.), 176
**Sagen** 72, **85**, 112, 128, 140
Salamis (griech. Insel) 94, 95, 96 (Karte), 98, 99, 117
Sallust (86–34 v. Chr.; röm. Hist.) 126

Salvian (um 400–nach 480 n. Chr.; christl. Schriftst.) 206
Sammlerinnen 30–33
Satrapen (Statthalter des pers. Königs) 93
Schaduf (altägypt. Schöpfgerät) 49 (Abb.)
Schapur I. (pers. König) 200 (Abb.)
Schauspiele 170; Schauspieler 112, 113 (Abb.), 142
Scherbengericht s. Ostrakismos
Schiffe 94 (Abb.), 98, 122, 145, 167, 176, 178, 180 (Abb.)
Schlamm (Hochwasser des ▷Nil) 49, 68
Schöpfung 27; -geschichten (der Bibel, aus Afrika, aus Australien) 29; -mythen 27
Schreiben 116, 112, Schreiber 51 (Abb.), 53, 56, 57, 59, 60, 146
Schrift 11, 51, 69
Schuldknechtschaft 90, 131, 134, 213
Schule in Ägypten 52, 53, 58; ~ in Athen 112 (Abb.); 187; Schulzeugnis 11 (Abb.)
See/fahrer 145; -handel 178
Semiten (Volksgruppe in Nordafrika u. Vorderasien) 71
Senat (lat. „Rat der Alten"; röm. Verfassungseinrichtung) 132, 133, 135, 136, 142, 151, 153, 157, 159, 170, 162, Senator 135–137, 139, 142, 151, 153, 155–157, 159, 168
Seneca (ca. 4 v. Chr.–65 n. Chr.; röm. Phil. u. Schriftst.) 169, 184, 185
Septimius Severus (146–211 n. Chr.; röm. Kaiser seit 193) 167
Siedlung(en) 39 (Abb.), 78, 128, 129
Sieger 85, 127 (Abb.)
Silber 124, 145, 146; -bergwerke 103; -münze 82 (Abb.)
**Sklaven** 87, 88, 91, 98, 102, **105** (Abb.), 106, 112, 115, 123, 148, 150, 156, 164, 170, 171, 176, 178, 181–185, 197; Sklaverei 72, 146, 181–185
Sokrates (470–399 v. Chr.; griech. Phil.) 111 (Abb.), 112
Soldat(en) 94, 120, 126, 131 (Abb.), 132, 133, 145, 146, 148, 150, 152, 154, 166, 189, 191, 199, 200, 203, Soldatenkaiser 199, 213; Söldner 147
Solon (um 640–560 v. Chr.; athen. Pol.) 90–92, 213
Sophisten (herumreisende Philosophen) 112
Sophokles (497–406 v. Chr.; griech. Dramatiker) 112 (Abb.), 113
Spanien 145, 146, 157, 183, 187
Sparta/Spartaner 76, 79, 82, 94, 95, 114–118, 213
Spartiaten 114–116
Speer/spitzen 30; -werfen, -wurf 87, 115, 116
Staat(en) 16, 51, 55, 78, 110, 111, 162, 201; Staats/form 101, 111, 159
**Staatsreligion** 199, 201, **202**
Stadt/mauern s. Mauer
Städte 123, 145, 173, 178, 179, 186, 191, 192; ~ griech. Ursprungs 76 (Abb.)
Ständekämpfe 132, 134 (Abb.), 135, 213
Statthalter 146, 153, 159, 160, 186, 188, 198, 200, 201
Statue 11, 77, 108 (Abb.), 144 (Abb.), 163 (Abb.), 183, 210 (Abb.); Statuette 34 (Abb.), 35
Stein(e) 11, 22, 30, 43, 44, 51, 53, 64, 65, 131; Stein/bauten 193; -blöcke 65; -metz

53, 64; -salz 69; -splitter (Absplisse) 35; -werkzeuge 28, 30
Steinzeit 32–34; s.a. Altsteinzeit; -menschen 21, 32, 34, 35
Steuer(n) 57, 133, 146, 151, 152, 160, 186, 199, 200, 207
Stola (röm. Frauengewand) 139
Strabon (griech. Philosoph u. Geograph) 167
Straße(n) 178, 179 (Abb.), 191
Strategen (ursprüngl. Feldherren, später Beauftragte des Volkes in Athen) 109, 100
Streik 62, 131
Sulla, Lucius Cornelius (138–78 v. Chr.; röm. Feldherr u. Diktator) 153, 154, 155 (Abb.), 158
Sümpfe/Sumpfgebiete 48, 129, 191, 192
Syrakus (Sizilien) 76, 124, 145

taberna, Mz. tabernae (Raum in einer ▷insula) 173 (Abb.), 174
tablinum (Raum im röm. Haus) 173 (Abb.)
Tacitus (ca. 56–120 n. Chr.; röm. Hist.) 148, 183, 184, 188, 192, 193
Tagelöhner 105, 164
Tal der Könige (Ägypten) 47 (Karte), 60, 63
Tares (sagenhafter Gründer der Stadt Tarent/früher Tares) 82 (Abb.)
Tempel 51, 57, 61 (Abb.), 69, 73 (Abb.), 77, 87, 94, 98, 119, 124, 129, 166, 187, 188; ~ der Concordia (Rom) 167 (Abb.); ~ des Saturn (Rom) 167 (Abb.); ~ des Vespasian (Rom) 167 (Abb.)
Tetrarchie (Vierherrschaft) 199
Teutonen (germ. Volksstamm) 153
Thales von Milet (ca. 624–545 v. Chr.; griech. Phil.) 111
Theater 112, 138, 170, 187
Theben (Stadt in Ägypten) 47 (Karte), 49 (Abb.), 53, 58, 61–64, 66, 114
Theodosius (röm. Kaiser 379–395) 87, 201, 202, 213
Thermen 138, 168, 169
Thermopylen, Schlacht bei den ~ (Griechenland) 94
Theseus (sagenh. griech. Held) 90
Thot (ägypt. Gott der Weisheit, Schutzgott der Schreiber u. Beamten) 52, 66, 67
Thukydides (ca. 460–400 v. Chr.; athen. Geschichtsschreiber) 99, 118 (Abb.)
Thutmosis II. (um 1520–1490 v. Chr.; ägypt. ▷Pharao) 58
Tiber (Fluss in Rom) 126, 128, 129 (Abb.), 144, 167, 178, 203
Tiere 12, 16, 27–29, 31, 36, ~, wilde 152; Tier/haltung 38; -kämpfe 170; -opfer 73
Tigris (Fluss in Vorderasien/a Mesopotamien) 36, 46, 51
Toga (röm. Obergewand) 137, 139 (Abb.), 157, 188
Ton 43, 64, 128; -gefäße 20 (Abb.), 36 (Abb.), 98, 204 (Abb.); -grube 105 (Abb.); -platte 130 (Abb.); -scherben 52, 60, 101 (Abb.)
Tonaufnahmen 12, 13
Tote 31; Toten/buch 66 (Abb.), -gericht 64, 66, 67 (Abb.); -reich 57; -rituale, ägypt. 65
**Tragödie 112**
Trajan (53–117 n. Chr.; röm. Kaiser 94–117) 126, 167, 179, 186, 188, 198, 213; -sthermen 164 (Karte)
triclinium (Speisezimmer eines röm. Hauses) 167 (Abb.), 194 (Abb.)
Trier 190, 193, 199
Triere (Dreiruderer, antiker Schiffstyp) 95 (Abb.)
Trink/gelage 90; -lieder 118; -schale 80, 105, 106 (jeweils Abb.)
Triumvirat (Drei-Männer-Bündnis) 156, 159
Troja (Schauplatz des Trojan. Krieges in Kleinasien, Türkei) 84, 85
Trojanischer Krieg 85 (Abb.)
Tunika (röm. Gewand) 139, 160
Tutanchamun (1347–1338 v. Chr. ägypt. ▷Pharao) 48, 212; Grabmal/Sarg des ~ 46 (Abb.), 47 (Abb.), 54 (Abb.), 63
Tyrann(en)/Tyrannei 76, 77, 99, 213; Tyrannis (Alleinherrschaft in Athen) 91, 92

Überreste s. Sachquellen
Ur- und Frühgeschichte 16, 18, 19
Urmensch (Homo rudolfensis, „Mensch vom Rudolfsee") 28 (Abb.)
Uruk (Stadt in ▷Mesopotamien) 68 (Karte)
Uschebtis (altägypt. ▷Grabbeigaben, Dienerfiguren) 63 (Abb.)

Valerian (um 193–nach 260; röm. Kaiser) 199, 200 (Abb.)
Varus (um 46 v. Chr.–9 n. Chr.; röm. Statthalter in ▷Germanien) 189
Vasen 88 (Abb.), 92, 103 (Abb.), 108, 113 (Abb.)
Venus (röm. Göttin der Liebe u. der Schönheit) 84 (Abb.)
Verfassung, röm. 135, 136 (Abb.), 159–161
Vergil (röm. Dichter) 149
Vespasian (9–79 n. Chr.; röm. Kaiser seit 69) 167, 190
Vestalinnen (höchste Priesterinnen Roms) 166
Vesuv (Vulkan bei Neapel) 176, 177
Via Appia (wichtigste Straße von Rom nach Süden) 130, 164, 180 (Abb.)
Via Flaminia (Straße, die von Rom nach Norden führte) 130, 160
Viadukt 210 (Abb.)
Vieh 36, 192; -zählung 62 (Abb.); -zucht, -züchter 36, 37 (Karte), 48, 71, 150
villa rustica (röm. Gutshof) 194 (Abb.), 195 (Karte), 204
villa, Mz. villae (röm. Haus) 173

Vitruv (ca. 80 v. Chr.–ca. 20 v. Chr.; wohl griech. Ing. u. Baumeister) 124, 175
Völkerwanderung 204, 205 (Karte), 207
Volks/gericht 99, -tribun (plebej. Magistrat zum Schutz der röm. ▷Plebejer) 131, 132, 136, 151, 153, 154, 160; -versammlung (in Griechenland) 78, 98, 99, 112; (in Rom) 91, 102, 106, 133, 135, 137, 148, 157, 159; (in Sparta) 115
Volsker (ital. Volksstamm) 133
Vormensch (Australopithecus, „Südmensch") 28 (Abb.)
Vulcanus (röm. Gott des Feuers u. der Schmiedekunst) 84 (Abb.)
Vulkan 176, 177

Waffen 11, 43, 98, 126, 153
Wagen (Jungsteinzeit) 42 (Abb.); -rennen 87
Wand/bilder, -malereien 58, 61, 126 (Abb.), 130 (Abb.), 139 (Abb.), 160 (Abb.), 174, 185 (Abb.), 180 (Abb.)
Wasser 102, 104, 124, 109, 174, 187; -kessel 153 (Abb.); -leitung 91, 188 (s. a. Aquädukte)
Weben 36; Weber 53; Weberei 58 (Abb.); Webstühle 71, ~ der Jungsteinzeit 36 (Abb.)
Wein 61, 98, 102, 104, 110, 150, 178, 180, 191, 200, -krug 110 (Abb.)
Welt/all (Kosmos) 27; -bild der Griechen 120 (Abb.); -bürger s. Kosmopolit; -wunder, sieben 63, 65, 123
Werkzeuge 11, 28, 34–36, 60, 90, 153
Wesir 57, 55, 60, 62
Westgoten s. Goten
Weström. Reich 204, 206, 213
Wettkämpfe 87, 88, 170
Wild/beuter 31, 32, 38; -pferde 35
Wirtschaft im Röm. Reich 178 (Karte)
Wohnungen 31, 173 (Abb.), 175
Wölfin (Wahrzeichen Roms 128 (Abb.), 149 (Abb.)
Wotan (höchster Gott der Germanen) 192

Xenophon (etwa 430–355 v. Chr.; athen. Schriftst.) 108
Xerxes (486–465 v. Chr. Perserkönig) 94, 95

Zeit/bündel, aztek. 16 (Abb.); -geschichte 18; -leisten 18, 19; -rechnung 16, 17; -tafel(n) 6, 75, 213; Zeitzeugen (-befragung, -interviews) 14
Zensor (röm. Beamter für Sittenaufsicht u. Verwaltung des Staatshaushalts) 136
Zeus (höchster griech. Gott, „Göttervater") 76, 84, 87, 111, 113, 118–120; -Tempel 87 (Abb.), 88
Ziegel/macher 64; -steine 128, 192; -werk 37
Zikkurat (ägypt. Tempelturm) 69 (Abb.)
**Zivilisation 187**, 188

# Bildnachweis

Umschlagbilder: Angaben zu den Bildern auf dem Cover finden Sie im Innenteil bei den entsprechenden Kapiteln.

AKG, Berlin: **17**.Q1 links (Werner Forman); **44** rechts (Erich Lessing); **64**.Q2; **70**.Q4; **73**.Q2; **85**.Q1; **95**.D1 (Peter Connolly); **142**.Q1 (Erich Lessing); **146**.Q2; **172**.Q2; **182**.Q4; **187**.Q1; **202**.Q2; **203**.Q5 (Erich Lessing); **204**.Q2 (Werner Forman); **211** links (Werner Forman); **214**.4 (Erich Lessing);
American School of Classical Studies, Athen: **100**.D2; **100**.Q5 (Agora Excavations); **109**.Q1 (Alison Frantz Collection); **213**.12; **216**.3 (beide – Agora Excavations);
Ancient Art & Architecture Collection, Pinner: **3**.5; **4**.8; **76**.1; **98**.Q1; **213**.1; **213**.9;
Archäologische Denkmalpflege, Mainz: **191**.D4;
Archäologisches Freilichtmuseum, Oerlinghausen: **192**.D5;
Archäologische Staatssammlung, München: **44**.Q1; **204**.Q1;
Arena, Würzburg: **41**.1 ((c) 1988 by Arena Verlag GmbH, Würzburg);
art archive, London: **66**.Q6 (British Museum); **126**.2 (National Museum Bukarest / Dagli Orti); **199**.Q1;
Artothek, Weilheim: **29**.D4;
Badisches Landesmuseum, Karlsruhe: **88**.Q2; **213**.10;
Bibliothèque Nationale de France, Paris: **81**.Q4;
Bildarchiv Steffens, Mainz: **156**.Q2 (D. Riemann);
BPK, Berlin: **3**.6; **4**.2; **5**.2; **17**.Q1 rechts (K. Petersen, 1973); **49**.Q2; **49**.Q3; **52**.Q3 (Jürgen Liepe) **54**.Q1; **64**.Q3; **80**.Q3; **87**.Q1; **89**.Q7 (Jürgen Liepe); **99**.Q2; **105**.Q9; **106**.Q1; **107** unten; **111**.Q1; **111**.Q2; **126**.1; **128**.Q1; **128**.Q1; **151**.Q3; **155**.Q1; **155**.Q3; **211** rechts (J. Remmer); **213**.2; **213**.4; **213**.8; **213**.11 (Jürgen Liepe); **215**.2;
The Bridgeman Art Library, London: **112**.Q3; **86**.Q2 (Louvre, Paris);
British Museum, London: **57**.D3; **63**.Q1; **65**.Q5; **90**.Q2; **94**.Q3; **141**.Q5; **181**.Q1; **183**.Q5; **212**.5;
Corbis, Düsseldorf: **20**.5 (Corbis / Sakamoto Photo Research Lab.); **20**.9 (Warren Morgan, Hamburg); **47** oben (Bonfils); **48**.Q1 (Eye Ubiquitou); **47** unten rechts (Hulton-Deutsch Collection); **55**.Q3 **93**.Q2 (Roger Wood); **123**.D2 (Sygma/ex machine/Gedeon); **130**.Q4 (Archivo Iconografico); **208**.Q2; **209**.Q4; **216**.4 (Sygma/ex machine/Gedeon);
Deutsches Archäologisches Institut, Rom: **156**.Q1;
Deutsches Filmmuseum, Frankfurt: **13**.5;
C M Dixon, Kingston Canterbury: **20**.4;
Dorling Kindersley Ltd., London: **177**.D2;
dpa, Frankfurt: **24**.Q10 (Werner Baum);
Editions Gallimard, Paris: **152**.D1;
Edizioni Arte e Moneta SA, Savosa (Lugano): **57**.D4; **57**.D6;
Eibl-Eibesfeldt, I., Andechs: **32**.Q2; **32**.Q3;
Eye Ubiquitous, Shoreham, West Sussex: **20**.7 (John Miles);
FOCUS, Hamburg: **20**.6; **26**.Q1 und **214**.1 (Science Photo Library / John Reader);
Foto-Geuther, Rötha: **14**.Q4;
Foto Marburg, Marburg: **88**.Q5;
Fratelli Alinari I.D.E.A. S.p.A, Florenz: **127**.2;
Getty Images, München: **74**.Q3 (PhotoDisc);
Global Pictures, München: **31**.Q1 (Pandis Media);
Hackenberg, Rainer, Köln: **115**.Q2;
Hajdu, Werner, Stuttgart: **43**.D1;
Hansmann Bildarchiv, München: **70**.Q5;
Hellenic Republic, Ministry of Culture, Athen: **87**.D1 ((c) Archaeological Receipts Fund / Olympia Museum);
Hessisches Landesmuseum, Darmstadt: **3**.2; **3**.3; **4**.3; **4**.4; **20**.2; **20**.3; **28**.D10; **28**.D11; **28**.D8; **28**.D9; **212**.1; **212**.2; **212**.4; **212**.6;

Hirmer Verlag, München: **68**.Q1; **94**.Q4;
Inst. f. Klass. Altertumswissenschaften, Halle: **177**.Q3;
Institut für Klassische Archäologie und Antikenmuseum der Universität Leipzig, Leipzig: **173**.D1 (Punctum/Peter Franke);
Interfoto, München: **12**.1;
Isecke-Vogelsang, Matthias, Süsel: **42**.D10; **42** unten links; **42** unten rechts; **214**.2;
Janssen, Werner, Meppen: **42**.D9;
Kessler, Karlheinz, Emskirchen: **69**.Q2;
Klammet, Ohlstadt: **71**.Q1;
Klett-Archiv, Stuttgart: **3**.1; **4**.1; **5**.4 (Lutz-Erich Müller); **8**.1; **8**.2; **8**.3; **8**.4; **8**.5; **8**.6; **8**.7; **8**.2 rechts; **9**.8; **9**.9; **9**.10; **9**.12; **9**.13; **9**.14; **9**.15; **9**.16; **9**.17; **9**.18; **9**.19; **9**.20; **9**.21; **12**.3 (Rudolf Hungreder); **15**.D11; **15**.D12; **15**.D13; **15**.D14; **16**.D1O; **16**.D1 unten; **18**.D2; **18**.D3; **33**.D3; **37**.D2; **38** oben; **39** oben; **63** unten links; **63** unten rechts; (Rudolf Hungreder) **67**.D2; (Lutz-Erich Müller); **73**.D2 (Rudolf Hungreder); **72**.D1; **75** oben (Lutz-Erich Müller); **77**.1 (Rudolf Hungreder); **82**.D2; **83**.D3; **84**.1; **84**.2; **84**.3; **84**.4; **84**.5; **84**.6; **84**.7; **84**.8; **84**.9; **84**.10; **84**.11; **84**.12; **91**.D1; **96**.D3 (Lutz-Erich Müller); **99**.D1; **103**.D1 (Rudolf Hungreder); **120**.D1; **121**.D2; **123**.D1; **124**.D3 links; **124**.D3 rechts; **125** (Lutz-Erich Müller); **127**.3; **129**.D1 (Rudolf Hungreder); **130**.D2 (Lutz-Erich Müller); **131**.D1; **131**.D2 (Rudolf Hungreder); **134**.D4; **136**.D2; **137**.D1; **137**.D1 links; **137**.D1 Mitte; **137**.D1 rechts; **139**.D3 links; **139**.D3 rechts (Lutz-Erich Müller); **147**.D3 links; **147**.D3 rechts; **153**.D1 links; **153**.D1 links; **153**.D1 rechts (Rudolf Hungreder); **160**.D1; **168**.D1; **169**.D2 (Lutz-Erich Müller); **176**.D1 (Lutz-Erich Müller); **178**.D1; **190**.D2; **192**.D6; **194**.D1 (Lutz-Erich Müller); **195**.Q3 (Borleis);
Koch, Heidemarie, Marburg: **200**.Q2;
Kroner, Marion, Köln: **19**.1;
Kultur- und Stadthistorisches Museum, Duisburg: **12**.2;
Kunsthistorisches Museum, Wien: **71**.Q1; **127**.5;
Kuper, Ernst, Göttingen: **109**.Q2;
Kuper, Rudolf, Köln-Ehrenfeld: **36**.Q1 links; **212**.8;
Landesamt f. Denkmalpflege Hessen, Wiesbaden: **25**.Q11 (Otto Braasch Luftbild);
Landesamt für Archäologie Sachsen-Anhalt, Halle: **36**.Q1 rechts; **212**.10;
Landesdenkmalamt Baden-Württemberg, Esslingen/Neckar: **34**.Q1
Landesgendarmeriekommando für Tirol, Innsbruck: **22**.Q1 (Anton Koler, Sölden);
Landesmedienzentrum Rheinland-Pfalz, Koblenz: **10**.Q1 (Petra Camnitzer);
Landesmuseum Mainz, Mainz: **185**.Q4 (Ursula Rudischer);
(c) 2002 – Les Éditions Albert René / Goscinny-Uderzo, Paris; **135**.D1; **157**.D1; **158**.D2; **186**.D1; **217**.1;
Limesmuseum Aalen, Aalen: **193**.D7; **193**.D7 rechts;
LOTOS-FILM Kaufbeuren / E. Thiem: **46**.3; **51**.Q2; **119**.Q1; **212**.12; Lotos Film, Kaufbeuren: **201**.Q1; **217**.4;
Mauritius, Mittenwald: **180**.Q2 (Hetz); **188**.Q2;
Meier, Klaus-Ulrich, Petersberg: **14**.Q2;
MEV, Augsburg: **3**.4; **4**.6; **29**.D7; **46**.1; **63** Hintergrundbild; **77**.2; **212**.3; **212**.9; **215**.4;
Musées Royaux d'Art et d'Histoire, Bruxelles: **102**.Q1;
Nationales Olympisches Komitee für Deutschland, Frankfurt am Main: **208**.Q1;
National Museums of Scotland, Edinburgh: **93**.Q1;
Neanderthal Museum Mettmann, Mettmann: **27**.D1;
Neumayer, Erwin, Wien: **20**.8;
Nicholas Wood, London: **173**.D2;
PA – Photo Archive Ancient Art, Berlin: **46**.5; **57**.D5; **58**.Q1; **58**.Q2; **59**.Q4 (Jürgen Liepe); **59**.Q6 (Jürgen Liepe); **62**.Q4;

Photothèque des Musées de la ville, Paris: **184**.Q2 (Musée du Petit Palais);
Picture-Alliance, Frankfurt: **208**.Q3 (dpa);
Pott, Eckart, Stuttgart: **30**.D1;
Rheinisches Landesmuseum, Trier: **164**.Q1; **183**.Q9;
Rijksmuseum van Oudheden, Leiden: **175**.Q1 links; **175**.Q1 rechts;
RMN, Paris: **51**.Q1; **90**.Q1 (Louvre); **140**.Q1 (Louvre); **180**.Q5 (Musée Calvet); **212**.11; **215**.3;
Römer- und Pelizaeus-Museum, Hildesheim: **46**.4 (Claudio Fragasso); **57**.D2; **57**.D7; **59**.Q3;
Römisches Freilichtmuseum, Hechingen-Stein: **194**.D2; **194**.Q1; **194**.Q2; **195**.D3;
Römisch-Germanisches Museum, Köln: **193**.D9 (Rheinisches Bildarchiv);
Rothacher, Dietrich, Freiburg im Breisgau: **193**.D8;
Scala, Antella (Firenze): **5**.3; **52**.Q4; **76**.2; **89**.Q10; **108**.Q3; **108**.Q5; **113**.Q6; **118**.Q3; **126**.4; **127**.4; **128**.Q2; **132**.Q1; **137**.Q1; **137**.Q1; **139**.Q3; **142**.Q2; **143**.Q6; **150**.Q1; **161**.Q2; **163**.Q5; **165**.Q2; **166**.Q1; **167**.Q1; **168**.Q1; **174**.D3; **185**.Q6; **198**.Q2; **203**.Q6; **213**.3; **213**.6; **217**.2;
Steinmeyer-Schareika, Angela, Gau-Algesheim: **13**.4; **150**.Q2;
Schelle, Jörg, Bad Zwischenahn: **148**.Q7;
Schlossparkmuseum und Römerhalle Bad Kreuznach: **126**.3;
Schröder, Helge, Hamburg: **11**.Q1;
Staatliche Antikensammlung und, München: **104**.Q7 (Staatliche Antikensammlungen und Glyptothek München); **110**.Q3 (Koppermann);
Staatliche Münzsammlung, München: **120**.Q2; **156**.Q2; **217**.3;
Staatliche Museen, Kassel: **107**.Q2;
Staatl. Kunstsammlungen Dresden, Dresden: **127**.1;
Stadt Bietigheim-Bissingen, Bietigheim-Bissingen: **210**.Q1 (Archiv);
Süddeutscher Verlag, München: **14**.Q3;
Südtiroler Archäologiemuseum, Bozen: **4**.5; **23**.D1; **23**.Q2–Q9 (alle – Augustin Ochsenreiter); **25** oben;
Ulmer Museum: **34**.Q3 (Thomas Stephan);
Visum, Hamburg: **135**.Q1 (A. Vossberg);
Martin-von-Wagner-Museum der Universität Würzburg / K. Öhrlein, Würzburg: **88**.Q4; **92**.Q5; **102**.Q2; **105**.Q8;
Wadsworth Atheneum, Hartford: **114**.Q1; **216**.2 (Wadsworth Atheneum Museum of Art, Hartford; Gift of J. Pierpont Morg);
Witnessview, Saint-Ouen: **122**.Q1; **122**.Q2 (beide – Stéphane Compoint);
aus: A. Eggebrecht, Das Alte Ägypten. C. Bertelsmann, S. **207**: 61.Q2;
aus: G. Sulzenbacher, Die Gletschermumie. Folio Verlag, S. 18: **212**.7;
aus: Das waren Zeiten, Bd. 1., C. C. Buchner, S. 80: **159**.Q1;
aus: L. B. Dal Maso, Das Rom der Cäsaren. Bonechi-Edizioni „Il Tourismo„: **170**.D1;
aus: Pompeji Wiederentdeckt. Antikenmuseum Basel und Sammlung Ludwig, (c) L'ERMA di Bretschneider, Rom 1994, S. 275: **138**.Q2;
aus: G. Mann/ A. Heuß (Hg.), Propyläen Weltgeschichte Bd. 3, Ullstein, Berlin 1962, S.116: **82**.Q6;

Nicht in allen Fällen war es uns möglich, den Rechteinhaber der Abbildungen ausfindig zu machen. Berechtigte Ansprüche werden selbstverständlich im Rahmen der üblichen Vereinbarungen abgegolten.